Bauwelt Fundamente 25

Herausgegeben von Ulrich Conrads
unter Mitarbeit von
Gerd Albers, Adolf Arndt,
Lucius Burckhardt, Werner Kallmorgen,
Hermann Mattern, Julius Posener,
Hans Scharoun

Frank Lloyd Wright

Humane Architektur

Herausgegeben von
Wolfgang Braatz

Bertelsmann Fachverlag

Dieser Band enthält ausgewählte Beiträge aus folgenden,
im Albert Langen Georg Müller Verlag, München, erschienenen Titeln:
Frank Lloyd Wright, Ein Testament (A Testament)
Frank Lloyd Wright, Das natürliche Haus (The Natural House)
Frank Lloyd Wright, Schriften und Bauten (Writings and Buildings)
Frank Lloyd Wright, Die Zukunft der Architektur (The Future of Architecture)

Das Einleitungskapitel »Die letzte Begegnung mit Frank Lloyd Wright«
wurde mit freundlicher Genehmigung des Verlages Einaudi, Turin,
dem Buch »Editoriali di architettura« von Ernesto Rogers entnommen.
Die Übersetzung besorgte Marco de Micheis.

Die Reproduktion der Abbildungen erfolgte mit freundlicher
Genehmigung von Horizon Press, New York, dem Verlag der
amerikanischen Originalausgaben.

© Bertelsmann Fachverlag Reinhard Mohn, Gütersloh/Berlin 1969 · 1
Umschlagentwurf von Helmut Lortz
Gesamtherstellung Mohndruck Reinhard Mohn OHG, Gütersloh
Alle Rechte vorbehalten
Printed in Germany · Bestell-Nr. 8625

Inhaltsverzeichnis

Vorwort	7
Ernesto N. Rogers: Die letzte Begegnung mit Frank Lloyd Wright	9
Anfänge	15
Zeichnung für Dankmar Adler	19
Die Kunst und die Fertigkeit der Maschine	21
Die Schule von Chicago	41
Haus W. H. Winslow	43
Oak Park Studio	44
Verwaltungsgebäude der Larkin Company	46
Haus W. R. Heath	48
Der Entwurf des Unity-Tempels	49
Entdeckung	59
Haus A. Coonley	60
Die Souveränität des einzelnen	63
Taliesin	86
Midway Gardens	90
Das Kaiserliche Hotel	93
Die Natur der Baustoffe	105
La Miniatura	106
Vorlesungen	108
Die Tyrannei des Wolkenkratzers	108
Die Stadt	119
Im Reich der Ideen	134
An den jungen Mann in der Architektur	148
Broadacre City	166
Haus E. J. Kaufmann	168
Taliesin West	169
Das usonische Haus I	170
Haus H. Jacobs	176
Haus Winkler-Goetsch	178
Das Johnson-Labor	180
S. R. Guggenheim Museum	183
H. C. Price Turm	184
Haus J. Boomer	185
Eine organische Architektur	186
Projekte	249
Adelman Wäscherei	249

Monona Terrasse 250
Staatskapitol 251
Drei verbundene Häuser 252
Opernhaus für Bagdad 252
Masieri-Gedächtnisgebäude 253
Ein Gespräch 254
Liste der Bauten 264
Personenregister 272

Vorwort

Wright wurde »als Architekt geboren«. Er lebte von 1869 bis 1959. Den Beginn seiner Wirksamkeit markiert er selbst – 1901 mit dem Vortrag »The Art and Craft of the Machine« und zehn Jahre später mit der Veröffentlichung einer Mappe seiner Arbeiten. Seitdem können bauliche Ereignisse nicht ohne den Blick auf seine Werke, kaum ohne den Bezug auf die Folgen seiner Mitteilungen gesehen werden. Doch diese Betrachtung ist keineswegs leicht; noch scheitern Bemühungen, Wright einen geschichtlichen Standort zu geben. Zwar ist es möglich, dem Entstehen seiner Gebäude zu folgen; die technischen Erkenntnisse seiner Zeit schaffen einen brauchbaren Maßstab. Aber der Maßstab genügt nicht seinen Beobachtungen, Einsichten und Reflexionen. Denn dieses Netzwerk steht neben den Architektur-Manifesten, Programmen und Verklärungen des Jahrhunderts, es begleitet die Abkehr von der Baukunst ebenso wie die Experimente zu ihrer Wiederbelebung oder zum Anschluß an »die Wissenschaften«. Nahezu jeder Hinweis auf das Bauen als eine Möglichkeit, dem Leben eine neue Qualität zu geben, stößt auf einen seiner Pläne – oder deren Gegenbilder. »Ich war mir meines Sterns recht sicher«, sagte Wright; und er hatte ihn früh gefunden. So wird den Bauenden im Wechsel ihrer Konzepte seit etwa siebzig Jahren fast jede seiner Äußerungen zur ständigen Forderung.

Man kann sich diesem Anspruch versagen. Seine Bedeutung bleibt, immerhin ließen sich die Thesen Wrights bestätigen: eine unvollständige Liste nennt etwa 370 seiner Bauten. Doch das Arbeitsfeld reichte weiter – von den Entwurfsspielen am Kindergartentisch bis zum Projekt der Donahoe-Häuser, von den Lehrjahren in Chicago, der Prärie-Architektur seiner ersten Landhäuser bis zum Plan der meilenhohen Wolkenstadt. Am Anfang des Jahrhunderts entstehen die Entwürfe für das Larkin-Gebäude und die Unity-Kirche. Nach dem Aufenthalt in Deutschland und Italien, nach den Studien für Fertigungskonstruktionen und für einen Wolkenkratzer aus Betonplatten werden die Midway Gardens zu einem außergewöhnlichen Wagnis. In Wisconsin wird das erste Taliesin gebaut. Sechs Jahre dauert die Arbeit am Kaiserlichen Hotel in Tokio. Während dieser Zeit entsteht in Hollywood das Hollyhock-Haus. Wright wohnt nun in Kalifornien. Eine Konstruktion mit kleinen Betonblöcken wird entwickelt und beim Bau einer Reihe von Einfamilienhäusern angewendet. Für ein Hochhaus gibt es den Plan eines Betonskeletts mit einer leichten Außenhaut. Ein Erholungszentrum für Lake Tahoe und ein Country-Club für Wisconsin bleiben Entwurf. Es folgen Projekte für eine Stahl-Kathedrale, die allen Glaubensgemeinschaften gehören soll, für ein Planetarium, für einen Kurort – San-Marcos-in-the-Desert – und für einen Wohnturm für St. Mark's-in-the-Bouwerie in New York. Um 1929 entsteht nur ein Gebäude:

das Betonblock-Haus für R. L. Jones. Geplant werden Wolkenkratzer-Systeme für die Chicagoer Ausstellung »Jahrhundert des Fortschritts« und vorgefertigte Farmhäuser. Ein Theaterentwurf wird vorgelegt. Fertiggestellt wird das Modell für Broadacre City – zu dem ein letztes Wort gewiß noch nicht zu sagen ist. Dann werden das Haus auf Bear Run und die Johnson-Verwaltungsgebäude errichtet. Den einfachen usonischen Wohnhäusern folgen Pläne für Fertighäuser aus Stahl. Taliesin West entsteht. Es beginnt die Verwirklichung des Campus-Plans für das Florida Southern College. In Süd-Karolina liegt die Plantage Auldbrass. Der Johnson-Turm wird gebaut. Nicht ausgeführt werden ein Elizabeth-Arden-Erholungszentrum und ein an einem Felshang aufgehängtes Haus in San Francisco. Zu den Projekten, die sich nach dem Zweiten Weltkrieg häufen, gehören der Country-Club für Huntington Hartford, der Point Park für Pittsburgh, das Hotel Rogers Lacy in Dallas, ein Einkaufszentrum bei Phoenix, die Adelman-Wäscherei, das Touristenzentrum am Meteor-Krater, die Überspannung der San-Francisco-Bucht, der kleine Palast in Venedig, das Opernhaus für Bagdad, das Staatskapitol für Arizona. Zeugen einer unvergleichlichen Energie sind auch die Bauten, die nun noch entstehen können: die unitarische Kirche in Madison, die Serie der Wohnhäuser – für Laurent, Carr, Berger, Palmer, Mossberg, Walker, Zimmermann, für die Söhne David und Llewellyn, der Price-Turm und das Wohnhaus für Harold Price, die Beth-Sholom-Synagoge und – endlich – die Spirale des Guggenheim-Museums, die Verwaltungsbauten für die Marin County, das Musikgebäude für das Florida Southern College und die griechisch-orthodoxe Kirche für Milwaukee... Welche Konturen würde Wright nach einer lückenlosen Dokumentation seiner Werke haben?

Dies Buch ist ein Lesebuch. Sein Autor war kein eilfertiger Schreiber. Er arbeitete mit den Texten seiner Bücher, Aufsätze und Vorträge. Oftmals löste er sie aus ihren ursprünglichen Bindungen, um sie neuen Aspekten auszusetzen. Sie haben diese Behandlung ertragen; sie wurden »Material« – Stoff auch für den Versuch, das Bild des beispiellosen Forschers noch einmal zu skizzieren. Es entwickelt sich aus der stets verändert wiederkehrenden Beschreibung der einen Aufgabe, die heißt: Bauen für eine unversehrte Welt. Autobiographische Notizen binden es an die Zeit.

Daten und Namen beanspruchten nicht Wrights größte Aufmerksamkeit. Verschiedenheiten dieser Art blieben hier ebenso erhalten wie einige Unschärfen in den Übersetzungen. W. B.

Die letzte Begegnung mit Frank Lloyd Wright

Von Ernesto N. Rogers

»Man muß auch an das denken.« Das waren die Worte, mit denen sich Frank Lloyd Wright in Arizona am Montag nach dem letzten Ostertag an mich wandte. Es war halb acht Uhr morgens; das Licht der Wüste schien schwach durch die matten Fensterscheiben zwischen den Dachbalken in den Zeichensaal; strahlendes Licht kam durch die Öffnungen herein, durch die man auf den von Bougainvillea umrankten Laubengang sah: all dieses Licht und das junge, offene, unbesorgte Lächeln der Schüler bildeten einen feierlichen Kreis um den Tisch des Meisters. Er zeichnete fein mit Bleistift und Gummi, um die Proportionen des Familiengrabes zu verbessern: »Man muß auch an den Tod denken.« Sich für den Tod vorzubereiten ist eine Aufgabe, die von Jahr zu Jahr deutlicher wird, und es ist nichts Sonderbares für einen Neunzigjährigen, der von religiösen Gefühlen durchdrungen ist, über seine letzte Stunde nachzudenken. Aber heute, wo sich ihm das Geheimnis aufgetan hat, erinnere ich mich jener Worte, die wie eine Vorahnung schienen. Ich hatte noch wenige Tage vorher den unermüdlichen Greis, der wohl auf die logische Entwicklung eines besonders langen Lebens vorbereitet war, bewundert; und nun bin ich, wie alle, von dem Ereignis ergriffen.

Während der drei in Taliesin verbrachten Tage war ich, jedesmal wenn ich Wright in den von ihm geschaffenen Räumen behende, weiß gekleidet, mit einem großen stolzen Hut und dem fast unnötigen und koketten Stock gehen sah, von Bewunderung und Zweifel, die diese demiurgische Persönlichkeit in mir verursachte, überrascht. Aber dann sah ich ihn in die vielfachen, unglaublich verschiedenen Perspektiven der Zeichnungen, die durch die Zusammenstellung von Elementen verstärkt oder geschwächt wurden, vertieft: Es waren überraschende Perspektiven, ich wußte nicht, ob mehr durch Maß oder durch Kühnheit.

Das war Wright, ein großer Geist, so umfassend, daß er die gefährlichsten Widersprüche (und wie viele!) aufnahm; seine Architektur war so, daß sie, auch wenn sie abgeschlossen und vollkommen im Gleichgewicht schien, zwischen Einzelnem und Allgemeinem uns jede Definition der Formen oder Begriffe überwinden half.

Auf Taliesin, in Wisconsin, hatte er mich vor drei Jahren eingeladen, und es schien mir, als hätte ich den Großteil des Wahren in Wright begriffen: unter anderem das Eingehen der Architektur in die Natur und dieser in die Architektur; ein vollkommener Friede. Auf Taliesin, in Arizona, war ich mitten im Schauspiel dieser Dinge, so als ob alles, der Felsen, die teuflischen Wüstenpflanzen, die vulkanischen Steine des Hauses, nur da wäre, um mir das Blut in Wallung zu bringen und zu erneuern. Und doch war kein Zufall da: die rostfarbenen, veilchenblauen, rosenen, indigofarbenen, zyklopischen Massen waren auf roher Fläche mit der Weisheit

eines Mosaikarbeiters zusammengestellt und ausgerichtet; sogar die Natur, mit dem Werk verbunden, hätte mit soviel Absicht gemacht sein können wie felsige Berge, achthundert Meter aus dem wilden Grund ragend, den Hintergrund eines japanischen Gartens bilden.
Kein Künstler, vielleicht nicht einmal Le Corbusier, hatte den guten Namen der Kritiker so weit ins Wanken gebracht wie Wright, denn hatten sie ihn einmal begriffen und in einen logischen Rahmen gegeben, entfloh er und schien gewandelt, und sogleich mutete seine Einordnung in ein System abstrakt und lächerlich an. Diese aufrührerische Epoche hätte keinen gewandteren Dichter finden können, der besser ihre flüchtigen Augenblicke zu fassen vermochte, ohne ihren Gang zu hemmen. Banale Phrasen waren seiner Rede fremd: Man kann viele seiner Behauptungen und viele seiner Werke bestreiten, aber niemals genügt es, sie mit einem Achselzucken abzutun. In ihm gab es immer, wenigstens als Möglichkeit, den sehnlichen Wunsch, die Menschen zu befreien, indem er sie vor seine Mühen stellte, damit sie ihrerseits ein neues Ziel anstrebten: ein höheres.
Und sein ganzes Leben war mit der Welt seiner Kunst verbunden: die Leiden und Freuden, die Freundschaften und Abneigungen verstand er mit der Sicherheit eines Künstlers, der so viel Kraft haben will, jedes Ereignis nicht als Fatalität auf sich zu nehmen, sondern es als Urstoff zu gestalten. Im übrigen besteht sein sicherer Wert als Künstler darin, immer neue Verhältnisse der Wirklichkeit zu zeigen, nicht aus Liebe zur Absonderlichkeit (zu welcher ihn ein Kritiker, der sich in einer Mailänder Zeitung vergnügt, zu erniedrigen glaubt), sondern aus Liebe zur Entdeckung: »Man muß in die Dinge eindringen können und nicht nur in sie blicken.« Darin besteht seine Methode, die – zum Unterschied von Mies van der Rohe, der zur Objektivität neigt – sich in die Eigenart der Erscheinungen vertieft und aus ihr Universalwerte schöpft. Eine gefährliche Methode, die unnachahmlich in ihrem formalen Ergebnis ist.
Es hatte mich sehr gefreut, auf Taliesin in Wisconsin beim siebenundachtzigsten Geburtstag Wrights zugegen gewesen zu sein. Diesmal hatte er mich zum Osterfest eingeladen. So erlebte ich die schönsten Augenblicke der Gemeinschaft von Taliesin in den entgegengesetzten, aber doch verwandten Kreisen dieser beiden Kunstwerke. Ich habe mit vielen dieser jungen und reifen Männer und mit ihren Gefährtinnen gesprochen und sie gefragt: »Was ist besser? Taliesin West oder Taliesin East?« Sie blickten mich mit Staunen an: Die Wahl kann höchstens vom Geschmack abhängen. »Wenn wir hier sind, scheint uns alles reizender, und wenn wir dort sind, können wir uns der Anziehungskraft nicht erwehren.« Es besteht kein Zweifel, daß für diese jungen Männer die Gefahr vorhanden ist, in Bewunderung für ihren Meister so aufzugehen, daß sie nicht mehr die eigene Unabhängigkeit finden können, daß sie nicht mehr ohne seine drängende Gegenwart handeln können, wenn er ihnen auch das Ziel der Freiheit wies, sie aber doch sehr gewiß veranlaßte,

einen der von ihm eingeschlagenen (oder wenigstens intuierten) Wege zu gehen. Ich erinnere mich mit besonderer Zuneigung aller dieser zuversichtlichen Leute. Was wird heute aus ihnen geworden sein? Sie strömten die Fröhlichkeit der Gemeinschaften aus, die im Glauben leben. Ähnliches hatte ich ein anderes Mal unter den Novizen des Klosters von Monte Oliveto Maggiore bei Siena und unter der Bevölkerung von Peking oder in den Bauerndörfern Chinas gesehen.

Man hätte dieses Osterfest erleben sollen: Keine knechtische Gesinnung war vorhanden, auch wenn die Bewunderung von einer Art Abgötterei verblendet war. Eine einfache Fröhlichkeit in den Vorbereitungen des Vortages: Einige bereiteten mit Olgivanna in der Küche Pascha zu (das traditionelle Gebäck); einige malten die Terrasse mit roter Farbe an; einige putzten; einige brachten Blumen und Stühle in Ordnung und die Speisetische für die hundertsiebzig Personen, die in großer Hufeisenform sitzen sollten; einige versteckten die buntbemalten Eier für die Kinder oder ließen Ballons zwischen Himmel und Erde schweben, zur Freude aller.

Er erschien, zwischen einer Arbeit und der anderen, manchmal, um Ratschläge (oder besser Befehle) zu erteilen und um Verbesserungen mit demselben Fleiß, mit dem er entwarf, anzuordnen. Taliesin war die greifbare Darstellung seiner Seelenzustände: etwas, das sich immer wieder wandelte, und er sagte mir: »Man darf nie anhalten, wenn man es besser machen kann, und jedes Jahr verbessere ich etwas, oder ich lasse die Jungen neue Teile bauen, damit sie bauend lernen.«

»Bauend lernen« ist ein Motto, das das gleiche bedeutet wie »Ora et labora«, ohne transzendental zu sein. Und beide, wenn sie auch dualistisch scheinen, lassen auf eine sich wiederholende synthetische Aufeinanderfolge schließen, da sich der Gedanke sofort mit der Praxis identifiziert.

Wright, anstatt neue Gesetze zu entdecken, die dazu dienen sollten, die Wirklichkeit endgültig zu ordnen, erfindet neue Wirklichkeiten, die ja Wirklichkeiten sind, weil sie unmittelbar funktionsfähig sind und sich dem Konsum bieten; so daß die Gesetze ein tautologischer Ausdruck der Erscheinungen selbst sind. Ich glaube, daß gerade diese Weise des Fühlens und Handelns die Basis seines organischen Gedankens bildet, sei es im schöpferischen Augenblick, sei es im pädagogischen. Wie er in AN AUTOBIOGRAPHY geschrieben hatte: ». . . wir wählen nicht den Stil. Nein. Der Stil ist etwas, was *jetzt* kommen wird und das sein wird, was wir in diesem Prozeß sind. Ein aufregender Augenblick in der Erfahrung eines jeden Architekten . . .« Das ist eine ganz amerikanische Ausdrucksweise, sie erinnert an Dewey und Whitehead: ein Pragmatismus, der sich dauernd in der Erfahrung verwirklicht, aber mit einer starken metaphysischen Tendenz, die den Prozeß zu höherer Harmonie treibt, wo sich neue und mit einer bestimmten Finalität vollkommenere Beziehungen zwischen den Dingen herstellen. »Der Architekt steht mitten in der Entdeckung einer Sache, die er mit tiefer Sammlung angerufen hat. Aus diesem inneren Sinn der Ordnung, aus dieser Liebe für Schön-

heit des Lebens, wird etwas geboren, das vielleicht auf lange Zeit wie eine Friedensbotschaft überleben wird, und eine Freude oder eine Verdammung für andere sein sollte. Der Architekt fühlt *eine* Botschaft als seine eigene, und so wird sie doch den anderen gehören...«
Es war nicht nötig, Worte mit Wright zu wechseln, um diese und ähnliche Gedanken zu erfassen, man brauchte ihn nur zu beobachten. So hatte ich es in diesen letzten Tagen gemacht, so wie man sich in der Nähe einer Person benimmt, die man des Alters wegen unvermeidlich verlieren muß; deswegen versucht man, sich an das meiste von ihr zu erinnern, damit sie in uns schaffend leben kann, für immer.
Ich habe ihn öfter den Pluralis majestatis gebrauchen hören. Er bezog sich auf die Fellowship, aber es war klar, daß er seinen persönlichen Beitrag hervorheben wollte; so, als er mir seine expressionistischen Malereien für die Midway Gardens zeigte (jetzt sind sie reproduziert worden, um das neue Theater von Taliesin auszuschmücken) und sagte: »Wir haben Kandinskij viele Jahre vor ihm geschaffen.«
Er war ein überraschender Mensch, und sicher gefiel es ihm, von seinem Geist Gebrauch zu machen, um uns in geheimnisvolle Räume zu führen; und sogleich änderte er sich und ließ uns erstaunt. Am Ostertag erwartete er seine Gäste wie ein Herrscher vor dem Laubengang, die Sonne und die Menge der Zusammengetroffenen herausfordernd. Es kam Mr. Price, der Auftraggeber des berühmten »Tower« (und eines wunderschönen Hauses einige Meilen von Taliesin). Er hatte eine blaue, amerikanisch auffallende Jacke an. Seine Frau trug ein Küken aus Werg am Hut, das im Wind wiegte (ein Modell von »Eastern Bonnet«). Er wurde mit diesem Ausspruch aufgenommen: »Schade, daß Sie so viel für diese Jacke ausgegeben haben; es wäre besser gewesen, wenn Sie mehr Geld für den Bau des Turmes gegeben hätten.« Über die Kopfbedeckung seiner Frau unterhielt er sich wie ein gebildeter Angelsachse; und zu zwei rosigen jungen Mädchen, die ihm herzlich für die Einladung dankten, sagte er: »Brave Mädchen, benehmt euch immer gut, und ihr werdet euer ganzes Leben allein bleiben.«
Ein *sense of humor*, der fast immer den Charakter eines Genies begleitet, diente ihm als Schwungrad, um den Überfluß an Energie aufzuhäufen und neuen Ansporn für seine Kreativität zu finden, die er in dialektischem Gegensatz – aus dem Glauben und der Skepsis – erarbeitet hatte. Das war eine Form seiner Selbstkritik. Doch man kann bezweifeln, daß ein Künstler, der so bereit war, seine schon vor Jahren beendeten Werke zu vervollkommnen und sich selbst bis zur äußersten Verneinung der gesagten Dinge zu erneuern, nicht nur von einer unerschöpflichen Fruchtbarkeit, sondern auch von Meditationen und Selbstbesinnungen gestützt ist. Wir finden ein so klares Siegel Wrights in allen seinen Werken, daß sie – jenseits jeder angewandten formalen Ausdrucksweise – klar als ein Produkt seiner Persönlichkeit erkennbar sind: sei es, daß sie auf dem organischen Sechseck oder auf der

idealen Geometrie des Kreises gründen; sei es, daß sie Häuser sind, die wie lebende Wesen über Wiesen gelegt scheinen, oder Türme und Wolkenkratzer, errichtet, um der Natur zu trotzen. Es ist schwer zu sagen, welches der gemeinsame Nenner ist, der die wunderbare Tätigkeit ermöglicht, eine Einheit zu bilden, eine einzige Sache entlang dem abwechslungsreichen Weg des kreativen Prozesses. Ich glaube gerade, daß die Grundeinheit das Ergebnis jenes unfühlbaren Zusammenhangs sei, weil diese Werke immer für sich selbst geboren werden, wie eine Eröffnung des eigenen Inneren, um mit solcher Unbefangenheit die eigenartige unsagbare Wesentlichkeit zu zeigen. Das Paradoxe in Wright besteht darin, daß er seinen Stil den Gegenständen beigibt und so den aprioristischen Gedanken, an den meist der Begriff des Stils selbst gebunden ist, verneint.

Wie sollen wir diese Werke mit dem Maß des Geschmacks beurteilen? Wir würden dadurch zur Verletzung des abstrakten Gedankens des Beurteilenden erniedrigt. Hingegen ist es notwendig – um sie zu verstehen –, sich in den Geschmack Wrights einzufühlen, also in die Darstellung der fortdauernden Relativität der Erscheinungen, die nach und nach im kühnen Schaffen seiner Phantasie ausgedrückt werden. Es scheint klar, daß uns dies nicht dazu bringen soll, jede Schöpfung Wrights anzunehmen, da manchmal die Laune (oder der Wille der Form) seine Hand fesselt und ihn aus der Sphäre der Verständlichkeit hinaustreibt. Hier liegt seine Grenze; mit der Botschaft, die uns zu Freiheit antreibt, und mit der Warnung, daß wir ihn in den Formen nicht begrenzen können. Ein Manierismus der Architektur Wrights ist unmöglich, und das sahen wir jedesmal, wenn jemand, viel weniger mit Begabung ausgestattet, sich in die höchsten, seltsamen Gebiete wagte, wo er, Wright, sich fast immer wohlfühlte.

Hervorragende Merkmale zeigte gleichfalls seine physische Konstitution. Und richtig, während ich ihn beobachtete, wie er unerschrocken die anstrengenden Ostertage verbrachte (ein reichliches Breakfast; aufmerksames Anhören des Chores seiner Schüler; das viele Reden mit den Leuten; das Konzert einer guten Pianistin – nach dem dritten Satz sagte er: »Aber das ist nur der Anfang, spielen Sie weiter, weiter«; lange Spaziergänge; Filmvorführungen; Cocktail; Abendessen; witzige Pointen; ein Quartett der Schüler; ein Solo der Pianistin; genaue Definitionen der Architektur), sagte er mir diese aufmunternden Worte: »Italien ist wieder aufgelebt; es ist eines der wenigen Länder, die wir mit Interesse verfolgen«; und über unsere Zeitschrift meinte er, indem er mich seinen Freunden vorstellte: »Sie ist eine der besten der Welt, ich habe mich darum gekümmert, Ihnen neues Material zukommen zu lassen. Aber warum finden Sie es immer notwendig, mich mit Le Corbusier und Mies zu vergleichen, wenn Sie von mir sprechen? Es ist nicht nötig, Vergleiche zu machen. Ich verspreche Ihnen, meine Gedanken über Italien an die Zeitschrift ›Casabella‹ zu senden«.

Dies ist eines der vielen Versprechen, die durch seinen Tod unerfüllt geblieben sind.
Ich sagte zu seiner Frau: »Mr. Wright, der fast doppelt so alt ist wie ich, ermutigt mich mit seiner Unermüdlichkeit, meinen Arbeitsrhythmus zu steigern.« Olgivanna Wright antwortete mir: »Seien Sie vorsichtig, täuschen Sie sich nicht, das Herz Mr. Wrights, seine Konstitution, gibt den Ärzten Rätsel auf: er ist ein Einzelfall...«
Aus ihren Worten konnte man viel Stolz, aber auch viel Weisheit heraushören, da sie uns ermahnte, nicht zu hoffen, ihn nachahmen zu können.
Er ist gestorben; jeder Mensch muß sterben, auch wenn er unzerstörbar scheint...
Es kommt der Augenblick, wo auch der stärkste Baum umstürzt, wenn er von einem unsichtbaren Holzwurm befallen wird.
Erinnern wir uns, daß, wenn wir von einem großen Menschen sprechen, es doch nur ein Mensch ist, von dem wir sprechen, ein unvollständiges Wesen, mit Ruhm beladen, aber doch nicht frei von Fehlern. Und nur wenn wir ihn in diesem Licht sehen – indem wir keinen besonderen Kult um ihn bilden –, ehren wir ihn. So ergreifend – obwohl absurd – ist die Illusion der Mitwirkenden in der »Fellowship«, daß seine Schule weiterhin bleiben wird, mit der Aufgabe, die von ihm gezeichneten oder ausgeführten Entwürfe für Jahre weiterzuentwickeln. Die Größe Wrights und die jedes Künstlers besteht darin, die Ewigkeit auszudrücken, indem er in den Tiefen der eigenen Zeit wurzelt. Seine Worte aus dem vor kurzem erschienenen Buch OUR HOUSE von Olgivanna bezeugen seine Ideen, die dauerhafter sind als Gefühle: »Der Künstler als solcher lebt natürlich in seiner Zeit, anderenfalls ist er kein Künstler. Er ist Prophet seiner Zeit und seiner Tage; er ist der Hellseher seines Volkes. Wenn er dies nicht kann, ist er kein Künstler; wenn er es nicht vermag, Schönheit zu schaffen, können andere allein sie nicht sehen. Eben deswegen steht er höher als ein Eroberer; er steht in der Notwendigkeit des Schönen, während der Eroberer nur den Tod des Feindes verursacht.«
Es kann sein – und es ist sogar zu hoffen –, daß für einige Zeit einer seiner Schüler sich an den schon vom Meister zubereiteten Speisen nährt, aber der Ruhm Wrights nach seinem Tode wird nicht aufgrund von Werken bestehen, die mehr oder weniger gute Nachahmungen der Schüler sind. Der Ruhm wird nur auf dem bestehen, was er während seines Lebens schuf und sagte; dieser Ruhm wird allein in der Bedeutung seiner Botschaft liegen. Und wenn diese – wie auch jetzt noch – einen Wert haben wird, so nur durch die lebendige und wechselhafte Auswirkung, die ihm die Nachkommen je nach Anspruch geben werden, indem sie die Tradition in der gleichmäßigen Entwicklung ihrer Mutationen verewigen: und es genügt nicht, ihn zu wiederholen.

(Mai 1959)

Anfänge

1957 wurde EIN TESTAMENT veröffentlicht. In diesem herausfordernden Werk erinnert sich Frank Lloyd Wright deutlich an die frühen Ereignisse seines Lebens. Er schildert »die Saat« und den Beginn seiner Arbeit zwischen den verworrenen und künstlichen Erscheinungen einer verdorbenen Architektur.

Victor Hugo bezeichnete in dem brillantesten Essay, das bisher über Architektur geschrieben wurde, die europäische Renaissance als »Sonnenuntergang, den ganz Europa für eine Morgendämmerung hielt«. Nach fünfhundert Jahren gründlicher Nachbildung klassischer Säulen, Giebel und Friese lag schließlich alles im Sterben. Victor Hugo, der bedeutendste Moderne seiner Zeit, fügte Prophezeiungen hinzu: Die große Mutterkunst, die so lange durch den Menschenverstand formalisierte und stilisierte Architektur, könne und werde wieder geistig lebendig werden. Am Ende des neunzehnten Jahrhunderts oder am Anfang des zwanzigsten Jahrhunderts werde die Menschheit die Architektur aus ihrem Dornröschenschlaf erwachen sehen. Die Seele des Menschen werde bis dahin durch die über ihn hinweggegangenen Umwälzungen von seinem eigenen kritischen Bedürfnis erweckt werden.

Ich war vierzehn Jahre alt, als dieses gewöhnlich gestrichene Kapitel aus *Notre Dame* meinen Sinn für die Kunst beeinflußte, mit der ich mein Leben lang leben sollte: die Architektur. Hugos Worte über den tragischen Verfall der großen Mutterkunst gingen mir nicht mehr aus dem Sinn.

Die Universität Wisconsin hatte keinen Lehrstuhl für Architektur. Darum verließ ich 1888, einige Monate ehe ich mein Diplom als Ingenieur bekommen sollte, die Universität, um in einem richtigen Architektenbüro in Chicago zu arbeiten. Ich wollte kein Ingenieur werden. Ein Besuch beim Pfandleiher – »old man Perry« – ermöglichte diese Flucht. Meines Vaters Bücher: Gibbon, *Rom* und Plutarch, *Biographien* (siehe Alkibiades) sowie der Nerzkragen, den meine Mutter auf meinen Mantel genäht hatte, finanzierten das Unternehmen.

Und in Chicago, viele Jahre nach Victor Hugos bemerkenswerter Prophezeiung, gewahrte ich, daß die »Naissance« bereits begonnen hatte. Die Sonne – lies Architektur – ging auf!

Als Vorboten waren damals in England die Präraffaeliten erschienen, aber sie machten den Eindruck sentimentaler Reformer. Sie trafen den Nagel nicht auf den Kopf. Der gute William Morris und John Ruskin waren zu dieser Zeit in den intellektuellen Kreisen von Chicago en vogue. Die Mackintoshes aus Schottland: auch ruhelose europäische Protestanten – Van de Velde aus Belgien, Berlage aus Holland, Adolph Loos und Otto Wagner aus Wien: Alle waren echte Neuerer, die

damals aber nur in Europa bekannt waren und beachtet wurden. Van de Velde trat mit *Art Nouveau* hervor und war der Vorläufer des späteren Bauhauses.
Aber wichtiger als alle waren der große Protestant, der graue Armeeingenieur Dankmar Adler, Baumeister und Philosoph, und sein junger Partner, ein Genie, der Rebell der Beaux-Arts in Paris, Louis H. Sullivan, die sich etwa um 1887 als Architekten in Chicago betätigten.
Nachdem ich mich einige Tage in den Straßen von Chicago herumgetrieben hatte, kam ich zu Cecil Corwin, einem der führenden Männer bei J. L. Silsbee, dem damals berühmtesten Wohnhausarchitekten in Chicago. Er war Pfarrerssohn ebenso wie ich und Cecil und die anderen vier Zeichner in seinem Büro. Ein Jahr später nahm mich Sullivan an, und ich arbeitete für »Adler und Sullivan«, den zu jener Zeit einzigen modernen Architekten, für die ich eben aus diesem Grunde arbeiten wollte. Adler und Sullivan bauten gerade das »Chicago Civic Auditorium«, das bis heute noch größte Opernhaus der Welt.
Meine Mutter war Lehrerin und hatte ihren Beruf gern; mein Vater war ein Pfarrer, der Musik liebte und als Fach unterrichtete. Er lehrte mich, eine große Symphonie als *Tongebäude* eines Meisters zu betrachten. Meine Mutter lernte von Fröbel, daß Kinder erst dann nach den zufälligen Erscheinungsformen der Natur zeichnen dürfen, wenn sie die hinter jenen Erscheinungsformen liegenden Grundformen beherrschen. Zuerst mußten kosmische und geometrische Elemente dem Kinderverstand sichtbar gemacht werden.
Mit drei Jahren kam ich in den Osten, zur Pfarrei meines Vaters bei Boston, und mehrere Jahre saß ich an dem kleinen Kindergartentisch, über den sich im Abstand von zehn Zentimetern Längs- und Querlinien zogen, so daß lauter Zehn-Zentimeter-Quadrate entstanden; dort spielte ich unter anderem auf diesen ›Einheitslinien‹ mit dem Quadrat (Würfel), dem Kreis (Kugel) und dem Dreieck (Tetraeder oder Dreifuß) – es waren glatte Ahornklötze. Scharlachrote Pappdreiecke (60°–30°), fünf Zentimeter lang an der kurzen Seite, mit weißer Unterseite, waren glatte Dreieckssektionen, mit denen ich nach meiner eigenen Phantasie Muster legen – Entwürfe machen konnte. Schließlich mußte ich mit anderen Mitteln Entwürfe machen. Aber die glatten Pappdreiecke und Ahornklötze waren am wichtigsten. Noch heute fühle ich sie in den Fingern.
Im Umriß bedeutete das Quadrat Integrität; der Kreis Unendlichkeit; das Dreieck Aspiration; und mit allen galt es sinnvolle neue Formen zu »entwerfen«. In der dritten Dimension wurden die Ahornklötze Würfel, Kugel und Tetraeder; und mit allen durfte ich »spielen«.
Um weitere untergeordnete Formen zu enthüllen oder zu ihrer Zusammenstellung anzuregen, wurden diese schlichten elementaren Klötze mit feinem, an den Ecken befestigtem Draht an einem kleinen Galgen aufgehängt und herumgedreht. Auf jenem einfachen Einheitssystem auf der niedrigen Tischfläche stellte das Kind all

diese Formen nach dem Muster seiner eigenen Phantasie zusammen. Entwerfen war Erholung!

Auch deutsches glänzendes und mattes Buntpapier in schönen sanften Farben gehörte zu den »Gaben« – die etwa 30 × 30 Zentimeter großen Bogen wurden aufgeschnitten, so daß man nach eigener Phantasie ein farbenfrohes Muster hineinweben konnte. So wurde der Sinn für Farbe erweckt. Man konnte auch geniale »Konstruktionen« machen mit geraden, schlanken, angespitzten zahnstocherähnlichen Stäben oder Strohhalmen und getrockneten Erbsen für die Gelenke usw. usw. Alles diente dazu, die rhythmische Struktur in der Natur dem Kinderverstand zu erschließen – dem Kind ein Gefühl für das allem innewohnende Gesetz von Ursache und Wirkung zu geben, das sonst das Kinderverständnis überstieg. Schon bald erkannte ich das konstruktive Muster, *das sich in allem entfaltete, was ich sah*. Ich lernte alles so zu »sehen«, und als ich das tat, hatte ich keine Lust mehr, die Zufälligkeiten der Natur zu zeichnen. Ich wollte *entwerfen*.

Später, als ich als Halbwüchsiger zum Arbeiten auf die Farm meines Onkels James in jenes Tal geschickt wurde, in dem ich jetzt lebe, entwickelte sich die Angewohnheit *des Hineinsehens und des Sehens von innen heraus* ständig weiter, so daß in mir bereits im Alter von neunzehn Jahren, als ich mich Sullivan als Lehrling vorstellte, die Kräfte zum Entwerfen mittels Reißschienen- und Winkelmethode schlummerten; der Methode, die mit den raubgierigen Charakterzügen der Maschine vertraut werden und diese in folgerichtigen gradlinigen, gradflächigen Effekten meistern konnte, wie sie der Maschinenkunde eigen sind, mit der sich damals, wie auch heute, alle auseinandersetzen mußten, die etwas für das moderne Leben in Amerika bauen wollten.

Bei den meisten Architekten war, wie ich bald feststellte, die große Mutterkunst, die Architektur, völlig verwirrt, wenn nicht sogar demoralisiert. Ich sah in ihren Werken irgendeine abgedroschene oder sentimentalisierte Verkleidung irgendeines alten oder beschränkten Eklektizismus oder die »Klassik« der Beaux-Arts, die von allzu vielen einflußreichen amerikanischen Beaux-Arts-Schülern gefördert wurde. Schon wieder der Pfeiler!

Doch von der notwendigen *Naissance* als Ersatz für die sterbende Renaissance entdeckte ich wenig oder gar nichts außerhalb des Büros von Adler und Sullivan, was endlich an die Stelle der unzulänglichen Nachbildung hätte treten können. Das Erwachen mußte kommen. Wer immer die Wichtigkeit der Kunst anerkannte, schien nicht so gut wie wir heute zu wissen, daß Kunst keine Nachbildung sein kann. Trotz all dieser unterwürfigen sklavischen Verdrehung durch Bildung empfand ich allmählich, durch meine frühe Erziehung am Kindergartentisch und meine spätere Arbeit auf der Farm im Tal ermutigt, daß ich im Wesen der Natur – wenn es von innen heraus betrachtet wird – auf nichts stoßen würde, was nicht heilig sei. Die Natur wurde mir zur Bibel.

Ich sah unablässig, daß der Mensch als geistiges Geschöpf sich selbst zu Fall brachte, seine Geisteskraft mit seiner Mentalität verwechselte; seine Schönheit durch seine eigene Dummheit oder Habgier verlor, bloß weil er nicht mit seinem Intellekt allein von innen heraus sehen konnte: Er konnte nicht das Wesen seiner inneren Werte sehen, das heißt sein eigenes Genie. Darum stellte ich in meiner Lehrlingszeit bei Adler und Sullivan fest, daß ich, wenn ich über Natur sprach, nicht über dasselbe sprach, was die anderen in meiner Umgebung unter diesem Begriff verstanden. Ich konnte nicht umhin zu erkennen – die Kunstschule von Chicago lag in der Nähe –, daß jeder edle Zweig der Kunstfamilie dazu getrieben wurde, etwas zu entwenden, das dem großen Wrack der Architektur – dem Haupt der königlichen Kunstfamilie – gehört, und etwas daraus zu machen.

Damit sie überhaupt weiterexistieren konnte, betrog sich unsere amerikanische Kunst um das Leben. Die konsequente Verbreitung der unglücklichen Renaissance schrieb ich hauptsächlich dem abgenutzten, doch verzweifelten Vertrauen auf einen veralteten Berufsformalismus zu: auf die Klassik. Dies nicht nur auf dem Gebiet der Architektur, sondern in allen Künsten; teilweise, vielleicht größtenteils, wegen der schrecklich zweckdienlichen von der Wissenschaft erfundenen Geräte, welche die Künstler mißbrauchten und von denen sie mißbraucht wurden. Ich sah, wie diese neuen Geräte die »klassische« Nachahmung des alten Formalismus ruinierten, die zwar moderne Kunst genannt wurde, aber auf einer dem modernen Leben völlig widersprechenden Philosophie beruhte.
Das menschliche Leben selbst wurde betrogen.
Alles war dieselbe gräßliche Künstlichkeit. Die also verleugnete Natur rächte sich mehr denn je am menschlichen Leben! Die Seele des Menschen schwebte in Gefahr. Schon hatten, wie die Dinge damals standen, Maschinensysteme tödlichen Schaden angerichtet. Moderne Maschinenmeister regierten das Schicksal des Menschen in seinen Produktionen ebenso wie in seiner Architektur und Kunst. Seine Lebensweise wurde von phantastischen Kraftwerkzeugen und noch mächtigeren Maschinensystemen steril gemacht, die alle Handarbeit ersetzten, indem sie seine Aktivität – sinnlos – vermehrten und seinen Geist infizierten. Überall löschten jene wissenschaftlichen Erfindungen durch den verständnislosen Mißbrauch neuer Techniken den Künstler aus. Er wurde zum Sklaven. Zur neuen Handelsware. Ich sah in diesen neuen »Meistern« außer der übertriebenen Profitgier keine erhabenen Motive; alle drohten durch ihre eigene Arbeit am laufenden Band selber zu Maschinen zu werden. Diese Art von Sklaverei, die jetzt drohend auftaucht, schien mir monströser und verheerender für unsere nun zu sinnloser Übertreibung neigende Kultur zu sein als je zuvor. Eine Sklaverei, die fataler für das menschliche Glück war als jede andere bisher ersonnene. Wenn nicht der Künstler die ganze maschinelle Erzeugung in seine kundige Hand nehmen würde.

1888. Zeichnung, mit der sich Wright bei Dankmar Adler um eine Stelle bewarb

Als ich bei Adler und Sullivan meine Arbeit antrat, nahm Richardson unter den in Amerika tätigen Architekten den Ehrenplatz ein; er war ein Beaux-Arts-Schüler, stammte aus Boston und hatte gute Beziehungen zur höheren Gesellschaft, zu den Adams' usw. Richardson hatte sich allerdings der Romanik verschrieben. Sein »romanischer Baustil« entthronte bald die Vorliebe für die Renaissance. Schließlich wurde er zum produktivsten und erfolgreichsten der großen Eklektiker ihrer Zeit. Viele von ihnen waren in seine Liebe zur Romanik vernarrt. Sie galt als Maßstab, wo immer seine Architekturkollegen sich mit einem Stil befaßten.
Louis Sullivan verfolgte aufmerksam Richardsons hervorragende Verwendung des Steines beim Bogen. H. H. Richardsons Bogenkonstruktionen in der Frühzeit übten einen sichtlichen Einfluß auf Dankmar Adler aus, »nicht aber seine Ornamentik«. Richardsons Jünger waren Legion; sein Erfolg war überwältigend. Henry Hobson Richardson war, obgleich ein Künstler und mit unverkennbaren Anlagen, ein Moderner zu werden, genau das, was Amerika wohl wirklich verdient hatte, aber am wenigsten hätte haben sollen: ein mächtiger phantastischer Eklektiker. Nun ist er nicht mehr.
McKim, Mead und White, Richardsons wetteifernde Elite, waren auch Beaux-Arts-Schüler. Ihr Eklektizismus gehörte einer eleganteren Kategorie an und blieb den erleseneren Effekten früher italienischer Renaissance treu – der mittelalterlichen oder der des Goldenen Zeitalters. In ihrem gezierten, gekünstelten Streben nahmen sie die alten Gebäude wörtlich. Wenn sie etwas entdeckten, was sie bewunderten, kopierten sie es und vergrößerten die Details wie durch Projektionsdiapositive. Sie übernahmen einfach. Ihre Anhängerschaft bildete automatisch eine gesellschaftlich höhergestellte Elite als die Richardsons, doch eine recht ausgebreitete. Nun sind sie nicht mehr.

Richard M. Hunt, der Liebling der New Yorker oberen Vierhundert, Führer ihrer Prozession auf der Fifth Avenue oder anderen amerikanischen Avenuen, war ein guter Techniker mit einer ausgesprochenen Vorliebe für die französische Gotik. Auch er war in Mode, sein Eklektizismus war überaus beliebt und gewinnbringend für ihn. Nicht für Amerika. Nun ist er nicht mehr.
Es gab eine andere, weit weniger vergötterte Gruppe, zu der Adler und Sullivan, Major Jenney, John Root, Cass Gilbert, Van Brunt und Howe und so weiter gehörten. Unter diesen zeigten nur Louis Sullivan und John Root, außer technischer Begabung und Anlage zu Spitzenleistungen, Genie. Man darf wohl behaupten, daß Sullivan etwas eifersüchtig auf Root war, denn die beiden Firmen, Adler & Sullivan und Burnham & Root, standen in unmittelbarer Konkurrenz, wobei erstere den kürzeren zog. Damals wurden Roots Bürogebäude, das Monadnock in Chicago, und Louis Sullivans Wainwright in St. Louis zu Vergleichszwecken einander gegenübergestellt. Obgleich das Monadnock später entstand, war es ebenfalls lebendig gestaltet, wenn es auch dem Material, nämlich dem Backstein, Gewalt antat. Man vergleiche die backsteinfremden abgerundeten Ecken.
Roots genialer Zug stand Sullivans wunderbarem Genie wesentlich nach. Leider überlebte Root kaum die Weltausstellung von Chicago, deren Entwurf wesentlich in seiner Hand lag, wobei er von dem großen Meistermanager, seinem Partner Daniel H. Burnham, dem Chefarchitekten der Ausstellung, unterstützt wurde. Dieser – »Onkel Dan« – hätte es in der Hut- oder Schuhbranche genauso weit gebracht.
Hin- und hergerissen, versuchten einige damals modern genannte bessere Architekten verzweifelt, die amerikanische Baukunst und sich selbst zu reorganisieren. Das A. I. A., das sich damals aus Architekten zusammensetzte, die den dornigen Weg eingeschlagen hatten, neigte zur Aufrichtigkeit, aber die Architekturfabrik schien bereits Volksfeind Nummer eins zu sein.
Ich hatte 1893 gerade mein Büro im »Schiller Building« eröffnet, als die Katastrophe eintrat: Chicagos erste Weltausstellung. Die Ausstellung kam mir schlimmer als jede tragische Travestie vor: blühender Auswuchs des theoretischen Beaux-Arts-Formalismus; Entstellung jeglicher modernen Baukunst, die wir bisher durch Ablehnung jener Kunstrichtung erreicht hatten; ein Schimmelpilz auf unserem Fortschritt. Sinnlose Umkehrung. Dennoch war ich – vor mehr als sechzig Jahren – überzeugt davon, daß das Erwachen unserer eigenen Architektur an der Schwelle der nächsten Jahreswende wartete. In jenem Jahr schrieb ich *The Art and Craft of the Machine* und trug das Essay auf Jane Addams Einladung hin im Hull House vor. Anderntags verkündete der Leitartikel der CHICAGO TRIBUNE, daß ein amerikanischer Künstler das erste Wort über die richtige Nutzanwendung der Maschine als Werkzeug des Künstlers gesagt habe. Ich habe den Verdacht, daß Jane Addams den Leitartikel selbst geschrieben hat.

Die Kunst und die Fertigkeit der Maschine

Im TESTAMENT schrieb Wright: »Der Tod ereilt das Handwerk und alle anderen von uns blindlings ererbten Kulturen. Wir in Amerika waren schon vor unserer Geburt der kulturellen Verwirrung in unserem neuen ›Haus‹ ausgesetzt. Gebäude, Geschäfte, Erziehung wurden alle zu Großunternehmen, die durch die Passion für die Wissenschaft und Sentimentalität in bezug auf die Vergangenheit aufgeputscht wurden. Der erfinderischen Zweckwissenschaft der Mechanisierung fehlte die Einsicht – oder anders ausgedrückt die dichterische Phantasie –, um die Macht der Interpretation dieser weitreichenden neuen Errungenschaften durch Architektur zu erkennen. Da sie frisch von der Wissenschaft kamen, regten sie nur die Habgier des Handels an. Was nun die Architekten betrifft, so verhielten sie sich entweder still oder kuschelten sich in den Schoß des überwältigenden Umschwungs. Unser Kapitalismus war eine Art Piratentum, unsere Gewinn-Systeme neigten dazu, die gemeinen Formen habgieriger Ausdehnung zu fördern. Amerikanische Kultur trug damals ein falsches Gesicht, eine abscheuliche Maske. Der Erfolg wurde als Voraussetzung des Fortschritts mißgedeutet. Echter Erfolg war schlimmer als Mißerfolg. Mutwillige Verleugnungen der Menschheit wurden durch Maschinenkraft geschaffen, der die Impotenz der Künstler und Architekten Vorschub leistete, weil sie selber die neuen Möglichkeiten, die ihre eigentliche Pflicht darstellten, verkannten.« Eine Wiederbelebung des Handwerks war nicht denkbar. Dies klärt Wright in seinem Vortrag, den er am 6. März 1901 vor der »Arts and Crafts Society« und am 20. März 1901 vor der »Western Society of Engineers« hielt.

Wenn wir auf unsern verschiedenen Gebieten arbeiten, dann nimmt in uns ein Ideal irgendwie Gestalt an – etwas, was wir werden wollen –, ein Werk, das geschaffen werden soll. Dies bleibt, wie ich glaube, nur sehr wenigen vorenthalten, und wir fangen erst wirklich zu leben an, wenn uns bei dem, was wir zu leisten wünschen, die Erregung dieser idealistischen Subjektivität bewegt. In den Jahren, die in meinem eigenen Leben dem Bemühen gewidmet waren, ein Gefühl für das Schöne in störrischem Material und im Wirbel verzerrt komplizierter Verhältnisse wirksam werden zu lassen, ist mit der Erfahrung eines jeden Jahres die Hoffnung stärker geworden und läuft nun auf die allmählich sich vertiefende Überzeugung hinaus, daß in der Maschine die einzige Zukunft für Kunst und Fertigkeit liegt – und ich halte sie für eine herrliche Zukunft; daß die Maschine tatsächlich die Metamorphose der alten Kunst und Fertigkeiten darstellt; daß wir endlich der Maschine von Angesicht zu Angesicht gegenüberstehen, der modernen Sphinx, deren Rätsel der Künstler lösen muß, wenn er die Kunst am Leben erhalten will, denn in seiner Natur liegt der Schlüssel. Ich selber verspreche allen »Göttern, die es geben mag«, mit aller Energie und Willenskraft, die ich vielleicht besitze, dazu beizutragen, daß dieser Sinn deutlich wird, und immer wieder, wann und wo es nötig wird, zu dieser Aufgabe zurückzukehren, denn diese selbstverständliche Pflicht ist dem Künstler in unserm Maschinenzeitalter unerbittlich aufgetragen, wenn dazu auch eine im höchsten Maß verwirrende und mühsame Auseinandersetzung mit hochgeschätzten Götzen gehört; das Feuer vieler altehrwürdiger Ideale wird zu Asche vergehen, um phönixhaft mit neuen Zielen wiederzuerstehen.

Die große Sittenlehre der Maschine liegt bis jetzt im großen und ganzen außerhalb des Gesichtskreises von Künstler und Soziologe – doch der künstlerische Geist dürfte sich nun der Natur dieses Dinges von der Erfahrung her nähern; es ist auf seinem Gebiet alltäglich geworden, und deshalb könnte er noch zur rechten Zeit andeuten, ich hoffe sogar: beweisen, daß die Maschine imstande ist, hohe Ideale der Kunst – höhere, als die Welt bisher gesehen hat – fruchtbar zu machen!

Schüler von William Morris vertreten die entgegengesetzte Ansicht. Doch William Morris selber verspürte im tiefsten, welche Gefahr für die Kunst die verwandelnde Kunst bedeutete, deren Zeichen und Symbol die Maschine ist, doch wenn er auch an der neuen Kunst, die wir eifrig suchen, bisweilen verzweifelte, erneuerte sich seine Hoffnung indessen bald.

Er sah deutlich voraus, daß eine Lücke in den Schönen Künsten dem unvermeidlichen Mißbrauch der neu entdeckten Kraft folgen müsse, und stürzte sich mit Leib und Seele in die Arbeit, diese Lücke zu überbrücken, indem er in unser Leben aufs neue die Schönheit der Kunst, wie sie gewesen war, hineintrug, damit die künftige Kunst nicht zu viele aufgetrennte Säume habe und dort ausgefranst sei, wo die heilen Kanten ihr noch nützlich sein konnten.

Daß er überschwengliches Vertrauen in die neue Kunst setzte, beweist jeder einzelne seiner Aufsätze.

Daß er die Maschine falsch beurteilte, spielt dabei keine Rolle. Er leistete hervorragende Arbeit für sie, als er sich so stark für den Prozeß des Weglassens einsetzte, den ihr Mißbrauch notwendig gemacht hatte; als er gegen die dem theokratischen Impuls in der Kunst – im Gegensatz zum demokratischen – innewohnende Vulgarität kämpfte; und als er das Evangelium der Einfachheit predigte.

Alle Künstler lieben und ehren William Morris.

Zu seiner Zeit tat er das Beste für die Kunst und wird in der Geschichte zusammen mit Ruskin, dem großen Moralisten, als der große Sozialist fortleben: Es ist eine bedeutsame Tatsache, über die nachzudenken sich lohnt, daß die beiden großen Reformer der modernen Zeit sich zum Künstler bekannten.

Gegen die Maschine wandten sich diese Reformer, weil die Aufwendigkeit, die aus der Habgier entsteht, sie usurpiert und aus ihr eine entsetzliche Maschine der Versklavung gemacht hatte, die die zivilisierte Welt mit ihrer mörderischen All-

gegenwart überschwemmte und sichtbar das Todesurteil für Kunst und Fertigkeit, wie diese Reformer sie verstanden, bedeutete.
Die Maschine war damals noch nicht bis zu jenem Punkt vorangeschritten, der jetzt so offenkundig anzeigt, daß sie unzweifelhaft und rasch durch ihre eigene Schwungkraft den Schaden, den sie angerichtet hat, ungeschehen und dazu den sie usurpierenden Pöbel zunichte machen wird.
Die Maschine war auch noch nicht so weit herangewachsen, daß es dem großen Demokraten William Morris hätte klarwerden können, in welch hohem Maße die Maschine die große Vorläuferin der Demokratie war.
Nun ist die Grundkonzeption dieses Dinges zu einem Stadium herangewachsen, in dem ihm der Künstler nicht mehr mit Protest begegnen kann: das Genie muß fortschreitend die Arbeit des Mechanismus beherrschen, den es geschaffen hat, damit er sinnvoll dazu beiträgt, die »Schönheit der Erde« von neuem zu erbauen.
Daß die Maschine der Kunst im großartigen alten Sinn des Wortes einen Todesstoß versetzt hat, wird niemand leugnen. Die Beweise sind zu schlüssig.
Kunst im großartigen alten Sinn – das heißt Kunst im Sinn der strukturellen Tradition, deren Leistung nach dem, ob klassischen oder modernen, handwerklichen Ideal gestaltet ist; eine Kunst, in der diese Form und jene Form als Strukturteile mühsam derart zusammengefügt wurden, daß sie die Art der Verbindung auf schöne Weise betonten: die unzähligen Möglichkeiten, bloße strukturelle Notwendigkeiten schön und befriedigend zu machen, die uns hauptsächlich durch die Bücher als »Kunst« überliefert worden sind.
Um rasch, und deshalb grob, zu umreißen, worin die Maschine die Lebenskraft dieser Kunst ausgesogen hat, wollen wir die Architektur im alten Sinn als eine angemessene Darstellung der Traditionskunst und den Druck als eine angemessene Darstellung der Maschine annehmen.
Was der Druck, die Maschine, für die Architektur – die Schöne Kunst – getan hat, wird im Verlauf der Zeit für alle Kunst getan, die unmittelbar nach dem frühen handwerklichen Ideal gestaltet worden ist.
Mit meisterlicher Hand spürt Victor Hugo, ein nobler Liebhaber und großer Studierender der Architektur, ihrem Fall in »Notre Dame« nach.
Die Prophezeiung von Frollo, daß »das Buch das Gebäude töten wird«, war für mich als Jungen, wie ich mich erinnere, eines der betrüblichsten Dinge auf der Welt.
Nachdem er den Ursprung der Architektur gesucht und ihrem Wachsen nachgespürt hat, wobei er nachweist, daß im Mittelalter alle geistigen Kräfte des Volkes in einem Punkt zusammenliefen – der Architektur –, zeigt er, daß im Leben jener Zeit jeder, der als Dichter geboren war, Architekt wurde. Alle andern Künste gehorchten einfach und stellten sich unter die Zucht der Architektur. Sie waren die Arbeiter des großen Werkes. Der Architekt, der Dichter, der Meister faßte in

seiner Person die Bildhauerei, die die Fassaden aushieb, die Malerei, die seine Wände und Fenster illuminierte, die Musik, die seine Glocken zum Dröhnen brachte und seinen Orgeln Leben einhauchte, zusammen – in jener Zeit gab es nichts, was nicht, um aus sich selbst etwas zu machen, gezwungen wurde, zu kommen und sich dem Gebäude einzuordnen.

So ist bis hinauf in die Zeit Gutenbergs die Architektur die hauptsächliche Schrift – die universale Schrift der Menschheit.

In den großen Granitbüchern, die der Orient begann und die die griechische und römische Antike fortsetzten, schrieb das Mittelalter die letzte Seite.

Der Prozeß, den ausführlich darzustellen ganze Bände fordern würde, soll hier nur summarisch skizziert werden: bis zum fünfzehnten Jahrhundert also ist das wesentliche Grundbuch der Menschheit die Architektur.

Im fünfzehnten Jahrhundert ändert sich alles.

Das Denken des Menschen entdeckt eine Art und Weise, sich selbst zu verewigen, die nicht nur widerstandsfähiger, sondern auch einfacher und leichter ist.

Die Architektur wird entthront.

Gutenbergs Lettern aus Blei machen sich daran, die steinernen Lettern des Orpheus zu verdrängen.

Das Buch ist dabei, das Gebäude zu töten.

Die Erfindung des Drucks war die größte Erfindung in der Geschichte.

Es war die erste große Maschine nach der großen Stadt.

Es ist menschliches Denken, das die eine Form auszieht und eine andere anlegt.

Gedruckt ist der Gedanke unvergänglicher denn je – er ist ungreifbar, unzerstörbar.

Als Architektur war er massiv; nun ist er lebendig; von der Dauerhaftigkeit im Hinblick auf die Zeit geht er in die Unsterblichkeit über.

Durchsticht man jäh das ursprüngliche Bett eines Flusses, indem man einen Kanal auf tieferer Ebene als dieses Flußbett aushebt, dann verläßt der Fluß sein Bett.

Man sehe sich nur an, wie die Architektur jetzt vertrocknet, wie sie allmählich leblos und kahl wird. Wie man das Wasser sinken, den Saft verströmen, das Denken der Zeiten und Völker sich daraus zurückziehen fühlt! Der Frosthauch ist im fünfzehnten Jahrhundert kaum wahrnehmbar, da die Druckerpresse noch schwach ist; im Höchstfall saugt sie der Architektur den Überfluß an Leben ab, doch zu Anfang des sechzehnten Jahrhunderts wird die Krankheit der Architektur bereits sichtbar.

Auf erbärmliche Weise wird sie zu einer klassischen Kunst; wo sie von Anfang an einheimisch war, wird sie griechisch und römisch; wo sie echt und modern war, wird sie pseudoklassisch.

Und diese Dekadenz ist es, die wir Renaissance nennen.

Dieses Untergehen der Sonne halten wir fälschlicherweise für die Morgendämmerung.

Und besitzt sie nicht mehr die Kraft, die andern Künste zu halten, so emanzipieren diese sich, zerbrechen das Joch des Architekten und machen sich davon, jede in ihre Richtung.
Man könnte das Ganze mit einem Imperium vergleichen, das nach dem Tode seines Alexanders zerstückelt wird; seine Provinzen werden zu Königreichen.
Die skulpturale wird zur statuenschaffenden Kunst, das schmückende Handwerk zur Malerei, der Kanon zur Musik. Daher Raffael, Angelo und jene Pracht des blendenden sechzehnten Jahrhunderts.
Und dennoch, als die Sonne des Mittelalters völlig untergegangen war, wurde die Architektur matt und trat immer mehr in den Hintergrund. Das gedruckte Buch, der nagende Wurm des Gebäudes, saugte sie aus und verschlang sie. Sie wurde armselig, jämmerlich, ein Nichts.
Auf sich allein angewiesen, im Stich gelassen von den andern Künsten, weil das menschliche Denken die Architektur im Stich läßt, zieht sie Stümper statt Künstler an. Sie kommt erbärmlich um.
Und was wird währenddessen aus dem Druck?
Das ganze Leben, das die Architektur verläßt, strömt zu ihm. Im gleichen Zeitmaß, wie die Architektur verebbt und verströmt, schwillt das Drucken an und wächst. Das Kapital an Kräften, das das menschliche Denken an das Bauen gewendet hatte, wird nun an Bücher gewendet; und die Architektur ist tot, unwiederbringlich vom gedruckten Buch erschlagen, erschlagen, weil sie nur für kürzere Zeit Dauer besitzt, erschlagen, weil das menschliche Denken ein einfacheres Ausdrucksmittel gefunden hat, das weniger Mühe kostet, weil das menschliche Denken ungreifbar und unzerstörbar gemacht worden ist und gleichmäßig und unwiderstehlich die vier Himmelsrichtungen der Welt erreicht und allen zur Verfügung steht.
Deshalb wird die Architektur, falls sie sich, wie Victor Hugo prophezeit, in den letzten Tagen des neunzehnten Jahrhunderts wieder erheben, sich rekonstruieren sollte, nicht mehr die Herrin der Künste, sondern nur noch eine von ihnen, nie wieder *die* Kunst sein; und das Drucken – die Maschine – bleibt der zweite Turm von Babel des Menschengeschlechts.
So ist der organische Prozeß, für den der majestätische Abstieg der Architektur nur ein charakteristisches Beispiel bildet, ständig bis auf die heutige Zeit weitergegangen und geht immer noch weiter, schwächt den Einfluß des Künstlers auf die Menschen, zieht aus den Reihen der Künstler die Dichter und Wissenschaftler ab, bis die Architektur nur noch ein bißchen kümmerliches Wissen von der Archäologie und die durchschnittliche Kunst zur atemlosen Armseligkeit des imitativen Realismus herabgedrückt ist, bis der ganze Buchstabe der Tradition, das ungeheure Gebäude des im Fleisch Vorangegangenen, das das Kunstideal zunehmend verworren gemacht hat, während die Maschine zur Macht heranwuchs, nur noch eine

schöne Leiche darstellt, aus der der Geist davongeströmt ist. Der Geist aber, der davongeströmt ist, ist der Geist der neuen Kunst; er hat jedoch den modernen Künstler verlassen, denn dieser hat ihn seit Jahrhunderten wegen seiner Gier nach dem *Buchstaben* verloren, da die schöne Leiche der Kunst allzu bequem von der Maschine zur Verfügung gestellt wurde.

Deshalb schwindet die Fertigkeit des Künstlers dahin.

Die Fertigkeit, die nicht erkennen will, daß das menschliche Denken die eine Form abstreift und eine andere anlegt; und die Künstler sind überall, ob sie nun der Müßiggängerklasse im alten England schmeicheln oder sich hier im großartigen Westen unter dem Absatz des kommerziellen Mißbrauchs winden, die widerwilligen Symptome der unvermeidlichen, organischen Natur der Maschine, die sie bekämpfen, des Höllenqualms der Fabriken, die zu begreifen sie verschmähen.

Und unbesiegbar triumphierend schreitet die Maschine weiter, sammelt Kraft und verknüpft die materiellen Bedürfnisse der Menschheit immer enger zu einem allumfassenden automatischen Gewebe: die Maschine, der Motor, das Schlachtschiff, die Kunstwerke des Jahrhunderts!

Die Maschine ist Verstand, der die Plackerei auf Erden meistert, damit die plastische Kunst Leben gewinnen, damit die Zeitspanne von Muße und Kraft, durch die das menschliche Leben auf der Erde schön gemacht werden kann, unermeßlich erweitert werden darf; ihre Funktion ist es, den Selbstausdruck des Menschen schließlich zu befreien!

Sie ist ein universaler Erzieher, der das Niveau der menschlichen Intelligenz anhebt und damit auch die Macht in sich trägt, durch ihren eigenen Schwung die Habgier zu zerstören, die sie zu Morris' und auch noch zu unserer Zeit zu einem tödlichen Motor der Versklavung macht. Der einzige Trost, der dem armen Künstler in seiner Sackgasse bleibt, ist ein scheinbar gemeiner, der Gedanke nämlich, daß eben die Selbstsucht, die die frühe Kunst des Menschen idealisierte und die nun auf das Niedrigste reduziert wurde, sich selber durch das Medium Maschine rasch und sicher zerstört.

Die augenblickliche Notlage des Künstlers ist bedauernswert, aber entspricht es der Wahrheit, wenn er sagen würde, die Gesellschaft befinde sich schlechter dabei, weil die Architektur oder auch nur die Kunst sozusagen tot sei, während das Drukken, oder die Maschine, lebe?

Jedes Zeitalter hat sein Werk geschaffen und seine Kunst mit den besten Werkzeugen oder Apparaten, die es kannte, hervorgebracht, mit den Werkzeugen nämlich, die das Kostbarste auf der Welt zu sparen vermochten – die menschliche Mühe. Griechenland benutzte den leibeigenen Sklaven als wesentliches Werkzeug seiner Kunst und Gesittung. Dieses Werkzeug haben wir verworfen, und wir würden uns weigern, unter der Bedingung seiner Wiederbenutzung zur griechischen

Kunst zurückzukehren, weil wir nun auf dem Fundament der Demokratie beharren.
Ist es nicht wahrscheinlicher, daß sich das Mittel des künstlerischen Ausdrucks selbst erweitert und verändert hat, bis der künstlerischen Tätigkeit der Zukunft überhaupt eine neue Definition und Richtung gegeben werden muß, und daß die Maschine endgültig für den Künstler, ob er sie jetzt benutzen will oder nicht, eine großartige Unterscheidung zwischen der Kunst von alters her und der künftigen Kunst getroffen hat? Eine Unterscheidung, getroffen von dem Werkzeug, das den Menschen von harter Arbeit befreit und das Leben des einfachsten Mannes verlängert und erweitert, und gleichzeitig Fundament der Demokratie, auf der wir bestehen.

Um diese Unterscheidung ein wenig zu beleuchten, wollen wir ein Beispiel aus dem Gebiet wählen, das von der Maschine naturgemäß zuerst reif gemacht worden ist – dem kommerziellen Gebiet.
Das moderne hohe Bürogebäude ist die reine und einfache Maschine.
Hier dürfen wir ein fortgeschrittenes Stadium eines Zustands ahnen, wie er sich in der gesamten Kunst für alle Zeiten durchsetzen wird, sein bereits triumphierender Blick in dem tödlichen Ringen, das hier zwischen der Maschine und der Kunst der strukturellen Tradition stattfindet, zeigt »die Kunst«, zerrissen und auf den Stahlrahmen des Kommerz gehängt, einen jämmerlichen Kopf auf einer Pike, eine ernste Warnung für Architekten und Künstler in aller Welt.
Wir müssen schon Scheuklappen tragen, um nicht zu sehen, daß die ganze großartige Fähigkeit von Maschine und Material uns bisher weiter nichts gebracht hat als eine vollständige, breit gestreute Entartung eines jeden Typs und einer jeden Form, die der Kunst von alters her heilig waren; ein Pandämonium von Blechmasken, unordentlich zusammengeworfenen Verkrüppelungen und überholten Methoden; zänkisch, verlogen und betrügerisch – die Hände an der Kehle der andern oder in den Taschen der andern; und niemand von den Leuten, die diese Dinge tun, die sie bezahlen oder benutzen, weiß, was sie bedeuten, höchstens hat er das Gefühl – wenn er überhaupt etwas fühlt –, daß das, was der Vergangenheit am echtesten ähnlich sieht, das Sicherste und deshalb das Beste sei; wie es bezeichnenderweise Marshall Field, als er von seinem neuen Gebäude sprach, offen sagte: »Eine gute Kopie ist das Beste, was wir machen können.«
Eine schmähliche Beleidigung für Kunst und Fertigkeit!
Besitzen wir mit dieser Grube industriellen Reichtums vor unsern Füßen nicht mehr Macht, als sie ausschließlich zur Pervertierung unserer natürlichen Hilfsmittel zu benutzen? Ein Eingeständnis der Scham, das die barmherzige Unkenntnis des einstweilen noch materiellen Systems der Dinge irrigerweise für eine rühmliche Leistung hält.

Wir glauben schon selber halb an unsere künstlerische Größe, wenn wir in ein, zwei Nächten ein Pantheon für den Gott des Geldes errichten oder eine Mammutanhäufung römischer Monumente in ein, zwei Jahren aufeinandertürmen, Sarkophage und griechische Tempel als Postamt – das geduldige Gefolge der Maschine geht mit entsetzlicher Tüchtigkeit ans Werk, um diesen heillosen Ehrgeiz in die Tat umzusetzen – diesen Schimpf für die alten Götter. Die feinen, jeden Eindruck aufnehmenden Möglichkeiten der Terrakotta werden zu imitierten Blöcken und Gewölbekeilen aus Stein mit Werkzeugspuren, zu jeder nur erdenklichen strukturellen Gymnastik gequält, oder dieses Material wird auf andere Weise zur Unehrlichkeit gezwungen; und Granitblöcke, in der Art der Nachfolger des Phidias behauen, werden listig um die stählernen Balken und Pfosten arrangiert, damit sie »real« aussehen – dabei stützen sie sich schwer auf ein inneres Stahlskelett, das sie von Stockwerk zu Stockwerk trägt und unter dieser »Wirklichkeit« ächzt; am liebsten würde es sich, glaube ich, hinlegen und vor Scham sterben.

Die »Meister« – ergo die modischen Nachfolger des Phidias – haben sich bemüht, dieses schlaue Stahlskelett gleichzeitig in siebzehn verschiedenen Sorten von »Architektur« erscheinen zu lassen, während doch alle Welt – außer den »Meistern« selber – weiß, daß keine einzige davon Architektur ist.

Wir sehen also, wie hier ein Element – die Vorhut der neuen Kunst – auftritt, das die Gleichung der strukturellen Kunst nicht erfüllen kann, ohne unverschämt zu lügen und abscheulich zu betrügen.

Dieses Element ist die auf ein Skelett reduzierte strukturelle Notwendigkeit, in sich vollkommen, ohne vom Handwerker berührt zu werden. Und mit einem Schlag verschwinden die tausend verschiedenen Wege, dieser Notwendigkeit durch Schönheit zu genügen, wie sie uns vor allem in den Büchern als die traditionelle Baukunst überliefert sind – und werden Geschichte.

Der Künstler ist emanzipiert; er kann sein Wollen in einer rationalen Freiheit ausführen, wie sie der mühsamen Kunst der strukturellen Tradition unbekannt war – er ist nicht mehr an die magere Einheit aus Ziegelbogen und Steinsturz gebunden, nicht mehr durch die grammatische Phrase, nach der man sie macht, gehemmt –, doch er vermag seine Freiheit nicht zu nutzen.

Seine Tradition kann nicht denken.

Er will nicht denken.

Sein Bruder von der Wissenschaft hat ihm die Freiheit hingeschoben, ehe er bereit dafür war.

Das moderne Problem des hohen Bürogebäudes ist ein typisches Problem der Maschine. Die einzigen rationalen Lösungen, die es bisher erhalten hat, lassen sich an den Fingern einer Hand herzählen. Daß ein großer Teil unserer »Architekten« und »Künstler« sich über sie entrüstet und geradezu Anstoß an ihnen nimmt, ist als Einwand ebenso gültig wie der eines kleinen Jungen, der gesunde Nahrung verweigert, weil sein Magen schon von allzuviel ungesundem Gebäck verdorben ist – mag er es auch selber gebacken haben.

Wir können Einwände gegen den Manierismus dieser Gebäude erheben, aber wir können sie dieser Manier wegen ebensowenig ablehnen, wie wir uns ihrer offenkundigen Wahrhaftigkeit verschließen dürfen.

Das Stahlgerüst ist als legitime Grundlage für eine einfache, aufrichtige Bekleidung aus plastischem Material anerkannt worden; dieses Material vergeistigt den Zweck des Stahlgerüsts ohne jede strukturelle Vortäuschung.

Dieses Prinzip ist also endlich in der Architektur anerkannt worden, und wenn die Meister sich auch weigern, es überhaupt für Architektur zu halten, ist es doch wenigstens ein Schimmer auf dunklem Feld – das erste vernünftige Wort, das in der Kunst für die Maschine gesprochen worden ist.

Die alte Kunst vergeistigte eine strukturelle Notwendigkeit – die durch die Maschine veraltet und unnatürlich geworden ist – und leistete die Vergeistigung durch die Freude des Menschen an der Arbeit seiner Hände.

Die neue Kunst wird für die Bedürfnisse der Menschheit, die die Maschine bis dahin befriedigt haben wird, ein Gewand der Vergeistigung weben, das nicht weniger wahrhaftig, aber poetischer ist; und sie wird sich dazu einer rationalen Freiheit bedienen können, die ihr die Maschine ermöglicht und neben der die alte Kunst wie das süße klagende Wimmern der Dudelsackpfeife gegenüber dem Aufbrausen des vollen Orchesters ist.

Sie wird die Notwendigkeit mit dem lebendigen Fleisch männlicher Imagination bekleiden, wie das lebendige Fleisch dem harten menschlichen Knochenskelett Anmut verleiht.

Die neue Kunst wird aus dem Besitz der Könige und Oberklasse in das Alltagsleben aller übergehen – von der zeitlichen Dauer zur Unsterblichkeit.

Dieser Unterschied läßt sich eher erfühlen als klar definieren.

Die Definition ist die Poesie unseres Maschinenzeitalters und wird groß in die Zeit eingeschrieben werden; doch je mehr wir als Künstler dieses Vorgefühl untersuchen, desto deutlicher stellen wir fest, daß alte Formen völlig ungeeignet sind, die neuen Bedingungen und die bittere Not der Maschine nach plastischer Behandlung zu befriedigen – eine geschmeidige, nachspürende Behandlung ihrer Bedürfnisse, die der Körper ihrer strukturellen Vorgängerin nicht herzugeben vermochte.

Um dafür weitere einleuchtende Beweise zu erhalten, wollen wir uns den dekorativen Künsten zuwenden – dem ungeheuren Mittelgrund aller Kunst, die jetzt von der Maschine tödlich krank gemacht worden ist, so krank, daß sie das Kunstideal der strukturellen Kunst zur Plastizität der neuen Kunst wandeln könnte –: der **Kunst der Demokratie**.

Hier finden wir die allertödlichste Pervertierung – die großartige Beherztheit der

Maschine, die zivilisierte Welt mit den zerfetzten Leichen jener unentwegten Abscheulichkeiten zu bombardieren, die einmal kultivierten Luxus bedeuteten – und die nun für eine Art von Verfettung stehen, die einfach vulgär ist.
Ohne Rücksicht auf die einfachsten Grundsätze oder auch nur auf den gewöhnlichsten Anstand wird ihr der ganze Buchstabe der Tradition – das heißt all jene Tätigkeiten, die durch die Maschine völlig veraltet und unnatürlich geworden sind – ins gefräßige Maul gestopft, bis man Reproduktionen für neuundneunzig Cent auf dem »Jahrmarkt« kaufen kann, die ursprünglich Jahrhunderte der Mühe und Kultur gekostet haben, jetzt jedoch genaugenommen gar nichts wert sind – schädliche Schmarotzer, die unser natürliches Empfindungsvermögen verwirren und jede echte Vorstellung von normaler Schönheit, die uns der Schöpfer eingepflanzt hat, mindern und verfälschen.
Der Gedanke der Zweckdienlichkeit, der Harmonie zwischen Form und Gebrauch, kommt im Hinblick auf all diese Dinge den allerwenigsten, und dann wird er von ihnen hauptsächlich als Protest benutzt – als Protest gegen die Maschine!
Ebensogut könnte man Richard Croker die politische Ungerechtigkeit in Amerika zur Last legen.
Ebenso wie »Croker das Geschöpf und nicht der Schöpfer« des politischen Übels ist, so ist die Maschine das Geschöpf und nicht der Schöpfer dieser Schändlichkeit; und diesem Unterschied entsprechend – daß die Maschine noble Möglichkeiten besitzt, die ohne ihren Willen im Namen des Künstlerischen zur Entartung gezwungen werden – ist die Maschine, soweit es sich um ihre künstlerische Fähigkeit handelt, selber das verrückt gemachte Opfer des Künstlers, der arbeitet, während er wartet, und des Künstlers, der wartet, während er arbeitet.
Zwischen diesen beiden gibt es eine hübsche Unterscheidung.
Keiner von beiden wird die Geheimnisse der Schönheit dieser Zeit erschließen.
Sie klammern sich kläglich an die alte Ordnung und möchten das riesige Gerüst der Dinge durch Schmeicheln in ihre Kindheit zurück oder in die zweite Kindheit vorwärts schieben, während unser Maschinenzeitalter jenen Künstler braucht, der sich abfindet, arbeitet – und bei der Arbeit singt –, »voller Freude am *Hier* und am *Jetzt!*«
Wir brauchen den Mann, der die Schönheit unserer Zeit eifrig sucht und findet oder sich selbst die Schuld gibt, wenn er sie nicht findet, der sie ausdrücklich als Sänger und Prophet hinnimmt; denn keiner darf arbeiten, während er wartet, oder warten, während er arbeitet – in dem Sinn, in dem William Morris' große Arbeit auf legitime Weise getan wurde, in dem Sinn, in dem der größte Teil der Kunst und Fertigkeit von heute ein Echo ist: Die Zeit, da solche Arbeit sinnvoll war, ist vorbei.
Echos sind von Natur aus dekadent.
Künstler, deren Einstellung zu Moderne und Maschine heute der von William

Morris und Ruskin entspricht (die seinerzeit dazu durchaus berechtigt waren), würden am besten wirklich warten und in der Soziologie arbeiten, wo sie vielleicht noch große Aufgaben lösen können. Auf dem Gebiet der künstlerischen Betätigung werden sie unbedingt Schaden verursachen. Sie haben schon eine Menge Unfug getrieben.

Wenn der Künstler seine Augen nur aufmacht, dann wird er sehen, daß die Maschine, die er fürchtet, es ermöglicht hat, den größten Teil der sinnlosen Tortur auszulöschen, der die Menschheit im Namen des Künstlerischen seit Anbeginn der Zeit mehr oder weniger ausgesetzt war, ja, daß sie frische Kraft, Vergeistigung und ein poetisches Feuer ermöglicht hat, die die Kunst der Welt bisher noch nicht erleben durfte; denn die Maschine, der Prozeß, räumt jetzt den Zwang zu verächtlichen strukturellen Betrügereien weg, legt diesen lästigen Kampf bei, die Dinge scheinen zu lassen, was sie nicht sind und niemals sein können; sie erfüllt den einfachen Term der modernen Kunstgleichung, wie der Tonklumpen in der Hand des Bildhauers sich seinem Wunsch fügt – und macht endgültig Schluß mit dieser realistischen, schwachsinnigen Maskerade, die wir für Kunst zu halten gewöhnt sind.

William Morris setzte sich mit Recht für die Einfachheit als die Grundlage jeder echten Kunst ein. Wir wollen uns über die Bedeutung dieses Wortes – EINFACHHEIT – für die Kunst klarwerden, denn sie ist entscheidend für die Kunst der Maschine.

Selbstverständlich können wir statt der echten Sache, nach der wir streben, eine heuchlerische Nachahmung des Naiven finden, das wir verabscheuen sollten, wie wir eine erwachsene Frau mit der Manieriertheit eines Babys verabscheuen.

Die englische Kunst ist damit überfüllt, angefangen bei der nagelneuen Imitierung des alten Hauses, das von Epoche zu Epoche wuchs und wucherte, bis zu dem Regenwasserbehälter, der unter der Traufe steht.

Und tatsächlich ist der größte Teil der Einfachheit, der den Lehren von William Morris folgte, ein Protest; als Protest ist er gut und schön; doch die höchste Form der Einfachheit ist nicht in dem Sinn einfach, in dem die Intelligenz eines kleinen Kindes einfach ist – übrigens ebensowenig eine Scheunenwand.

Ein natürlicher Umschwung des Gefühls führt uns nach der sinnlosen Verfeinerung von heute dazu, allzu großen Nachdruck auf bloße Gemeinplätze zu legen, genau wie ein sauberes Blatt Papier eine Erholung ist, wenn man eine Reihe schlechter Zeichnungen betrachtet hat – aber Einfachheit ist nicht nur eine neutrale oder negative Eigenschaft.

Die Einfachheit in der Kunst ist, recht verstanden, eine synthetische, positive Qualität, in der wir Beweis für Geist, Großzügigkeit des Entwurfs, Reichtum an Detail und jenes Gefühl für Vollständigkeit in allem erkennen können, wie wir es bei einem Baum oder einer Blume finden. Ein Werk kann die erlesene Zartheit einer

Orchidee oder die unerschütterliche Stärke der Eiche besitzen und dennoch einfach sein. Um einfach zu sein, braucht eine Sache sich nur selber treu im organischen Sinn zu sein.

Dieses Ideal der Einfachheit vor Augen, wollen wir rasch ein paar Beispiele der Maschine betrachten und sehen, wie sie durch verlogene Ideale gezwungen worden ist, dieser Einfachheit Gewalt anzutun; wie sie jedoch auch die höchste Einfachheit ermöglicht hat, wenn sie recht verstanden und so benutzt wurde. Da Holz vielleicht das am meisten zur Verfügung stehende aller Wohnungsbaumaterialien ist und deshalb auch am meisten mißbraucht wird, wollen wir einen Blick auf das Holz werfen.

Maschinen sind zu keinem andern Zweck erfunden worden, als die Holzschnitzerei des frühen Ideals so genau wie möglich zu imitieren – mit dem unmittelbaren Ergebnis, daß kein Möbelstück der Preisklasse neunundneunzig Cent ohne irgendwelche abscheuliche Pfuscharbeit zu verkaufen ist, die keinerlei Sinn hat, es sei denn den, daß sich Kunst und Fertigkeit zusammengetan hätten, um dem Geist der Masse den alten handgeschnitzten Stuhl als höchstes Ideal einzuprägen.

Der erbärmliche unbeholfene Tribut an diese Perversion, der allein aus Grand Rapids * kommt, würde das Antlitz der Kunst schon unwiederherstellbar verunstalten, ganz zu schweigen von der aufwendigen und künstlichen Tischlerei von Pfosten, Spindeln, mit der Schweifsäge hergestellten Balken und Stützen, verstrebt und versteift, darauf abgestellt, die Sentimentalität des ohnehin schon überladenen antiken Produkts noch zu übertreffen.

So ist die holzbearbeitende Industrie außer in ganz seltenen Fällen überladen. Das ganze Sentiment des frühen Handwerks entartete zu einer Sentimentalität, die keinerlei anständige Bedeutung oder auch nur kommerzielle Integrität mehr besitzt; tatsächlich ist dies alles aufwendig, rührselig und tierisch, da es sein Dasein vor allem auf Eitelkeit und Ignoranz gründet.

Nun wollen wir von der Maschine lernen.

Sie lehrt uns, daß die Schönheit des Holzes in erster Linie in seinen Eigenschaften als Holz liegt; keine Behandlung, die diese Eigenschaften nicht immer wieder ans Licht bringt, kann plastisch sein – deshalb ist sie nicht angemessen, geschweige denn schön; die Maschine lehrt uns, sofern wir es ihr überlassen, daß gewisse einfache Formen und Behandlungen geeignet sind, die Schönheit des Holzes ans Licht zu bringen, und gewisse andere Formen nicht, und daß jede Schnitzerei einen Zwang auf das Material ausübt und eine Beleidigung für seine feineren Möglichkeiten als Material bedeutet; Holz besitzt in sich selbst hohe künstlerische Eigenschaften, von denen die schöne Maserung eine, die Struktur eine andere und die Farbe die dritte ist.

* Grand Rapids ist das Fabrikationszentrum für Möbel in den USA. (Anm. d. Ü.) [1]

Die Maschine ermöglicht es durch ihre wunderbare Fähigkeit, zu schneiden, zu formen, zu glätten und zu wiederholen, so sparsam zu arbeiten, daß sich heutzutage der Arme wie der Reiche bei klaren und strengen Formen an einer Oberflächenbehandlung erfreuen kann, die Sheraton und Chippendale nur durch aufwendige Extravaganz mit ihren Intarsien anzudeuten vermochten und die das Mittelalter völlig außer acht ließ.

Die Maschine hat diese Schönheiten der Natur im Holz befreit und es möglich gemacht, die Mehrzahl der sinnlosen Martern auszulöschen, denen das Holz unterworfen wurde, seit die Welt begann, denn es ist überall und von allen Völkern außer den Japanern mißbraucht und übel behandelt worden.

Ist dies nicht, wenn man es recht betrachtet, genau der Prozeß des Weglassens, für den sich Morris einsetzte?

Und nicht nur als Protest, denn die Maschine hat darüber hinaus – wenn Sie wollen, auch nur im Hinblick auf die technischen Möglichkeiten – dem Künstler das Mittel in die Hand gegeben, die wahre Natur des Holzes in Übereinstimmung mit den geistigen und materiellen Bedürfnissen des Menschen ohne Vergeudung und für uns alle erschwinglich zu veredeln.

Und wie steht es mit der ganzen Schar alter Werkstoffe, die die Maschine zu neuem Leben elektrisiert hat?

Unsere modernen Werkstoffe sind die alten Werkstoffe in plastischer Verkleidung, die von der Maschine so gemacht worden sind, da die Maschine selbst gerade die Qualität schafft, die für das Material notwendig ist, damit es seine eigene Kunstgleichung erfüllen kann.

Als wir einen Blick auf die moderne Architektur warfen, sahen wir, wie es ihnen in der Hand von Kunst und Fertigkeit ergeht; sie wurden eingeteilt und unterteilt, geordnet in Reihen und Glieder von gehorsamen Gefolgsleuten, die den Befehl ihres Herrn erwarten.

Stahl und Eisen, Zemente, plastische Kitte und Terrakotta.

Wer könnte die Möglichkeiten dieses alten Werkstoffs – gebrannter Ton – ausloten, den die moderne Maschine so empfänglich für das schöpferische Gehirn gemacht hat wie die Fotoplatte für die Linse – ein wunderbarer Vereinfacher?

Und dieses plastische Verkleidungsmaterial, Zement, ein weiterer Vereinfacher, der den Künstler in die Lage versetzt, den Strukturrahmen mit einem einfachen Gewand von bescheidener Schönheit zu bekleiden, wo er vorher, wie er es noch immer tut, fünf verschiedene Baustoffe heranschleppte, um ein kleines Einfamilienhaus zu bauen; er arrangierte sie zu einer Anhäufung, die malerisch sein sollte – tatsächlich war es Putzmacherei und verzog und verwarf sich unter den Einflüssen von Sonne, Wind und Regen zu einem vielgestaltigen Abfallhaufen.

Da ist das moderne Verfahren des Metallgusses – eine der vervollkommnetsten modernen Maschinen, die jeder Form, in welche Flüssigkeit hineinfließen kann, fähig ist und die die Bilder des feinsten poetischen Geistes ohne jede Beeinträchtigung verewigt – und es steht jedem zur Verfügung; deshalb wird es von dem Stümper beleidigt und erniedrigt und bei seinem entarteten Festmahl auf den niedrigsten Platz gesetzt.

Eine Vielzahl von Prozessen erwartet hoffnungsvoll die verständnisvolle Interpretierung des meisterlichen Geistes; die Galvanoplastik und ihre elektrischen Geschwister, eine ergiebige Gesellschaft, jetzt käufliche Fakire, die echte Bronzen und Antiquitäten aller Art imitieren, wenn sie es insgeheim in ihrem edleren Selbst auch verdammen.

Die Elektroglasur, ein Verfahren, das gemieden wird, weil es zu sauber und zu fein für die plumpe Hand des üblichen Designers ist; er verläßt sich lieber auf die Masse und die Flecke der Verbleiung, um seinen Mangel an Gespür zu verdecken.

Diese köstliche Sache, die Lithographie – die Fürstin einer ganzen Provinz neuer Reproduktionsverfahren –, man braucht sich nur anzusehen, was aus dieser Technik in den Händen eines Meisters wie Whistler geworden ist. Doch er hat nur einen Ton aus der Skala ihrer Möglichkeiten angeschlagen, aber das Ergebnis entspricht dem Verfahren im echten Sinn und ist zart wie der Flügel eines Schmetterlings. Das Höchste indes, was dieses einzigartige Verfahren bisher für uns tat, solange es sich in den Händen von Kunst und Fertigkeit befand, war, uns den billigen Effekt eines imitierten Gemäldes zu geben.

So spinnt sich ein grober und dennoch schwacher Faden des Beweises – wir vermögen ihn heute abend nicht zu verfolgen –, der im wesentlichen dafür spricht, daß die Maschine den Künstler geschwächt hat; sie hat seine handgemachte Kunst, wenn nicht gar auch seine Ideale nahezu vernichtet, obwohl er selber ja mittlerweile genügend jämmerlichen Unfug angerichtet hat.

Diese einleuchtenden Beispiele sollen, mindestens für den denkenden Verstand, andeuten, daß die Maschine ein wunderbarer Vereinfacher, der Befreier des schöpferischen Geistes und mit der Zeit der Erneuerer des schöpferischen Gewissens ist. Wir können sehen, daß dieser zerstörende Prozeß begonnen hat und vor sich geht, damit die Kunst zur Macht voll entwickelter Sinne erwachen kann, wie es die Träume ihrer Kindheit versprachen, wenn diese Macht vielleicht auch nicht auf die gleiche Weise erscheint, wie sie sich in diesen Träumen darstellte.

Nun wollen wir uns fragen, ob die Furcht vor dem höheren künstlerischen Ausdruck, den die Maschine fordert, ob diese Furcht, die in den Künsten und Handwerken so tief eingewurzelt ist, sich auf behutsame Zurückhaltung, auf die Erkenntnis einer spezifischen Schwäche gründet – oder auf glatte Ignoranz.

Um gerecht zu sein, wollen wir annehmen, diese drei Dinge spielten ihre Rolle zu gleichen Teilen, und dann wollen wir versuchen, uns eine *Arts and Crafts Society* vorzustellen, die sich dazu heranzubilden vermag, einen guten Eindruck auf die

Maschine zu machen, auf die Zerstörerin der gegenwärtigen Ideale und Tendenzen dieser Gesellschaft für Kunst und Fertigkeit, auf die Zerstörerin, die gleichzeitig eine verkleidete Retterin ist.
Eine solche Gesellschaft wird natürlich eine Gesellschaft zur gegenseitigen Heranbildung sein.
Auf Jahre hinaus werden Ausstellungen nicht auf ihrem Programm erscheinen, denn es wird nichts auszustellen geben bis auf die Mängel der Gesellschaft, und diese Mängel werden in unserm Stadium des Verfahrens weder instruktiv noch unterhaltsam sein. Diese Gesellschaft muß, schon nach Satzung und Zielsetzung, aus den Leuten bestehen, die mit der Arbeit Bescheid wissen – das heißt den Herstellern –, und diese müssen in Kontakt mit jenen Vertretern der Schönen Künste kommen, die sich der Verpflichtung eines solchen Berufs der Öffentlichkeit gegenüber bewußt sind, und mit jenen Soziologen, deren Interessen eng mit der Kunst verbunden sind, wie es ihre Propheten Morris, Ruskin und Tolstoj zeigen, und schließlich mit all jenen, die das Kunsthandwerk – sei es im alten oder neuen Stil – zur eigenen Freude und als persönliche Leistung vervollkommnet haben.
Ohne das Interesse und die Mitwirkung der Hersteller kann die Gesellschaft nicht mit ihrer Arbeit beginnen, denn das ist der Eckstein ihrer Organisation.
All diese Elemente sollten auf dem gemeinsamen Boden des eingestandenen Nicht-Wissens zusammengeführt werden, sie sollten den Wunsch nach Unterrichtung haben, Gespräch und Kritik offen ermutigen und sich leidenschaftlich um jeden Menschen bemühen, der spezielle Erfahrungen auf irgendeinem verwandten Gebiet hat, damit dieser ihnen einen Vortrag hält.
Zuerst würde diese Vereinigung vermutlich wie ein Debattierklub oder etwas noch Würdeloseres wirken, bis einer den Vorschlag macht, es sei nun Zeit, mit dem Gerede aufzuhören und sich daranzumachen, etwas zu unternehmen, was in diesem Fall freilich nicht heißen sollte, eine Ausstellung zu veranstalten, sondern eher Exkursionen zu Fabriken und das Studium der Fertigungsprozesse an Ort und Stelle – das heißt die Maschine selbst in ihren Prozessen, die allzu zahlreich sind, als daß man sie nennen könnte, in den Fabriken mit den Männern, die diese Prozesse organisieren und leiten, doch keineswegs im Geiste der Vorstellung, daß diese Dinge alle falsch gelaufen seien, sondern in der Suche nach dem in ihnen, was am ehesten dem handwerklichen Ideal nahekommt; dabei darf jedoch nicht einmal der Gedanke an Handwerk auftauchen, und man darf auch nicht besonders nach Handwerkern suchen, sondern soll einen wissenschaftlichen Grundriß des Prozesses vor Augen haben und, wenn möglich, auf alle natürlichen Möglichkeiten achten.
Einige Prozesse und Maschinen würden auf natürliche Weise die einen und einige die andern ansprechen; zweifellos gäbe es unter uns auch solche, die an keinem der Prozesse Gefallen finden.

Das ist selbstverständlich kein Kinderspiel, aber das ist auch die Arbeit nicht, die vom modernen Künstler erwartet wird.

Ich wage nach persönlicher Beobachtung und aus eigener Erfahrung zu behaupten, daß nicht einer von hundert Künstlern sich die Mühe gemacht hat, sich auf diese Weise heranzubilden. Ich will noch einen Schritt weiter gehen und aussprechen, was ich ebenfalls für wahr halte: daß nicht ein einziges Ausbildungsinstitut in Amerika bisher versucht hat, das Verbindungsglied zwischen Naturwissenschaft und Kunst zu schmieden, indem es den Künstler mit seinen heutigen Werkzeugen vertraut macht oder indem es durch einen Prozeß des Naturstudiums die Fähigkeit des selbständigen Denkens in ihm entwickelt, die ihn erst in die Lage versetzt, diese Werkzeuge zweckentsprechend anzuwenden.

Diese Präliminarien wollen wir einen Prozeß nennen, durch den die Künstler die neun Zehntel der ihnen fehlenden Unterrichtung über die Werkzeuge erhalten, mit denen sie heute arbeiten müssen – denn die heutigen Werkzeuge sind Prozesse und Maschinen, während sie früher Hammer und Meißel waren.

Der Künstler von heute ist der Dirigent eines Orchesters, während er früher der virtuose Solist war.

Wenn die Hersteller erst einmal von dem Respekt und der Wertschätzung von seiten des Künstlers überzeugt sind, werden sie ihn und seinen Rat freudig willkommen heißen und zu allen Experimenten bereit sein, die nur irgendwie Sinn zu haben scheinen.

Sie haben allerdings wenig dafür übrig, wenn man sie damit belästigt, auszuprobieren, wie man ihrem speziellen Verfahren einen Anschein von Mittelalterlichkeit verleihen und dem Menschen die Freude an der bloßen Arbeit seiner Hände wiedergeben könnte – denn diese einst reizvolle Beigabe liegt tief in der Vergangenheit.

Dieses Experiment würde zweifellos für den Künstler sehr viel mehr erzieherischen Wert besitzen als für den Hersteller, mindestens während der nächsten Zeit, denn der Künstler müßte sich anpassen und seine Einstellung erheblich ändern. Da so viele Künstler überwiegend aus »Einstellung« – Haltung oder Attitüde – bestehen, würden einige bestimmt zusammen mit der Attitüde verschwinden.

Doch wenn unter zwanzig entschlossenen Studenten auch nur einem die Erleuchtung kommt, und sei es auch nur so viel, um einen einzigen Arbeitsgang zu erhellen, dann hätte es schon gelohnt, denn das wäre allerhand; während die Freude an der bloßen Handfertigkeit mit der jenes Mannes zu vergleichen ist, der nur zur eigenen Unterhaltung Klavier spielt – eine erfreuliche Privatleistung, die jedoch keinerlei reale Beziehung zu den grimmigen Bedingungen hat, denen wir uns gegenübersehen.

Angenommen, es könnte eine entschlossene, unerschrockene Gruppe von Künstlern mit so viel beharrlicher Begeisterung zusammengebracht werden, daß sie sich mit der Maschine beschäftigt; ließe sich dann nicht auch jemand finden, der die geeignete Experimentierstation zur Verfügung stellt (so etwas sollten die modernen Werkstätten für Kunstgewerbe sein) – eine Experimentierstation, die im kleinen die Elemente dieses großen pulsierenden Gewebes der Maschine darstellt, wo jeder bedeutungsvolle Prozeß, jedes wichtige Werkzeug für Druck, Lithographie, galvanoelektrische Prozesse, holz- und stahlbearbeitende Maschinen, Schmelz- und Brennöfen ihren Platz erhielten und wo das beste junge Wissenschaftlerblut mit der besten und echtesten künstlerischen Inspiration zusammentreffen könnte, um die Tiefen dieser Dinge auszuloten und ihnen die geduldige, verständnisvolle Behandlung zuteil werden zu lassen, auf die sie ein Recht haben?

So etwas würde bestimmt lohnen – den empfindungslos machenden Stumpfsinn für die armen Burschen zu lindern, die draußen in den kalten, unfreundlichen Arbeitshallen weder die Gründe kennen noch den Vorgang verstehen und deren pflichtschuldiger Gehorsam an Flickwerk und Stümperehrgeiz gekettet ist; so etwas würde bestimmt ein praktisches Mittel dafür sein, daß ihr pflichtschuldiger Gehorsam etwas erbringt, was wir alle verstehen können und was für die Besten in unserm Maschinenzeitalter ebenso normal ist wie ein Lichtstrahl für das gesunde Auge; eine wirkliche Hilfe bei der Anpassung des *Menschen* an den wahren Sinn seiner Bedeutung als Faktor in der Gesellschaft – auch wenn er eine Maschine bedient.

Bringt ihm bei, daß diese Maschine sein bester Freund ist – sie hat die Zeitspanne seiner Muße vergrößert und wird sie weiter vergrößern, bis die Aufklärung ihm das Verständnis für den großartigen Grundriß des Fortschritts schenkt, in dem auch er mit Recht seine bedeutsame Rolle spielt.

Wenn die Kunst der Griechen, die unter solchen Kosten an Menschenleben geschaffen wurde, so nobel und dauerhaft war, welche Grenze dürfen wir uns dann für eine Kunst vorstellen, die auf einem angemessenen Leben für den einzelnen beruht?

Die Maschine gehört ihm! Zur rechten Zeit wird sie zu ihm kommen!

Wer wird mittlerweile die Erschlagenen zählen?

Woher sollen die Krankenschwestern in diesem industriellen Krankenhaus kommen, wenn nicht aus der modernen Kunst und den modernen Handwerken?

Shelley erklärt, ein Mensch könne nicht sagen: »Ich will dichten ... Selbst der größte Dichter kann das nicht sagen, denn der menschliche Geist ist im Schaffensprozeß wie eine verglühende Kohle, die ein unsichtbarer Einfluß, wie ein veränderlicher Wind, vorübergehend aufleuchten läßt; dieses Vermögen erwächst von innen her wie die Farbe einer Blüte, die verbleicht und sich verändert, während sie entwickelt wird, und die bewußten Teile unserer Natur wissen vorher weder etwas von seinem Kommen noch von seinem Gehen«; und dennoch stellt sich in den Künsten und Fertigkeiten das Problem als eine mehr oder weniger festgelegte

Quantität, die höchst umfassend ist und einen sicheren Griff, eine höher disziplinierte künstlerische Natur erfordert, die sie zum Kunstwerk ordnet.
Die ursprünglichen Impulse mögen ebenso tief nach innen greifen wie die von Shelleys Dichter, sie mögen ebenso unberechenbar, Angelegenheit des reinen Gefühls sein, und dennoch ist die Sache, wenn sie einmal getan ist und ihre rationalen Eigenschaften zeigt, in ihrer Vollständigkeit nur durch die Fähigkeiten dessen, der diese Impulse aufweist, oder durch die Unvollkommenheit der Sache selbst begrenzt.
Das soll nicht heißen, daß man die Kunst als eine exakte Wissenschaft hinstellen könnte.
»Sie ist nicht reine Vernunft, aber sie ist immer vernünftig.«
Sie ist eine Angelegenheit, die Harmonie organischer Tendenzen wahrzunehmen und darzustellen; sie ist dem Ursprung nach intuitiv, weil die Künstlernatur eine prophetische Gabe ist, die diese Qualitäten aus weiter Ferne zu erspüren vermag.
Für mich ist der Künstler der, der den allgemein verständlichen Sinn dieser Tendenzen auf die von ihm erwählte Weise wahrhaftig vergeistigen kann.
Deshalb empfinde ich Konzeption und Komposition einfach als Wesen der Verfeinerung in der Organisation, als den ursprünglichen Impuls, die die künstlerische Natur vielleicht ebenso unbewußt registriert, wie die Magnetnadel nach dem magnetischen Gesetz vibriert, die jedoch, sowohl der Synthese wie der Analyse nach, organisch konsequent sind, ob man sie zu sehen vermag oder nicht.
Und ich bin zu der Überzeugung gelangt, daß die Welt der Kunst, die wir so gern die Welt außerhalb der Wissenschaft nennen, gar nicht so sehr außerhalb liegt, sondern geradezu das Herz dieser großartigen materiellen Entwicklung bildet – wie die Religion ihr Gewissen bildet.
Ein törichtes Herz und ein enges Gewissen.
Ein törichtes Herz, das ängstlich zuckt, weil es die Wachstumsschmerzen seines riesigen Körpergerüsts für nahende Auflösung hält, und dessen Sentimentalität der rüstige Körper der modernen Dinge hinter sich gelassen hat.
Auf diesen Glauben an die Kunst als der organischen Herzqualität des wissenschaftlichen Körpergerüsts der Dinge gründe ich die Überzeugung, daß wir von allen Gehirnen gerade auf das Künstlergehirn schauen müssen, um die Bedeutung dieses Dinges, das wir Maschine nennen, für die Gesellschaft zu begreifen – wenn dieses Gehirn nicht von der falschen Tradition, dem Buchstaben des Gewesenen geblendet, geknebelt und gefesselt wäre. Denn ist dieses Ding, das wir Kunst nennen, nicht ebenso prophetisch wie eine Pfingstrose oder eine Eiche? Deshalb ist das Wesen dieses Dinges, das wir die Maschine nennen, nicht mehr und nicht weniger als das Prinzip des organischen Wachstums, das unwiderstehlich den *Lebenswillen* durch das Medium Mensch betätigt.
Lassen Sie sich bei Einbruch der Nacht sanft auf eines der großen Bürogebäude

der City hinauffahren, und Sie können sehen, wie sehr dieses Ding, das wir Großstadt nennen, als Ebenbild des materiellen Menschen geschaffen, zugleich sein Ruhm und seine Bedrohung ist.

Dort unten, in einer Nacht heranwachsend, räkelt sich das Ungeheuer Leviathan über Hektar um Hektar bis in weite Ferne. Hoch darüber hängt das stagnierende Bahrtuch seines fauligen Atems, gerötet vom Licht seiner unzähligen Augen, die ohne Ende allenthalben blinzeln. Zehntausende von Hektar Zellgewebe, Schicht über Schicht, das Fleisch der Stadt, durchwebt von dem verwickelten Netz der Venen und Arterien, strahlt es in die Finsternis hinaus und pulsiert und zirkuliert mit ersticktem beharrlichem Brüllen wie das Blut in unsern Adern, mit dem unaufhörlichen Schlag der Betriebsamkeit, deren Bedürfnissen die Stadt alles anpaßt.

Wie der Stoffwechsel des menschlichen Körpers ist das Absaugen der giftigen Abfälle aus dem System dieses ungeheuerlichen Geschöpfs; zuerst werden sie von unendlich verästelten Kapillargefäßen absorbiert, an deren Enden sich die für das Leben zerstörende Materie sammelt, sie wird von dort in Millionen kleiner Därme gedrängt, wo sie wieder von größeren aufgenommen wird, bis sie in den mächtigen Siel, weiter in den Abzugskanal und schließlich ins Meer fließt.

Diese Zehntausende von Hektar fleischgleicher Gewebe wiederum sind durchzogen und durchsetzt von einem Nervensystem wunderbar vollständiger zarter Fäserchen für das Abhören, Erkennen, fast Fühlen des Pulsschlags in diesem Organismus; und dieses System wirkt auf die Bänder und Sehnen ein, vermittelt Bewegungsimpulse, und in dem allem fließt das treibende Fluidum des menschlichen Lebens.

Die Nervenganglien! Die unvergleichlichen Corliss-Turbogeneratoren, die ihre hunderttonnigen Schwungräder wirbeln lassen, gespeist von gigantischen Batterien von Wasserrohrkesseln, die Öl brennen und vor denen ein einsamer Mann langsam hin und her geht, hier und da die kleinen Speiseventile reguliert, die das ohrenbetäubende Brüllen des flammenden Gases kontrollieren, während dahinter das unaufhörliche Klicken, Fallen, Warten, Sichheben, Warten, Weiterrücken der Steuerung diese modernen Goliathe lenkt, ein sichtbares Gehirn in scheinbar intelligenter Tätigkeit, in den großen Magneten unfehlbar registrierend, in der Riesenumarmung der großen Induktionsspulen schnurrend, den Lebensstrom erzeugend, der mit sofortiger Reaktion in die rollenden Züge auf hochgelegten Gleisen strömt, zehn Meilen entfernt, wo das grelle Licht der Bessemerbirnen eine Feuersbrunst der Wolken hervorruft.

Ruhiger flüstern in den langen niedrigen Sälen der Fabrikgebäude, die in der Finsternis unter uns begraben sind, Reihe um Reihe unerschütterlicher, schöner vollendeter Automaten und murmeln zufrieden mit einem gelegentlichen Klickklack; diese heutigen Werkzeugmaschinen hätten die amerikanische Industrie vor

fünf Jahren abgewürgt; sie manipulieren den Stahl so zart, wie der geheimnisvolle Webstuhl von heute einen Seidenfaden in dem schimmernden Muster eines eleganten Kleiderstoffes manipuliert.
Und das mühsame Atmen, Murmeln, Klirren und Brüllen! – wie die Stimme dieses ungeheuerlichen Dinges, dieser größten aller Maschinen, einer großen Stadt, sich erhebt, um das Wunder der Einheiten seiner Struktur zu verkünden; der gespenstische Warnschrei aus den tiefen Kehlen der Schiffe, die machtvoll Einlaß in den Wasserweg dort unten fordern, beantwortet von dem widerhallenden Lärmen der Brückenglocken, das näher kommt und unheilverkündender wird, wenn das Fahrzeug für einen Augenblick das Fließen der nahen Arterie durchschneidet, und den Strom vor der herumschwingenden Brücke warnt, die sich jetzt hinter der würdevollen Durchfahrt des stattlichen Schiffes schließt, genau zur rechten Zeit, um in einem Zischen von Dampf wie einen Lichtstreifen die Lawine von Blut und Metall aufzunehmen, die sich über sie wirft und schon fort ist, auf glitzernden Metallbändern in die Nacht hinaustobt, immer treu eingeschlossen von den zarten Zauberleitungen, die unsichtbar zu ihrem Schutz ticken.
Näher, in dem Gebäude, das von mitternächtlicher Tätigkeit leuchtet und bewegt wird, fließt ein unbeflecktes Papierband in das Wunder der Rotationsmaschine, um den unauslöschlichen Eindruck der menschlichen Hoffnungen, Freuden und Ängste zu erhalten; die Maschine bebt im Pulsschlag dieser großartigen Betriebsamkeit und ist ebenso unfehlbar, wie die graue Materie des menschlichen Gehirns den Eindruck der Sinne aufnimmt, um Millionen von sauber gefalteten fertigen Zeitungen auszuspeien, die von lebhaften Appellen an die guten und bösen Leidenschaften strotzen; sie weben ein Netz der gegenseitigen Verständigung, das so weit reicht, daß die Entfernung zu einem Nichts wird; der Gedanke eines einzelnen Mannes in irgendeinem Winkel der Welt, an einem Tag gedacht, ist am nächsten Tag bereits allen andern Menschen mit bloßem Auge sichtbar. Hier spiegelt sich das Treiben der ganzen Erde wie in einem Spiegel wider, so wunderbar empfindlich ist dieses breite weiße Band, das tagein, tagaus endlos dahinströmt, im Griff der Rotationsmaschine.
Wenn der Pulsschlag der Betriebsamkeit in dieser großen Stadt, auf den das Beben des Mammutskeletts unter unsern Füßen nur eine ehrfurchteinflößende Reaktion ist, schon erregt, wie steht es dann mit diesem produktiven, schweigenden Gehorsam?
Und die Gewebestruktur dieses großen Dinges, dieses Vorläufers der Demokratie, der Maschine, ist, Partikel um Partikel, in blindem Gehorsam dem organischen Gesetz gegenüber niedergelegt worden, dem Gesetz, für das das große Solaruniversum auch nur eine gehorsame Maschine ist.
So ist das Ding beschaffen, dem die Kräfte der Kunst die Erregung der Vergeistigung einhauchen sollen! Eine Seele!

Die Schule von Chicago

1893 begann Wright, auf offenen Grundrissen jene ausgedehnten Wohnhäuser mit sanft geneigten, überstehenden Dächern zu bauen, die sich dem weiten Gelände des Mittelwestens anpassen sollten. Er entwickelte so außergewöhnlich konsequente Gebäude wie das Bürohaus für die Larkin-Company und den Unity-Tempel. EIN TESTAMENT gibt Auskunft über seine ersten Arbeitsjahre.

Es gibt keine Schule, die nicht irgend etwas lehrt; ich war mir, bis viele Jahre später die Bezeichnung »Chicago School« auftauchte, nicht bewußt, daß so etwas wie eine Schule existiert hatte. Damals gab es eine kleine Gruppe, die sich aus meinen eigenen Anhängern und zeitgenössischen Widerspruchsgeistern von Natur aus zusammensetzte. Adlers und Sullivans Werk stand immer im Gegensatz zu dem Werk von Richardson und Root; später übernahmen Shepley, Rutan und Coolidge das Erbe Richardsons, aber nur wenige Architekten, alt oder jung, gaben damals Adlers und Sullivans Einfluß zu.

Da ich, soweit es sie betraf, Sullivans »anderes Ich« war, bildete sich bald eine kleine Clique um mich, deren Führer selbstverständlich ich war. Freundschaften entstanden in dieser Frühzeit, besonders nachdem die Goldbuchstaben ARCHITEKT an der Glastür meines Büros im »Schiller Building« angebracht worden waren. »Jünger« hatte ich nur wenige: unter ihnen an erster Stelle Cecil Corwin und Robert C. Spencer Jr. (Bob) – die ersten zur neuen Architektur Bekehrten. Bob wurde von seinen »klassischen« Kollegen als Abtrünniger betrachtet, denn seine Arbeitgeber – Shepley, Rutan und Coolidge – hatten sich bald nach dem Tod des romanischen Richardson dem »Klassischen« zugewandt. Bob und ich wurden oft zusammen gesehen; später bezog er ein Büro neben dem meinigen im »Schiller Building«. Die Konformisten von Chicago, die in anderen Architektenbüros arbeiteten, pflegten, wenn sie uns Arm in Arm durch die Straßen gehen sahen, verächtlich zu sagen: »Da geht Gottvater mit seinem Sohn Jesus Christus.« Bob störte es nicht. Er hielt mir die Stange. Einige andere begannen »hereinzuschauen«: George Dean, Hugh Garden, Myron Hunt, Dwight Perkins, Dick Schmidt und Horward Shaw; alle waren zwar wohlwollend, aber doch nicht bereit, die Nabelschnur zum kolonialen oder französischen Chateau, zum englischen Landhaus oder dem Protz der Beaux-Arts-Periode durchzuschneiden.

Es dauerte nicht lange, bis ein »Stammtisch« entstand, dem ich, Bob Spencer, Gamble Rogers, Handy und Cady, Dick Schmidt, Hugh Garden, Dean, Perkins, Shaw und einige andere angehörten; im ganzen achtzehn. Wir nannten die Gruppe die »Eighteen«.

Die »Eighteen« wollten oft wissen, wie ich meine Kunden davon überzeugte, daß die neue Architektur das einzig Richtige sei. »Hypnotisierst du sie?« war eine ihrer üblichen Fragen. Die Idee einer amerikanischen Architektur faszinierte sie bis zu einem gewissen Grad, je nach dem Grad ihres Verständnisses. Fast alle bewunderten, was ich tat, obgleich sie noch nicht eingestehen wollten, daß es das Richtige sei. Gamble Rogers blieb der »Gotik« treu; Howard Shaw wagte es nicht, den englischen Kolonialstil aufzugeben. Aber die meisten anderen stimmten der Idee irgendeiner modernen Architektur zu. Ich wurde erster Ratgeber der Gruppe. Nach ein oder zwei Jahren ging der »Stammtisch« auseinander. Ich mietete mit denen, die mir am nächsten standen, einen leeren Dachboden in der »Steinway Hall«: einem Gebäude von Dwight Perkins. Spencer, Perkins, Hunt und Birch Long zogen mit mir ein. Zusammen teilten wir den großen Dachboden in atelierähnliche Zeichenräume ein. Wir hielten diesen großen Dachboden für unseren Zweck besonders geeignet. Gemeinsam hatten wir eine Empfangsdame und eine Stenotypistin, die einen Stock tiefer sitzenden »Bürokräfte«, die es uns allen recht machen wollten. Die Eingangstür bestand aus einer einzigen durchsichtigen Glasplatte, der zweiten, die es gab, die andere war die Eingangstür zu den Schiller-Büros mit allen unseren Namen in einheitlichen Goldbuchstaben darauf.
Indessen fand sich eine zunehmende Zahl junger Zeichner wie Max Dunning und andere ein. Ich brachte den »Lieben Meister«* dazu, vor dem »Chicago Architectural Scetch Club« zu sprechen, was er mit großem Erfolg tat. Dankmar Adler war damals Dekan des A. I. A., und er verfaßte außerdem bedeutende Schriften über Wolkenkratzerkonstruktion und die Auswirkung des Stahls auf das moderne Leben. Inzwischen entstanden Gebäude »unter Adlers und Sullivans Einfluß«. Auch von anderen wurde hier und da Neues eingeführt. Aber alles in allem, von meinem ungeduldigen Standpunkt aus, schwach, wenn nicht sogar ohnmächtig oder feige. Gelegentlich sprach ich dies aus, arbeitete aber trotzdem an ihren Plänen mit, wenn ich helfen konnte. Mein begeistertster Apostel, der junge Myron Hunt, war der erste unter ihnen, der sich in Evanston, Illinois, durch den Bau des »Weißen Hauses« als »Moderner« etablierte. Es war ein typisches Beispiel. Ich glaubte, allen behilflich sein zu können.
Ich erinnere mich an einen heißblütigen Italiener namens Boari, der den Wettbewerb für das National Grand Opera House in Mexico City gewann. Er kam vorübergehend auf unseren Dachboden, um Pläne für dieses Gebäude zu machen. Er stand uns allen fern, aber er war ein guter Beobachter, neugierig und humorvoll. Er betrachtete etwas, woran ich gerade arbeitete, sagte dann mit gutmütigem Gebrumm: »Huh, Enthaltsamkeitsarchitektur!«, drehte sich weiter brummend

---

* Gemeint ist Dankmar Adler. Vielleicht hat dieser den Namen »Lieber Meister« davon erhalten, daß er Sullivan immer mit dieser Anrede titulierte.

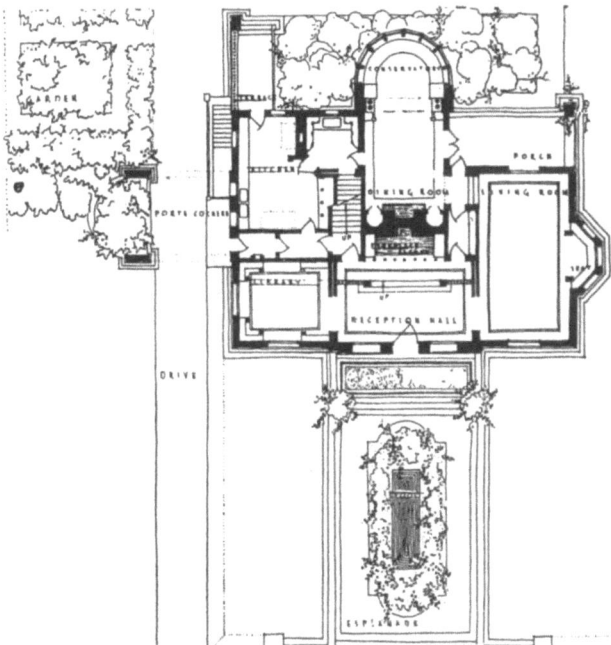

1893. Haus W. H. Winslow, River Forest, Illinois.
Straßenansicht und Grundriß.

»Mein erstes allein entworfenes Haus wurde für nah und fern eine Sehenswürdigkeit – eine verblüffende und neue Manifestation. Das Haus wurde, vierzig Jahre nachdem es gebaut wurde, für das Dreifache seines Preises verkauft.«

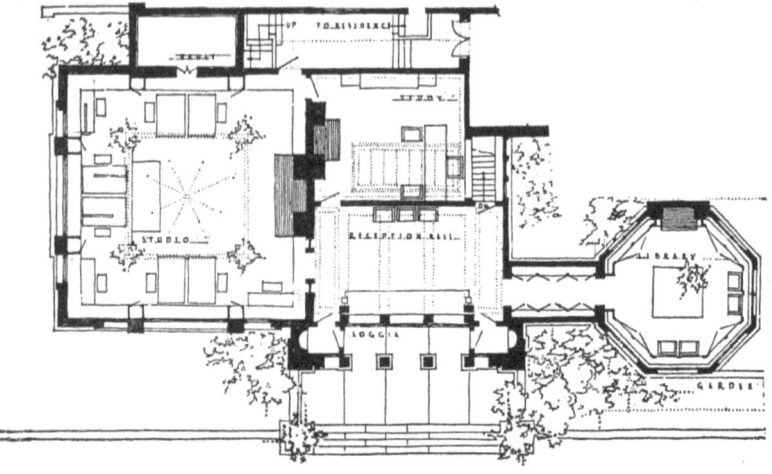

1895. Wrights Studio, Oak Park, Illinois. Arbeitsraum und Grundriß

auf dem Absatz um und kehrte zu seinem »Renaissance-Abgrund« zurück, wie ich es aus Rache nannte. Was er damals machte, steht noch heute in Mexico City, allerdings stark beeinträchtigt durch generelle Setzschäden, da der Wasserspiegel unter der Stadt sinkt.

Andere Arbeiten wurden mehrere Jahre im Speicher-Atelier weitergeführt. Aber als ich Adler und Sullivan verließ, um mich in Oak Park niederzulassen, war Bob nach River Forest gezogen, dem nächsten Vorort im Westen. Ich – noch Amateur bei Adler und Sullivan – durfte ein kleines Haus auf der Chicago Avenue bauen; auf eigene Kosten schuf ich mir nach meinen Plänen ein Atelier neben meiner Wohnung, in dem die Aufträge, die ich damals hatte, es mir ermöglichten, etliche Zeichner und die treue Sekretärin Isabel Robert anzustellen, für die ich später ein Haus in River Forest entwarf, das jetzt den Scotts gehört und für sie umgebaut wurde.

Inzwischen hatte ich in Oak Park den Kontakt mit den meisten Mitgliedern der ursprünglichen Gruppe verloren. In dem dort aufblühenden Atelier hatten sich Walter Griffin, Marion Mahoney (sie heiratete später Walter), William Drummond, George Willis, Andrew Willatzen, Frank Byrne, Albert McArthur eingefunden. Andere kamen und gingen im Laufe der Zeit.

Während 1894–95 war die Architektur der sogenannten »Modernen« in der Umgebung von Chicago sporadisch aufgetreten; Reminiszenzen an Dankmar Adlers Ornamente oder das, was ich selbst gemacht hatte oder was ich gerade baute.

George Elmslie – ich hatte George, als er noch bei Silsbee arbeitete, als Assistenten zu mir genommen (und er blieb während der sieben Jahre, die ich für Adler und Sullivan arbeitete, und noch viele weitere Jahre bei mir) – erschien manchmal im Oak-Park-Atelier, um uns auszuhelfen, und machte Überstunden, wenn wir die ganze Nacht schuften mußten; beim Morgengrauen lagen die Jungens schlafend über den Zeichenbrettern.

Aber obgleich ich inzwischen selbständig war, verwendete ich nicht das faszinierende Ornament, sondern folgte einer neuen Linie auf meinem eigenen Gebiet, dem amerikanischen Wohnhaus: dem Wesen der Baumaterialien und der Spannungskraft des Stahls. Ich hatte keine Ahnung, was zur Zeit außerhalb Amerikas geschah, und interessierte mich auch nicht dafür.

Gegen meinen Willen und weil ich mich immer deutlicher ausdrückte, wurde ich zu einer Art störendem Mahner – einem lebendigen Vorwurf für meine Kollegen. Auch wollte ich mich nicht einer Berufskörperschaft anschließen, um mitzuhelfen, einen sicheren Hafen für Nichtskönner zu schaffen. Deshalb wurde ich sogar von denjenigen, von denen angenommen werden durfte, daß sie etwas tieferen Einblick hatten und sich selbst an die Arbeit machen würden, für arrogant gehalten und mußte meinen Weg – nach Dankmar Adlers Tod – weitgehend allein zurücklegen.

1904. Verwaltungsgebäude der Larkin Company, Buffalo, New York. Grundriß, Straßenansicht und Büroraum.

»Vieles ist erstmalig: Reine Glastüren, Doppelfenster, vollständige Klimaanlage, speziell entworfene Stahlkartotheken, Stahlschreibtische, Stahlstühle usw. Das Gebäude wurde 1950 abgerissen.«

1905. Haus W. R. Heath, Buffalo, New York. Straßenansicht und Grundrisse.
»Ich nahm mir den Menschen zum Maßstab und senkte die Höhe des ganzen Hauses so weit, daß es für einen normalen Mann paßte; da ich an keinen anderen Maßstab glaubte, breitete ich die Baumasse aus, so weit es irgend ging; ich brachte sie herunter und machte sie geräumig.«

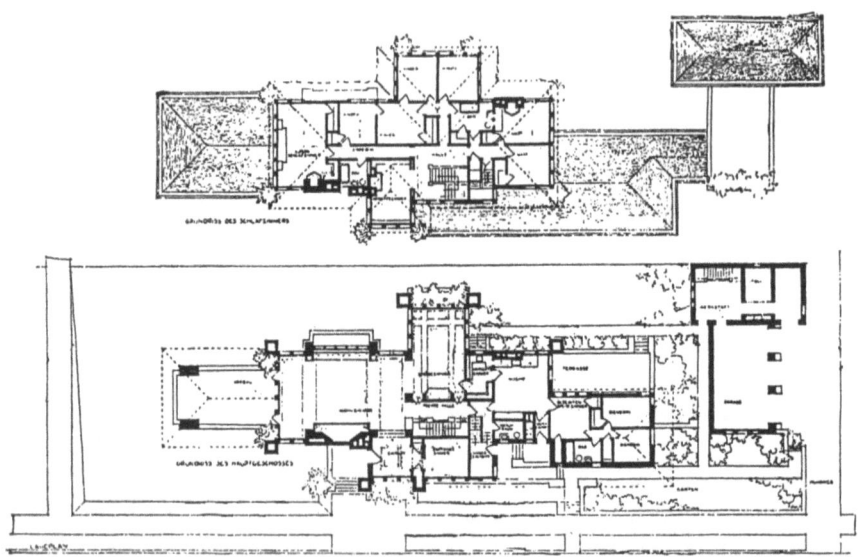

Der Entwurf des Unity-Tempels

1906 entstand in Oak Park die Unity-Kirche mit dem Gemeindehaus. 1932 beschreibt Wright in AN AUTOBIOGRAPHY den Entwurfsvorgang, den er später einen »Kampf gegen die Schachtel« nennt.

Hätte an der Stelle von Dr. Johonnot, dem Universalisten-Pastor der Unity Church, Fra Junipero gesessen, dann wäre der »Stil« des Unity-Tempels vorherbestimmt gewesen. Hätte es Pater Latour zu bestimmen gehabt, wäre es Mittelmeerromantik geworden. Ja, und da Dr. Johonnot nun einmal der war, der er war, fühlte er sich vielleicht zu der einzigen Tradition berechtigt, die er kannte: die der kleinen, weißen neuenglischen Kirche, deren spitzer Turm zum Himmel zeigte – »wie bei uns an der Ostküste«. Wäre die Sentimentalität Vernunft, dann wäre es vielleicht so geworden.
Doch der Pastor hatte kein Glück. Die Umstände brachten ihn dazu, sich »der Sache der Architektur« zu ergeben. Die gerade Linie und die flache Bauweise sollten durch überstehende Platten betont werden.
Und jeder, der es auf sich nimmt, das Folgende zu lesen, ist aufgerufen, sich dieser Sache zu ergeben. Man sollte es jedoch erst lesen, nachdem man die Risse und die perspektivische Zeichnung des Unity-Tempels studiert hat. Dauernde Bezugnahme auf den Grundriß wird nötig sein, wenn die Angelegenheit klarwerden soll.
Unser Bauausschuß bestand aus lauter »guten und wahrhaftigen Männern«. Einer davon, Charles E. Roberts, Maschineningenieur und Erfinder, war in Fragen des Schöpferischen aufgeklärt.
Ein einziger Aufgeklärter ist Sauerteig genug in jeder usonischen Gruppe. Der Kampf – in der Architektur ist es immer ein Kampf für den Architekten, wo »gute und wahrhaftige Männer« beteiligt sind – begann.
Zuerst kam die Philosophie des Gebäudes.
Menschliche Empfindungen sind die Saiten des Instruments, auf dem der wahre Künstler spielt... »abstrakt«? Aber weshalb soll man das Symbol als solches nicht vermeiden? Das Symbol ist zu wörtlich, zu literarisch. Es ist eine Form der Literatur in der Kunst geworden.
Wir wollen in der Kunst und Fertigkeit der Architektur die Literatur in jeglicher »symbolischen« Form abschaffen, welche es auch sein mag. Das Gefühl für den inneren Rhythmus, das im menschlichen Empfinden tief verwurzelt ist, lebt in der Kunst weit oberhalb anderer Erwägungen.
Warum dann den Turm der kleinen weißen Kirche? Warum zum Himmel *zeigen?*

Ich erzählte den Männern des Ausschusses eine Geschichte. Ich fragte, ob sie die Legende von jenem heiligen Mann kannten, der in dem Verlangen, Gott zu sehen, zu den höchsten Gebirgen hinaufstieg – immer höher und dann noch hinaus auf die Überreste eines Baumes, der auf dem Berggipfel stand. Mit zerrissenen Kleidern und erschöpft hob er dort das eifrige, verschwitzte Gesicht zum Himmel empor und rief weiter nach »Gott«. Eine Stimme hieß ihn ... hinunterzusteigen, zurückzugehen!

Wollte er Gottes Antlitz wirklich sehen? Dann sollte er zurückgehen, hinunter ins Tal, wo sein Volk lebte – allein dort könne *er* Gottes Angesicht schauen.

Zeigt nicht jener »Finger«, der Kirchturm, hoch hinauf wie der Mann, der ins hohe Gebirge stieg, um IHN zu sehen? Vielleicht ein irreführendes Symbol. Vielleicht eine Verzerrung des Gefühls – Sentimentalität.

War jetzt nicht die Zeit gekommen, einfacher zu sein, mehr Vertrauen in den Menschen auf seiner Erde zu setzen und sich weniger Sorge um seinen Himmel zu machen, von dem er doch nichts *wissen* konnte? Über diesen Himmel hatte er niemals irgendwelches Zeugnis durch seine Sinne erhalten.

Warum sollte man also keinen Tempel bauen, der nicht auf diese – eher sentimentale als sinnvolle – Weise GOTT gewidmet war, sondern dem Menschen, entsprechend seinen Bedürfnissen nach einem Versammlungsort, in dem der Mensch sich selbst um seines Gottes willen studieren konnte? Ein modernes Versammlungshaus und einen Ort für den Feiertag.

Man baue einen schönen RAUM, der diesem Zweck angemessen ist. Man mache ihn schön im *einfachen* Sinn. Ein *natürliches* Gebäude für den einfachen Menschen.

Der Pastor war ein »Liberaler«. So wurde seine Liberalität herausgefordert, seine Vernunft angestachelt und die Neugier von allen erregt.

Wie wird ein solches Gebäude aussehen? Wir können uns so etwas nicht vorstellen.

»Deshalb sind Sie ja zu mir gekommen«, wagte ich zu erwidern. »Ich kann es mir vorstellen und werde Ihnen helfen, es zu schaffen.«

Ich versprach den Männern vom Bauausschuß etwas Greifbares, was sie bald ansehen könnten – und schickte sie weg; sie wußten nicht recht, waren sie nun Narren, genarrt, oder narrten sie einen Narren.

Dieser Raum – in derselben Nacht begann er zu sein.

Er trat ein in das Reich der architektonischen Ideen.

Das ist die erste Idee – einen noblen RAUM im Geist vor sich zu haben und dann den Raum das ganze Gebäude formen zu lassen; der Raum soll im Innern des architektonischen Äußern sein.

Welche Form? Nun, die Antwort lag darin, welches Material man benutzte. Es kam nur ein einziger Baustoff in Frage, da die Mittel der Kirche sich nur auf

1906. Unity-Tempel, Oak Park, Illinois. Ansicht und Grundriß.
»*Als ich diesen Unity-Tempel gebaut hatte, glaubte ich, die große Sache ganz in der Hand zu haben. Ich fühlte mich ungefähr so, wie sich, meiner Vorstellung nach, ein großer Prophet fühlen könnte. Oft dachte ich: Nun, hier ist wenigstens eine entscheidende neue Geburt aus Denken, Fühlen und Gelegenheit in unserm Maschinenzeitalter. Dies ist das moderne Mittel. Ich hatte es verwirklicht. Natürlich wurde ich (dessen erinnere ich mich wohl) immer weniger tolerant und vermutlich unerträglich. Arrogant wäre wahrscheinlich das richtige Wort.*«

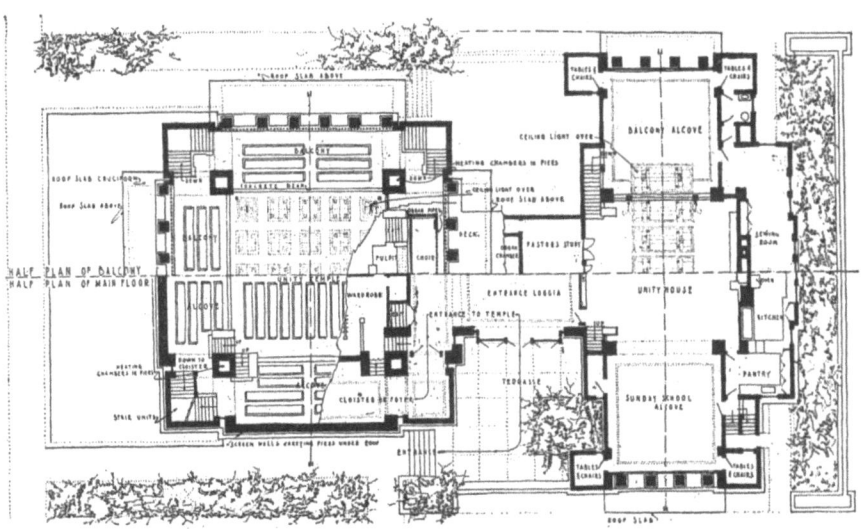

45 000 Dollar beliefen, wofür im Jahr 1906 vierhundert Menschen »kirchlich versorgt« werden sollten. Beton war billig.
Allein Beton konnte das schaffen. Doch selbst Beton bedeutete so, wie er zu jener Zeit verwendet wurde, Holz-»Formen« und irgendwelches anderes Material für die äußere Verblendung. Man hatte damals die Gewohnheit, den Beton mit Ziegel oder Stein zu verblenden und die Wände innen zu verputzen oder mit Holz zu täfeln. Das Äußere zu verputzen wäre billiger gewesen als Ziegel oder Steinverblendung; doch in unserm Klima haftet der Putz nicht auf Beton. Warum machte man nicht die »Holzschachteln« oder »Holzformen« so, daß man den Beton in ihnen als einzelne Blöcke und Massen gießen konnte, und gruppierte diese einzelnen Blöcke und Massen dann um einen Innenraum, so daß dieser im Aussehen des ganzen Gebäudes erhalten blieb? Und ließ die Block-Massen, wie sie waren, ohne »Verkleidung«? Das wäre billig und dauerhaft.
Weiter: Wie sollte man die Einzelteile und Betonmassen wie auch den sakrosankten Raum selbst vor den Unbilden der nördlichen Witterung schützen? Was für ein Dach?
Was hatte Beton als Schutz und Obdach zu bieten? Die Platte natürlich. Die bewehrte Betonplatte. Nichts anderes kam in Frage, wenn das Gebäude ja gediegen sein sollte, das heißt aus einem einzigen Material und dessen Charakter entsprechend erbaut.
All dies sei zu monumental? Für einen Ausschuß allzu »geradeaus«, wie ich fürchtete. Würde diesen Männern eine so positive Erklärung wie die Schlußplatte über dem Ganzen nicht als unfromm erscheinen? Profan in ihren Augen? Warum?
Die flache Platte war direkt. Sie wäre auf »noble« Weise einfach. Die hölzernen Formen, die Hohlformen, in denen Betongebäude zu jener Zeit gegossen werden mußten, bildeten immer den Hauptbetrag der Kosten; deshalb war es erwünscht, ja notwendig, jede einzelne so oft wie möglich zu benutzen. Diesem Erfordernis entsprach am ehesten ein Gebäude, das auf allen vier Seiten gleich war. Das bedeutete, auf den einfachsten Ausdruck gebracht, ein Gebäude mit quadratischem Grundriß. Dadurch wurde der Tempel ein Würfel, eine noble Form.
Auch die Platte gehörte von Natur aus zum Würfel. »Credo simplicitatem.«
Diese Form ist überaus phantasievoll und »glücklich«, da sie am stärksten die »Aura« oder die Obertöne der Überform ausstrahlt.
Durch das menschliche Gefühl haben geometrische Formen bis zu einem gewissen Grad menschliche Ausdruckskraft erworben, etwa der Würfel oder das Quadrat: Integrität; der Kreis oder die Kugel: Unendlichkeit; die gerade Linie: Redlichkeit; wird sie lang ausgezogen... Ruhe; das Dreieck... Streben und so weiter.
Es war kein Geld vorhanden, um die Betonmasse außen zu bearbeiten, nachdem sie einmal gegossen war.
Das war, wenn es schon keinen anderen gab, ein guter Grund, auf alle verlogene

Verblendung zu verzichten. Konnte die Oberfläche beim Gußverfahren nicht so vergütet werden, daß die ganze Angelegenheit der verkleideten Fassade mit guter Wirkung weggelassen werden konnte? Das erforderte später viele Experimente – mit welchem Erfolg, wird man noch sehen.

Dann begann der Tempel – immer noch vor meinem geistigen Auge – Gestalt anzunehmen. Die Lage war sehr geräuschvoll, an einer Autostraße, der Lake Street. Deshalb schien es am besten, das Gebäude an den drei Frontseiten geschlossen zu halten und es von einem Hof in der Mitte des Grundstücks aus zu betreten.

Aus diesen eben dargestellten Gedanken entstand der Unity-Tempel selbst verhältnismäßig leicht, aber die kirchliche Tätigkeit der Universalisten hatte noch eine weltliche Seite – Unterhaltung, Sonntagsschule, Festmähler und so weiter... Diese mit dem Tempel in einen Bau zu bringen würde die Einfachheit des Raumes – des noblen RAUMES – im Dienst des MENSCHEN für die Verehrung Gottes verderben.

Deshalb legte ich schließlich diese Räumlichkeiten als »Unity-Haus«, als langes, eigenes Gebäude, in den Hintergrund des Grundstücks; dort konnte der Raum, wenn die Gelegenheit es forderte, durch bewegliche Schirme unterteilt werden. Es wurde so ein getrenntes Gebäude, das jedoch mit dem Tempel harmonierte – der Eingang zu beiden bildete das Bindeglied zwischen ihnen. Das war geregelt.

Nun wieder zum Tempel selbst. Was für eine Art von »quadratischem Raum«? Wie den Würfel wirksam und ihn dem Zweck als Gemeinderaum, als Hörraum am besten dienstbar machen?

Sollte die Kanzel zur Straße hin aufgestellt werden und die Gemeinde in der üblichen respektlosen Kirchenmode dahinter hereinkommen und hinausgehen, so daß der Pastor keinen Kontakt mit seiner Herde fand? Und sollte der Lärm von den Autos auf der Lake Street hereindringen?

Nein. Konnte man nicht die Kanzel an die Eingangsseite hinten im quadratischen Tempel stellen, wo sie völlig von der Straße entfernt stand, und die Gemeinde zu beiden Seiten auf einer tieferen Ebene in den Raum bringen, so daß die Eintretenden von den Bänken aus nicht wahrnehmbar waren? Damit würden die Hereinkommenden zu einer möglichst geringen Störung und Quelle der Neugier werden. Damit würde außerdem die Ruhe und Würde des Raumes selbst gewahrt. Aus diesem Gedanken entstand das versenkte Foyer oder der »Kreuzgang«, der zu beiden Seiten der in der Mitte gelegenen Eingangshalle zu den Treppen in den beiden äußeren Ecken des Raums führte. Die den Raum auf diese Weise Betretenden konnten in den großen Raum sehen, konnten selbst jedoch von den bereits Sitzenden nicht gesehen werden.

Und wenn sich die Gemeinde erhob, um zu gehen, war hier die Gelegenheit, sich vorwärts auf ihren Pastor zuzubewegen; öffnete man dann die weiten Türen neben der Kanzel, konnte die Herde am Geistlichen vorbeiströmen und fand sich sofort in der Eingangshalle wieder, durch die sie eingetreten war. Sie war aus eben dieser Eingangshalle in die versenkten Zugänge gekommen, um den großen Raum zu betreten. Doch es schien respektvoller, sie beim Hinausgehen an der Kanzel vorüberzuführen, statt daß sie ihrem Geistlichen beim Verlassen des Tempels den Rücken kehrte, wie es in den meisten Kirchen üblich ist. Dieser Plan führte dem Pastor seine Herde zur Begrüßung zu. Nur wenige konnten entrinnen. Die Lage der Kanzel in Beziehung zum Eingang machte diese umgekehrte Bewegung möglich.

Dies geschah also.

Der Raum selbst – die Größe bestimmte sich durch bequeme Plätze mit genügend Fußraum für vierhundert Menschen – wurde mit vier freistehenden inneren Pfosten gebaut, die die Deckenkonstruktion trugen. Diese Betonpfosten waren hohl und wurden freistehende Kanäle, die eine wirtschaftliche und gleichmäßige Verteilung von Wärme sicherten. Die großen Stützpfosten waren so in den Grundriß gesetzt, daß sie auf den vier Seiten des Raumes doppelte Reihen von Nischen bildeten. Durchflutete man diese Seitennischen mit Licht von oben, erhielt man den Eindruck eines schönen wolkenlosen Tages im Raum. Und mit diesem Gefühl für das Licht wurde die Mitteldecke zwischen den vier großen Pfosten zum Oberlicht; Tageslicht sickerte durch die Deckenfenster aus bernsteingelbem Glas zwischen den Betonbalken; so hatte das Licht, ob es regnete oder die Sonne schien, die Wärme des Sonnenlichtes. Dort lag auch die künstliche Beleuchtung für den Abend. Dieser Beleuchtungsplan war integriert, sorgte für Diffusion und machte die Weite des Raumes stets klar und deutlich.

Die geräumigen Garderoben zwischen den versenkten Foyers zu beiden Seiten des Raums und unter dem eigentlichen Platz der Kirchengemeinde sollten den Gemeindemitgliedern Gelegenheit geben, ihre Überkleider abzulegen, ehe sie den gottesdienstlichen Raum betraten. Und diese Garderobe diente gleichfalls für die Veranstaltungen in dem langen Raum hinten auf dem Grundstück, eben weil sie von der Haupteingangshalle abging.

Die weltliche Halle selbst – das Unity-Haus – war hoch genug, daß sie an allen Seiten Galerien um den Hauptraum erhalten konnte – diese ließen sich in Unterrichtsräume verwandeln.

Eine lange Küche, die mit beiden Enden des weltlichen Raums verbunden war, wurde hinter dem Unity-Haus für die Tempel-»Festmähler« angefügt.

Amts- und Arbeitszimmer des Pastors ordneten sich von selbst über der Haupteingangshalle, der Verbindung zwischen den beiden Gebäuden. Das Arbeitszimmer blickte so durch die Drehflügelfenster in die weltliche Halle – während es sich doch nur einen Schritt hinter der Kanzel befand.

All dies schien die angemessene Ordnung und ganz natürlich zu sein.

Nun zu den Proportionen – dem konkreten Ausdruck des Betons in dieser natür-

lichen Anordnung -, während man das Ideal eines organischen Ganzen deutlich vor dem geistigen Auge hat.
Denn man muß beachten, daß das, was bisher tatsächlich geschehen ist, lediglich verstandesgemäße *Anordnung* war. »Geplant« mit dem Auge auf ein Äußeres im Bereich der Ideen, doch in der Phantasie »gefühlt«.
Zunächst kam die Philosophie der kleinen Geschichte, die ich den Ausschußmitgliedern erzählt hatte. Jede künstlerische Schöpfung besitzt ihre eigene Philosophie. Sie ist die erste Voraussetzung der Schöpfung. Dennoch werden manche lächeln und entgegnen: »Sie ist ihr Ergebnis.«
Sodann war der Gesamtzweck des Ganzen in jedem Teil zu berücksichtigen: eine Angelegenheit der verstandesmäßigen Anordnung. Diese Anordnung mußte mit einem Gefühl für das noch nicht geborene Ganze vor Augen getroffen werden; sie mußte so entworfen werden, daß sie den in Holzkästen gegossenen Betonmassen entsprach. Diese ganze Vielfalt in einer vorher festgelegten Richtung zusammenzufassen ist wirklich keine leichte Sache, jedoch die Voraussetzung der Schöpfung.
Die Imagination konzipiert hier den GRUNDRISS, der dem Material und dem Zweck angemessen ist – sie sieht die überzeugende, die mögliche Form.
Die Imagination führt die oberste Leitung, wenn jetzt die *Form*, die das Ganze auf natürliche Weise annehmen wird, geschaut werden muß.
Und hier sind wir bei der Frage des *Stils* angelangt.
Doch wenn die gesamte vorbereitende Planung gut konzipiert wurde, ist diese Frage im wesentlichen geregelt. Die Angelegenheit kann vielleicht intensiviert, beredt gemacht oder modifiziert und beruhigt werden. Viel verändern kann sie sich nicht. Diese Angelegenheit des Stils ist jetzt organisch. Die Betonformen des Unity-Tempels sollten den Charakter von alldem annehmen, was wir bisher getan haben, falls das, was wir bisher getan haben, in harmonischer Übereinstimmung mit dem Prinzip steht, dessen Wirken wir vor Augen haben. Die Konstruktion wird nun ihre Formen treiben, wie ein Baum Zweige und Laub treibt – wenn wir sie nicht lähmen oder irgendwie verraten.
Wir suchen uns den Stil nicht aus. Stil ist, was dieses jetzt ist und was wir *sind*. Das ist im Erleben eines jeden Architekten ein erregender Augenblick. Er soll das Antlitz von etwas erblicken, was er beschwört. Aus diesem Ordnungssinn und aus seiner Liebe zur Schönheit des Lebens – soll etwas geboren werden, was vielleicht lange als eine Botschaft der Hoffnung und Freude oder als ein Fluch für seinesgleichen leben wird. Er fühlt *seine* Botschaft. Dennoch ist es auch »ihre«, und das vielleicht sogar noch in stärkerem Maße. Und aus solcher Liebe, aus solchem Verständnis eines Architekten entsteht ein Gebäude, um jene zu segnen oder zu verfluchen, denen zu dienen es geschaffen ist.
Es segnet sie, wenn sie sehen und verstehen wollen. Es verflucht sie und wird von ihnen verflucht, wenn es entweder ihnen oder dem Architekten an Verständnis

mangelt... Das ist der Glaube und die Furcht im Architekten, wenn er sich bereit macht – seine Pläne zu zeichnen.
Das ist bei allen Künstlern das gleiche.
Nun lastet es auf ihm – er leidet Zweifel und brennt vor Eifer. Er muß sich orientieren – und seine Behauptung beweisen, indem er alles zusammen in einem endgültigen Maßstab auf Papier bringt. Meistens zunächst in einem kleinen Maßstab. Dann in einem größeren. Schließlich in einem sehr großen für die Werkzeichnungen der Einzelteile.
Dieses leere weiße Blatt Papier! Bereit für die Logik des Grundrisses.
Reißschiene, Dreieck, Lineal liegen als verlockende Einladung auf der fleckenlosen Fläche. Verlockung!
»Junge! Lauf zu Black Kelly, er soll ein loderndes Feuer im Kamin des Arbeitszimmers machen! Frag Brown-Sadie, ob es schon zu spät ist, noch ein paar Bermudazwiebeln zum Abendbrot zu backen! Dann bitte deine Mutter – ich höre es hier –, ein wenig zu spielen, am liebsten Bach oder Beethoven, wenn es ihr lieber ist.«
Eine Hilfe für die schöpferische Arbeit, das offene Feuer. Welche Freundin für den sich mühenden Künstler, die poetisch gebackene Zwiebel. Und wirkliche Ermunterung für ihn ist die große Musik.
Ja, und durch welch armselige Geschöpfe kommt die Schöpfung schließlich singend hervor! Etwa so wie Schafdarm und Roßhaar in den Händen von Sarasate.
Nächtliche Arbeit am Zeichentisch ist am besten für das intensive Schaffen. Sie bleibt ohne Unterbrechung.
Mittlerweile gehen einem Überlegungen durch den Kopf – »Entwerfen ist die Abstrahierung von Naturelementen zu rein geometrischen Ergebnissen« –, ist es das, was wir »absoluten Entwurf« nennen müßten?... Dennoch – das Naturmuster und die Naturtextur der Werkstoffe selbst nähern sich häufig in einem so hohen Maß der Konventionalisierung oder dem Abstrakten, daß sie hervorragende Mittel in der Hand des Entwerfers sind, um seine Bemühungen zu qualifizieren, anzuregen und zu bereichern... Welche Textur hat nun diese Betonmasse? Warum nicht die eigene Körnung, den Kies? Wie bringt man den Kies rein an die Oberfläche?
Das war die Wirklichkeit. Ja, das »schöne Ding« ist die Realität. Immer die Wirklichkeit?
Realismus, die Sub-Geometrie, dagegen ist der Mißbrauch dieses schönen Dinges. Halte die geraden Linien sauber und aussagekräftig, die Fläche ausdrucksstark und sauber begrenzt. Aber laß die Textur des Materials deutlich werden.
Realität ist Geist... Wesen, das unmittelbar hinter dem Aspekt liegt.
Pack dieses Wesen! Und... schließlich *ist* Realität das Super-Geometrische, sie wirft aus sich selbst einen Zauber über jede Geometrie.

Ja, mir scheint, das ist es, was den Künstler ausmacht... dieses Wesen zu packen, das unmittelbar hinter dem Aspekt liegt. Solche Fragen tauchen mit jedem Gedankengang am Wege auf, wenn man bei der Arbeit ist.
Es ist Morgen! Nun für eine Weile ins Bett!
Und da ist er endlich, der Unity-Tempel. Gesundheit und Richtigkeit sind schon darin, wenn es auch noch ein weiter Weg sein wird.
Doch hier haben wir auf das Blatt Papier im wesentlichen den Grundriß, den Schnitt und den Aufriß gezeichnet, wie es die Illustrationen veranschaulichen, es ist alles da außer dem Äußeren des »Unity-Hauses«, wie der Raum für die weltliche Erholung später genannt wurde.
Eine Harmonie zwischen diesen Gebäuden verschiedener Funktion zu erzielen erwies sich als schwierig; es rief großen Ärger hervor.
Abermals konzentrierte Arbeit – mehrere Tage lang viele Stunden hintereinander. Wie sollte man den noblen Maßstab des Tempels im Entwurf der untergeordneten Masse der weltlichen Halle erhalten, ohne die Funktion dieser noblen Masse zu verfälschen? Das Ideal einer organischen Architektur ist eine harte Zucht für die Phantasie. Das erfuhr ich hier in seiner Gänze. Und Übereinstimmungen im Kleinen fordern immer mehr Zeit und beanspruchen die Konzentration mehr als alles andere. Um den Architekten zu schikanieren, wird dieses geringfügige Element nun zu einem großen Problem. Wie viele Pläne habe ich weggeworfen, weil irgendeine winzige Einzelheit der wahren Form nicht entsprechen wollte!
Vierunddreißig Vorentwürfe waren notwendig, um dahin zu gelangen, wie man es jetzt sieht. Leider gingen sie mit Tausenden von andern für andere Gebäude verloren. Die Frucht ähnlicher Kämpfe, sie alle als organische Einheiten zu koordinieren und zu vervollkommnen – ich wünschte, ich hätte sie aufgehoben.
Das »Unity-Haus« wirkt jetzt recht ungezwungen, denn es ist ziemlich richtig.
Doch diese »*Harmonie des Ganzen*«, wo verschiedene Funktionen verschiedene Massen hervorrufen, ist für den Architekten keine leichte Sache – und wird es niemals sein, wenn er seine Ideale hochhält.
Nun wollen wir die Grund- und Aufrisse, danach das Modell oder das Foto des Gebäudes betrachten. Dann sehen wir, wie all das, was stattgefunden hat, sich als das zeigt, *was es ist*.
Ein neues industrielles Verfahren für die Verwendung eines neuen Materials ist verbessert und offenbar geworden. Dachplatten – Obergeschoßwände – Schirmwände – Pfosten und Glasschirmeinfriedigung als Architektur – ein großer Raum.
Der Sinn des Raumes ist nicht nur bewahrt – *man kann ihn als Seele des Entwurfs sehen und erkennen*. Statt daß der geweihte Raum in das Herz eines Blockes von bearbeitetem Baumaterial eingebaut und der Sicht entzogen worden ist, wird er lediglich durch Schirme eingefriedet... er tritt als das lebendige Strukturprinzip der Architektur nach außen hervor.

Die Grammatik eines solchen Stils, wie er hier zu sehen ist, bestimmt sich einfach und logisch aus der Betonmasse und der flachen Schichtformation der Platten- und Kastenkonstruktion des quadratischen Raumes, der seine Proportion aus der Natur des Betons erhält – oder aus der Betonnatur. Alles wird um den erstrebten Raum, der sichtbar umhegt ist, zusammengefaßt.

Solche hier vorhandenen architektonischen Formen, jedes zu jedem wie alles in allem, sind würfelförmig, massiv in hölzernen Kästen zu gießen. Doch *ein* Strukturprinzip ist sichtbar: das »Innen« wird zum »Außen«. Die Gruppen von Monolithen in ihren sich ändernden Phasen, quadratisch im Charakter, entfernen sich nicht von dieser einen IDEE. Hier haben wir etwas von der organischen Integrität in der Struktur, aus der der Charakter wie eine Aura hervorgeht. Die Folge ist Stil. Eine stilvolle Entwicklung des Quadrats, das zum Würfel wird.

Wenn man den Unity-Tempel versteht, kann man ihn vielleicht respektieren. Er dient seinem Zweck gut. Er war leicht zu bauen. Seine Harmonien sind kühn und auffallend, doch echt in der Melodie. Das »Quadrat«, in seiner Erklärung zu positiv für den gängigen »Geschmack«, die gerade Linie und die ebene Fläche ohne jeden Kompromiß, jawohl. Doch hier ist abermals eine Wesenheit, die beweist, daß die Architektur, wenn es sein muß, wieder als die Natur des Dinges selbst, ausgedrückt in Baumaterial, zu leben vermag. Hier ist ein Gebäude in solch modernen Bedingungen der Arbeit, der Baustoffe und des Denkens verwurzelt, wie sie zur Zeit seiner Errichtung herrschten. Geradlinig im Strukturprinzip. Gläubig in der Form.

Aus dieser Konzentration bei der Arbeit werden viele nachfolgende Studien zur Verfeinerung stammen – Korrekturen der Wechselbeziehungen –, Prüfungen der Maßstäbe zur Integration. Die Überwindung von Schwierigkeiten im Detail, in der Bemühung, als Ganzes alles sauber und einfach zu halten, wird während des ganzen Planungs- und Bauprozesses fortgesetzt.

Noch viele Detailstudien müssen gemacht werden, um festzulegen, was in der Folge weggelassen werden kann, um den Entwurf zu erhalten. Diese Studien scheinen nie ein Ende zu nehmen, und in diesem Sinn kann ein organisches Gebäude nie »vollendet« sein. Das Ziel des Ideals einer organischen Architektur wird niemals völlig erreicht. Das ist auch nicht nötig. Welches Ideal wird je erreicht?

Doch wir haben nun genug auf dem Papier, um eine perspektivische Zeichnung zu machen, die wir mit den Rissen dem Ausschuß »guter und wahrhaftiger Männer« vorzeigen können. Gewöhnlich erhält ein Ausschuß nur eine Skizze für seine Beratungen. Aber wenn man nach dieser Methode arbeitet, ist es unmöglich, eine »Skizze« vorzulegen. Das Gebäude als Ganzes muß völlig in Ordnung sein, ehe man eine »Skizze« machen kann, nicht umgekehrt.

Der Unity-Tempel ist bereits auf Papier ein vollständiges Gebäude. Es gibt keine »Skizze« und hat niemals eine gegeben.

Entdeckung

Wright sah – im TESTAMENT – die Architektur dieser Zeit seinen Auffassungen von der »Natürlichkeit« der Baukunst folgen. In der Tat ist der Einfluß nicht zu ermessen, den die erste Veröffentlichung seiner Arbeiten in Europa bewirkte.

Ich erinnere mich, daß Kuno Francke, der deutsche Austauschprofessor für Ästhetik – einer von Theodore Roosevelts Austauschprofessoren –, 1909 mit seiner charmanten Frau von Harvard nach Oak Park kam. Der Herr Professor wollte sich mein Werk ansehen, von dem er in Harvard gehört hatte. Er staunte und freute sich über das, was bereits fertig war, als er kam: das Coonley-, Robie-, Winslow- und Cheney-Haus, der Unity-Tempel, Entwürfe für andere Gebäude; er drängte mich, nach Deutschland zu kommen. Kuno Francke sagte: »Mein Volk tastet nur oberflächlich nach dem, was Sie, wie ich sehe, organisch tun; Ihr Volk ist noch nicht bereit für Sie. Sie vergeuden hier Ihr Leben. Mein Volk ist bereit für Sie. Es wird es Ihnen lohnen. Mindestens fünfzig Jahre werden vergehen, ehe Ihr Volk für Sie bereit sein wird.«
Ich wollte nicht nach Deutschland gehen. Ich sprach kein Deutsch. Fasziniert von dem, was ich bereits tat, lehnte ich diese Einladung ab. Professor Francke kehrte bald darauf nach Deutschland zurück. Einige Monate später machte Wasmuth, der Inhaber des bekannten Architektur- und Kunstverlags, mir den Vorschlag, das Werk, das Kuno Francke gesehen hatte – das gesamte –, zu veröffentlichen, falls ich nach Deutschland käme, um die Vorbereitung der Ausgabe zu überwachen. Nach wenigen Monaten setzte ich mich über sämtliche Verpflichtungen hinweg – sowohl was Aufträge wie häusliche Angelegenheiten betraf – und fuhr nach Europa; ich fühlte, daß es sein mußte, auch wenn ich mir dadurch den scheelen Blick der Gesellschaft zuzog. In Deutschland und Italien lebte und arbeitete ich ein Jahr lang. Im Villino Belvedere in Fiesole, dessen massive Tür direkt auf die abschüssige, enge Via Verdi der alten Römerstadt auf den Hügeln über Florenz führte, fand ich eine Freistätte. Direkt unterhalb des Villino senkte sich der Hang, auf dem so viele berühmte Emigranten aus fremden Ländern eine Freistätte gefunden hatten und immer noch einen sicheren Hafen finden, hinab zum alten Florenz. Den größten Teil dieses Jahres – 1910 – bereitete ich die deutsche Ausgabe *Ausgeführte Bauten und Entwürfe* vor. Sie erschien planmäßig in Berlin 1910–1911. Diese deutsche Ausgabe war schnell vergriffen. Leider wurde der für Amerika bestimmte Teil der Auflage, den zwei meiner guten Kunden, Francis W. Little und Darwin D. Martin, kauften, vorübergehend im Keller von Taliesin untergebracht, ehe die Auslieferung begann. Dieser ganze für Amerika bestimmte

1908. Haus Avery Coonley, Riverside, Illinois. Gartenansicht und Grundriß.
»*Der ›gegliederte‹ Grundriß – Hauptfunktionen durch individualisierte Verbindungsglieder getrennt. Mrs. Coonley kam zu mir, damit ich ihr Haus baue; sie sagte, daß mein Werk ›die Züge des Prinzips trage‹ – was damals eine große Ermutigung für mich bedeutete.*«

Teil der Auflage ging 1912 bei dem ersten der drei Brände, die Taliesin zerstörten, leider völlig verloren. Tagelang stieg Rauch aus der schwelenden Masse im Keller auf. Aus diesem Grunde sah Amerika wenig von der deutschen Originalausgabe, es sei denn, daß Exemplare importiert wurden. Aber nur ein einziges vollständiges und die Hälfte eines anderen stehen heute noch bei mir in Taliesin. Das Werk wurde später in einem billigeren kleineren Format in Deutschland neu aufgelegt und erschien in noch kleinerem auch in Japan. Die französische Zeitschrift *Cahiers d'Art* veröffentlichte 1911 einen Auszug. Alle diese Veröffentlichungen sind verschwunden.

Etwa vierzehn Jahre danach, als mehrere deutsche Architekten, von denen ich da-

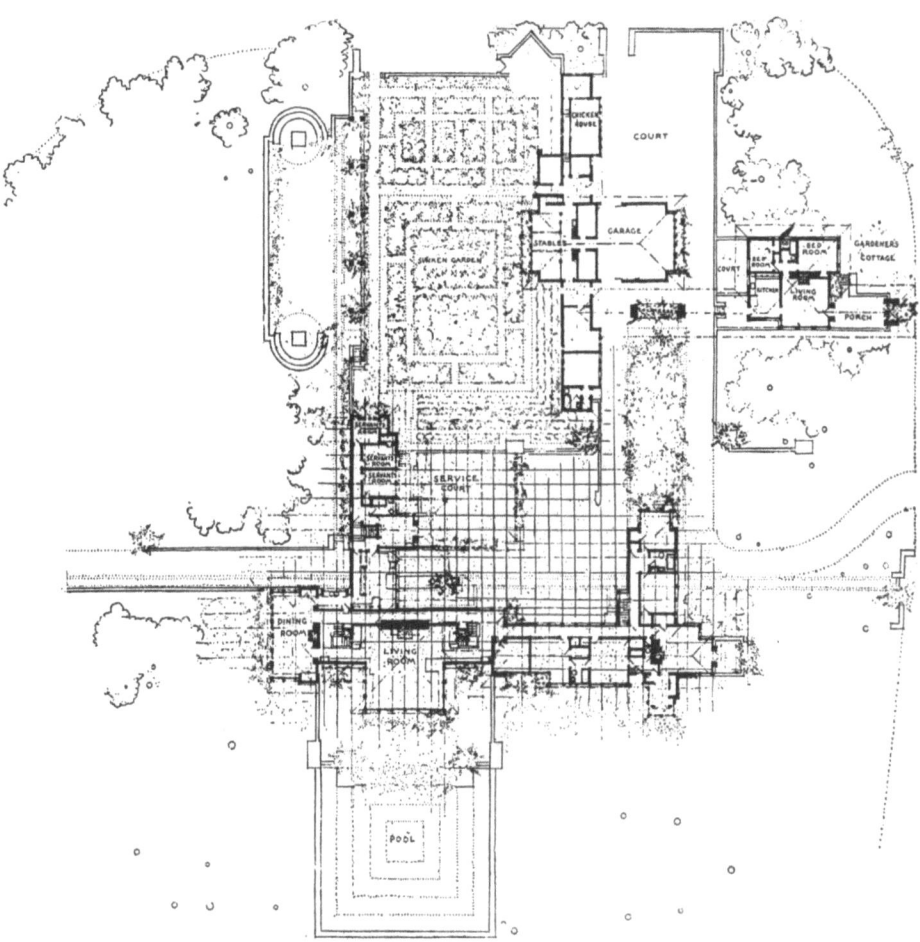

mals noch nichts gehört hatte – Mies vom Barcelona-Pavillon, Gropius vom Bauhaus, Curt Behrendt aus Preußen und später Erich Mendelsohn vom Einstein-Turm – Amerika besuchten, hieß ich sie alle als ehrliche Advokaten des Freiheitskampfes für die Dynamik neuer Architektur willkommen. Sie wußten 1910, daß ich einen Einmannkrieg führte. Zwanzig Jahre danach oder später bewarb sich Mies, der durch die von Hitler verfügte Schließung des Bauhauses freigeworden war, um die Stelle als Leiter des Armour-Institutes. Ich unterstützte seine Kandidatur mit meinem ganzen Einfluß. Mies kam erst nach Taliesin, ehe er seine Stelle in Chicago antrat. Er blieb vierzehn Tage bei uns, ohne Englisch sprechen zu können. Kurz vor seiner Installierung im Armour gab das A. I. A. ein Diner zu

seinen Ehren im Ballsaal des Palmer House. Mies, der sich fremd fühlte, wollte nur in meiner Begleitung hingehen.
Das Diner war, wie gewöhnlich bei derartigen Anlässen, eine hauptsächlich vom A. I. A. organisierte Routineangelegenheit und als solche recht widerlich. M. I. T.-Präsident Emerson verlas eine salbungsvolle Mißdeutung der modernen Architektur. Die vor der modernen Architektur von Übersee kniefälligen Begrüßungsredner folgten seinem Beispiel. Alles wirkte auf mich wie auch auf Mies geheuchelt. Mies verstand natürlich kein Wort davon, sondern wartete darauf, seine Zwanzig-Minuten-Schrift vorzulesen, die er in Taliesin auf deutsch verfaßt hatte. Ich saß neben Emerson auf dem Podium, auf dem die Hauptredner versammelt waren, um die moderne Architektur von Übersee zu ehren. Neben mir saß Mies. Ich sagte mir: Warum laßt ihr Mies nicht selbst sprechen und übersetzt ihn dann? Aber als er schließlich an die Reihe kam, legte ich den Arm um seine Schulter, führte ihn zum Rednerpult und sagte: »Meine verehrten Damen und Herren – dies ist Mies van der Rohe! Behandeln Sie ihn gut! Er wird es Ihnen lohnen. Er wird nun selbst zu Ihnen sprechen! Er verdient jede Hilfe, die Sie ihm geben können. Meine Damen und Herren, ich überlasse Ihnen Mies van der Rohe.« Akzent auf dem »Ich«. Nachdem ich Mies das Rednerpult abgetreten hatte, verließ ich mißmutig den Raum, nicht weil ich kein Deutsch verstand, sondern weil die ganze Sache mir und Mies gegenüber geheuchelt vorkam, geheuchelt auch, was seine eigene Sache betraf. Es war ein neuer Beweis, daß in den Augen des A. I. A. die moderne Architektur so oder so von Übersee kommen mußte. In mancher Hinsicht stammte das A. I. A. selbst von Übersee – meistens von den Beaux-Arts à la Paris. Die Tatsache, daß die moderne Architektur von einem Zeitgenossen in Chicago begründet worden war, konnte einfach nicht geduldet werden.
Mies las die von ihm in seiner Muttersprache verfaßte Zwanzig-Minuten-Schrift vollständig vor, und jeder erwartete eine anständige Übersetzung. Mein Freund, Ferdinand Schevill, Geschichtsprofessor an der Universität von Chicago, war anwesend. Er sagte, daß A. I. A.-Präsident Woltersdorf Mies' Schrift übersetzen sollte. Woltersdorf erschien, scharrte mit den Füßen, räusperte sich mehrmals und blickte hilfesuchend Präsident Emerson an. Schließlich sagte er: »Meine Damen und Herren, Mister van der Rohe sagt, daß es ihm leid tut, daß Mister Frank Lloyd Wright so früh gegangen ist.« Und das war alles, was die Versammlung je von der Antrittsrede van der Rohes bei seinem amerikanischen Debüt gehört hat oder hören wird – abgesehen von denjenigen, die Deutsch konnten oder die Rede seitdem in einer vielleicht bestehenden Abschrift irgendwo gelesen haben.
Später sagte Dr. Schevill: »Frank, Mies van der Rohes Rede war eine einzige brillante Huldigung für dich. Offensichtlich war dies nicht gerade das, was die A. I. A.-Förderer gewollt oder erwartet hatten. Darum ließen sie es einfach unter den Tisch fallen.«

Die Souveränität des einzelnen

Das Vorwort zu AUSGEFÜHRTE BAUTEN UND ENTWÜRFE, der deutschen Veröffentlichung, ist hier in der etwas geänderten Form wiedergegeben, die 1951 zur Einführung einer Ausstellung im Palazzo Strozzi in Florenz diente. Der in Taliesin lagernde Teil der Auflage von 1910 war vernichtet worden. Den Verlust der Originalzeichnungen sieht Wright als »Zufall«: »Leider nahm ich die meisten Originalzeichnungen für diese Ausgabe mit nach Japan, als ich den Auftrag erhielt, das seinerzeit dem Mikado gehörende ›Teikoku-Hotel‹ in Tokio zu bauen. Ebenfalls von der Bildfläche verschwunden – vielleicht weil die Japaner das Werk ihrer Meister begehren und hochschätzen; deshalb auch das anderer Meister. Zum Beispiel schrieb ein berühmter japanischer Dichter einmal eigenhändig ein Schild ›Bitte den Rasen nicht betreten‹ und stellte es auf den frischgesäten Rasen vor seinem neuen Haus. Am Morgen war das Schild verschwunden. Aber er ließ sich nicht beirren und stellte Morgen für Morgen ein neues selbstgeschriebenes Schild auf. Allmorgendlich war es verschwunden. Verzweifelt fragte der Dichter seinen Freund um Rat. Der Freund sagte: ›Laß das Schild von einem Schildermaler anfertigen.‹ Der Dichter tat es. Das Schild blieb stehen.«

Seit ich einen früheren Artikel* geschrieben habe, in dem ich mich bemühte, die Überzeugung und die Verfahren darzustellen, die mein Werk gestaltet haben, hatte ich den Vorzug, hier in Italien das Werk jener hervorragenden Gruppe Florentiner Bildhauer, Maler und Architekten und der Maler-Bildhauer und Bildhauer-Maler zu studieren, die auch Architekten waren: Giotto, Masaccio, Mantegna, Pisano, Brunelleschi, Sansovino, Bramante, Angelo und Leonardo.
In ihrer Epoche zog man keine harte, feste Linie zwischen den Künsten. Einiges von der Bildhauerei ist gute Malerei; viel von der Malerei ist gute Bildhauerei, und die handwerkliche Leistung war überall ausgezeichnet. In allem liegen Vorbilder der Architektur. Wo die Verschmelzung der Künste keine Verworrenheit und Aufdringlichkeit ergibt, ist sie erstaunlich. Der Versuch, Arbeiten streng als reine Malerei, reine Bildhauerei oder reine Architektur zu klassifizieren, wäre selbst dann zum Scheitern verurteilt, wenn es aus Gründen der Ausbildung wünschenswert sein sollte. Sei dem, wie es sein mag, was diese Edlen aus Florenz von ihren griechischen, byzantinischen und römischen Vorläufern auch aufnahmen, sie hinterließen es Europa als Kern der großen Renaissance. Diese Hinterlassenschaft hat, wenn wir die gotischen Einflüsse des Mittelalters außer acht lassen, die

* The Art and Craft of the Machine, Chicago, 1901. Hier wiedergegeben auf Seite 21 ff.

Seele der Schönen Künste auf diesem Kontinent (und in England) bis auf den heutigen Tag gebildet. An den flammenden Seelen dieser glänzenden Italiener entzündeten sich unzählbare französische, deutsche, spanische, englische und viele andere geringere Flammen. Sie loderten auf, flackerten eine Zeitlang schwach, um bald in der Sensualität und Extravaganz späterer Perioden zu schwelen, bis sie schließlich in so banaler Architektur wie dem Rokoko oder so schwer einzuordnenden Konstruktionen wie dem Louvre Ludwigs und dem Pariser Beaux-Arts erloschen.

Das gilt für Gebäude, die mehr oder weniger – wollen wir sagen – »professionelle« Verkörperungen des kultivierten Strebens nach dem Schönen sind: Ich meine solche Gebäude, die »gute Schul«-Leistungen waren, Gebäude, die ebenso bewußt wie unbekümmert nach dem Schönen trachteten. Hier wie anderswo liegt dennoch die wahre Grundlage für jedes ernsthafte Studium der Architektur immer noch in jenen einheimischen Konstruktionen; bescheidenere Gebäude, die für die Architektur das sind, was die Folklore für die Literatur oder das Volkslied für die Musik bedeutet, und mit denen sich die akademischen Architekten selten beschäftigten. In der Gesamtheit dieser einfachen Gebäude liegen Züge, die sie charakteristisch italienisch, französisch, holländisch, deutsch, spanisch oder englisch machen, wie der Fall nun gerade liegt. Es sind die Züge dieser vielfältigen Volks-Konstruktionen, die aus dem Boden stammen. Natürlich. So gering sie oft auch sind, ihre Aussagekraft steht in einem engen Verhältnis zur Umgebung und zum Herzleben des Volkes. Die Funktionen werden gewöhnlich wahrheitsgemäß erfaßt und unveränderlich mit natürlichem Gefühl verwirklicht. Die Ergebnisse sind oft schön und immer aufschlußreich. So liegen sie den ehrgeizigen, akademischen, selbstbewußteren Blüten der menschlichen Seele zugrunde: diesen fortdauernden Ausdrucksformen des Marienkults, der Anbetung der Gottheit oder der Kriecherei vor der zeitlichen Gewalt; dort findet die Liebe zum Leben ruhig und doch unausweichlich den rechten Weg für die rechten Leute an den rechten Plätzen. Reizvoll in der Farbe, anmutig in der Linie und der harmonischen Anordnung, geben sie Lebensfreude weiter, ungestört von jeglicher philosophischer Bürde, und haben nichts mit den Schönen Künsten oder der Literatur gemein. So wie die Blume am Wegrand, die ihre Blütenblätter zur Sonne hinaufwendet, nichts mit dem Bauern, der auf der Straße vorübergeht, gemein hat oder ihm die Geometrie ihrer Blütenblätter verdankt.

Von dieser eingeborenen Lebensfreude finden sich, wie mir scheint, in Italien größere Beweise als anderswo, es sei denn in »Dai Nippon« – im alten Japan. Gebäude, Bilder und Skulpturen scheinen hier wie dort wie die Blumen am Wegrand entstanden zu sein – sie blühen oder singen sich selber ins Dasein. Nähert man sich ihnen mit dem Geist der Empfänglichkeit, so erfüllen sie uns mit der Musik des Lebens selbst.

Wie die Musik noch immer italienisch spricht, so weist die Architektur noch immer auf das antike Italien.

Kein wirklich italienisches Gebäude wirkt in Italien unbehaglich oder fehl am Platz. Alle sind glücklich und zufrieden mit dem Schmuck und der Farbe, die sie von Natur aus aufweisen. Die heimischen Felsen, Bäume und Gartenhänge sind eins mit ihnen. Überall wo sich die Zypresse erhebt, ordnet sich alles, wie durch die Berührung eines Zauberstabes, zu harmonischer und vollendeter Komposition.

Das Geheimnis dieses unaussprechlichen Reizes würde man vergeblich in der verdünnten Luft der Scholastik oder in den Ateliers irgendeiner der pedantischen Schönen Künste suchen. Das alles liegt der Erde viel näher. Wie eine Handvoll feuchter frischer Erde selbst. So einfach, daß es den in der intellektuellen Gymnastik des »gepflegten« Geschmacks bewanderten modernen Geistern als ungeeignet für bedeutsame Zwecke erscheinen würde. Dem Herzen so nahe, daß es fast allgemein übersehen wird, vor allem vom Gelehrten.

Wenn wir am Wegrand entlanggehen, zieht uns irgendeine Blume mit ungewöhnlich leuchtender Farbe oder Schönheit der Form an. Wir bleiben stehen und nehmen dankbar ihre vollendete Lieblichkeit hin. Doch wenn wir das Geheimnis ihres unaussprechlichen Zaubers suchen, stellen wir fest, daß die Blüte, deren auffälligerer Anspruch unsere Aufmerksamkeit zunächst fesselte, wie die Natur es beabsichtigt, eng verwandt mit der Struktur und Gestalt des Laubes unter ihr ist. Wir entdecken eigentümliche Übereinstimmung zwischen der Form dieser Blüte und dem System, nach dem die Blätter um den Stiel angeordnet sind. Von dort aus werden wir zu der Beobachtung eines charakteristischen Habitus des Wachsens geführt und entdecken ein sich daraus ergebendes Strukturmuster, dessen erste Beziehung sich auf die Form tief unten in den in der warmen Erde verborgenen Wurzeln richtet, die dort von einer konservierenden Decke aus Lauberde feucht gehalten werden. Die Struktur schreitet – wie wir nun beobachten können – vom Allgemeinen zum Besonderen fort, um die Blüte zu erreichen, die uns anzieht und in ihren Linien und in ihrer Form die Natur jener Struktur verkündet, die sie gebar. Wir haben hier ein organisches Ding. Gesetz und Ordnung sind die Grundlage vollendeter Anmut und Schönheit. »Schönheit« ist der Ausdruck grundlegender Verhältnisse in Linie, Form und Farbe, der diesen Verhältnissen wahrhaft entspricht und anscheinend nur dazu da ist, sie einem überlegten ursprünglichen Entwurf gemäß zu erfüllen.

Wenn vielleicht auch unser Verstand die Schönheit keineswegs als das Ergebnis dieser harmonischen inneren Verhältnisse begreift, so erkennen wir doch, daß dem, was unserm Instinkt durch die Jahrhunderte als schön erscheint, die grundlegenden Elemente von Gesetz und Ordnung nicht fehlen. Es währt auch nicht

lange, bis die Tatsache sich in unserm Geist durchsetzt, daß sie keiner dauerhaften Schönheit fehlen. Es sind die stets vorhandenen Elemente oder die tatsächlichen Bedingungen des Daseins der Schönheit. Beim Studium der Formen oder Stile, die die Menschheit als schön betrachtet hat, sehen wir, daß die, die am längsten leben, diese grundlegenden Bedingungen tatsächlich im höchsten Maß erfüllen. Daß irgend etwas wächst, kann uns nicht beschäftigen, weil jene Qualität, die wir Leben nennen, für uns nicht faßbar ist. Wir müssen uns nicht unbedingt mit jenem anfänglichen Geschenk des Lebens beschäftigen, und die Schönheit, sein Wesen, bleibt ebenso geheimnisvoll für uns wie das Leben. Alle Versuche, zu sagen, was das Leben sei, sind töricht, so als ob wir die Bespannung unserer Trommel abschneiden wollten, um nachzusehen, woher der Klang kommt. Doch wir dürfen mit Gewinn diese offensichtlichen Wahrheiten von Form und Struktur studieren; Gegebenheiten der Form in ihrem Verhältnis zur Funktion; materielle Linienzüge, die den Charakter bestimmen. Wir dürfen Verfahrensgesetze ableiten, die allem natürlichen Wachsen innewohnen, um sie als Fundamentalsatz für das gute Bauen zu benutzen. Wir sind selber ein Produkt dieses natürlichen Gesetzes. Solche Manifestierungen des Prinzips stehen in Übereinstimmung mit dem Wesen unseres eigenen Seins und werden deshalb von uns als gut aufgefaßt. Wir empfinden »das Gute, Wahre und Schöne« als im wesentlichen eins mit unserer eigenen Seele, wenn wir irgendwann bis auf den Grund vorstoßen. In uns allen ist ein göttliches Wuchsprinzip zu einem guten Ziel wirksam. Entsprechend wählen wir als »gut« das aus, was in Harmonie mit den uns eingeborenen Gesetzen steht.
Wir greifen deshalb einem uns eingeborenen Geist-Vorbild gemäß geistig nach dem Licht, wie die Pflanze es körperlich tut. Wenn wir innerlich gesund und nicht durch unsere Ausbildung, die weit über unsere Fassungskraft hinausgeht, verzerrt sind, nennen wir jenes Ziel das »Schöne«.
Mit andern Worten: falls und wenn wir irgend etwas als schön empfinden, erkennen wir damit instinktiv die »Richtigkeit« dieses Dinges an. Das bedeutet, daß uns damit ein Schimmer von etwas Wesentlichem der Struktur unserer inneren Natur enthüllt wird. Durch seine tiefere Einsicht teilt der Künstler diese Offenbarung mit uns. Sein Vermögen, seine Konzeption oder Visionen bildlich zu schauen, ist größer als unser eigenes, und deshalb regt uns ein Aufleuchten der Wahrheit von ihm an. Wir haben eine Vision von eingeborener Harmonie, die heute noch nicht ganz verstanden, aber vielleicht morgen gewürdigt wird.

Wenn diese Erfahrung so leicht in der Natur zu erwerben ist, woher kamen dann jene korrupten Stile wie etwa die späteren Phasen der Renaissance? Aus der Verwechslung des Merkwürdigen mit dem Schönen: Man brachte die Empfindungen durcheinander, die das Schöne erweckte, und jene, die von lediglich merkwürdigen Dingen heraufbeschworen wurden, eine wachsende Neigung, die noch zunimmt, während sich unsere Zivilisation von der Wertschätzung der Naturphilosophie wegbewegt und in Unkenntnis oder im Gegensatz zu den uns eingeborenen Gesetzen der harmonischen Struktur Konventionen begründet. Es scheint jedoch, daß das Verständnis primitiver Völker für fundamentale Schönheit heute in einer andern Renaissance zu uns zurückkehrt und uns die Augen öffnet, damit wir das tote Holz wegschneiden und die angesammelten Abfallhaufen jahrhundertelanger falscher Anbetung beiseite fegen können. Diese Renaissance des Primitiven könnte schließlich die Rückkehr zu einfacheren Konventionen bedeuten, die mehr in Harmonie mit der Natur stehen. Grundsätzlich bedürfen wir alle der Vereinfachung, wenn wir auch einen Naturismus vermeiden müssen. Dann sollten wir auch die stärker geistigen Lehren lernen, die der Osten den Westen zu lehren vermag, damit wir auf diesen Fundamentalprinzipien die höherentwickelten Formen aufbauen können, die unser höherentwickeltes Leben brauchen wird, wenn die Maschine ein zuverlässiges Werkzeug in unsern Händen sein soll.

Allein die Natur kann uns, wenn wir sie in diesem innerlichen Sinn aufsuchen, vor der hoffnungslosen Verworrenheit der Vorstellungen bewahren, die aus der Ansicht entsteht, daß die Schönheit eine Angelegenheit der Laune, ein Phantasieeinfall, sei, der dem einen Menschen göttlich, dem zweiten gräßlich und einem dritten völlig unerheblich scheint. Wenn man unorganische Dinge ohne Wahrheit in Beziehungen und Verhältnissen schön findet, beweist man damit nur den Mangel an Schönheit in einem selbst und die Ungeeignetheit für jedes Amt in der Anwendung des Schönen. Solche Entartung bietet stets ein weiteres Beispiel für die Blamage, die daraus entsteht, daß man das Merkwürdige mit dem Schönen verwechselt. Die Erleichterung durch die Maschine hebt diese Angelegenheit zu bisher unbekannten Höhen. Unsere moderne Erziehung nimmt dem modernen Menschen anscheinend immer stärker die Fähigkeit des Wilden, die entscheidende Grenzlinie zwischen diesen geistigen Eigenschaften oder Qualitäten zu ziehen. Die Naturwissenschaft selbst besitzt nicht das Vermögen, diese Linie an der rechten Stelle zu zeichnen.

Wir dürfen also sagen, daß die Kenntnis von Ursache und Wirkung im Hinblick auf Linie, Farbe und Form, wie man sie in der organischen Natur findet, uns gewisse Richtlinien liefert, nach denen jeder Künstler Materialien auswählen, Motive prüfen und Ziele ausrichten kann; damit vermag er mindestens eine vernünftige Grundlage zu skizzieren, auf der er seine Arbeitsideen und -ideale ausbaut. Große Künstler tun dies gewöhnlich instinktiv. Das erfühlte Ding wird vielleicht durch Inspiration erahnt, wie eine synthetische Analyse ihrer Arbeiten zeigen wird. Poesie (sie ist immer prophetisch) ist – in sich selbst – keine Sache, die sich so demonstrieren ließe. Doch was für jeden Künstler von großem Wert für seine Forschung ist, das ist die Kenntnis jener Fakten der Beziehungen und Verhältnisse; jener inhärenten Eigenschaften von Linie, Form und Farbe, die in sich selbst schon eine Sprache der Wahrheit wie auch des Gefühls sind und die eine Fichte als Fichte charakterisieren, im Gegensatz zu jenen Eigenschaften, die eine Weide als Weide bestimmen; bezeichnende Züge, die die Japaner zeichnerisch erfassen und unfehlbar auf einfache Geometrie zurückführen können. Diese graphische Seele des Dinges sieht Hokusai in geometrischen Analysen. Korin war ein bewußter Meister dieser Wesensgeometrie in allem, was er darstellen wollte. So findet sie sich in aller großen Architektur und Musik: um nichts weniger in den Gemälden von Velasquez, Rembrandt und den großen Italienern. Der organische Charakter bleibt in ihnen allen gewahrt und erfüllt sie mit der Eigenschaft unbeschreiblicher Ruhe.

Nur durch das geduldige Studium, um sich die Kenntnis der Natur in diesem innerlichen Sinn anzueignen, kann der Architekt überhaupt Richtsätze aufstellen. Ideale, die man aus dem Verständnis dieser organischen Beschränkungen gewinnt, gehen nie verloren. Ein Künstler, der sie besitzt, darf dann seiner »Erziehung« Trotz bieten. Wenn er wirklich für die Natur in diesem innerlichen Sinn ist, kann er gegen seine Zeit und ihre Gesetze rebellieren; doch nie darf er gesetzlos in seiner Arbeit oder für sich selber sein.

Die schlechten Epochen der Kunst und des Handwerks auf der Welt haben sich weit von jedem Verständnis für diese einfachen, uns eingeborenen Grundsätze entfernt. Entartete Renaissance, Barock, Rokoko, die Stile der Ludwige: Keiner davon wurde von innen her entwickelt. In ihrer Natur findet sich wenig oder nichts Organisches. Die Freiheit vom Joch der äußerlichen Autorität, die die Renaissance den Menschen schenkte, war scheinbar ein großer Gewinn. Doch schließlich diente sie nur dazu, die Menschen sinnlos an die Tradition zu binden und die echtere Kunst des Mittelalters bis auf den heutigen Tag unwiederherstellbar zu verderben. Man kann die schönen mittelalterlichen Gebäude nicht betreten, die in dieser späteren Epoche verderbt worden sind, ohne daß einem der Haß auf das Wort Renaissance in der Seele wächst. Die »Wiedergeburt« erweist sich als geil und überaus zerstörerisch für die Geburt: eine widerliche Perversität. In allen Ländern, wo der gotische oder der byzantinische Stil (oder der romanische, der dem byzantinischen sehr nahe stand) einst wuchs, ist er jetzt ein seelenloser und verderblicher Einfluß. Was an reizvollen Dingen geblieben ist, das ist uns wider Willen oder wenn es am wenigsten es selber war hinterlassen worden. Die Renaissance war also keine Weiterentwicklung. Nein, sie wurde zum scholastischen Eklektizismus ohne Rücksicht auf das »Prinzip«.

Das ist der Grund, weshalb Volksbauten, als Reaktion auf tatsächliche Bedürfnisse entstanden und in die Umgebung von Menschen eingepaßt, die nichts Besseres wissen, als sie dieser Umgebung mit eingeborenem Gefühl anzupassen – Gebäude, die wuchsen wie Folklore und Volkslied –, für uns heute das Studium mehr lohnen als all die höchst selbstbewußten akademischen Bemühungen um das Schöne überall in Europa: diese Bemühungen, die den Nationen anscheinend gemeinsam sind und die ihre Inspirationsquelle, Italien, deutlich verraten. Italienische Geschenke, die von allen Kulturen der Welt ganz allgemein verraten worden sind, ehe sie schließlich auch von unserm freien Land und später sogar von den Italienern selber verraten wurden.

Jede Architektur, die dieses Namens würdig ist, wird hinfort immer stärker organisch sein. Die Architektur wird ein heimisches Gewächs in Übereinstimmung mit dem natürlichen Gefühl und den industriellen Mitteln sein, die gemeinsam mit der Kunst den tatsächlichen Bedürfnissen dienen. Organische Architektur kann nicht irgendwo von außen aufgetragen werden. Es gibt kaum eine Übereinstimmung mit dem sie schaffenden Geist und ein Verständnis für die ihr Form verleihenden Ideale, die von andern Völkern in andern Zeiten und unter andern Verhältnissen verwertet werden könnten. Versuche, die von andern Kulturen und andern als den eigenen Bedingungen entsprechenden, geborgten Formen zu benutzen, müssen enden, wie die Renaissance endet – mit dem völligen Verlust der inhärenten Beziehung von Kunst und Architektur zum seelischen Leben des Volkes.

In den Händen der Professoren können uns die Schönen Künste nur etwas Äußerliches geben, das kaum mehr als eine Maske für widrige Umstände oder ein Zeichen zeitlicher Macht für jene bedeutet, deren Leben letztlich damit belastet und keineswegs dadurch ausgedrückt wird. Das Ergebnis ist ein entsetzlicher Verlust für das Leben der ganzen Welt, den weder Literatur noch Naturwissenschaft auszugleichen vermögen. Die Gebäude, die wir mit Recht Architektur nennen dürfen, werden immer der wertvollste Habenposten im Milieu eines Volkes – in seiner Kunst – bleiben: der Habenposten, der am meisten Freude und kulturelle Impulse zu geben vermag. So lange, bis unser Volk wieder die Freude an der Architektur findet, die ihm zukommt, so lange, bis es sie als die lebendige Kunst sieht, wie man sie in Gebäuden aller wahren Kulturperioden der Zivilisation verkörpert findet, wird die Architektur ein totes Ding bleiben. Die Architektur kann nicht eher wieder leben, als bis wir völlig mit jenen Eklektizismen brechen, die die glänzende Pracht der Renaissance bildeten.

In Amerika neigen wir – als ein »neues« Land (selbst wenn die Bevölkerung zusammengesetzt ist) – mehr zum Parasitentum als die Völker der Alten Welt. Wir besitzen keine traditionellen Formen außer jenen, die von allen Völkern zu allen Zeiten in allen Gegenden angehäuft worden sind und die nicht ohne große Opfer an Eigenem in neue Verhältnisse hineinpassen. Infolgedessen gibt es bei uns keine wahre Achtung vor der Tradition. Man benutzt sie nur als Mittel, sich eine Achtbarkeit zu borgen, die nicht unsere eigene ist. Da es dringend notwendig war, irgendeine Art von Architektur zu besitzen, wählten die amerikanischen Archi-

tekten aus den Vorräten der Welt aus. Auch »gebrauchsfertige« Architektur, die unmittelbar verpflanzt wurde, war äußerst erfolgreich. Da wurde Form um Form, Linie um Linie verpflanzt und die Details mit Hilfe von Diapositiven von Fotos der Originale im Bildwerfer vergrößert – wie bei den meisten Gebäuden in New York und Washington –, und das galt als die bestmögliche Praxis.
Moderner Komfort wurde eingeschmuggelt, bisweilen recht geschickt, wie wir zugeben müssen. Aber ist dieses verfälschende Vorgehen, diese Imitation, noch Architektur? Wurde so der große Stil gestaltet? Vermag in diesem polyglotten Wirrwarr erborgter Formen kein Geist Ordnung aus dem Chaos zu schaffen: Lebenskraft, Einheit und Größe aus Leere und Mißklang? Das Ergebnis antwortet mit Nein. Und diese Antwort können jetzt alle lesen – nicht in den Sternen, sondern auf den Straßen der Großstadt.
So war die amerikanische Renaissance der verschiedenen Renaissanceformen der großen italienischen Renaissance die Wiedergeburt einer Wiedergeburt durch Abtreibung einer Architektur, etwas, was man für »künstlerisch« hielt, was jedoch vor allem andern unorganisch war – ein Alptraum.
Jede vernünftige Vorstellung von dem, was nun die organische Architektur ausmacht, wird uns zu besseren Ergebnissen führen, wenn sie erst in Herz und Geist von Menschen eingepflanzt sind, deren Möglichkeiten, Fähigkeiten und tatsächliches Vermögen nicht zu bezweifeln sind. Wahre Individuen. Wären sie nicht besessen von Notmaßnahmen und in unserer Zeit sinnlos gewordenen Formen, deren Natur und Ursprung sie nicht mit dem Blick auf die sie erzeugenden Verhältnisse studierten, könnten sie bereits jetzt große Dinge geleistet haben. Die Natur der wahren Form wird vermieden, sie wird nicht ehrlich gesucht und kann auch auf keiner Schule irgendeiner Nation gelehrt werden, in der man jetzt Architekten ausbildet.

Ich bin der Ansicht, daß eine Wiederbelebung nicht etwa des gotischen Stils, sondern des gotischen Geistes in der Kunst der Architektur des modernen Lebens der Welt notwendig ist. Wir brauchen jetzt alle eine Interpretation der besten Traditionen der Welt, die jedoch der »großen Tradition« und unsern individuellen Methoden entsprechen muß. Wir müssen jeden albernen Versuch zurückweisen, antike Formen, wie wissenschaftlich das auch geschehen mag, zu imitieren und einem Leben aufzuheften, das über sie hinauswachsen muß, wie groß jene Formen ihm auch erscheinen mögen. Den gotischen Geist wiederzubeleben würde bestimmt nicht bedeuten, die Formen der gotischen Architektur zu benutzen, wie sie uns vom Mittelalter überkommen sind. Es würde unbedingt etwas völlig anderes bedeuten. Verhältnisse und Ideale, die die Formen des – sagen wir – zwölften Jahrhunderts bestimmen, sind nicht die, welche die Formen der erstaunlichen Mechanisierung des zwanzigsten angemessen und nutzbringend zu bestimmen vermögen. Der Geist, der diese Formen festlegt, wird der Geist sein, der die neuen Formen schaffen wird. Klassizisten und Schulen werden selbstverständlich weiter die neuen Formen ablehnen, sie verachten und zurückweisen, da sie keine »Gotik« in ihnen entdecken. Es wird nicht viel ausmachen. Die neuen Formen werden – falls sie der Gegenwart entsprechen – leben, ihr Werk ruhig und wirksam tun, bis all die erborgten Gewänder, die jetzt von den Akademikern geändert und passend gemacht werden, abgeworfen sind, da sie nur dazu gedient haben, die jämmerliche Nacktheit eines Augenblicks zu verdecken, da die Kunst sich vom Leben des Volkes löste und ihm fremd wurde: akademisch. Eine Geschichte für Museen, Institute und genormte Universitäten – Schwächen, noch übertrieben durch die Möglichkeiten, die die modernen Maschinen zu ihrer Verwirklichung boten.

In Amerika – einer demokratischen Republik – stellt sich dieses neue Architekturproblem mehr als in jeder andern Nation. Seine Institutionen sind (wie man erklärt) im demokratischen Geist begründet. Das müßte bedeuten, daß unser Land eine Lebensprämie auf die Individualität setzen sollte: Individualität als die höchstmögliche Entwicklung des einzelnen in Übereinstimmung mit einem harmonischen Leben des Ganzen verstanden. Denn ein »Ganzes«, das durch die Aufopferung jener Eigenschaft in dem einzelnen, die man mit Recht als seine »Individualität« betrachtet, entsteht, kann sich nicht entwickeln, ja es wird in die Irre gehen. Man sollte überdies glauben, daß das Ganze, um als Vollendetes würdig zu sein, aus individuellen Einheiten bestehen müßte, die groß und stark in sich selber und nicht von außen in Ketten geschlagen sind, sondern sich durch den Geist von innen her vereinen und das Recht haben, sich freizügig zu bewegen, Angriffen oder Invasionen Widerstand zu leisten – das jedoch nur jede Einheit in ihrem eigenen Kreis. Aber alle Einheiten müßten dieses Recht bis zum höchstmöglichen Grad für alle bewahren. Nur dies kann größeres individuelles Leben und mehr Schutz des Privatlebens bedeuten – die Interessen, die jedem als sein eigen zugehören. Das ist die einzige Garantie dafür, daß das menschliche Leben in Unabhängigkeit und Zurückgezogenheit gelebt wird, in noch höherem Maße, als es das Ideal des englischen Aristokraten war. Doch mit bedingungsloser Ablehnung von Patriarchalismus und Patronatsrechten, die von ihm als Preis für dieses Vorrecht verlangt wurden. Ich bin überzeugt, daß dieser Freiheitstraum in unserer Unabhängigkeitserklärung ausgesprochen worden und dem Herzen eines jeden Menschen teuer ist, der den Geist der amerikanischen Institutionen begreift. Deshalb ist er jetzt das mehr oder weniger bewußte Ideal eines jeden Menschen, der wahrhaft »amerikanisch« in Gefühl und Geist ist, in welchem Land er auch geboren sein oder leben mag. Die Individualität ist also ein großes und starkes nationales Ideal. Wo dieses Ideal zu verächtlichem Individualismus, Nationalismus oder zu persönlicher Zügellosigkeit entartet, ist es nichts anderes als die Manifestierung von Mängeln in der menschlichen Natur. Eine solche Entartung ist keineswegs eine verhängnisvolle Schwäche im demokratischen Ideal selber. Vorrechte, die jenen gewährt werden, die sie nicht verdient haben – ob das von oben nach unten oder von unten nach oben geschieht –, können allen Beteiligten nur Schaden zufügen. Je weiter herunter der Mißbrauch von Vorrechten geht, desto größer ist der Schaden, der dem einzelnen angetan wird, und – noch wahrscheinlicher – auch die Verletzung des Lebens selbst.

In Amerika besitzt also jeder Mensch tatsächlich dieses besondere unveräußerliche Recht, sein Leben im eigenen Haus auf eigene Weise zu leben. Er ist mindestens dort Pionier – im eigentlichen Sinn des Wortes. So kann er seine häusliche Umgebung fortschrittlich gestalten und ihr seinen Charakter aufprägen, mit Hilfe seines »Geschmacks« und besser noch seiner Ideen (falls er solche hat). Doch hat nicht jeder irgendwo welche?

Dies ist nun ein gefährlicher Zustand der Gesellschaft, über den Engländer und alle Europäer, die auf traditionelle Formen zurückschauen, die zu bewahren sie als ihre Pflicht betrachten, durchaus bestürzt sein können. Doch ein Amerikaner ist verpflichtet, neue Traditionen zu schaffen, die seinen neuen Idealen der Freiheit und Individualität entsprechen. Mit Hilfe dieser Traditionen will er sein Land in harmonischer Anwendung seiner neuen industriellen Möglichkeiten bebauen. Industriell ist die amerikanische Nation der Maschine vollständiger verhaftet als jede andere. So hat die Maschine dem Bürger bereits Dinge gegeben, die die Herrschaft über eine tote Vergangenheit in einem reichen, doch noch nicht kultivierten Land bedeuten – wo ihm Komfort und Hilfsmittel leicht zur Verfügung stehen und leider auch eine Vorliebe für die Vorherrschaft dort, wo er – als demokratischer Bürger – gar nichts zu suchen hat.
Deshalb ist dieser große Hebel, die Maschine, das Werkzeug, in dessen Gebrauch seine jetzige Möglichkeit liegt. Die Maschine kann die traditionellen Formen anderer Völker und früherer Zeiten nur morden. Alle. Um sich in dieser neuen Möglichkeit selbst treu zu sein, muß der Architekt neue Formen, neue industrielle Methoden finden, wenn er sich nicht um seine größte Chance bringen will, sich selbst in nobler Weise zu verwirklichen. Unter allen denkbaren Formen aller vergangenen Zeitalter lagen bestimmte Bedingungen, die die Grammatik der architektonischen Formen auf natürliche Weise bestimmten. In ihnen herrschte ein Menschengeist, in Übereinstimmung mit dem die Form entstand oder starb. Überall dort, wo diese Formen formgemäß wurden, näherten sie sich, wie man feststellen wird, organischen Formen: Sie wurden zu einer natürlichen Folge von Lebens- und Arbeitsbedingungen, die auszudrücken sie entstanden oder die sie allein auszudrücken vermochten. Das sind nur dann schöne und menschlich aus-

sagekräftige Formen, wenn man sie in diesem Lebenszusammenhang sieht. Für uns sind sie tot, wenn wir sie ausborgen, so wie sie dastehen. Dieses moderne Gefühl für den organischen Charakter von Form und Behandlung habe ich »den gotischen Geist« genannt, weil er in den Formen jener Epoche vielleicht vollendeter verwirklicht war als in jeder andern. Mindestens sind die unendlich vielfältigen Formen der gotischen Architektur häufig auch im buchstäblichen Sinn organisch. Der Geist, in dem sie konzipiert und erarbeitet wurden, war gewöhnlich der der Integrität der Mittel im Hinblick auf die Ziele. In diesem Geist muß Amerika – die andern Nationen um nichts weniger – Formen finden, die seinen Möglichkeiten, Zielen und seinem Leben am besten entsprechen.

Alle großen Stile sind, wenn man sie von innen betrachtet, geistige Schatzkammern. Verpflanzt man sie als bloße Stile, werden sie nur Grabkammern eines Lebens, das bereits gelebt und vorüber ist. Das Grab *des* Stils.
Die Reaktion auf diese versuchte Verpflanzung durch die Kultur war unvermeidlich.
Von dieser Reaktion auf das Alte, die wir das Neue nennen, fühle ich mich zu sprechen berufen, weil das hier veranschaulichte Werk – mit Ausnahme dessen von Louis Sullivan – der erste konsequente positive Protest in Stein, Bauholz, Ziegel und Mörtel gegen diese erbärmliche Vergeudung von gutem Leben ist. Hier in diesem Werk findet sich also der einzige frühe, wenn auch verspätete, ernsthafte Versuch, neue geistige und ästhetische Ideale zu formulieren, die sich auf die besten der alten gründen: ein Versuch, der auf ruhige, vernünftige Weise dazu verhelfen könnte, eine reizvolle Sache aus der häuslichen Umgebung des modernen Menschen zu machen, die von ihm mit seinen eigenen Werkzeugen ohne Mißbrauch hervorgebracht wird: nach Geist und Buchstaben dem Leben, wie er es heute lebt, gewidmet.

Die Ideale von Ruskin und Morris und besonders die Lehren der Beaux-Arts von Paris haben bis jetzt in Amerika so sehr vorgeherrscht, daß sie unsere Möglichkeiten stetig verworren machen und verderben und uns unbewußt in gewisser Hinsicht unsere vertanen Gelegenheiten aufzeigen. Auch der »kultiviertere« Amerikaner (den mit einem bißchen Kultur aus der Alten Welt, meine ich), der von dieser Imitation angewidert ist und die schöne Harmonie vor dem geistigen Auge hat – sagen wir die der Architektur eines altenglischen Dorfes oder der besseren europäischen ländlichen Gemeinde, nicht die der Schlafstädte und auch nicht, bedauerlich zu sagen, die der großsprecherischen Planung von Paris –, glaubt zu leichtfertig, daß das Beste, was wir als Volk tun könnten, das ist, den Stil oder die Planung zu übernehmen, die uns am wenigsten fremd sind, bei diesem Stil zu bleiben, ihn einzupflanzen und immer wieder neu zu pflanzen. Das ist im besten

Fall ein Schmarotzerverfahren und in jedem Fall als einheimische »Kultur« völlig vergeblich. In dieser Hinsicht ist New York ein Tribut an die Ecole des Beaux-Arts, soweit es sich um Oberflächeneffekte handelt, während darunter dem Stahl in der Hand des amerikanischen Ingenieurs Tribut gezollt wird.
Andere zu groß gewordene (oder zu groß werdende) Städte in Amerika sind New York mehr oder weniger gefolgt.
Unsere Wohnhäuser für die wohlhabenderen Schichten sind überwiegend zweifelhafte Tribute an die englische Architektur. Es sind »Herrenhäuser«, aufgeschnitten und innen verschönert, um dem »Geschmack« der Unwissenden Rechnung zu tragen. Veranden und sanitäre Anlagen wurden als selbstverständlich zugefügt. Das Ergebnis war und ist immer noch ein mehr oder weniger jämmerlicher Bastard. Unsere mächtigen Bürger mit dem Motto »Werde rasch reich« sind sich ihres Mangels an Tradition schmerzlich bewußt und versuchen, sich eine gebrauchsfertige Tradition zu kaufen; sie werden vorwärtsgerissen, während sie rückwärts schauen, und nehmen dabei Haltungen ein, die jenen, denen sie nacheifern, überaus albern erscheinen müssen: unser charakteristischstes Beispiel für »auffällige Verschwendung«. Darüber kann man bei Thorstein Veblen nachlesen.
Nun, bei all dieser kulturellen Ausschweifung geht es darum, daß jede ehrliche Verwirklichung der Ideale einer organischen Architektur in Wettbewerb mit diesem rasch wachsenden Bereich importierter Narrheit, in internationale Ausdrucksformen übersetzt, treten muß. Selbst der Amerikaner mit ein wenig Kultur (damit stellt er sich in Widerspruch zu seinem Vorgehen in den übrigen Dingen) wird sich seiner Unterlegenheit in Fragen der Kleidung, Kunst und Architektur schmerzlich bewußt. Von Museen angeregt, geht er immer noch »ins Ausland«, um diese Dinge zu importieren, damit er auch bestimmt das Richtige erhält. Wenn er dann Bestätigung bei unsern provinziellen Ästheten findet, macht er sich keine Sorgen mehr. Er vergißt prompt beides. Doch dieses niedrige Parasitentum ist bezeichnender für den Bürger aus dem Osten, vom Schlackenstreifen, als für den aus dem Westen, von den Prärien. Der wirklich amerikanische Geist, der fähig ist, etwas um seiner selbst willen, nach dem eigenen Verdienst, zu beurteilen, lebt im Westen und Mittelwesten, wo Weite des Horizonts, unabhängiges Denken und eine Neigung, gesunden Menschenverstand in das Reich der Kunst hineinzutragen, wie es auch im Leben der Fall ist, viel charakteristischer sind. Nur in einer solchen Atmosphäre kann der gotische Geist für das Bauwesen wiederbelebt werden. In dieser Atmosphäre, unter Auftraggebern dieser Art, habe ich gelebt und gearbeitet.

Selbst jetzt noch ist das »Hineintragen von gesundem Menschenverstand in das heilige Reich der Kunst« schockierend und deshalb überaus unbeliebt. Es ist nämlich äußerst gefährlich für alle akademischen Kreise. Wie sie es betrachten, ist es

eine Spezies der Vulgarität. Einige von diesen heute kompromittierenden Fragen zur Ästhetik sind so ärgerlich und peinlich und von den Gelehrten und Akademikern so sehr mit Schicht um Schicht »guter Schule« inkrustiert worden, daß ihre wahre Natur verfälscht oder verhohlen ist. Betrachtet man sie mit gesundem Menschenverstand, werden sie kindlich einfach. Vielleicht allzu einfach für jene, die so weit über ihr Fassungsvermögen hinaus gelehrt worden sind, wie es bei den Vertretern des Schlagworts »Technik zuerst« der Fall zu sein scheint.
Nichtsdestoweniger (eher: desto mehr) bin ich überzeugt, daß man jede Angelegenheit von künstlerischer Bedeutung, soweit sie gutes Bauen betrifft, dem gesunden Menschenverstand eines amerikanischen Geschäftsmannes von der rechten Art jederzeit vorlegen kann; gibt man ihm die Möglichkeit zu wählen, wird er selten die falsche Entscheidung treffen. Die Schwierigkeit, die dieser Mann jedoch mit der Renaissance hat – wenn die Renaissance versucht, in ihn hineinzugelangen oder ihn in sich selbst hereinzuziehen (das heißt, wenn er mehr tun soll, als den Befehl zu geben: Nun baut los!) –, kommt daher, daß die Renaissance nicht die organische Grundlage hat, die sie ihm geben müßte. Außerhalb des »Geschmacks«, sei er gebildet oder ungebildet, gibt es keinen rechten Grund, irgend etwas so und nicht anders zu tun, den er – oder sonst jemand – als organisch erfassen könnte. Alles ist eine »Frage des Geschmacks«. Geschmack ist immer eine Frage der Ignoranz. In jedem organischen Plan gibt es ausgezeichnete und erhebende, sogar prächtige Gründe, warum jede Lösung gerade so ist, wie sie ist, wofür das Ding da ist und warum und wohin das Ganze läuft. Wenn nicht, dürfte es nicht gehen. Und im allgemeinen geht es auch nicht.
Die Leute selber sind zum großen Teil durchaus dabei behilflich, das organische Ding herzustellen. Sie können es begreifen und es zu dem ihren machen.
Die organische Architektur ist also die einzige Form des künstlerischen Ausdrucks, die man für den menschlichen Glauben, der die Demokratie ja ist, in Betracht ziehen kann. Ich möchte sogar so weit gehen, zu behaupten, daß sie die wahrhaftigste Form zu allen Zeiten und überall von nun an ist.
Deshalb erkläre ich, daß die hier dargestellten Gebäude zum größten Teil im gotischen Geist konzipiert und ausgearbeitet worden sind, sowohl im Hinblick auf die Werkzeuge, die sie erzeugten, auf das Arbeitsverfahren, das hinter ihnen stand, als schließlich auch in ihrer organischen Natur, wenn man sie für sich selbst betrachtet. Das alles sind im Augenblick sehr reizlose Beschränkungen, doch in den Schönen Künsten gibt es kein Projekt, das nicht zunächst ein Problem ist und das seine Lösung nicht in sich selbst trägt.
Nimmt man diesen Gedanken als Grundlage (und These), dann gelangt man zu einer völlig andern Vorstellung davon, was ein gutes Gebäude ausmacht.
Nun erhebt sich die Frage – was ist denn Stil wirklich? Das Problem ist nicht mehr das, in irgendeinem verjährten Stil mit irgendeiner Variation, die er viel-

leicht erträgt, ohne albern zu werden, zu arbeiten, wenn der Eigentümer zufällig ein unruhiger Individualist ist. Ob sie Individualisten sind oder nicht, die meisten Eigentümer sind beunruhigt und fürchten sich vor einer Veränderung. Deshalb läßt sich die Frage des Stils nicht so leicht beantworten.
»Es gibt nichts, was so furchtsam ist wie eine Million Dollar. Es sei denn, es wären zehn Millionen.« Hier zitiere ich mich selber.

Was ist Stil? Jede Blume hat ihn; auch jedes Tier; jedes Individuum, dieses Namens würdig, besitzt bis zu einem gewissen Grade Stil, ganz gleich, was das Sandpapier (die Universität) ihm angetan haben mag. Stil ist ein freies Produkt, aber eben doch ein Nebenprodukt: Das Ergebnis des organischen Arbeitens innerhalb – und außerhalb – eines Projekts, das völlig seinem Charakter entspricht und in gleichbleibendem Gefühlszustand vor sich geht.
Eine harmonische Wesenheit, gleich welcher Art, kann in ihrer Gesamtheit des Stils im besten Sinn gar nicht ermangeln. Allein das Wesen ist lebendig.
Deshalb kann in allen Angelegenheiten der Schönen Künste das individuelle Gefühl des schöpferischen Künstlers allem, was er schafft, nur die Farbe seiner eigenen Zu- und Abneigungen – seiner eigenen Seele – geben. Seine Individualität (die mehr ist als Persönlichkeit) gibt er gewiß und wahrhaftig, doch das wird nicht verhindern, daß das Gebäude, das er entwirft, charakteristisch für diejenigen wird, denen zu dienen es gebaut wird. Denn was er gibt, ist notwendigerweise eine Lösung für Verhältnisse, die jene, für die es erbaut ist, selber geschaffen haben. Das Werk wird gemacht, um ihren Zwecken auf ihre Weise zu dienen, gemacht jedoch mit einer Fähigkeit, die weit größer ist als die ihre. Insoweit diese Auftraggeberbedingungen in sich eigentümlich sind oder wirkliches Verständnis zwischen ihnen und ihrem Architekten herrscht – wie es sein sollte –, wird das Gebäude nicht weniger das ihre als das ihres Architekten sein: wahrhaftiger das ihre, als wenn sie in ihrer Unwissenheit dummerweise allein versucht hätten, zu einem Ziel, das sie nur unvollständig vorhersahen, Mittel einzusetzen, die sie nicht beherrschten. Der Architekt ist also ihre Technik und ihr Interpret. Ihr Gebäude ist eine Interpretation, falls der Auftraggeber seinem Architekten gegenüber aufrichtig und der Architekt dem Auftraggeber gegenüber aufrichtig im gotischen Sinn ist. Geht es einem Architekten jedoch überwiegend darum, ein erstaunliches Ergebnis zu schaffen, das als Architektur in guter Form ihm selber Ehre machen soll, und schert er sich den Teufel um den Auftraggeber, was dann? Nun, das ist ein Unglück, das man nur als eine weitere Art der Unklugheit seines Auftraggebers bezeichnen kann. Natürlich ist solch ein Architekt ein gefährlicher Mann, und es gibt viele seiner Art außerhalb (und manche Versuchungen für ihn auch innerhalb) der Reihen des gotischen Geistes. Doch jener Mann, der das Schöne mit den Idealen der organischen Natur liebt, wird (falls er Künstler ist), dennoch

der Natur seines Auftraggebers als grundlegender Bedingung für sein Problem Rechnung tragen, wenn er ihm vielleicht auch etwas gibt, wozu er erst heranwachsen muß, eine bessere Sache, in der er sich möglicherweise zu Anfang noch ein wenig unbehaglich fühlt.
In alldem – das ist nur natürlich – liegen Versuchungen zu Mißbräuchen. Wo Unkenntnis der Natur irgendwelcher Dinge herrscht oder wo ein eigentümlicher Charakter oder eine Vorliebe vorliegt, dort ist es bis zu einem gewissen Grade die Pflicht des Architekten, seinem Auftraggeber etwas zu geben, wozu er erst heranwachsen kann – etwas Vordatiertes. Und zwar weil er mit den Interessen seines Auftraggebers in Dingen betraut ist, von denen sein Auftraggeber meistens nicht das geringste weiß. Deshalb wird ein »Auftrag« ein anvertrautes Gut für den Architekten. Jeder Architekt ist verpflichtet, seinen Auftraggeber nach dem Maß seiner wahren Fertigkeit und Fähigkeit zu dem zu erziehen, was er als aufrichtiger Ratgeber unter den gegebenen Verhältnissen für grundsätzlich richtig hält. Doch selbst darin gibt es noch viel Raum, den Auftraggeber zu mißbrauchen: Versuchungen, ihn dem Interesse persönlicher Eigentümlichkeiten zu opfern oder nach Maßstäben zu arbeiten, die der Vorliebe des Architekten entsprechen und ihm deshalb leichter fallen. Aber liegt nicht in jedem Vertrauen eine gewisse Möglichkeit der Enttäuschung? Dieses erzieherische Verhältnis zwischen Auftraggeber und Architekt bildet keine Ausnahme. Das ist übrigens mehr oder weniger zu erwarten und auch künstlerisch von Wert, weil der Auftraggeber, während der Architekt ihn erzieht, gleichzeitig den Architekten ebenfalls erzieht. Der Auftraggeber selber ist in gewisser Hinsicht ein determinierender Faktor in dieser Qualität »Stil«, weshalb diese Angelegenheit des Stils zum Teil auch aus dem Verhältnis von Architekt und Auftraggeber zu der vorliegenden Arbeit ebenso erwächst wie aus den fester begrenzten Bauelementen. Deshalb ist Stil als Qualität ein subtiles Ding und sollte es auch bleiben. Stil läßt sich weniger an sich definieren; man muß ihn vielmehr als Nettoergebnis der künstlerischen Integrität des schöpferischen Architekten betrachten.

Der »Stil« wird also, wenn man Schritt für Schritt konsequent und künstlerisch die Bedingungen beachtet, aus sich selbst heraus für sich selber sorgen. Dagegen ist jede Arbeit in einem vorher benannten »Stil«, die über die natürliche Vorliebe für gewisse Formen hinausgeht, für den Urheber eines jeden wahrhaftigen Gebäudes, das den Namen Architektur verdient, ganz undenkbar.
Unter gleichen Bedingungen, mit gleichen Werkzeugen, unter gleichen Menschen gleicher Sprache werden die Architekten, wie ich überzeugt bin, bei angemessener Rücksichtnahme auf die organische Natur des Hergestellten zu sehr verschiedenen Ergebnissen gelangen: zu Gebäuden, die jedoch genügend miteinander harmonieren und es bei hoher Individualität immer stärker tun. Man könnte die gesamte

vorhandene gotische Architektur der Welt in einem Land zusammentragen, sie mit horizontal entworfenen Gebäuden mischen – wie sie einst vertikal oder diagonal empfunden war –, dazu Türme und Gebäude mit flachen Dächern, lange niedrige Bauten mit quadratischen Öffnungen, gemischt mit hohen Gebäuden mit Spitzbogenöffnungen in all der bestürzenden Vielfalt jener wunderbaren architektonischen Manifestation, und unvermeidlich wäre Harmonie das Ergebnis in diesem vielfältigen Nebeneinander. Der gemeinsame Akkord in allen einzelnen Bauten würde ausreichen, die Bauten im allgemeinen allenthalben in ein harmonisches Verhältnis zueinander zu bringen.

Dieses Ideal der wahrhaftigen organischen Ausarbeitung eines Bauproblems zu einem konsequenten Ziel mit Hilfe der normalen, zur Verfügung stehenden Mittel ist die wirkliche Lösung für einen jeden Auftraggeber, falls sein »organischer« Architekt mit wahrer Freiheit betraut wird. Dieser Architekt wird tatsächlich von seinem inneren Ideal stärker in Zucht genommen, als es seine Brüder von »den Stilen« jemals waren. Es ist weniger wahrscheinlich, daß er sein Ergebnis verfälscht.

Deshalb verdanken wir den Professoren, die mißtrauisch die ihnen anvertraute Schülerschar betrachten und der Nation eine schreckliche Plage unberechenbarer Träume bloßer Zu- und Abneigungen zu ersparen glauben, indem sie »den sicheren Weg einer guten Kopie« lehren, die übliche konservative Einstellung – soviel ist sicher. Doch sie versagen völlig darin, dem heranwachsenden Material, das unsere Nation heute so dringend brauchte, konstruktive Ideale zu vermitteln, die den Architekten von innen her ausreichend in Zucht nehmen würden und ihm gleichzeitig die Möglichkeit gäben, ein wirkliches Gebäude in Übereinstimmung mit der neuen Wirklichkeit, die jetzt die neue Romantik ist, aus der Seele heraus, die er nun eben gerade hat, zu entwerfen. Mit andern Worten ist der Ausbildung auf der ganzen Welt vorzuwerfen, daß sie dem Studenten nicht die Konzeption von der Architektur als einen organischen Ausdruck der Natur in einem hier und heute gegebenen Bauproblem einimpft; daß sie ihn nicht lehrt, die tatsächliche Natur zu befragen, wie er sein architektonisches Problem lösen kann, in Übereinstimmung mit den Prinzipien, die sich in der Natur leicht finden und die man in Natur-Organismen sieht. Jedes eingehende Studium der großen Architekturen der Welt nur im Hinblick auf den Geist, der – jeder zu seiner Zeit – Ausdruck in den Formen fand, sollte mit diesem tieferen Studium Hand in Hand gehen. Doch vor allem andern sollte das Studium der Natur der Werkstoffe, der Natur der zur Verfügung stehenden Werkzeuge und Werkverfahren und der NATUR jener Sache kommen, die Werkstoffe, Werkzeuge und Werkverfahren schaffen sollen. Unter NATUR, mit großen Buchstaben geschrieben, verstehe ich das Wort in seinem inneren Sinn gebraucht: die Natur einer Idee, einer Hand, eines Gedankens, einer Persönlichkeit und so weiter und so weiter.

Eine Ausbildung dieser Art wurde den großen Künstlern Japans instinktiv gewährt. Ich zweifle nicht daran, daß auch das Mittelalter mit dem Lehrlingssystem seiner Bauhütten auf dieses Ziel hinwirkte, auch wenn man sich dessen nicht intellektuell bewußt wurde.
Einige wenige deutsche und österreichische Kunstschulen scheinen jetzt auf dem Weg zurück zu diesen Idealen zu sein. Doch solange den Studenten nicht gelehrt wird, sich dem Schönen von innen her zu nähern und von dort zum Außen zu schreiten, wird es keine großen, lebendigen Bauten geben, die einzeln oder als Gesamtheit den Geist einer wahrhaft modernen Architektur aufweisen.

Ein Architekt in diesem wiederbelebten gotischen Sinn ist also ein Mann, von innen her in Zucht genommen durch die Konzeption der organischen Natur seiner Aufgabe: Er kennt seine Werkzeuge, seine Möglichkeiten genau und vor allem – sich selbst. Ein einzelner, der seine Probleme mit dem Schönheitssinn ausarbeitet, den die Götter ihm gaben.
Er ist, da er von sich selbst aus seinem inneren Ich heraus durch die Natur seines Unternehmens in Zucht genommen wird, der einzige Mensch, den die Gesellschaft ohne Gefahr dazu verwenden kann, Bauten für das Heute oder das Gestern, das auch das Morgen ist, zu bauen.
Mit diesem Architekten arbeiten heißt den Meister der Mittel für ein bestimmtes Ziel finden. Durch die Erfahrung beim Tun erwirbt er sich seine Technik im Gebrauch seiner Werkzeuge und Werkstoffe. Seine »Meisterschaft« kann ebenso vollständig und in jedem Sinn ebenso bemerkenswert sein wie die Meisterschaft des großen Komponisten im Hinblick auf die Möglichkeiten der Instrumente, für die er komponiert. In einem anderen Geist ist der Einfluß des Architekten auf die wahre Kultur in lebensentscheidendem Sinn nicht zu erreichen. Hat man diesen Geist jedoch nicht? Nun... dann wird eine gute Kopie eben immer das Sicherste sein.
Aber wenn man schon kein eigenes, unabhängiges Leben zu führen vermag, dann kann man wenigstens ein bescheidener Parasit werden und statt ehrlicher Arroganz heuchlerische Demut üben.

Mit dem Mut, den die Überzeugung von der Richtigkeit – wenn auch nicht der Zweckmäßigkeit – dieses Standpunktes verleiht, sind Ihnen jetzt, im Jahre 1910, die Lösungen der Probleme in der Architektur vorgelegt worden, die ich selbst versucht habe. In dem Geist, den ich beschrieben habe, sind sie alle ausgearbeitet worden: Wie groß das Maß an Versagen oder Gelingen ist, weiß niemand besser als ich. Sollen sie für verständnisvolle Zeitgenossen von Wert sein, müssen sie von innen betrachtet werden und nicht vom Standpunkt jener Parteigänger aus, die unsern Vordergrund immer nur vom Hinterland irgendeiner Renaissance aus sehen. Insofern die hier gezeigten Gebäude als organische Lösung von Verhältnissen, die sie vorfanden, denen sie jedoch unter angemessener Berücksichtigung der uns von unsern modernen industriellen Bedingungen auferlegten Grenzen dienen sollen, begriffen werden und soweit sie in sich selbst eine geistige Harmonie in Form und Behandlung besitzen, die sie zu etwas wirklich Schönem macht in bezug auf das Leben, dem sie dienen, wird man sie nützlich finden – sogar bewundernswert. Betrachtet man sie jedoch vom Standpunkt eines Menschen aus, der die charakteristische Schönheit der Form und der Einzelheiten sucht, wie sie ihm von den Griechen – oder auch von den Japanern – her vertraut sind, dann könnten sie enttäuschen. Ich kann nur hinzusetzen, daß es vielleicht noch ein wenig zu früh ist, dieses Wiedererkennen des Vertrauten völlig zu erreichen. Doch die Qualität »Stil« in jenem nicht zu definierenden Sinn, wie er dem organischen Ding eigen ist – die haben sie. Sie besitzen Ruhe und stille Würde. Einheitlichkeit der Idee, die den Möglichkeiten entsprechende Anpassung der Mittel an die Ziele fehlen ebensowenig wie jene Einfachheit der Ausführung, die die Maschine – als Werkzeug, nicht als Fetisch – zwar nicht fordert, aber wünschenswert macht. Wenn auch nicht alle Konstruktionen so weit vollendet oder so hoch im Detail entwickelt sind, wie ich es wünschen würde, entsprechen sie doch alle dem hier ausgesprochenen Denken.

Selbstauferlegte Beschränkungen sind zum Teil verantwortlich für das Fehlen feinerer Ausschmückungen. Zum Teil sind die unvollkommen entwickelten Möglichkeiten unseres industriellen Systems dafür verantwortlich. Ich glaube, daß viel Ornament im alten Sinn der »Applikation« nichts für uns ist, weil uns das Verständnis für seine Aussagekraft verlorengegangen ist. Ich halte nichts davon, Ausschmückungen lediglich um ihrer selbst willen anzufügen. Solange die »Ausschmückung« durch Details nicht die Klarheit des Ausdrucks bei dem architektonischen Thema erhöht, ist sie immer unerwünscht. Die heutigen Menschen verstehen den Begriff Ornament sehr wenig. Und ganz besonders die Architekten.

Ich möchte deshalb, um die Sache genauer zu treffen, so sagen: Wenn eine Konstruktion im organischen Sinn konzipiert wird, dann wird die gesamte Ornamentierung als zum eigentlichsten Grundplan mitgehörig konzipiert und gehört deshalb zur Struktur des Gebäudes selbst. Was sich also in diesen Gebäuden etwa an Ornamentierung findet, die lediglich als solche hinzugefügt worden ist, bleibt Notbehelf oder Eingeständnis der Schwäche oder des Versagens, was es tatsächlich ist – auch schon in den früheren Tagen der »Großsprecherei«, in denen der menschliche Maßstab durch sinnlose Übertreibung herabgesetzt wurde.

Wo jedoch Kette und Schuß irgendeines Baugefüges selbst etwa Unzureichendes an Beiwerk oder Vielfalt hervorbringen, sind diese nur selten des Effekts wegen aufgeflickt. Die Glätte muß im modernen Gebäude oft der Integrität geopfert werden; aber das menschliche Verständnis wird nicht geopfert.

Deshalb ist es billig, den Punkt zu erklären, der in Studien über mein Werk so häufig vermißt zu werden scheint – wenn ich diese Konstruktionen entwerfe, betrachte ich sie selbst als strenge Konventionen, deren Hauptaufgabe ein guter Hintergrund oder ein wohltuender Rahmen für das Leben ist, das in ihnen und rund um sie her vor sich geht. Das moderne Leben selber soll gut darin aussehen und tut es auch. Man betrachte sie auch als Gefährten für das Laub und die Blüten, für die sie angeordnet worden sind und mit denen sie einen deutlichen Einklang – oder bisweilen auch nur einen Kontrast – bilden sollen. In ihrer streng konventionell dargestellten Natur sympathisieren sie dennoch mit dem Reichtum an Bäumen und Laub, die üppig auf ihren Grundstücken wachsen und deren Gefährten sie sein sollen. Die umstehenden Bäume umdrängen sie, wenn die Gebäude selber auch organische Abstraktionen sind.

Die Formen, Unterteilungen und Verfeinerungen der Form, insbesondere das grundlegende Einheitssystem der Planung sind vielleicht alle elementarer im Charakter und höher entwickelter Ausdruck der Konstruktion, als es bisher in der Architektur der Fall gewesen ist. Ornamentalformen der Umgebung, mit der man leben soll, müssen so entworfen werden, daß sie sich gut vertragen, das heißt, sie alle müssen unbedingte Ruhe besitzen und dürfen keinen störenden Anspruch an die Aufmerksamkeit stellen, indem sie starr komponiert oder angeordnet werden; sie müssen vielmehr so weit von den realistischen Tendenzen weggeführt werden, als der Sinn für die neue Realität sie nur zu tragen vermag. Gute »lebendige« Farbe, weiche Texturen, Materialien mit Oberflächenstrukturen, Schönheit aller Werkstoffe und Methoden, die in dem Bauplan selbst benutzt werden und sich dort auch schon zeigen – das alles sind Mittel der »Dekoration«, wie ich selber sie nenne, wenn ich sie auch nicht als solche betrachte.

In der organischen Architektur ist es völlig unmöglich, das Gebäude als eine Sache zu betrachten, die Einrichtung als eine andere und Standort und Umgebung als wieder eine andere. Der Geist, in dem diese Bauten konzipiert sind, sieht all dies gemeinsam als ein Ding. Alle müssen sorgsam vorhergeplant und der Natur des Gebäudes entsprechend beschafft werden. All diese Dinge sollten lediglich zu Einzelheiten des Charakters und der Vollständigkeit des Gebäudes werden. Eingebaut (oder weggelassen) werden Beleuchtung, Heizung und Ventilation. Selbst die Stühle und Tische, Schränke und sogar die Musikinstrumente – wo es sich durchführen läßt – gehören zu dem Gebäude selber, sie sind niemals Einrichtungsstücke, die nur hineingestellt werden. Keine Zubehör- oder Einrichtungsstücke als solche werden erlaubt, wo die Umstände die Gesamtentwicklung des organischen Charakters des Bauplanes erlauben.
Fußbodenbedeckungen und Behänge sind mindestens ebensosehr Teil des Hauses

wie der Putz auf den Wänden oder die Ziegel auf dem Dach. Dieser Teil der Entwicklung, den man »die Einrichtung« nennt, hat bisher am meisten Mühe gemacht und erscheint mir selber am wenigsten befriedigend wegen der Schwierigkeiten, die in der Vollständigkeit des Entwurfs und in seiner Ausführung liegen, da sie innerhalb der üblichen Baukosten bleiben müssen und da für sie überhaupt keine geeigneten Werkstoffe auf dem Markt sind. Geeignete Gewebe, Metallwaren, Möbel und alles andere müssen noch eigens angefertigt werden. Alles Verfügbare ist sinnlos verziert. Um dieses notwendige Zubehör zu genügend leichten, anmutigen und beweglichen Einzelheiten zum zwanglosen Gebrauch in einer Wohnung zu machen, muß ich weit mehr Zeit und Nachdenken aufbringen und auch viel mehr Geld ausgeben, als es in unserm Land heute üblich ist. Doch mit der Zeit wird sich das durch Verbesserung aller Marktwaren erreichen lassen. Hier stehen wir noch in einem verhältnismäßig primitiven Stadium der Entwicklung. Aber Öfen und Radiatoren sind bereits verschwunden, Beleuchtungszubehör wird eingebaut, Fußbodenbedeckungen und Behänge werden strukturiert statt gemustert, und viele Dinge lassen sich selbst jetzt schon leicht umarbeiten, um den Forderungen zu genügen. Doch Stühle als zwanglose, bewegliche Gebrauchsgegenstände sind in den meisten Fällen noch ein Problem. Wenn ich sie auch im gefühlsmäßigen Einklang mit dem Gebäude entworfen habe, bin ich von der Bequemlichkeit, die sie bieten, noch nicht befriedigt.

Jedoch gibt es keine »Dekorationen« als solche, und es gibt auch keinen Platz für ihre Anbringung. Das Tafelbild – zum Beispiel – hat keinen Platz an den Wänden. Es wird betrachtet etwa wie Musik, zu einer Stimmung passend, und kann in eine Wandnische gehängt werden, wenn man es wünscht, wo man eine Tür wie den Deckel einer Mappe herunterlassen und das besondere, gerade gewünschte Ding sichtbar machen und eine Zeitlang studieren kann; man kann es vielleicht auch für ein paar Tage offen hängen lassen und dann durch ein anderes ersetzen. Oder man entfernt es völlig, indem man die hölzerne Mappe einfach wieder zumacht. Auf diese Art könnten Tafelbilder möglich sein. Große Gemälde sollten ihre Galerie erhalten. Man führt auch kein Oratorium im Wohnzimmer auf. Klavier oder Orgel können und sollen in der Konstruktion verschwinden, wo das irgend möglich ist; die Klaviatur oder was sonst von offenen oder abgeschirmten Teilen für die Klangentwicklung notwendig ist bleiben die einzigen sichtbaren Einzelheiten. Eßtisch und -stühle lassen sich leicht mit der Architektur des Gebäudes in Übereinstimmung bringen. Bisher sind nur hier Fortschritte zu verzeichnen.
In unserm weiten Land sind heftige, gegensätzliche Extreme von Hitze und Kälte, von Sonne und Regen zu berücksichtigen. Im Norden dringt der Frost über einen Meter in den Boden ein, während die Sonne im Sommer mit fast tropischer Glut auf die Dächer brennt. Deshalb ist schattenspendende Architektur wünschens-

wert – fast eine Notwendigkeit –, um das Gebäude gegen die Sonne abzuschirmen und die Wände vor dem abwechselnden Frieren und Tauen zu beschützen. Temperaturveränderungen wirken sich rascher zerstörend auf Gebäude aus als fast alle andern natürlichen Ursachen. Überstehende Dächer jedoch lassen das Haus im Winter ohne die notwendige Sonne; das wird überwunden, indem man in gewissen Räumen bestimmter Lage die Fenstergruppen bis zur Regenrinne vorzieht und den Dachrand so perforiert, daß das Sonnenlicht ihn durchdringen kann. Sanft geneigte Dächer auf den meisten dieser Häuser sagen der Prärie zu, auf der sie stehen, ebenso den Hügeln und Tälern. Diese Dächer lassen auch isolierenden Luftraum über den Zimmern. Der Kamin ist gewachsen und nimmt an Ausmaßen und Bedeutung noch immer zu. Auch die Küche. Bei heißem Wetter ventilieren diese beiden Dinge das ganze Gebäude. Räume unter den Dächern, in denen die Luft zirkuliert, sind ebenfalls vorgesehen; die frische Luft tritt durch Öffnungen auf der Unterseite des Dachüberstands ein, die sich im Winter leicht schließen lassen.

Wasserableitungen, die verunstaltenden Fallrohre, frieren in diesem Klima ein, besonders dort, wo das Dach übersteht, werden im Winter nutzlos oder platzen mit katastrophalen Folgen. Deshalb werden Regenwasserbecken aus Beton in Höhe des Erdbodens unter den vier Dachecken gebaut. Das Dachwasser tropft aus offenen Traufen in die konkaven Oberflächen und wird durch Tonröhren zur unterirdischen Zisterne geführt.

Eine weitere moderne Möglichkeit bietet unser wirksames System der Warmwasserheizung. Durch diese Mittel lassen sich die Formen der Gebäude vollendeter gliedern: Man kann Licht, Luft und Aussicht auf mehreren Seiten erhalten. Wenn man die Zimmerdecken im allgemeinen niedrig hält, kann man auch in Gegenden mit kaltem Klima die Wände durch Fensterreihen zur Außenluft und zu den Blumen und Bäumen draußen und im allgemeinen zur Aussicht öffnen und so mit größerem Raumgefühl ebenso behaglich leben wie früher, jedoch sehr viel weniger eingesperrt. Viele dieser Gebäude führen das Prinzip von Geräumigkeit und Gliederung der verschiedenen Teile so weit, daß jedes Zimmer seine eigene Individualität besitzt und seine Verwendung im Grundriß durchaus anerkannt wird. So können Eßzimmer, Küche und Schlafräume zu kleinen in sich abgeschlossenen Gebäuden werden. Alle Zimmer werden als Ganzes zusammengefaßt wie im Coonley-Haus. Es ist auch möglich, die Gebäude, die früher einmal in unserm Klima der Extreme eine kompakte, in Abteilungen zerschnittene Schachtel waren, getrennt aufzustellen und sie zu einem geräumigeren Ausdruck des organischen Raumes zu erweitern – und dadurch ein Haus in einem Garten oder auf dem Lande zu der köstlichen Sache zu machen, die zu beiden oder zu einem von beiden in einem Verhältnis steht, wie es sich die lebendige Phantasie wünscht.

Die Horizontale ist die Linie der Häuslichkeit.

Die Wirksamkeit der Horizontalen wird in nahezu all diesen Gebäuden achtungsvoll beschworen. Jeder Zoll an Höhe fällt dagegen ungeheuer ins Gewicht, verglichen mit jeder überhaupt tunlichen Ausbreitung auf dem Boden.

Europäern mögen diese Gebäude auf dem Papier vielleicht unbewohnbar erscheinen; doch sie erhalten Luft und Würde durch ganz andere Mittel als übertriebene Höhe, und sie alle respektieren mindestens eine alte Tradition – die einzige, die hier Respekt verdient –, den guten Boden selbst.

Wenn man die verschiedenen Formen und Typen dieser Gebäude betrachtet, sollte man sich immer vergegenwärtigen, daß sie fast alle für unsere weiten westlichen Prärien errichtet wurden, für die sanft welligen oder ebenen Prärien unseres großen Mittelwestens, wo jedes in die Höhe stehende Detail übertrieben wirkt, wo jeder Baum hoch über die großen ruhigen Ebenen blühender Flächen ragt und die Ebenen heiter unter einem wunderbar grenzenlosen Himmelsgewölbe liegen. Auf der Prärie neigt jedes schlecht überlegte Ding dazu, sich selbständig zu machen und in seiner von Natur aus vollkommen ruhigen Umgebung schmerzhaft aufzufallen. Aus diesem Grund und wegen des menschlichen Maßstabs (der wirtschaftliche Gründe hat) ist auf jede überflüssige Höhe verzichtet worden. Um den gewünschten Verlust an Höhe auszugleichen, ist ein innigeres Verhältnis mit der unmittelbaren Umgebung und weitreichende Aussicht angestrebt worden.

Die verschiedenartige Entwicklung einer einzigen, wirklich einfachen Form charakterisiert den Ausdruck eines jeden dieser Gebäude. Eine völlig andere Form dient vielleicht einem andern Ausdruck. Doch alle Formen oder Formelemente des Entwurfs sind in jedem Fall aus einer einzigen Grundidee abgeleitet und im menschlichen Maßstab und in entsprechendem Charakter fest zusammengehalten worden. Die gewählte Form mag nach außen greifen und sich blütengleich dem Himmel öffnen wie das Thomas-Haus, ein anderes sich senken, um künstlerisch das Gewicht der Massen zu betonen, wieder ein anderes verschlossen oder von jäher Eindringlichkeit sein. Oder die Grammatik kann von einer Pflanzenform stammen, die mich angesprochen hat, wie gewisse Eigenschaften des Sumach in Linie und Form im Haus Lawrence in Springfield benutzt wurden. Doch in jedem Fall wird das Motiv im ganzen Haus verwendet. Den Gebäuden selbst fehlt es weder an Fülle noch an Nebensächlichkeiten. Doch diese Eigenschaften werden nicht durch applizierte Dekoration erreicht. Sie finden sich in der Gestaltung des Ganzen, in der auch die Farbe eine bedeutsame Rolle spielt, wie sie es auf einem alten japanischen Holzschnitt tut.

Diese Ideale führen, wenn sie in die Tat umgesetzt werden, die Gebäude aus der Schule heraus und vermählen sie dem Boden, machen sie alle zum innigen Ausdruck (oder zur Enthüllung) des Inneren und individualisieren sie ohne Rücksicht auf vorgefaßte Stilvorstellungen. Ich habe mich bemüht, die Grammatik dabei auf ihre Weise vollkommen zu machen und ihren Formen und Proportionen eine Integrität zu verleihen, die der Prüfung standhält, obgleich man nur wenige wirklich studieren kann, nachdem sie aus ihrer Umgebung herausgelöst worden sind.

Die Zeichnungen ergeben, daß die hier dargestellten Gebäude deutlich in drei Gruppen zerfallen, die Familienähnlichkeit aufweisen: die sanft geneigten Walmdächer, die pyramidenartig zusammengefaßt sind oder ruhige, ungebrochene Konturen zeigen; die herabgezogenen Dächer mit einfachen Giebeln, die sich auf langen Höhenrücken gegenüberstehen; und jene Gebäude, die aus wirtschaftlichen Gründen mit einer einfachen, flachen überstehenden Dachplatte gedeckt sind.

Das Larkin-Gebäude ist der erste große Protest gegen die übermäßige Gekünsteltheit der Epoche. Jedoch eine bejahende Verneinung. Es ist die einfache, würdige unmittelbare Äußerung eines schlichten utilitarischen Typs mit glatten Ziegelwänden und den unerläßlichen, schützenden, vorspringenden Steinplatten, die dieses Klima erfordert.

Selbstverständlich ist es wünschenswert, daß geeigneter Wandschmuck und passende Skulpturen wieder ihren Platz in diesen Gebäuden erhalten, und zwar als architektonische Entwicklungen so entworfen, daß sie sich der Konstruktion und dem Zweck der Gebäude und dem modernen Leben anpassen.

So einen menschlichen Wohnplatz zu einem vollendeten Kunstwerk zu machen, in sich selbst ausdrucksvoll und schön, innig auf das moderne Leben bezogen und geeignet, bewohnt zu werden, zu einem Kunstwerk, das sich freier und angemessener den individuellen Bedürfnissen der darin Lebenden hingibt und selbst eine harmonische Wesenheit ist, das in Farbe, Bild und Natur mit den notwendigen Forderungen übereinstimmt und seinem Charakter nach wirklich ihr Ausdruck ist – das ist die große, moderne amerikanische Chance in der Architektur. Echte Grundlage einer echten Kultur. Ist das eine exaltierte Ansicht vom »Besitzinstinkt« unserer Zeit? Doch wenn dieses Ideal erst einmal begründet und zu besichtigen ist, wird es, davon bin ich überzeugt, eine neue Tradition werden: ein großer Schritt voraus und fort von der vorgeschriebenen Mode einer Zeit, als eine Wohnung ein Kompositum von Zellen war, voneinander getrennte Zimmer, die Ansammlungen von Möbelstücken, wie gut diese auch sein mochten, enthielten, während es an nützlichem Komfort fehlte: das war überwiegend Besitzinteresse. Das moderne Gebäude jedoch ist im Gegensatz zu jener früheren unvernünftigen Anhäufung von Teilen ein organisches Wesen. Bestimmt haben wir hier das höhere Ideal der Einheitlichkeit als innigere Verwirklichung des Ausdrucks des eigenen Lebens in der eigenen Umgebung. Eine einzige große Sache statt einer widersprüchlichen Kollektion so vieler kleiner Dinge.

Taliesin

1911 begann Wright, Taliesin zu bauen, ein »Haus des Nordens«, den niedrigen, welligen Hügeln von Süd-Wisconsin angepaßt. Taliesin war der Name eines walisischen Dichters. Buchstäblich bedeutet das Wort »schimmernde Stirn«. AN AUTOBIOGRAPHY enthält die ausführliche Geschichte dieses Hausbaues.

Als sich nun das Familienleben in Oak Park in jenem Frühling 1909 gegen die Freiheit verschwor, auf die, wie ich fühlte, jede Seele ein Anrecht hatte, und ich gezwungen war, falls ich meine Selbstachtung behalten wollte, als freiwilliger Verbannter hinaus in das Unbekannte und Unvermessene zu gehen, jedes gesetzlichen Schutzes beraubt, genötigt, mich selber mit dem Rücken an die Wand zu stellen, um ein unkonventionelles Leben zu führen, falls ich das konnte – da wandte ich mich zu dem Hügel im Tal, wie mein Großvater sich vor mir nach Amerika gewandt hatte, als zu einer Hoffnung und einem Hafen.
Mittlerweile gehörte die Architektur mir. Durch die Erfahrung bedeutete sie mir jetzt etwas aus dem Boden dessen, was wir »Amerika« nennen, etwas im Bündnis mit den Steinen des Feldes, im Einverständnis mit der »Blume, die welkt, dem Gras, das verdorrt«, etwas von der betenden Betrachtung der Lilien des Feldes, wie es meiner sanften Großmutter entsprach. Etwas, was der Verwandlung, die »Amerika« selber war, zugehörte.
Und es war undenkbar, daß irgendein Haus *auf* diesen geliebten Hügel gesetzt werden könnte.
Inzwischen wußte ich gut, daß kein Haus jemals *auf* einen Hügel oder *auf* sonst irgend etwas gesetzt werden durfte. Es sollte *vom* Hügel sein, zu ihm gehören, damit Hügel und Haus zusammen leben konnten, jedes wegen des andern nur um so glücklicher. Alles, was man rund um das Haus findet, ist natürlich – außer

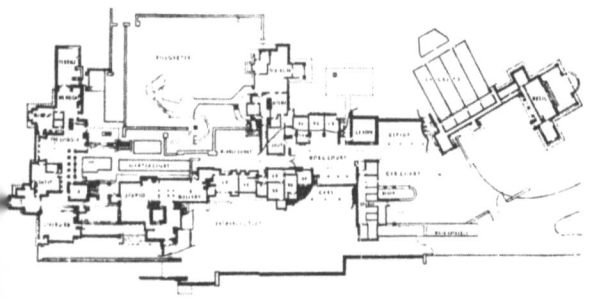

*1925. Taliesin Nord.
Spring Green, Wisconsin.
Grundriß; Erweiterung
des Planes von 1911.*

*Das Haus wurde zweimal
durch Feuer zerstört,
doch stets wieder auf-
gebaut – und umgebaut,
bis 1959.*

wenn der Mensch etwas tut. Wenn er sein Scherflein hinzufügt, ahmt er nach und macht es häßlich. Warum? Gibt es denn kein natürliches Haus? Ich glaubte bewiesen zu haben, daß es dies gab, und nun wollte auch ich ein *natürliches* Haus, um selber darin zu wohnen. Ich untersuchte die Hügel des Gebietes danach, wo der Felsen in Schichten zutage trat und damit das Bauen nahelegte. Wie ruhig und stark die Felsgesimsmassen wirkten mit den dunkelroten Zedern und weißen Birken über den grünen Hängen. Sie alle gehörten zum Antlitz des südlichen Wisconsin.
Ich wünschte mir, ein Teil meines geliebten südlichen Wisconsin zu sein, und nicht, meinem kleinen Teil des Landes ein anderes Aussehen zu geben. Wie ich gelernt habe, ist die Architektur schließlich – oder vor allem andern, wie ich sagen muß – nicht weniger ein Gewebe und ein Gefüge als die Bäume. Und wie jeder sehen kann, ist eine Buche eben eine Buche. Sie versucht nicht, eine Eiche zu sein. Ebensowenig versucht eine Fichte eine Birke zu sein, wenn auch die eine die andere schöner macht, sobald sie nebeneinanderstehen.
Die Welt hatte schon vorher angemessene Gebäude gehabt – warum sollten die Gebäude jetzt nicht noch angemessener sein als je zuvor? Es mußte eine Art von Haus geben, das zu diesem Hügel gehörte, wie es die Bäume und die Felsgesimse taten, wie Großvater und Mutter in ihrem Gefühl für dies alles dazugehört hatten.
Ja, es mußte ein natürliches Haus geben, nicht natürlich im Sinn von Höhlen oder Blockhäusern, sondern heimisch in Geist und Ausführung mit alldem, was Architektur je bedeutet hatte, wenn sie in vergangenen Zeiten lebendig gewesen war. Nichts von alldem, was ich bisher gesehen hatte, genügte mir. Dieses Land hätte all das in etwas anderes verwandelt. Großvater und Großmutter waren in sich etwas so Prächtiges gewesen, daß ich sie mir in irgendwelchen zeitgebundenen Häusern, die ich je gesehen hatte, nicht vorstellen konnte. Doch es gab ein Haus, mit dem dieser Hügel sich vermählen konnte, so daß es glücklich mit ihm für alle Zeiten leben würde. Ich hatte die feste Absicht, es zu finden. Bei mir selbst sah ich sogar, wie es sein könnte, und fing an, es als die »Stirn« des Hügels zu bauen.
Es war noch ein sehr junges Vertrauen, das sich daranmachte, es zu bauen. Aber es war dasselbe Vertrauen, das Zweige für Obstgärten, Rebenstecklinge für Weinberge und kleine Gerten einpflanzt, die zu wohltuenden, schattenspendenden Bäumen werden. Und das Vertrauen pflanzte sie auch alle, rings umher!
Ich sah den Hügelgipfel hinter dem Haus als eine Masse von blühenden Apfelbäumen, deren Duft ins Tal hinabsank; ich sah, wie sich später die Zweige bis zum Boden neigten mit den roten, weißen und gelben Kugeln, die den Apfelbaum nicht weniger schön als den Orangenbaum machen. Ich sah die Pflaumenbäume, eine duftende Wolke von Schneeweiß im Frühling, im August beladen mit blauen, roten und gelben Pflaumen, die sich über den Boden verstreuten, wenn die Hand

schüttelte. Ich sah Reihen um Reihen von Beerensträuchern, Halsbänder von rosigen und grünen Stachelbeeren, die unter den grünen Zweigen hingen. Sah dichte herabziehende Rubinentrauben wie Troddeln in dem dunklen Laub der Johannisbeerbüsche. Ich erinnerte mich des starken Geruchs der schwarzen Johannisbeeren und hoffte auf diese Frucht in großer Menge.
Schwarze Kirschen. Gelbe Kirschen.
Die Erdbeerbeete, weiß, scharlachrot und grün über der Bedeckung von sauberem Weizenstroh.
Ich sah Mengen von Spargel in Reihen und ein Stück mit üppigem Rhabarber, der immer ausreichen sollte. Ich sah den Weingarten auf dem Südhang des Hügels, prächtige Reben, beladen mit purpurblauen, grünen und gelben Trauben, Jungen und Mädchen, die mit Körben kamen, bis zum Überlaufen gefüllt, die man überall in die Zimmer stellte wie Blumen. Melonen lagen dick in dem kriechenden Grün auf dem Hügelhang. Bienen summten überall dahin und speicherten den Honig in den weißen Reihen von Bienenstöcken neben dem Hühnerhof.
Und die Herde, die ich haben würde! Die sanften Holsteiner und einen Monarchen von einem Bullen – ein schimmernder Schmuck der Felder und Wiesen, wenn sie sich bewegten. Die Schafe, die auf Wiesen und Hügeln weideten, das Blöken der kleinen weißen Lämmer im Frühling.
Die grunzenden Schweine, die den Abfall in solides Gold verwandelten.
Ich sah die feurigen, gut trainierten Pferde, Rapphengste und Schimmelstuten mit glattem Fell und prächtigem Schritt – wie sie gesattelt und zum Aufsitzstein geführt wurden, wenn man über seinen Besitz und die ländlichen Baumwege reiten wollte, die ich liebte – die besten Freunde neben sich. Die stämmigen Gespanne, die die Äcker pflügten. Die sich wandelnden Farben der Hänge von der Saatzeit bis zur Ernte. Ich sah den scharlachroten Kamm des Hahnes und seiner hundert Hennen – die weißen Eier. Die Enten auf dem Teich. Die Gänse – und Schwäne, die im Schatten der Bäume auf dem Wasser schwammen.
Ich sah die javanischen und die weißen Pfauen auf den Mauern des Hofes. Und aus den Gemüsegärten wanderte ich in eine tiefe Höhle im Hügel – in den Wurzelkeller meines Großvaters – und sah den ausgedehnten Sandboden mit Sellerie besetzt, hoch gestapelt mit Rüben, Kartoffeln, Karotten, Zwiebeln, Pastinaken, Kohlköpfen, eingeschlagen und von der Decke herabhängend. Äpfel, Birnen und Trauben, in Holzkisten verwahrt, säumten den Keller vom Boden zur Decke. Und Sahne! Die ganze Sahne, die der Junge nicht bekommen hatte! Dick – so hob man sie im Löffel, und dann schwamm sie wie Eis auf der duftenden Tasse Morgenkaffee oder ritt auf den scharlachroten Erdbeeren.
Ja, Taliesin sollte ein Garten und eine Farm hinter einem Arbeitsraum und einem Haus sein.
Ich sah das alles, pflanzte es alles und legte den Grund zu der Rinder- und Schaf-

herde, zu Pferden und Geflügel, während ich die Fundamente des Hauses legte. All diese Dinge des Lebensunterhaltes tauchten – verbessert – aus der Knabenzeit auf.
Und so begann eine »schimmernde Stirn« für den Hügel, der ungebrochen aufstieg und den Überfluß des Lebens in all diesem ländlichen Reichtum krönte.
Auf einem andern Hügel, eine Meile entfernt, gab es einen Steinbruch, wo der gelbe Sandkalkstein, wenn er zutage lag, ebenso geschichtet war wie in den Gesimsen der felsigen Steilhänge der Hügel.
Dieses Aussehen wünschte ich mir für die Baumassen, die auf den Hängen wachsen sollten. Die benachbarten Farmer schleppten den Stein bald mit ihren Gespannen zu meinem Hügel und brauchten doppeltes Gespann, um ihn nach oben zu schaffen. Lange Platten dieses heimischen Steins, fünfhundert oder mehr, alle gezählt, wie sie Vater Larson, der alte norwegische Steinmetz, der unten im Steinbruch arbeitete, in großen Schollen sprengte und herausschlug, wurden hinaufbefördert, damit sie zur Hand waren. Der Stein wurde zur Pflasterung der Terrassen und Höfe benutzt. Stein stieg wie Felsbänder den Hügel hinan und reckte nach allen Richtungen mächtige Arme, die das Haus an den Boden hefteten. Der Boden! Der Boden meines Großvaters: Voller Liebe empfand ich ihn als Teil von all diesem.
Schließlich war es nicht leicht zu sagen, wo die Pflasterung und die Mauern aufhörten und der Boden begann. Besonders auf dem Hügelgipfel, der zu einem niedrig ummauerten Garten über den ihn umgebenden Höfen wurde und den man über Steinstufen erreichte, die in die Hänge eingemauert waren. Eine Gruppe schöner Eichen, die auf dem Hügelgipfel wuchs, stand unberührt an einer Seite über dem Hof. Ein großer, bogenförmiger, steinummauerter Sitzplatz umschloß den Raum gerade unter ihnen, und eine Steinpflasterung stieg stufenförmig zu einer Quelle hinab, die sich in ein Becken in der Mitte des Kreises ergoß. Jeder Hof besaß eine Quelle, und der sich unten schlängelnde Bach erhielt einen großen Stau. Eine mächtige Steinmauer, die durch den Bach gezogen wurde, schuf einen Teich unmittelbar am Fuß des Hügels und ließ das Wasser im Tal so hoch steigen, daß man es von Taliesin aus sah. Das Wasser unterhalb des Falles, der so entstand, wurde mit Hilfe eines hydraulischen Stoßhebers zu einem großen steinernen Reservoir gehoben, das in den höheren Hügel oberhalb und hinter dem Gipfelgarten eingebaut wurde; das Wasser erschien in den Quellen wieder und lief von dort zu den Gemüsegärten unterhalb des Hauses.
Taliesin sollte natürlich die Werkstatt des Architekten sein und gleichzeitig eine Wohnung für junge Mitarbeiter. Und es war ein Farmhaus für die Farmhelfer. Um einen Hinterhof sollten sich Wirtschaftsgebäude ziehen, denn Taliesin sollte eine vollständige Lebenseinheit werden, im Hinblick auf Behagen und Schönheit vom Schwein bis zum Eigentümer echt.

Midway Gardens

1913–1914. Restaurant und Konzertgarten Midway Gardens, Chicago, Illinois. Querschnitt, Längsschnitt und Straßenansicht. Das Gebäude wurde 1923, während der Prohibition, abgebrochen. Wright erläutert seine Arbeit als »einen frühen Versuch, Architektur, Bildhauerei und Malerei in einer großen, den deutschen Biergärten ähnlichen Parkanlage zusammenzuführen«. Der Text aus dem TESTAMENT weist auf den »Dichter – den unbestätigten Gesetzgeber unserer Zeit«.

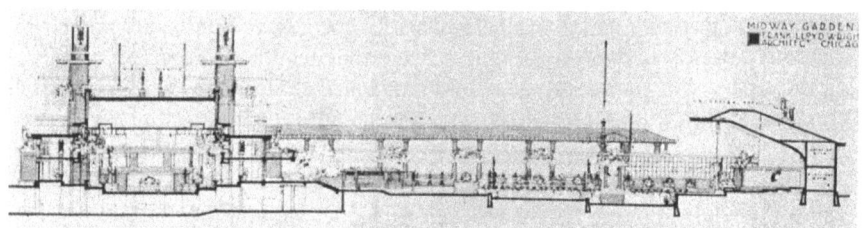

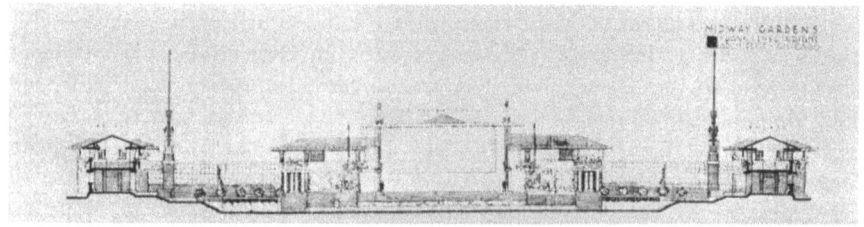

Damals wie heute wußte ich, daß allein der Dichter die inspirierende Einsicht haben konnte, derer es bedurfte, um der menschlichen Gesellschaft die richtigen Antworten zu geben – Antworten, die immer in Beziehung zur neuen Philosophie standen. Ja, ich wußte damals sogar, daß die Offenbarungen, deren die amerikanische Gesellschaft bedurfte, um unser neues Glaubensbekenntnis zum Menschen anzunehmen, unmöglich von der Wissenschaft herkommen konnten. Außer Louis Sullivan gab es unter den vielen Dichtern, die ich kannte und namentlich aufführte, damals keinen einzigen Architekten der Welt. Das dichterische Element hatte zu lange in der Architektur gefehlt. So lange, daß die Architektur nicht mehr als große schöpferische Kunst betrachtet wurde. Wo aber könnte sonst die Seele aller uns je bekannten menschlichen Kultur gefunden werden, wenn nicht in der Architektur?

Thoreau, Emerson gehörten uns. Und dann erschien auch Walt Whitman, um der

großen Wandlung die nötige religiöse Inspiration zu verleihen: unseren neuen Standort für den neuen Menschen in unserer Zeit. Walt Whitman, der Seher unserer Demokratie! Er drückte die primitiven Wahrheiten aus, die unserem neuen Leben zugrunde lagen, Inspirationen, deren wir bedurften, um geistig mit der kühnen These ›Souveränität des Individuums‹ vorwärtszudringen. Konnte nicht der *Geist* der von der Menschheit dringend benötigten schöpferischen Kunst in der richtigen Verwendung der radikalen neuen Technologien unserer Zeit liegen und sich dadurch aufschwingen? Statt aus irgendeiner oder durch irgendwelche anerkannte Autorität oder durch irgendein religiöses Sektierertum. Diese Art Inspiration konnte nicht von einem Ausschußverstand oder von irgendeinem Beamtentum erwartet werden. Ich wußte genau, daß es sie dort nicht gab. Vor sechzig Jahren wußte ich, daß wir bis zu dem Zeitpunkt, da die notwendige Inspiration in der Architektur in Erscheinung treten würde – aufgeklärt und nicht

mehr voreingenommen in jenem Reich, das wir Bildung nannten –, wahrscheinlich vergeblich nach einer zusammenhängenden Interpretation unserer Zeit und unseres Zeitstandortes Ausschau halten würden.
Man bedenke, daß die Vereinigten Staaten von Amerika vor hundertsechzig Jahren mit jener einzigartigen inspirierenden Botschaft an die Öffentlichkeit traten, die eine Weltrevolution auf dem Gebiet des Regierens auslöste: Freiheit für den Menschen, damit er sein besseres Ich werde! Man überlege, daß der Mensch dadurch zum Maßstab einer individuellen Kultur wurde. Man betrachte die Inspiration und Kühnheit unserer Gründer. Welchen Mut bedeutete es damals, eine *Nation offiziell* für frei zu erklären! Man bedenke auch: Wie unentbehrlich damals, als freie Amerikaner sich bewußt wurden, Neugeborene in der Weltgemeinschaft zu sein, große Kunst für Amerika war und damit echte Architektur als deren Grundlage. Sie mußte *organisch* mit dem Wesen jener Unabhängigkeitserklärung wachsen! Organische Architektur, die auf dem neuen Glauben beruhte, nicht nur auf dem Glauben an der Menschheit Menschtum, sondern auch auf dem Glauben an den Menschen als schöpferisches Wesen; an den Menschen, der immer größer ist als alle Systeme, die er je ersinnt! Damit boten sich uns neue Möglichkeiten. Der moderne Mensch wurde fähig, eine neue Lebensharmonie zu erkennen und zu erlangen. Er durfte neue Hoffnung hegen, sich selbst – *als Eigenwesen* – zu bessern; mit gutem Gewissen und seinen Fähigkeiten gemäß der neuen Staatsidee zu dienen. Die Menschen mußten *wachsen*; aus ihnen mußten neue Führer ihrer eigenen Zeit, ihres eigenen Landes werden, denn sie besaßen nun die Freiheit, einander auszuhelfen, wobei jeder die Integrität und Schönheit des Lebens für jeden einzelnen und damit für alle bewahrte. War es das, was unsere neue Demokratie als Regierungsform meinte? Ketzerei, als es erklärt wurde. Und sogar heute noch fraglich?
Als Walt Whitman gefragt wurde, wie die Übel der Demokratie zu heilen seien, erwiderte er, ›durch mehr Demokratie‹, und rührte damit an eine große Wahrheit für uns. Aber der Patriotismus kann gelegentlich zum ›letzten Zufluchtsort des Schurken‹ werden. Was meinte unser Dichter der Demokratie mit *Demokratie?*
Die Begriffe des demokratischen Heils können nur durch des Menschen Verständnis der Grundprinzipien der Natur und seines eigenen Wesens tief in ihm selbst gefunden werden. Dann werden wir – ohne volkstümliches Vorurteil, Sentimentalität oder Furcht – eine eigene Kultur erschaffen, die wir *ehrlich unsere eigene* nennen dürfen. Wir werden zu den Ausdrucksformen unseres eigenen demokratischen Wesens gelangen, indem wir die Tiefen ergründen, um unsere Einheit zu entdecken. Ist jene ursprüngliche Idee der Einordnung verschiedener Kulturgebiete in ein einheitliches System wichtiger als Krieg oder künstliche Spaltung? Jener Einordnung, die im Leben wie in der Kunst, Architektur und natürlichen Religion unbedingt enthalten ist.

Das Kaiserliche Hotel

Von 1916–1922 arbeitete Wright in Tokio am Bau des Kaiserlichen Hotels. Das Modellfoto zeigt die Gesamtanlage. »Ich bin gefragt worden, warum ich dieses Werk nicht ›moderner‹ gestaltete. Die Antwort lautet, daß es eine achtenswerte Tradition gab und ich es als meine Pflicht und als mein Vorrecht empfand, ein Gebäude zu schaffen, das, soweit ich dazu fähig war, ihnen gehörte. Das Prinzip der Biegsamkeit anstelle der Starrheit rechtfertigte sich hier durch einleuchtende Ergebnisse. Aber die A.I.A.-Delegation, welche die Zustände in Japan nach dem großen Erdbeben von 1923 untersuchen sollte, erwähnte die Konstruktion nicht.« 1937 veröffentlichte ARCHITECTURE AND MODERN LIFE den Bericht vom Bau dieses Hotels.

Ein gesellschaftlicher und geschäftlicher Treffpunkt, nennen wir es Hotel, wurde für das offizielle Japan infolge seiner neuen auswärtigen Beziehungen notwendig. Ein neues Hotel war notwendig, weil kein Ausländer, wie kultiviert er auch sein mag, mit Anmut und Behaglichkeit auf dem Fußboden zu leben vermag, wie die Japaner es tun. Es war auch noch aus einem andern Grund notwendig: Ein japanischer Herr bewirtet Fremde, ganz gleich wie vornehm sie sein mögen, nicht im Familienkreis. Deshalb sollte das Gebäude mehr eine Stätte für die Bewirtung von Gästen – mit abgeschlossenen Speiseräumen, Bankettthalle, Theater und Kabarett – werden als ein Hotel.
Kein ausländischer Architekt, der bisher eingeladen worden war, in Japan zu arbeiten, hatte vor den Japanern den Hut gezogen oder japanische Zustände und

Traditionen respektiert. Und dennoch gehören diese ästhetischen Traditionen zu den nobelsten der Welt. Als ich den Auftrag annahm, das Gebäude zu entwerfen und zu errichten, war es meine instinktive und entschiedene Absicht, die Traditionen nicht zu beleidigen. Waren sie nicht ein Hauptzug meiner ersten Bedingung, des Bodens? Das waren sie. Die Japaner waren mehr Teil ihres Bodens als jedes andere Volk, das ich kennenlernte.

Während ich also ihr Gebäude »modern« im besten Sinne machte, wollte ich es doch zu einem verständnisvollen Gefährten japanischer Bauten machen. Ich wollte den Japanern zeigen, daß sich ihr eigenes Raumgefühl und die Seele ihrer Religion, des Shinto, die heißt: »Sei sauber«, durch die angemessene Benutzung aller Werkstoffe auch in einem Haus aus solidem Mauerwerk verwirklichen ließ. In einem Haus, in dem sie auf den Füßen standen und nicht wie in ihren – gut und richtig gezimmerten – Häusern auf den Knien hockten.

Ich wollte ihnen zeigen, wie man die Ursachen unserer neuen Zivilisation – nennen wir sie Installation, Elektrifizierung und Heizung – ohne eine solche Vergewaltigung der Baukunst benutzen kann, wie wir selber sie verübten und wie sie sie damals kopierten. Ich beabsichtigte, all diese Versorgungssysteme zu einem praktischen und ästhetischen Teil des Gebäudes selbst zu machen. Es sollte eine neue Einfachheit erhalten, indem es zu einem vollständigen Ganzen in sich selbst gemacht wurde.

Die mechanische Bauweise sollte ein Habenposten für das Leben und damit eine Bereicherung der Architektur sein. Sie sollte beidem keinen Schaden zufügen. Warum sollte die japanische Nation nicht die gleiche Harmonie zwischen Einrichtung und Gebäude erreichen, wenn sie dazu überging, sich auf den Füßen wohl zu fühlen, wie sie sie so wunderbar erzielt hatte, als sie sich auf den Knien zu Haus fühlte?

Und ich glaubte, Japanern zeigen zu können, wie man ein erdbebensicheres Mauergebäude errichtete.

Kurz, ich wünschte mir, Japan bei dem Übergang von Holz zu Mauerwerk und von den Knien zu den Füßen zu helfen, ohne daß es dabei einen allzu großen Verlust an den eigenen großen kulturellen Leistungen erlitt. Und ich wollte das Land in die Lage versetzen, einige der überkommenen Schwächen seines Bausystems zu überwinden, bei dem der Zusammensturz eine ständige Bedrohung für das Glück, ja für das Leben selbst bildete.

Da war der natürliche Feind aller Gebäude jeder Art: das Beben. Und wie ich wohl wußte, steht der Seismograph in Japan niemals still. Der Gedanke an das Beben, eine Angelegenheit des Bodens, ging mir niemals aus dem Kopf, während ich plante und vier Jahre lang oder mehr an den Zeichnungen und der Konstruktion des neuen Hotels arbeitete. Ich stellte fest, daß Erdbeben auf Wellenbewegung des Bodens zurückzuführen waren. Wegen der Wellenbewegung schwanken Fun-

damente wie lange Pfeiler und erschüttern die Konstruktion. Schwere gemauerte Massen würden unvermeidlich zerbrochen werden. Je schwerer das Mauerwerk, desto schwerer die Beschädigung.
Der Boden des Bauplatzes selbst war ein ebenes Grundstück von 165 mal 100 Meter, das aus etwa 20 Meter hohem feuchtem Schlamm bestand, über dem knapp drei Meter Füllboden aufgeschüttet waren. Die Aufschüttung war etwa von der Konsistenz von Käse. Der Grundwasserspiegel lag etwa 38 cm unter der Bodenoberfläche. Kurz, das Gebäude sollte auf einem uralten Sumpf stehen, einem Arm der Bucht, der zugeschüttet worden war, als Tokio Hauptstadt des Kaiserreichs wurde.
Doch der Schlamm unter dem Füllboden erschien mir als ein gutes Polster, um Erdbebenstöße zu mildern. Ein Gebäude könnte auf dem Schlamm schwimmen, etwa so wie ein Schlachtschiff auf Salzwasser schwimmt. Das Gebäude auf dem Schlamm schwimmen lassen? Warum nicht? Und wenn es nun einmal schwimmen mußte, weshalb dann nicht äußerste Leichtigkeit, verbunden mit der Schlankheit und Biegsamkeit, die dem Stahl eigentümlich sind, statt des großen Gewichts, das bei der gewöhnlich übertriebenen Starre notwendig ist, zumal diese Starre, wie starr sie auch sein mochte, niemals starr genug ist? Wahrscheinlich war die Lösung ein Gebäude, so flexibel wie zwei Hände, die mit verschränkten Fingern zusammengeschoben wurden; sie gaben der Bewegung nach und waren doch elastisch genug, um in ihre Stellung zurückzukehren, wenn die auf die Rundstähle und Bekleidungen einwirkende Kraft nachließ. Warum sollte man gegen die Gewalt des Bebens nicht unter dessen eigenen Bedingungen ankämpfen? Warum sollte man nicht mit ihm mitgehen und unbeschädigt zurückkehren? Das Erdbeben überlisten?
So kam die Beschaffenheit des Bauplatzes, der Boden, in die Konzeption des Gebäudes. Nun waren diese Anfangserkenntnisse in den Einzelheiten auszuführen. Ich benutzte ein Vorbereitungsjahr, um die notwendigen Daten zusammenzutragen und Untersuchungen für den neuen Typ von Fundament anzustellen. Schließlich wurden flexible Fundamente – die außerdem wirtschaftlich waren – geschaffen, indem zugespitzte Holzpfähle, nur zweieinhalb Meter lang, in die Schichten des Füllbodens getrieben wurden; sie wurden herausgezogen und die Löcher sofort mit Beton zugeworfen; so wurden Tausende von kleinen Pfeilern oder Betonnadeln gemacht, von Mitte zu Mitte sechzig Zentimeter entfernt, auf die die miteinander verbundenen Grundschichten gelegt wurden. Neun Pfahlrammen standen auf dem Grundstück, jede mit ihrer Gruppe singender Frauen, die an den Seilen des Fallklotzes zogen und ihn wieder herabstürzen ließen – zwölf Seile, an jedem ein Paar Hände.
Soviel über die Vernünftigkeit der sorgfältigen Berechnung – wie stand es nun mit dem Hochbau?

Das Gebäude sollte heimisch wirken, deshalb mußte man die Methoden Handarbeit und auch heimische Werkstoffe benutzen. Der Entwurf mußte deshalb so sein, daß Handarbeit ihn besser ausführen konnte als Maschinen. Es war unmöglich zu sagen, wie weit wir in irgendeiner Richtung mit Maschinen kommen würden – vermutlich nicht sehr weit.

Offensichtlich mußten die gerade Linie und die flache Ebene, denen ich in Amerika durch die Maschinen bereits verpflichtet worden war, im Hinblick auf den Stil modifiziert werden, wenn ich die Traditionen des Volkes respektieren wollte, dem das Gebäude gehören würde. Die Japaner waren bereits vor Jahrhunderten dem Ideal einer organischen Architektur in ihren Wohnbauten näher gekommen als jede andere zivilisierte Rasse auf Erden. Die Ideale, die wir organisch genannt haben, sind selbst jetzt noch am besten in ihren Wohnungen aus Holz und Papier veranschaulicht, in denen sie auf Knien lebten. Wie ich bereits sagte, wollte ich den Japanern dabei helfen, im Hausinnern auf die Füße zu kommen und zu lernen, in feuersicheren gemauerten Gebäuden zu leben, ohne daß sie ihr heimisches ästhetisches Prestige einbüßten, soweit es um die Architektur ging. Durch die Katastrophen langer Jahrhunderte dazu geschult, leicht über dem Boden zu bauen, flammten die ihnen natürlichen Wohnungen aus Holz und Papier beim geringsten Funken auf. Wenn erst ein Feuer ausbricht, ist es selten aufzuhalten, ehe es mehrere hundert Häuser vernichtet hat; oft zerstört es Tausende und endet mit der völligen Verwüstung einer Stadt. Wenn die unwiderstehlichen Wellenbewegungen schaudernd und rüttelnd durch die Erde gegangen sind, ungeheure Gebiete über Nacht verwandelnd, wenn Inseln verschwunden, andere aufgetaucht, Gebirge flach gemacht und Täler angehoben sind und ein entsetzlicher Zoll an menschlichem Leben gefordert worden ist, dann kommen die Flammen! Am Ende stets eine Feuersbrunst.

Die Kosten für Metallrahmen und Schiebewände waren zu jener Zeit unerschwinglich, doch es wurden Pläne für ein auf andere Weise völlig feuersicheres Gebäude gemacht; und die Entwürfe waren darauf abgestellt, daß alle architektonischen Züge praktisch nur Notwendigkeiten waren.

Die leichten flexiblen Fundamente hatten gegenüber den gebräuchlichen massiven hunderttausend Dollar eingespart. Wie konnte nun das Gebäude ebenso leicht und flexibel gemacht werden? Ich teilte die Konstruktion in etwa zwanzig Meter lange Abschnitte. Das ist in jenem Klima die zuverlässige Grenze für Temperaturrisse bei bewehrtem Beton. Überall, wo diese Teile aneinanderstießen, sorgte ich für durchgehende Verbindungen.

Um die Stabilität sicherzustellen, trug ich die Decken- und Dachlasten, wie ein Kellner sein Tablett auf dem ausgestreckten Arm und den Fingerspitzen trägt. Alle Stützen waren in der Mitte unter den belasteten Deckenplatten zusammengefaßt; sie ließen die Last balancieren, statt sie an den Rändern mit den Wänden zu erfassen, wie es der anerkannten Bauweise entspricht. Eine so getragene Last mußte bei jeder Bewegung sicher sein. Das Tablett, in der Mitte auf der Hand des Kellners balancierend, ist im Prinzip der freitragende Ausleger. Das geschah. Das bedeutete, daß das Bauprinzip der freitragenden Decken dazu beitragen mußte, den Stil des Gebäudes zu bestimmen. So wurde die freitragende Decke der Hauptzug der Konstruktion und ein wesentlicher Faktor bei der gesamten Gestaltung der Formen, da die Deckenplatten durch die Wände stießen und sich zu vielfältigen Balkons und Überständen erweiterten.

Die Gebäude in Tokio sonst waren kopflastig. Die überstark betonten heimischen Dächer wurden hoch mit Lehm bedeckt, und die schweren Dachziegel, die auf den Lehm gelegt wurden, pflegten locker zu werden und mit tödlicher Wirkung auf die schmalen, von verängstigten Menschen überfüllten Straßen hinunterzufallen.

So wurden die Außenwände, die auf den Fundamenten dick und schwer begannen und sich nach oben verjüngten, von einem leichten, mit handbearbeiteten Kupferblechplatten gedeckten Dach gekrönt. Der leichte Dachstuhl ruhte auf einer Deckenplatte aus Beton, die nach außen über die Wände zu einem Überstand vorsprang; der Überstand war perforiert, um das Sonnenlicht in die Fenster der darunterliegenden Räume zu lassen.

Nun zu den Baustoffen. Was war wünschenswert, was stand zur Verfügung? Abermals wandten wir uns dem Boden zu.

Ein Stein, den ich in der Erde und im allgemeinen Gebrauch in Tokio gesehen hatte, war eine leichte, gut zu bearbeitende Lava, Oya genannt; sie wog etwa ebensoviel wie grüne Eiche und ähnelte dem Travertin. Sie wurde in Nikko gebrochen, auf Flößen übers Meer nach Tokio und dann über einen Kanal zum Bauplatz befördert. Mir gefiel dieses Material seines Charakters wegen, doch ich stellte bald fest, daß das Baukomitee, das aus der Finanzautokratie des Reiches bestand, es als ein Sakrileg betrachtete, ein so billiges und gewöhnliches Material für einen so würdigen Zweck zu benutzen. Aber schließlich gab das Baukomitee nach, und wir kauften selbst Steinbrüche in Nikko. Wir benutzten die Oya (Lava) in der ganzen Arbeit und kombinierten sie mit Betonwänden, die wir schichtweise zwischen dünne Wände aus schlanken Ziegeln gossen.

Die Lavastücke ließen sich, ob groß oder klein, auf der Rückseite leicht aushöhlen, und wir setzten sie mit der hohlen Seite nach innen – sie sahen ähnlich aus wie die Plattenformen, in denen man Beton gießt. Auf diese Weise wurden die drei Baustoffe, wenn man den Beton hineingoß, solide zu einer strukturellen Einheit miteinander verbunden.

Auch Kupfer gehörte zu den hervorstechenden, von Hand bearbeiteten Materialien, die uns zur Verfügung standen.

So wurde das »Teikoku« (Kaiserliches Hotel), nachdem diese Maßnahmen ergriffen worden waren, zu einem zusammengefügten, stahlbewehrten Monolithen mit einer dünnen, integrierten Verkleidung von Lava und schmalen Ziegeln, das Ganze oben durch leichte Kupferplatten geschützt. Die Masse der Konstruktion ruhte auf einer Art Nadelkissen. Die Nadeln waren eng genug gesetzt worden, um durch Reibung das Gewicht zu tragen, das der Berechnung nach darauf gestellt werden sollte. In dieser besonderen Konstruktion waren alle Rohr- und Kabelleitungen entsprechend der Längs- und Querverarbeitung angelegt worden. Diese Leitungen waren so entworfen, daß sie in senkrechte und waagerechte Schächte, die beim Bau ausgespart wurden, verlegt werden konnten. Die Rohre waren aus Blei und liefen in weichen Krümmungen von den waagerechten in die senkrechten Schächte und krümmten sich abermals aus den senkrechten Schächten zu den Armaturen. Jedes Erdbeben mochte also die Rohre, wie sie da aufgehängt waren, schütteln und verbiegen, doch es konnte keine Verbindungen zerreißen. Zuletzt – doch keineswegs am unwichtigsten – wurde ein riesiges Wasserbecken als architektonisches Detail des ausgedehnten Eingangshofes zum Hotel mit dem eigenen Wassersystem verbunden. Dieses Becken sollte eine Rolle bei den Bränden spielen, die den Erdbeben folgten.

Während der Ausführung dieser Ideen stellte ich fest, daß die Sprache eine Schranke war. Menschen und Methoden waren fremd. Doch der »ausländische« Architekt mit zwanzig japanischen Architekturstudenten von den Universitäten Tokio und Kyoto, von denen einige während der vorbereitenden Entwürfe in Taliesin gewesen waren, und ein ausgezeichneter amerikanischer Bauunternehmer, Paul Mueller, bildeten die Gruppe, die das Kaiserliche Hotel errichtete. Hayashi San, der Generaldirektor des Kaiserlichen Hotels, trug die unmittelbare Verantwortung für alles. Den Bauherrn und Eigentümer, die kaiserliche Hofhaltung, vertrat Baron Okura. Dazu kam ein Direktorium, zusammengesetzt aus fünf großen japanischen Geschäftsleuten – Reederei, Tabakhandel, Zementproduktion und Bankwesen.

Die ursprünglichen Pläne, die ich in Taliesin für den Bau gemacht hatte, legte ich als bloße Ausbildungsübungen für den Architekten beiseite und arbeitete die Einzelheiten auf dem Bauplatz aus. Zeichnungen dienten lediglich als vorbereitende Studien für die endgültige Konstruktion.

Diese japanischen Arbeiter! Wie gescheit sie waren! Welche Geschicklichkeit und welchen Fleiß sie an den Tag legten! Statt daß wir also versuchten, vorgefaßte Ausführungsmethoden durchzusetzen und dabei dieses kostbare menschliche Kapital in dem vergeblichen Bemühen verschwendeten, die Arbeiter auf unsern Weg zu zwingen, lernten wir von ihnen und gingen bereitwillig mit ihnen ihren Weg. Ich modifizierte viele ursprüngliche Intentionen, um das am besten auszunutzen, was, wie ich nun einsah, ihrer Natur entsprach. Aber dabei ergaben sich selbstverständlich oft die merkwürdigsten Fehler. Ich hatte Gelegenheit zu lernen, daß die charakteristisch japanische Annäherung an jedes Thema spiralförmig vor

sich geht. Der orientalische Instinkt, in irgendeiner Richtung anzugreifen, ist schräg oder gewunden und ermüdet den direkten Abendländer, dessen Instinkt sich frontal äußert und dessen Annäherung geradlinig vor sich geht.
Allerdings glichen die Japaner diese scheinbaren Umwege durch Sanftheit, Loyalität und Geschicklichkeit aus. Bald begannen wir, die »Ausländer« zu erziehen, wie sie es mit uns taten, und wir kamen recht gut miteinander aus.
Als das Antlitz ihres Gebäudes aus der scheinbaren Verworrenheit aufzutauchen begann, wurden die Arbeiter immer interessierter daran. Es war ein häufiger Anblick, daß Gruppen von ihnen irgendeine vollendete Einzelheit bewunderten und klug kritisierten, wenn sie sichtbar wurde. Wärme des Interesses und Tiefe der Wertschätzung, wie sie mir aus Baukreisen unseres Landes zu unserer Zeit unbekannt waren, bewiesen die Aufrichtigkeit ihres Vergnügens und Interesses an ihrem Werk.
Diese Übung des freien Willens und gesunden Menschenverstands, verbunden mit dem im Westen ungewöhnlichen Gefühl des Respekts für den Osten und das japanische Leben mit seinen Traditionen der Selbstzucht und Inspiration – was würde nun schließlich daraus entstehen?
Ein großes Gebäude sollte geboren werden, das gegenüber dem Park des kaiserlichen Palastes nicht fehl am Platz wirkte. Die noblen Einfriedigungsmauern des Palastes erhoben sich über dem uralten Wallgraben. Die Torwege zu dem Palastgelände, bewacht von den mit blauen Kacheln gedeckten, weißwandigen Gebäuden, die auf den massigen Steinmauern hockten, waren auf der andern Seite der Straße über dem Graben sichtbar. Es war in ihrer Art vollendete Architektur und ebenso japanisch wie das Gesicht der Rasse. Ich konzipierte die Form dieses neuen Gefährten – des Kaiserlichen Hotels – als etwas Gedrungenes und Starkes, ebenso in Harmonie mit dem vorher Dagewesenen wie die Kiefern im Park. Es sollte eine Form sein, der man ansah, daß sie sich gegen Sturm und zu erwartendes Erdbeben spannte. An die Phantasie im wissenschaftlichen Bereich war bereits appelliert worden; aber die reine Vernunft und die Wissenschaft durften dort nicht an der Türschwelle wartend stehenbleiben.
Sie durften dort nicht wartend stehenbleiben, während etwas auf den japanischen Boden trat – etwas Unjapanisches, gewiß, aber dennoch Verständnisvolles, das moderne wissenschaftliche Bauvorstellungen durch alte, Japan nicht fremde Methoden verkörperte. Keine einzige Form war wirklich japanisch, doch das Ganze war von Einheitlichkeit beseelt. Die wachsenden Proportionen entsprachen der besten japanischen Tradition. Wir haben hier in der Individualität des Architekten einen aufrichtigen Verehrer des alten Japan, der, den Hut in der Hand, seinen Anteil beim Übergang einer großen alten Kultur zu einer neuen und unvermeidlich ausländischen beitragen wollte. Wahrscheinlich war die neue Kultur ungeeignet. Bestimmt wurde sie einstweilen nur unvollkommen von denen verstanden,

die sie blind, ja albern als der eigenen überlegen hinnahmen. Das könnte eine große Tragödie werden.
Ich betrachtete es schon damals so, wie ich es heute tue, und die Tragödie schien mir unvermeidlich. Der Ferne Osten hat von unserm großen Westen so wenig zu lernen und so viel zu verlieren, wo es sich um die Kultur handelt.
Vielleicht konnte ich ihren Verlust verringern, wenn ich dazu beitrug, daß vieles von dem, was in ihrem eigenen Leben geistig gesund und schön war, in ein Bild des unbekannten neuen Lebens übernommen wurde, in das sie so wagehalsig eintraten. Diesen Ehrgeiz in konkreter Gestalt in einer Konstruktion zu verwirklichen, die dieses ihnen angemessene Bild anerkannte und bewußt verkörperte, das beabsichtigte ich in diesem gemauerten Gebäude von 165 Meter Länge und 100 Meter Breite zu tun. Es war eine Welt, die in sich vollständig war. Das kann man jetzt noch sehen. Es ist weit und breit bekannt, wie es da an dem ausgetretenen Pfad rund um diese Welt steht. Baron Takahashi sagte zu einem überzeugten Gegner aus Amerika: »Sie mögen unser Kaiserliches Hotel nicht lieben, doch wir Japaner lieben es. Wir verstehen es.«
Zwei Jahre später – 1923 – in Los Angeles: Nachrichten von einer entsetzlichen Katastrophe wurden auf der Straße ausgerufen. Tokio und das nahe Yokohama waren von dem schrecklichsten Erdbeben der Geschichte verwüstet worden. Als das erste Schweigen vorüber war, wurden Tag um Tag gräßlichere Einzelheiten bekannt, und als man die Nachrichten zusammenzählen konnte, ergab sich der Eindruck, daß nichts vom Menschen Geschaffenes imstande gewesen war, der Katastrophe zu widerstehen.
Ich war zu besorgt, um schlafen zu können, und bemühte mich dauernd, Nachrichten über das Schicksal des Neuen Kaiserlichen Hotels, meiner Freunde Shugio, Hayashi, Endo San, meiner Boys und des Barons zu erhalten; ich hatte dort so viele Freunde zurückgelassen. Endlich, drei oder vier Tage nach dem ersten Aufschrei, um zwei Uhr morgens das Klingeln des Telefons. Hearsts *Examiner* wollte mich davon unterrichten, daß das Kaiserliche Hotel völlig zerstört sei. Mir sank das Herz, während ich die Anrufenden auslachte. »Lesen Sie Ihre Depesche«, sagte ich. Der *Examiner* las eine lange Liste von diesem und jenem »Kaiserlichem« vor. »Sie sehen, wie leicht es ist, das Kaiserliche Hotel mit andern kaiserlichen Dingen zu verwechseln. Wenn Sie etwas von der Zerstörung des Neuen Kaiserlichen Hotels als Nachricht drucken, werden Sie widerrufen müssen. Wenn in Tokio überhaupt noch etwas über der Erdoberfläche steht, dann ist es dieses Gebäude«, sagte ich und hoffte.
Nun waren sie dran zu lachen, als sie am Morgen die Nachricht von der Zerstörung mit einem Foto oben auf der Titelseite brachten. Dann folgte eine lange, sorgenvolle Woche. Einander widersprechende Berichte liefen ständig ein; die direkte Verbindung war abgeschnitten.

Endlich ein Kabel.

»FRANK LLOYD WRIGHT, OLIVE HILL RESIDENCE, HOLLYWOOD, CALIFORNIA. LAUT FUNKNACHRICHT, HEUTE AUS TOKIO ERHALTEN, STEHT HOTEL UNBESCHÄDIGT ALS DENKMAL IHRES GENIES. HUNDERTE VON OBDACHLOSEN AUFGENOMMEN. VERSORGUNG VÖLLIG INTAKT. GLÜCKWÜNSCHE.

OKURA.«

Einmal in einem ganzen Leben wurde eine gute Nachricht zur Zeitungsnachricht, und das Kabelgramm des Barons lief um die ganze Welt – und was verkündete es? Es verkündete den Triumph der Vernunft im Kopf eines Architekten, der hart genug war, durch dick und dünn dabei zu bleiben. Jawohl, das. Aber es war wirklich eine neue Einstellung zum Bauen, das Ideal einer organischen Architektur bei der Arbeit, die das Kaiserliche Hotel gerettet hatten.
Beide Tokioter Häuser des Barons waren vernichtet. Das prachtvolle Museum, das er Tokio geschenkt hatte, war zerstört. Nur das Gebäude eines amerikanischen Architekten, dem er die Hand gereicht hatte, um ihm zu helfen, war das, was ihm in Tokio heil geblieben war.
Als endlich Briefe eintrafen, stellte sich heraus, daß die Freunde gesund waren. Und es zeigte sich, daß nicht eine einzige Glasscheibe zerbrochen und kein einziger Mensch verletzt worden war. Ebensowenig war die Installation oder die Heizanlage auch nur im geringsten beschädigt. Doch über etwas anderes freute ich mich besonders. Nachdem das erste große Beben vorüber war und die Toten in großen Mengen dalagen, waren die Japaner in Scharen gekommen, ihre Kinder mit sich schleppend; in den Gängen und auf den Terrassen des Gebäudes beteten sie um Schutz durch den Gott, der das Teikoku bewahrt hatte. Als dann die Feuerwand, die jedem großen Beben folgt, durch die Stadt auf die lange Front des Kaiserlichen Hotels zufegte und das beständige Wimmern des menschlichen Elends vor sich hertrieb, bildeten die Hotelboys eine Eimerkette zu dem großen Becken des zentralen Eingangshofes (die Hauptwasserleitungen der Stadt waren durch das Erdbeben unterbrochen worden) und fanden dort eine Wasserreserve, um die hölzernen Fensterrahmen und die Scheiben gegen das Feuer naß zu halten. Der letzte Gedanke an die Sicherheit des Kaiserlichen Hotels hatte seine Wirkung getan.
Früh im zwanzigsten Jahrhundert war eine Welt, die in sich selbst ihren Zwecken ausreichend entsprach und die spontan geschaffen worden war, wie jede andere Welt vom Willen irgendeines schaffenden Meisters der Antike gestaltet wurde, von ihrem einen Architekten innerhalb eines Lebensabschnittes vollendet worden. In alten Zeiten wurde ein solches Werk im allgemeinen von Generation zu Generation weitergeführt und von Architekt zu Architekt weitergegeben. Seltsam! Hier

war die erfahrene Handwerksleistung auf den Wink und Ruf eines Mannes gekommen, der bis dahin den größten Teil seiner Bemühungen darauf verwandt hatte, Gebäude so zu entwerfen, daß sie den modernen Maschinenprozessen entsprachen und von der Maschine erbaut wurden.

Hier im Fernen Osten entstand ein bedeutsames Übergangsgebäude. Sind die wirklich guten Gebäude alle Übergangsgebäude? Aber wäre jener Charakter der Denkprozesse, die es errichteten, jenes Ideal einer organischen Architektur nicht gewesen, dann wäre es bestimmt auch nur »ein weiteres von diesen Dingen« geworden, und das Beben hätte es weggefegt.

Wenn das Neue Kaiserliche Hotel auch nur zum Teil das Ideal einer organischen Architektur verwirklichte, machte die Verfolgung dieses Ideals das Gebäude doch zu dem, was es wirklich war, und versetzte es in die Lage, das zu leisten, was es tatsächlich leistete. Daß es, falls ich es noch einmal bauen müßte, völlig anders werden würde, obwohl ich die gleichen Methoden und Mittel verwenden würde, macht meine These hier nicht ungültig. Sie bekräftigt sie vielmehr in hohem Maße.

Nun wollen wir einen Blick auf das werfen, was dieser natürlichen Einstellung zu der Natur eines Problems als natürliche Konsequenz folgte. Selbstverständlich folgte Opposition, bis Baron Okura schließlich die volle Verantwortung übernahm und die Fortführung des Gebäudes erzwang. Da war die unfreundliche Haltung von Amerikanern und Engländern. Obwohl sie sich untereinander auch nicht allzu freundschaftlich verhielten, opponierten sie gegen diese Einstellung. Bisher hatte ihnen Tokio gehört, weil sie dort, wo eine fremde Kultur so unbeschränkt und rücksichtslos gekauft wurde, die besten Verkäufer waren. Die Deutschen befanden sich dort ebenfalls in großer Zahl, aber sie waren mittlerweile nahezu aus dem Geschäft geschlagen. Meine verständnisvolle Einstellung: Japan den Japanern, wurde als Verrat an den amerikanischen Interessen betrachtet. Ich ermutigte die Japaner und lehrte sie bisweilen auch, wie sie die Arbeit an ihrem Gebäude selbst tun könnten. Die amerikanischen Baugesellschaften errichteten zehnstöckige Stahlgebäude mit solchen Architekturen, wie sie eben hatten; sie hängten die Architektur an den Stahl und setzten die Stahlgerüste auf lange Pfeiler, die sie von Oregon über den Pazifik transportierten und bis auf den gewachsenen Fels hinunterrammten. Ob die Gebäude auf diese Weise errichtet wurden, damit der Stahl bei einem schwereren Beben die Architektur auf die Straße hinunterschüttelte? Diese Baugesellschaften waren, wo es gegen mich ging, besonders bösartig. Die »Westliche Gesellschaft amerikanischer Ingenieure« teilte mir freiwillig und unentgeltlich mit, daß mein »System für Fundamente unzuverlässig« sei. Das A. I. A. – das American Institute of Architects –, das durch Tokio kam, als das Gebäude fast vollendet war, bemerkte es und veröffentlichte Artikel in Tokioter Zeitungen, in denen sie erklärten, das Gebäude sei eine Beleidigung für die amerika-

Hof des Kaiserlichen Hotels

nische Architektur; sie teilten meinen Auftraggebern wie auch der Welt im allgemeinen mit, daß das ganze Ding beim ersten Erdbeben mit entsetzlichen Verlusten an Menschenleben zusammenstürzen werde.
Als das Gebäude zu zwei Dritteln fertig war, erhielten die Direktoren aus der gleichen Quelle die direkte Information, daß ihr amerikanischer Architekt wahnsinnig sei. Nun wurden alle Direktoren außer einem einzigen (meinem Gönner, dem Baron), die in dieser Weise jahrelang ununterbrochen bearbeitet worden waren, zu Spionen. Die Wände hatten Ohren. Die Propaganda nahm zu. Generaldirektor Hayashi wachte »an Ort und Stelle«. Meine Freiheit wurde immer stärker eingeschränkt, und ich arbeitete unter größeren Schwierigkeiten denn je. Hayashi San, der mächtige Okura und meine kleine Gruppe von japanischen Studentenlehrlingen blieben loyal, und wir kamen voran, bis der letzte Sturm anläßlich einer unerfreulichen Szene bei einer Direktorenversammlung losbrach. Da übernahm der Baron selber die Zügel, um mich bei meiner Arbeit zu schützen, und das Gebäude des Neuen Kaiserlichen Hotels wurde unangefochten beendet.
Ich habe gelernt, daß überall, wo die Vernunft ihr Gesicht zeigt und ein Wandel stattfinden soll, die Reaktion in jeder festgefügten Ordnung, die in sich selbst nicht organisch ist, gleich verläuft. Deshalb muß die organische Architektur diese Schranke niederreißen, überspringen oder umgehen.
Was die Regierung betraf, so muß ich hier vielleicht sagen, daß niemals eine Bauerlaubnis für die Errichtung des Kaiserlichen Hotels erteilt wurde. Ich erklärte unsere Absicht der zuständigen kaiserlichen Dienststelle und legte die Zeichnungen vor. Das Ergebnis war eine Besichtigung durch japanische Behördenvertreter, weitere Erklärungen, Kopfschütteln. Doch die Einstellung war durchaus freundlich und verständnisvoll im Gegensatz zu der Haltung, die man in unserm eigenen Land erwarten dürfte. Schließlich wurde mir mitgeteilt, es sei keine Genehmigung notwendig, ich solle weitermachen, man werde die Fortschritte beobachten und hoffe, bei dem Experiment etwas zu lernen. Man könne zwar nicht sagen, daß die Mehrzahl der Ideen unrichtig zu sein schien, aber da es keinen Präzedenzfall gebe, könne man amtlicherseits nicht tätig werden. Man werde jedoch ein Auge zudrücken; und das tat die Regierung wirklich.
Dieses »ein Auge Zudrücken« ist das Äußerste an amtlicher Sanktion, was die organische Architektur oder sonst ein geistiges Vorgehen dieser Art in jedem beliebigen Medium von einer Gesellschaftsordnung erwarten darf, die in sich selbst unorganisch und in so großer Gefahr der Störung ist – falls radikale Überprüfungen erlaubt werden –, daß selbst ein Anfang in dieser Richtung Anlaß zur Hysterie bietet. Institutionen wie die unsern sind nur auf der Grundlage irgendeines Status quo sicher, ja, sie können überhaupt nur auf der Grundlage eines Status quo, eines höchsten Gerichtshofs, »Institutionen« bleiben, weil sie unausweichlich ungültig werden, wenn das Leben weiterschreitet.

Die Natur der Baustoffe

Nach seiner Rückkehr aus Japan ließ Wright sich in Kalifornien nieder. Hier waren 1920 die geschlossenen Kuben des Hollyhock-Hauses entstanden, denen 1923 La Miniatura, ein »Musterbau« aus Betonplatten, und eine Reihe ähnlicher Einfamilienhäuser folgten. »Wir brauchten nichts anderes zu tun, als den Betonblock zu erziehen, ihn zu verfeinern und ihn mit Stahl in den Fugen zu verbinden.«
»Die Natur der Baustoffe« gehört zu einer Artikelserie, die 1928 in THE ARCHITECTURAL RECORD erschien.

Das Land zwischen Madison und Janesville, in der Nähe von Taliesin, meinem Heim und Arbeitsplatz, ist das Bett einer alten Gletscherverschiebung. Dort gibt es ungeheure Kiesgruben, die Massen gelben Aggregats zur Schau stellen, wie es auch überall sonst dort vorkommt, unter den grünen Feldern schlafend. Große Haufen, sauber und golden, warten stets in der Sonne. Und auf meinem Weg von und nach Chicago fahre ich niemals ohne eine gewisse Bewegung vorüber – eine Vision von den lang ausgedehnten staubgeweißten Zementwerken, die das Zauberpulver zu unfaßbarer Feinheit mahlen, jenes Zauberpulver, das meiner Vision Gestalt verleiht; ich wünsche mir den Zement und den Kies völlig meinem Willen untertan.

Auch zu einem Holzhof mit seinen abgestuften, häuserähnlichen Massen von frischen Schindeln, Brettern und Balken komme ich nie, ohne seinen Duft tief einzuatmen und den Wald darin zu sehen, der gefällt und nach dem Zollstock des Architekten zugeschnitten und geformt wird, wie dieser es nur begehrt.

Die Felsgesimse eines Steinbruchs sind für mich eine Geschichte und ein Verlangen. In den Schichten liegt eine Aufforderung und in der Formation ein Charakter. Dann setze ich mich gern und betaste den Stein, der liegt. Oft habe ich gedacht, wenn man mir je den Auftrag gäbe, große monumentale Gebäude zu errichten, würde ich zum Grand Canyon von Arizona gehen, um sie mir dort auszudenken.

Wenn ich in frühen Jahren von dem massiven Steinturm des Auditoriumgebäudes nach Süden schaute, dem Bleistift in der Hand eines Meisters, dann erfüllte mich die rote Glut der Bessemerbirnen südlich von Chicago, wie es einst die Geschichten aus Tausendundeiner Nacht getan hatten, mit einem Gefühl des Entsetzens und der Romantik.

Und die erstickte Weißglut des Brennofens: In der unsäglichen Hitze backen die mineralischen und chemischen Schätze auf bloßem Ton und kommen in allen Farben des Regenbogens, in allen Gestalten der Phantasie heraus, die niemals der

Zeit weichen und nur der Gewalttätigkeit oder Sorglosigkeit des Menschen unterworfen sind. Diese großen Öfen pflegten mich zu verzaubern, wenn ich dem unterdrückten Brüllen tief in ihrem Innern lauschte.
Daumen und Zeigefinger des Töpfers, die geschickt die weiche Masse drückten, während sie auf seiner Scheibe herumwirbelte und sich seiner Berührung fügte, das zwiebelförmige Glas am Ende der schlanken Pfeife, während der Atem des Glasbläsers und sein geschicktes Drehen seine Gestalt bestimmten – ihr Schicksal faszinierte mich. Da wurde etwas geboren.
Farben in Paste oder Kreide, Bleistift – immer eine Erregung. Bis auf den heutigen Tag liebe ich es, eine Handvoll vielfarbiger Stifte zu halten und die Hand zu öffnen, um sie im Licht lose auf meiner Handfläche liegen zu sehen.
Zufällige Markierungen mit bunter Kreide, vielleicht auf dem Bürgersteig, veranlassen mich stehenzubleiben, und etwas in mir lauscht auf etwas, was ich halb im Gedächtnis, halb im Gefühl ahne, als ob sich eine ungesehene Tür geöffnet und ferne Musik für einen Augenblick zitternd an meine Sinne geschlagen hätte.
In diesem Verständnis für die Erde – dort liegen tief vergrabene Schätze ohne Ende. Mineralische Stoffe und Metallvorräte, eingehüllt in Adern aus schimmerndem Quarz. Gold und Silber, Blei und Kupfer, bräunliches Eisenerz; alle geben sich brüllenden Hochöfen hin und fließen, der Hand des Architekten gehorsam; alle werden Pfänder des menschlichen Willens im Plan des menschlichen Geistes.
Und Edelsteine, glückliche Entdeckungen. Der Schein mineralischer Farben und die funkelnden Facetten der Kristalle. Juwelen, die man suchen und fassen muß, damit sie für immer zum Entzücken des Menschen mit dem Licht spielen, in nie endenden Strahlen des reinsten Grün, Rot, Blau oder Gelb und allem, was dazwischen lebt. Licht! Es lebt in der Mathematik der Form, die der Mathematik des Tons gleich ist.
Kristalle sind Beweis für das unvergleichliche architektonische Prinzip der Natur.
All dies betrachte ich als den Garten des Architekten, als seine Palette...
Baustoffe! Welch ein Reichtum!

1923. Haus Mrs. George Madison Millard – La Miniatura, Pasadena, California.
Ansicht und Grundrisse vom Zwischengeschoß, Hauptgeschoß und Erdgeschoß.
»Mrs. Millard war die Heldin der Geschichte: schlank, energisch, kämpfte für das Beste von allem für alle. Und man muß sagen, sie erkannte es, wenn sie es sah. Und sie bekam es, wenn sie konnte. Die Millards hatten in einer Wohnung gelebt, die ich ihnen fünfzehn Jahre früher in Highland Park bei Chicago gebaut hatte. Ich war stolz, daß ein Auftraggeber das erste Haus überlebt hatte und mich bat, ihm ein weiteres einzurichten. Dankbar entschied ich, sie sollte das Beste haben, was es in meiner Mappe gab.«

GARAGE
UPPER PART OF LIVING ROOM
STORAGE

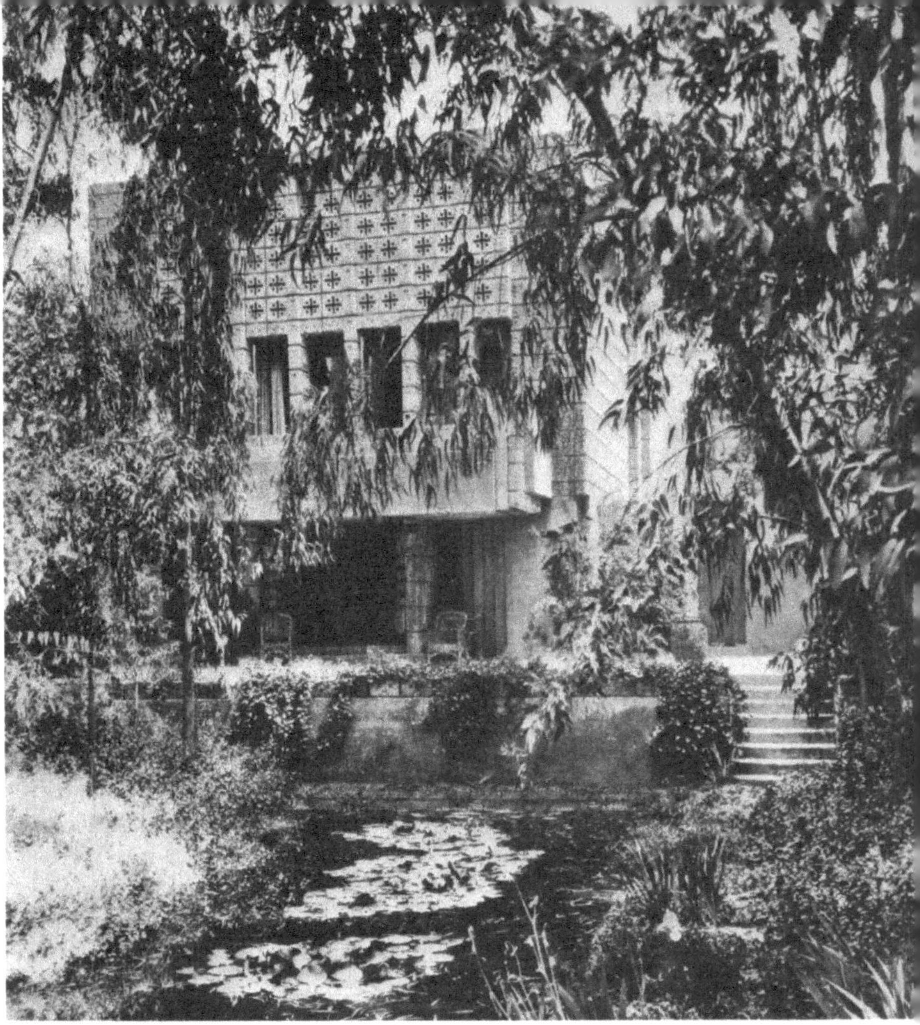

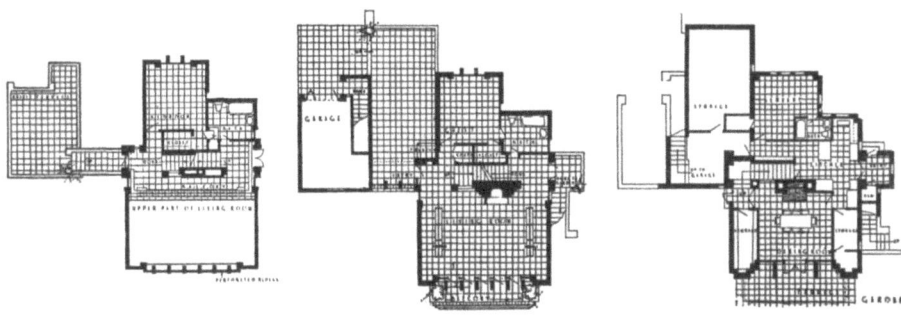

Vorlesungen

1930 hielt Wright eine Reihe von Vorträgen für die Studenten der Princeton University. »... ich bin mehr daran gewöhnt, die Dinge mit einem Trog voll Mörtel und ein paar Ziegeln oder mit einem Betonmischer und einer Arbeitergruppe zu sagen als mit gesprochenen oder geschriebenen Worten. Ich schreibe gern, doch da ich immer damit unzufrieden bin, starre ich auch das Ergebnis mit einer Art von Ekel an ... oder ist es Sehnsucht? Ich halte nicht gern Vorlesungen, weil ich dabei etwas wie die Wut der Ohnmacht fühle. Wenn sich eine kleine Gruppe um mein Reißbrett beugte, hätte ich selber ein besseres Gefühl ...«

Die Tyrannei des Wolkenkratzers

Sie hat zwar eben erst begonnen, doch wir dürfen beobachten, daß Vater Knickerbockers * Dorf, um unser auffälligstes Beispiel zu wählen, bereits so weit aus der Zeichnung gelaufen, so weit über menschliche Maßstäbe hinaus ist, daß es – zur großen Metropole geworden – kein guter Ort zum Leben, zum Arbeiten oder auch nur dort zum Markt zu gehen mehr ist. Dies trotz des Stimulus oder der Erregung des Herdeninstinktes, der die ganze Vorstellung zum Teufel jagt.

Dennoch – oder genauer: gerade deswegen – geht der Preis des Bodens, der zufällig in dem großstädtischen Streifen liegt, der *uptown* verläuft – das wird zweifellos nicht so bleiben –, in die Höhe, weil diese glücklichen Gebiete so oft multipliziert werden können, wie es möglich ist, die ursprüngliche Bodenfläche immer wieder zu verkaufen – dank der mechanischen Anlage des Wolkenkratzers. Die Grundfläche wurde früher mit zehn multipliziert, bald mit fünfzig; jetzt kann man sie mit hundert oder mehr multiplizieren. Mittlerweile überqueren wir geduldig weite, verhältnismäßig leere Räume in der City, um von einem solchen überfüllten Gebiet zu einem andern überfüllten Gebiet zu gelangen, und warten geduldig darauf, wie ich vermute, daß ebendiese Überfüllung, die die Quelle der Inflationspreise ist, sich überanstrengt und selbst auflöst und daß ebendiese Überfüllung, der zu dienen es gebaut wurde, ernstlich in Gegensatz zu seinem geheiligten Verkaufsprivileg gerät und dieses schließlich zum Teufel jagt. New York spricht bereits in diesem sehr frühen Stadium des Hohen und Engen vom Verkehrsproblem und gibt damit offen diese Überfüllung zu – wenn auch mit Zurückhaltung. Und da die Überfüllung rasch zunehmen muß, hat das metropolitanische

---

* Nach Diedrich Knickerbocker in Washington Irvings »Knickerbocker's Story of New York« (Anm. d. Ü.)

Elend erst begonnen. Jawohl – eben erst begonnen –, denn wenn jeder Eigentümer eines Grundstücks, das an die kommerziell genutzten Gebiete angrenzt oder gerade innerhalb von ihnen liegt, ganz zu schweigen von denen, die voller Hoffnung unbebaut dort warten, tatsächlich nach dieser Gelegenheit, in die Höhe zu gehen, greifen sollte, dann würden alle Höhenflüge des Eigentumsrechts nutz- und wertlos. Das muß jedem einleuchten. Überdies bilden die Insassen der hohen Gebäude einstweilen nur etwa ein Drittel der Autofahrer, die schließlich alle auftauchen werden, wenn ihre Hingabe an die maschinengefertigte Konzentration irgendwelchen Profit für sie bedeutet.

Deshalb können von den Überfüllungsförderern mit ihren Raumfabrikanten und Überfüllungslösern nur die bedient werden, die zuerst kamen oder sich jetzt beeilen mit ihren ausgezogenen Teleskopen, aufgerichteten Elefantenrüsseln, Bedford-Steinraketen, gotischen Zahnstochern, modernen Füllhaltern, die nach der Senkrechten schreien und den Erdenwürmern unten auf der Dorfgasse die Vertikale verkaufen. Trotzdem berechnen die Grundstückseigner den Kapitalwert ihrer unentwickelten Grundstücke weiter auf der gleichen Grundlage wie der Mann, der das Glück hatte, als erster in die Luft zu gehen. So werden auf dem Papier völlig fiktive Bodenwerte geschaffen. Weil der Wolkenkratzer im Schwang ist, erleben die Grundstückswerte auf falscher Grundlage ihre Hausse; und um diese unrealistischen Preise, die jetzt noch durch die maschinengefertigte Standardlösung erhöht worden sind, zu halten und zu beeinflussen, werden Untergrundstraßen – Unter-Untergrundstraßen – vorgeschlagen und Überbürgersteige oder Übersteige über den Überbürgersteigen, dazu doppel- oder dreideckige Straßen. Vorschläge werden gemacht, den ganzen schönen Wald von Gebäuden oben außer Reichweite des Verkehrs zu bringen, indem man ihn als Konzession an die Menge auf eigene schöne Stelzen stellt. Das menschliche Leben, das in all diese überfüllte Senkrechte hinein oder aus ihr heraus strömt, soll sich dem Wachsen ebenso anpassen, wie die Kartoffel im Keller austreibt. Jawohl, solche Überlösungen werden ernstlich vorgeschlagen, um die Vermieter-*Profite* zu halten und zu beeinflussen – in diesem dummen Wahnsinn nach Vertikalität und Schwindel, der den Bürger in eine übertriebene Überkonzentration hineinkonzentriert, von der Babylon erschüttert gewesen wäre – und der Turm von Babel selber wäre bei diesem Anblick zu Boden gefallen und hätte angebetet.

»Zu haben und zu behalten«, das ist nun das schreckliche Problem der Wolkenkratzeranhänger. Und warum es unsittlich oder eine Schwäche sein sollte, dieser entsetzlichen Konzentration zu erlauben, sich durch Ausbreitung zu erleichtern, ist völlig klar. Den Grund kann jeder einsehen. Und hier ein Beispiel, um zu zeigen, wie weit der Vermieter zu gehen bereit ist, um dies zu verhindern: Ein so überlegener und philanthropischer Vermieter wie Gordon Strong aus Chicago führte kürzlich – wie ursprünglich die Deutschen – die Nutzlosigkeit der Freiheit von

Sonne und Luft ins Feld, behauptete, künstliche Belüftung und Beleuchtung seien jetzt vorzuziehen, forderte, daß die Wände ohne Fenster gebaut, die Zimmer hermetisch abgeschlossen, Verteilung und Kommunizierung durch künstlich beleuchtete und belüftete Tunnel, Untergrundbahnen und Hochstraßen geleitet würden. Hier gelangen wir zugunsten des Vermieters, über den zeitsparenden Schaffer von Raum zum Vermieten in die »Stadt der Nacht«: Endlich wäre der Mensch auf diese Weise seinen eigenen Vorrichtungen versklavt und sein Leben diesen Vorrichtungen auf Gnade und Barmherzigkeit ausgeliefert.

Dieser Schluß von Gordon Strong ist sogar logisch und hat seine unleugbaren Vorzüge – wenn man nämlich die Profite für die Anregung und Ermutigung zur Konzentration von Bürgern so hoch halten konnte, daß sie nennenswerten Nutzen abwarfen, und den Bürger weiter zu solch gesteigerter Überfüllung, wie man sie ihm damit schließlich auferlegen würde, erziehen und ihn damit aussöhnen könnte. Dieser geduldige Bürger – *der anscheinend soviel wertvoller ist, wenn man ihn eng zusammendrängt!* Muß das geduldige Geschöpf wirklich weiter zusammengedrängt oder gar dazu erzogen werden, sich selber zusammenzudrücken, bis es seine Geburtsrechte völlig verloren hat? Immer noch enger zusammengedrängt und gelehrt – der Mensch kann lernen –, sich Zeit zu nehmen (besonders seine *eigene* Zeit, nicht zu vergessen) und seine Schritte immer vorsichtiger zu wählen? Soll er, der Gepökelte in dieser Lake, immer weiter ausgesöhnt oder härter gedrängt werden, sich immer wahnwitziger in senkrechte Nuten zu pressen, nur damit er in waagerechte zum Schlafen gelegt werden kann?

Wahrscheinlich. Aber warum im Namen des gesunden Menschenverstandes und einer organischen Architektur sollte denn der Versuch, ihn mit diesen Dingen auszusöhnen, von den Architekten nun selber unternommen werden? Architekten sind doch wohl noch etwas mehr als käufliche Mietlinge, hoffe ich. Sonst sollten sie lieber aufhören, hinaus aufs Land gehen, von rechtschaffener Handarbeit leben und den schließlichen Exodus aus den Städten vorbereiten.

Dürfen wir mit Recht vermuten, daß die Architektur im Dienst der Menschheit stehen soll?

Wissen wir denn nicht, daß die Architektur, wenn sie nicht in diesem Dienst aufgezogen und gehalten wird, zum Teufel geht?

Dürfen wir nicht immer noch glauben, daß auch die Stadt für ein anderes Jahrhundert zu Glück, Sicherheit und Schönheit im Leben des einzelnen beitragen sollte, den man als Menschen betrachtete? Diese beiden Voraussetzungen werden jedoch von der unamerikanischen, falschen Prämie Lügen gestraft, die von den am Wolkenkratzer Interessierten auf die Zusammendrängung gesetzt wird: Unamerikanisch sage ich, weil seit vielen Jahren die rasche Beweglichkeit, Fliegen, Autofahren, Fernübertragung, die ständig voranschreiten, dem Menschen das Gefühl für Raum, freien Raum, in dem Sinn zurückgegeben haben, daß ein gro-

ßes, freies, neues Land diesen Raum kennen müßte – und sie haben dieses Gefühl einem freien Volk zurückgegeben. Der Dampf hat es weggenommen. Elektrizität und die Maschine geben es dem Menschen wieder und haben die Überkonzentration in enger schmaler Höhe nicht nur überflüssig gemacht, sondern verwerflich, als die Fahrten den Stadtbewohner täglich mehr zusammendrückten und körperlich belasteten. Jedes angemessene Gefühl für die Raumwerte, auf die der amerikanische Bürger in der Umgebung ein Anrecht hat, ist in der amerikanischen Großstadt vergangen, wie die Freiheit in der Kollision verschwunden ist. Weshalb begreifen wir als Architekten, als Bürger und als Nation die Natur dieser Angelegenheit so zögernd? Weshalb erlauben wir weiter, daß ein blinder Instinkt, von der Habgier getrieben, die Sitte bestimmt und für ein freies Volk in einem neuen Land so viele gute Möglichkeiten der weiträumigen Stadtplanung abwürgt? Wo sind die Wohltaten der modernen Automobilisierung und Fernübertragung für den Menschen? Das alles können wir durch Unterlassungen, durch Verrat fehlschlagen sehen – nur um eine dumme, selbstsüchtige Tradition des Eigentumsrechts zu wahren. Liegt es daran, daß wir alle durch Natur und Gelegenheit mehr oder weniger Eigentümer sind? Sind wir erst Eigentümer und nachher freie Menschen – wenn es dann noch ein Nachher gibt? Jedenfalls werden all diese neuerdings vermehrten Möglichkeiten des Menschen, sich schnell über weite Strecken zu bewegen, die der Mechanisierung zu verdanken sind, nutzlos für den Großstädter, weil wir zufällig Mitgefühl mit der Habsucht des Eigentümers haben und sie nicht nur als kommerziell vorteilhaft, sondern als sensationell betrachten.
Als eine Selbstverständlichkeit und in Übereinstimmung mit allen usonischen Dörfern, die zu großen Städten und schließlich weiter zur großen Metropole heranwachsen, wuchs nun Vater Knickerbockers Dorf zu seinem jetzigen übervölkerten Zustand; die große Metropole wuchs auf dem ursprünglichen Dorfgebiet. New York wäre selbst ohne Wolkenkratzer und Autos schon vor langer Zeit von dem Straßennetz gekreuzigt worden. Kaum für ein Dorf erträglich, wird dieses Netz zu einem gefährlichen kreuz und quer laufenden Hindernis für alle Vorwärtsbewegungen, selbst in größeren Landstädten, wo die Pferde noch die Antriebskräfte sind. Doch mit dem Auto und dem Wolkenkratzer, der dem Beitrag des Autos zur Großstadt entgegensteht und ihn abwürgt; die Versuche, irgendwohin zu fahren, mit ihrem dauernden Haltenmüssen sind in der großen Metropole unvermeidlich Vergeudung – gefährlich und geistig in einem Grade zermürbend, wo alle bis auf einen einzigen in jedem Sinn große Opfer zu bringen haben. Frühere Dorfstraßen werden zu Schleifmühlen des großstädtischen Elends. Die Vereitelung allen Lebens in diesem Dorf, das eine Großstadt wurde, droht dieser unvorhergesehenen Metropole in unmittelbarer Zukunft; die Maschine, die baute und weiter beliefert, war ebenso unvorhergesehen. Deshalb ist es vielleicht nicht ausschließlich die Schuld dieser überaus beklagenswerten, jedoch ererbten anima-

lischen Tendenz dieser Rasse, Herden zu bilden, wenn die Bürger in dem großstädtischen Gewühl gelandet sind. Aber diese animalische Tendenz zur Herdenbildung ist das einzige, was ihn jetzt noch in diesem Gewühl gegen seine weiteren und wichtigeren Interessen als denkendes Wesen festhält. Er ist tragisch, bisweilen komisch eingezwängt. Gewiß, richtig eingefriedigt, zwängt er sich selber ein. Entsprechend eingefriedigt, mag er sich noch etwa ein weiteres Jahrzehnt einzwängen und heiter die Folgen auf sich nehmen. Seltsam hilflos, wenn es sich um längere Zeitspannen handelt, ist diese usonische, menschlich-soziale Einheit! Doch wollen wir versuchen zu glauben, daß das – wie Lincoln bemerkte – nicht für alle und nicht für die Dauer gilt.

Und was erhält nun diese menschliche Einheit, die in dem ganzen kommerziellen Tollhaus in so tiefer Verachtung steht, als Entgelt für die Qualen der Einzwängung und für den demoralisierenden Freiheitsverlust, für die beleidigende Entartung ihres ihr angemessenen Raumgefühls? Was erhält der Mensch außer dem törichten Stolz darauf, daß er sich selbst und seiner Zeit verlorengeht, daß seine Steuern wachsen und die Zahl der stattlichen Polizisten an den Straßenkreuzungen zunimmt?

Eine kleine Untersuchung zeigt, daß der Wolkenkratzer in der »großen Vorstellung« etwas mehr wird als krasser Mißbrauch eines kommerziellen Behelfsmittels. *Ich betrachte ihn als einen wirklichen mechanischen Konflikt der maschinellen Möglichkeiten. Als eine innere Kollision!* Selbst der Grundbesitzer, der Vermieter, muß bald erkennen, daß der Erfolg der Senkrechten als einträgliches Vermietertum nur vorübergehend ist, sowohl der Art als auch dem Charakter nach, weil der Bürger der nahen Zukunft, der die Horizontale bevorzugt – das Geschenk seines Autos und der telefonischen und telegrafischen Erfindungen –, sich umstellen und die Senkrechte als Zentrum einer jeden amerikanischen Stadt ablehnen wird. Der Bürger selbst wird sich aus Notwehr dagegen wenden. Er wird die Großstadt allmählich verlassen. Jetzt ist es für ihn ganz leicht und gefahrlos, es zu tun. Der bessere Teil von ihm kann schon etwas Besseres haben, wenn er *nicht* bleibt.

Zu seinem Schrecken erfährt der Vermieter, daß sein neues Problem darin besteht, die untersten zehn Stockwerke von New York City loszuwerden. Auch die Stadtväter sehen jetzt, daß, abgesehen von gewissen offenen Plätzen und unter veränderten Bedingungen, wo schöne hohe Gebäude sich wohl so hoch erheben könnten, wie es der Stadt gefällt, der aufs Geratewohl in Reih und Glied hingestellte Wolkenkratzer der Straßen in der Innenstadt zum Tode verurteilt ist – durch seinen eigenen Wettbewerb. In gewissen strategischen Gebieten eines jeden Dorfes, jeder kleinen oder großen Stadt sollten Hochhäuser, so hoch man will, erlaubt sein. Doch selbst in solchen Gebieten sollten sehr hohe Gebäude auf den Teil des Grundstücks beschränkt bleiben, auf dem sie stehen und auf dem sie erstens Licht von außen erhalten, zum andern durch eine einzige, innere, senkrechte und unmittelbare Eingangszufahrt zu diesem Platz erreicht werden können. Die normale Bewegungsfreiheit muß bereits unten auf dem Grundstück, das zu dem Gebäude selbst gehört, erreicht werden. Damit würde jedes Hochhaus auf den Mittelteil eines privaten Grundstücks beschränkt werden und die restliche Fläche als Parkplatz den Stadtstraßen *zufügen*. Dann würde es in keinem Gebäude innere Höfe mehr geben.

Alle Grundstücke in der geschlossenen Baulage, auf die die Hochhäuser ihren Schatten werfen und von denen sie sich teilweise das Licht borgen müssen, sollten nur so hoch bebaut werden, daß die Straßen von Überfüllungen durch Autos verschont bleiben, ob dieser Punkt nun bei drei, fünf, sieben oder neun Stockwerken liegen mag; das bestimmt sich nach der Breite der Straßen, an denen die Gebäude stehen.

Was die Verbreiterung der Straßen angeht, so könnten der jetzige Bürgersteig und die Steinkante der Straße als Fahrbahn zugeschlagen und der künftige Bürgersteig gut kopfhoch über das heutige Straßenniveau gelegt werden. In geschickten Händen könnte er zu einem gut entworfenen architektonischen Zug der Großstadt werden. Und diese erhöhten Bürgersteige sollten an den vier Punkten einer Straßenkreuzung sowohl sämtlich untereinander in jeder Richtung als auch abwärts mit den Fahrbahnen verbunden werden. Damit würde der Fußverkehr von der Automobilisierung befreit und das Überqueren der Straße über dem Verkehr in jeder Richtung gefahrlos werden. Autos könnten zeitweilig genau unter diesen Bürgersteigen geparkt und die Bürgersteige selbst vielleicht freitragend an den Gebäuden angebracht werden.

Damit würde also Parkraum vor allen jetzigen Schaufenstern geschaffen werden, nach oben durch die erhöhten Bürgersteige geschützt. Durch diesen Plan würden die Schaufenster doppelstöckig. Schaufenster oben für die Bürgersteige und Schaufenster unten für die Fahrbahn. Diese praktische Behelfsmaßnahme – denn natürlich ist es nicht mehr als ein Notbehelf, weil nur noch Behelfsmaßnahmen möglich sind – würde den Nachdruck auf die Schaufenster im zweiten Stock, auf der Höhe der Gehsteige, legen; hier könnten sich auch Zwischenstockeingänge für die Geschäfte befinden.

Die Eingänge in die Geschäfte auf der Fahrbahnebene könnten vielleicht mit Hilfe von zurückgenommenen Loggien vertieft in die untere Ladenfront eingezogen werden. Dieser Zwang und die geordnete Freiheit für hohe Gebäude könnten den Aspekt malerischer Höhe verstärken; es würden keine chaotischen, unvollendeten Massen mehr in das Blau hineingestopft werden. Eine solche, gut durchdachte Trennung von Transport und Fußgänger könnte die Überanstrengung der Bürger verringern, die jetzt täglich die Kreuzwegstationen auf dem Weg zur Arbeit zurücklegen müssen.

Da in der Metropole das Straßennetz eine organische Katastrophe ist, die sich

kaum wesentlich verändern läßt, muß man es eben als endgültige Begrenzung anerkennen und respektieren; warum sollte man es nicht durch solch eine praktische Behelfsmaßnahme mildern? Auf solche Modifizierungen hinzuarbeiten, wie sie hier vorgeschlagen wurden, würde zum Wohlbefinden aller Beteiligten beitragen:
Erstens: durch die Beschränkung der Konstruktion;
zweitens: dadurch, daß man die Fußgänger von der Fahrbahn wegnimmt und diese dadurch verbreitert.
Die hochgelegten Bürgersteige könnten zu leichten architektonischen Details der Großstadt werden. Wenn dies alles auch eine Millionenausgabe bedeutet, läßt es sich doch machen; denn man kann zwar die alten Großstädte verlassen, aber man kann sie nicht neu erbauen.
Auch verschiedene andere Behelfsmaßnahmen ließen sich jetzt durchführen, wenn man nachdrücklich auf ihnen bestände, da sie durchaus im Interesse des öffentlichen Wohlergehens liegen – etwa das Verbot, in der Großstadt Kohlen zu brennen; Kohlen sollten im Gebiet der Bergwerke in Elektrizität verwandelt werden; weiter die Verminderung der jetzt geradezu albernen Autogrößen für die Benutzung in der Stadt. All diese Dinge würden das Übel der Wolkenkratzersituation verringern. Doch die Gefahr der Großstadt für die Menschheit liegt tiefer, und zwar darin, daß die menschlichen Gefühls- und Wahrnehmungsfähigkeiten auf natürliche Weise durch die dauernd wachsenden, nutzlosen Opfer an Zeit, Raum und Geduld abgestumpft werden und schließlich völlig verlorengehen, wenn man die Menschen zwangsweise in ihre engen Höhlen verdammt und sie mit ihren schmerzlichen mechanischen Vorrechten kreuzigt. Sind sie nicht durch ihren eigenen sinnlosen Exzeß verdammt? Jawohl, und bald wird es noch schlimmer sein.
Anscheinend ist es niemals möglich gewesen, die große Stadt vorherzusehen. Erst wenn sie herangewachsen ist und eine eigene Individualität errungen hat, wird sie sich ihrer Bedürfnisse bewußt. Ihr größter Habenposten ist die so schwer erkämpfte Individualität. Die Großstadt beginnt als Dorf, manchmal wird sie sehr bald zur Stadt und dann zur Großstadt. Schließlich wird sie vielleicht zur Metropole; sehr viel häufiger bleibt die Großstadt jedoch nur einer unter vielen Marktflecken. Doch ich nehme an, daß jedes Dorf mit den Plänen und Spezifizierungen für eine Metropole anfangen könnte. Einige wenige, darunter Washington, haben das getan und haben es nach aufregenden Unfällen auch erreicht.
Doch die Notwendigkeit der Großstadt nimmt wegen der weiteren menschlichen Interessen ab. Und diese weiteren menschlichen Interessen? Liegen sie nicht stets auf der Seite des *Seins*, wenn man den einzelnen sogar bei seiner Arbeit – warum nicht besonders bei seiner Arbeit? – in Beziehung zur Gesundheit und zur Freiheit im Raum, freizügig in einem freien neuen Land betrachtet; in Sonne und Luft lebend und auf sie bezogen; in wachsendem Grün lebend und darauf bezogen,

während er sich bewegt und seinen kurzen Aufenthalt hier auf Erden genießt, der unaussprechlich schön für ihn sein sollte! Wozu ist er überhaupt hier? Das *Leben* ist doch das einzig Wertvolle für ihn, nicht wahr? Doch das Maschinengemachte im Maschinenzeitalter, hier in der größten aller Maschinen, einer großen Stadt, verschwört sich, ihm seine Freiheit zu nehmen, ehe er noch eine gerechte Möglichkeit hat, damit zu beginnen, sich zu zivilisieren. Wir wissen, warum das so ist. Und wir wollen in diesem Augenblick einmal versuchen, auch in einem andern Punkt ehrlich vor uns selber zu sein, nämlich in Beziehung zu dieser »Erregung« – dieser prahlerischen *Schönheit* des Wolkenkratzers als einer individuellen Leistung. Zunächst war der Wolkenkratzer ein Stapel von Gesimsgebäuden in wiedergeborenem Stil, ein Gesimsgebäude ritt oben auf einem andern Gesimsgebäude. Dann sah ein großer Architekt ihn als Einheit und als schöne Architektur. Sehr bald sahen ihn gewiß andere Architekten – vermutlich durch die *Beaux-Arts* dazu erzogen – *als Säule* mit Basis, Schaft und Kapitäl. Dann schienen ihn andere Architekten mit anderem Geschmack als gotisch zu sehen – als kommerziellen Konkurrenten der Kathedrale. Jetzt sehen ihn die Großfabrikanten von Raum zum Vermieten als kommerzielles Turmhaus mit glatten Mauerflächen und zurückhaltenden Ornamenten, denen New Yorks Fluchtlinienverordnungen mit ihrem Zwang zu Rücksprüngen gewisse malerische Umrisse aufgezwungen haben – diese Umrisse sind alle ziemlich gleich. Das Malerische wurde zunächst als eine oberflächliche Erleichterung begrüßt, zeigt sich jedoch bereits jetzt als die gleiche Monotonie in der Vielfalt, die das Schicksal all solcher Bemühungen um Schönheit in unserem Land war. Die Normung macht diese Bemühungen zunichte – die Maschine triumphiert über sie alle, weil sie sämtlich falsch sind. In ihnen wirkt keinerlei Prinzip.
Der heutige Wolkenkratzer ist nur das prostituierte Abbild der Architektur, die zu sein er vorgibt. Die schwere Ziegel- und Steinmasse, die verlogen die Wände darstellt, wird durch eben die Fluchtlinienverordnungen unnatürlich den inneren Stahlstelzen aufgezwungen, die diese Rücksprünge zwanzig, fünfzig oder noch mehr Stockwerke weit auf den Boden hinuntertragen müssen. Das Bild wird verbessert, doch das malerische Element in dem Ganzen ist falsche Masse über eine leere Schachtel gelegt. Auch diese neuen Kronen sind Trug – Baukastenballons. Hier hat abermals der Doktor des äußeren Scheins der modernen Gesellschaft seine üblichen Dienste erwiesen.
New York ist, soweit es sich um den materiellen Reichtum handelt, hoch aufgetürmt und türmt sich immer höher in die Luft, eine kommerzielle Maschine von dünner Tünche maskiert. Die Tünche besteht aus einer Ansammlung von Ziegel- und Mauerfassaden, grellen Leuchtzeichen und leer starrenden Wänden, Gipfel neben Gipfel, die aufsteigen aus einer Unzahl sich gegenseitig schneidender Canyons. Unten auf den sich verengenden Gassen ist alles in Not – es stöhnt,

rasselt, schreit! In Wirklichkeit ist die große maschinengemachte Maschine ein Wald von vernieteten Stahlpfosten, vernieteten Binderbalken, vernieteten Trägern und Stahlbetonplatten, eingeschlossen von schweren Ziegel- und Steinwänden, die alle das Stahlgerüst selbst tragen muß – schließlich übergipfelt von Wassertanks, Rücksprüngen, Spitztürmchen, die fensterlosen Mauern mit übertriebener Reklame dekoriert oder keusch in Felder von bunten Ziegeln eingeteilt.

Besitzt das Ganze Schönheit, dann ist es Zufall – trotz der Lehrbucharchitektur, die die Hersteller von Raum zum Vermieten kunstreich an die prächtigen Stahlsehnen geklebt haben, die sich unter all dieser Last von Vorspiegelungen von Stockwerk zu Stockwerk spannen. Doch die Stürze, Architrave, Pilaster und Gesimse der Pseudoklassizistik machen jetzt der besseren Schmucklosigkeit von Oberflächen- und Masseneffekten Platz. Und das bildet nun das malerische Äußere von New York, während hinter dem allem der Stahl noch immer nobel aufrecht steht, um seine ernstere Verantwortung zu erfüllen. Einige der allerjüngsten Wolkenkratzerdekorationen darf man wohl als recht ansehnliche Hinweise auf eine künftige Architektur betrachten. Aber wie weit ist der äußere Schein noch von der Wirklichkeit entfernt!

Die wahre Natur dieser Sache wird zum seicht Malerischen erniedrigt, weil man versucht, eine völlig bedeutungslose, deshalb inkonsequente Schönheit zu schaffen. Für das menschliche Erlebnis von einiger Tiefe bedeutet das ein schmachvolles Opfer. Solch äußerlicher Trug dürfte nicht als »Kultur« hingenommen werden.

Denken wir daran, daß die alten Römer auf der Höhe ihres Wohlstands sich selbst um nichts weniger schmählich belogen, als sie griechische Architektur an ihre großartige technische Erfindung des gemauerten Bogens klebten, um ihn anständig zu bedecken. Auch die Römer versuchten, eine Art Bild oder die große Geste zu machen, die von der Kultur gefordert wurde. Der römische Bogen war zu jener Zeit durchaus mit den größten aller naturwissenschaftlichen oder technischen Erfindungen unseres Maschinenzeitalters zu vergleichen, insbesondere mit unserer Verwendung des Stahls. Auf ähnliche Weise haben wir das, was das Wolkenkratzerproblem vielleicht an Integrität als gute Konstruktion aus Stahl und Glas in sich trug, voller Dummheit weggeworfen. Die heimischen Wälder aus Stahl, Beton und Glas, den neuen Baustoffen unserer Zeit, besitzen große Möglichkeiten. Doch in den Händen des modernen Doktors des äußeren Scheins hat man sie gezwungen, etwas zu *scheinen*, statt etwas zu *sein*. Die raffinierte Oberflächenbehandlung durch den akkreditierten Doktor poliert die ganze Schande nur auf. Ist es denn wirklich möglich, daß solcher Trug unserer eigenen zivilisierten Wahl entspricht?

Doch infolge der Vernachlässigung aller noblen Maßstäbe, wie etwa des Maßstabs der organischen Architektur, läßt sich das alles verkaufen.

Wenn es sich nur um Geschäft im strengen Sinn handelte, bestände noch Hoffnung. Doch nicht einmal das ist der Fall – es sei denn die auf Konkurrenz eingestellte Reklame in jeder Form sei Geschäft im guten Sinn. Geschäftliche Ethik gibt keine schlechte Grundlage für wahrhaftige Ästhetik in unserm Maschinenzeitalter oder in jedem andern Zeitalter ab.

Was diese prätentiöse Ignoranz so tragisch macht, ist, daß in nahezu alldem ein bewußtes Sehnen, eine Großzügigkeit, eine Fülle im Namen von Geschmack und Kultiviertheit steckt. Wollte man nur auf den ganzen Mummenschanz, die Maskerade, verzichten, dann könnte, mag es in sich auch nur ein vorübergehender Notbehelf sein, das Anfertigen von Raum zum Vermieten, soweit sich das beim Wolkenkratzer überhaupt machen läßt, zu echter Architektur werden und als Vereinheitlichung in Stahl, Metallen und Glas schön sein.

Wir besitzen jetzt einigermaßen sichere Methoden, Gebäude so hoch zu errichten, wie wir sie sehen wollen, und es gibt in jedem Dorf, in jeder Klein- oder Großstadt, besonders aber auf dem Lande, viele Plätze und Verwendungsmöglichkeiten. Wenn wir lernen würden, solche Gebäude auf die ihnen angemessenen Plätze zu beschränken und ihnen die verdiente Integrität als genormten Stahl, genormtes Glas und Kupfer zu verleihen, wären wir durchaus berechtigt, geistig stolz auf sie zu sein; dann wäre unsere Unterwerfung unter sie in keiner Weise sklavisch. Mit staatsbürgerlicher Integrität dürften wir Stolz auf sie empfinden. Der Wolkenkratzer könnte unendlichen Ausdruck in der Vielfalt finden – als Schönheit. Doch heute spottet die große Stadt als Gefüge jeder solchen Integrität. Künstler idealisieren das Gefüge in graphischen Träumen von gigantischen Gräbern, in die alles Leben geflohen ist – oder fliehen muß – oder in denen die Menschheit bis zu ihrem Untergang bleibt. Unbewohnbare Ungeheuerlichkeiten? Ein Wahnsinn, den zu bewundern man uns auffordert?

Von jedem menschlichen Standpunkt aus betrachtet ist die Überkonzentration des Wolkenkratzers eine Überbürde, die ihren menschlichen Preis nicht wert ist. Es ist geradezu unmöglich, nicht zu glauben, daß die Horizontale und die Freiheit der neuen Schönheit schließlich notwendigerweise den Platz der opportunistischen Vertikale und der sinnlosen Beengung einnehmen muß. Und wenn diese Erfordernisse nicht *in* der Stadt verwirklicht werden können, falls sie dort keinen Raum finden, dann werden sie *den Platz der Stadt einnehmen*. Weite ist jetzt möglich und, von jedem vernünftigen menschlichen Standpunkt aus betrachtet, der Höhe und dem Schwindel, den sie hervorruft, vorzuziehen. Transportmöglichkeiten und die Beförderung elektrischer Energie haben die räumliche Weite mehr denn je zu einem menschlichen Habenposten gemacht – was könnte unsere große Maschinenkraft dem Menschen denn sonst nützen? In der gesamten Geschichte des menschlichen Lebens auf der Erde ist das der Freiheit angemessene Raumgefühl ein erwünschterer Gefährte für das Leben voll Sinn und Schönheit als die Höhe. Weshalb hat denn der Kommerz, die Seele dieser großen, rohen und jugendlichen

Nation, das dringende Bedürfnis, die rudimentären animalischen Instinkte des Menschengeschlechts, die diesen Kommerz blühen lassen, weiter auszubeuten und in Kapital zu verwandeln, weshalb muß er sich auf seinem Weg malerisch maskieren wie der Wolf des Sprichworts in Schafskleidern – ob in der Stadt New York oder anderswo?

Was die Schönheit betrifft – die Normung und ihr grausames, aber ehrliches Werkzeug, die Maschine, könnte, wenn man Verständnis für sie aufbringt und ihre Technik vervollkommnet, unsere ureigene Zivilisation in einem neuen und noblen Sinn schön machen. Diese albernen, impotenten, mechanistischen Elemente, die an sich so grausam sind, besitzen unerhörte Möglichkeiten der Schönheit. Trotz der vorherrschenden und einträglichen Mißbräuche sind die Normung und die Maschine dazu da, um der Menschheit zu dienen. Wie unperspektivisch sie auch wirken mögen, die menschliche Phantasie kann sie als ein Mittel zu mehr Leben und zu höherem Leben für das Gemeinwohl benutzen. Weshalb sollte also der Architekt die menschlichen Möglichkeiten ignorieren oder sich ihnen entziehen, um der käufliche Mietling für irgendwen zu werden – um des Profits willen? Oder warum sollte er, wenn er selbständig ist, bereit sein, falschen Göttern seinen Tribut zu zollen, nur um den unsicheren Geschmack einer vergänglichen Epoche oder auch seinen eigenen »überlegenen« Geschmack zu befriedigen?

Heute sind alle Wolkenkratzer zu einer Spitze zurechtgeschnitzt worden, und gewöhnlich ist diese Spitze ein rauchender Schornstein. Sie pfeifen, sie dampfen, man vertäut Luftschiffe an ihnen, sie winken mit Fahnen, doch bisweilen streben sie auch nur – und trotzdem ähneln sie einander in allen Punkten.
Sie konkurrieren – sie illustrieren – und sind alle gleich.
Aber sie materialisieren sich nicht als Architektur. Da sie auch keinerlei andere Aussagekraft besitzen, wirken sie, wenn man sie aus der Ferne betrachtet, als wären sie von einer Paralyse verstummt. Sie sind monoton. Sie überraschen und belustigen nicht mehr. Die Senkrechte ist bereits abgeschmackt; der Schwindel hat der Übelkeit Platz gemacht; die senkrechte Linie wird durch Furchen und Wellen verschiedener Art abgewandelt, manche laufen völlig im rechten Winkel zu ihr, manche waagerecht an den Ecken, perpendikulär in der Mitte – aber »Umschläge« bleiben sie alle. Die Umschlagtypen wiederholen müde die künstlichen Rücksprünge oder werden um des Effekts willen zurückgesetzt, nur hin und wieder ein echter Höhenschwung, der jedoch wie beim Chrysler-Gebäude keine Bedeutung hat.
Das Licht, das im Wainwright-Gebäude als Versprechen schien, flackert schwach und erlischt nun. Die Wolkenkratzerarchitektur ist nichts weiter als die plumpe Nachahmung einer gemauerten Hülle für ein Stahlskelett. Sie besitzen kein eigenes Leben – sie haben kein Leben zu geben, da sie keines aus der Natur der Kon-

struktion erhalten. Nein, nichts. Und sie haben keine Beziehung zu ihrer Umgebung. Äußerst barbarisch erheben sie sich ohne Rücksicht auf Umgebung oder aufeinander, nur mit dem Ziel, das Rennen zu gewinnen oder den Mieter zu bekommen. Der Raum als das angemessene psychische Element der amerikanischen Großstadt ist dahin. An die Stelle dieses guten Gefühls ist die hohe und enge Einzwängung getreten. Die Wolkenkratzerhülle ist weder sittlich, schön noch beständig. Sie ist eine kommerzielle Tat oder ein bloßer Notbehelf. Der Wolkenkratzer besitzt kein höheres Ideal der Harmonie als den kommerziellen Erfolg.

Die Stadt

Ist die Stadt ein natürlicher Triumph des Herdeninstinkts über das Menschsein und deshalb eine zeitweilige Notwendigkeit als Überbleibsel aus der Kindheit der Rasse, das die Menschheit beim Reifwerden auswächst? – Oder ist die Stadt lediglich eine hartnäckige Form jener sozialen Krankheit, die in dem Schicksal endet, das alle großen Städte gefunden haben?
Die Zivilisation schien die Großstadt stets zu brauchen. Die Stadt drückte das aus, enthielt es und versuchte zu bewahren, was die Blüte der Zivilisation, die sie erbaute, am meisten schätzte, wenn sie auch ständig mit den schlimmsten Elementen der Gesellschaft verseucht war, wie ein Ladeplatz im Hafen von Ratten verseucht ist. Man kann also sagen, die Großstadt habe der Zivilisation gedient. Doch die Zivilisationen, die die Stadt bauten, starben unveränderlich mit ihr. Starben die Zivilisationen selber etwa *an ihr*?
Unveränderlich ging solchem Verfall eine Akzeleration voraus.
Akzeleration in irgendeiner Form tritt gewöhnlich unmittelbar vor dem Verfall auf, und wenn diese Akzeleration auch vielleicht nicht die Ursache des Todes ist, so ist sie doch ein gefährliches Symptom. Eine Temperatur von 40 Grad in Venen und Arterien eines Menschen würde man als eine gefährliche Akzeleration betrachten müssen.
In den Straßen und Avenuen der Großstadt ist die auf die Wolkenkratzer zurückzuführende Akzeleration ebenso gefährlich für das Leben, das der Stadt vielleicht noch geblieben ist, selbst wenn wir die Gefahr noch nicht erkennen. Ich glaube, daß die Stadt so, wie wir sie jetzt kennen, sterben wird. Wir sind Zeugen der Akzeleration, die der Auflösung voraufgeht.
Unsere moderne Zivilisation jedoch kann die Stadt vielleicht nicht nur überleben, sie kann sogar von ihrem Tod profitieren; wahrscheinlich wird der Tod der Stadt der größte Dienst sein, den die Maschine schließlich dem Menschen leistet, wenn der Mensch mit ihrer Hilfe siegt. Wenn die Maschine siegt, ist es vorstellbar, daß der Mensch abermals mit seiner Stadt umkommt, weil die Stadt wie alle Günst-

linge der Maschine als Ebenbild des Menschen gewachsen ist – nur ohne den lebendigen Impetus, der der Mensch *ist*. Die Stadt selbst ist nur der Maschinenmensch – der tödliche Schatten des fühlenden Menschen.

Doch nun kommt eine seichte Philosophie daher, die die Maschinen an sich als prophetisch betrachtet. Philosophen zeichnen Pläne, illustrieren und prophezeien eine Zukunftsstadt, die, wie sie sagen, wünschenswerter sei als der jetzt in Wehen liegende Schweinehaufen; ihre Bilder reduzieren alles zu einer Mittelhöhe – geometrisch gegliedert.

Um Luft und Verkehrsweg zu wahren, schiebt diese Zukunftsstadt das menschliche Individuum als Einheit oder Faktor nach Fach 337611, Block F, Avenue A, Straße Nr. 127 ab. Und es gibt nicht das Geringste, was Nr. 337611 von Nr. 337610 oder 27643, Büro D, Abschnitt 118 und 119 unterschiede.

So ist der fühlende individuelle Faktor – der Bürger – passend in den Höhlenfächern eines mechanistischen Systems untergebracht, das für die endgültige Auslöschung des Menschen geeignet ist.

Diese Zukunftsstadt mag wertvoll und utilitarisch sein für den Marsch zum völligen Triumph der Maschine über den Menschen und könnte verwirklicht werden, ehe die Wendung schließlich kommt.

Für mich ist es eine gräßliche Prophezeiung. Schädel und gekreuzte Knochen symbolisieren ein ähnliches Schicksal. Wir wollen lieber prophezeien, daß am Ende der Mensch über die Maschine triumphiert.

Als letzten Text für unsere Schlußvorlesung nun: »Wenn ihr, Söhne der Erde, euer Geburtsrecht nicht ehrt und es nicht durch menschliches Streben hegt, werdet ihr niedergemäht werden und in Dunkelheit umkommen oder in hohe Türme gebracht werden – als Opfer für den allerhöchsten Gott. Habet deshalb acht auf euch selbst in eurer Nachwelt. Haltet euch alle nahe der Erde, die Füße fest auf der Erde, die Hände beschäftigt mit ihrer Fruchtbarkeit, dann wird eure Schau nie weit in die Irre und aufwärts gehen.«
Einem unbeachteten babylonischen Propheten zugeschrieben.

Was hat die Städte, die unveränderlich gestorben sind, erbaut? Der Zwang. Ist dieser Zwang vorüber, dann kann nur noch verbissene Tradition – ein anderer Name für *Gewohnheit* – die Stadt am Leben halten, die Tradition, die die Vitalität der Trägheit und die Macht von Kette und Kugel hat.

Der Zwang erbaute die Großstädte, als wir keine raschen, umfassenden Transport- und keinerlei Kommunikationsmittel als verschiedene, unmittelbare persönliche Kontakte nacheinander hatten. Dann wurde die Stadt natürlicherweise der große Begegnungsplatz, das große Zusammentreffen, die unmittelbare Quelle von Reichtum und Macht im menschlichen Verkehr. Nur wenn man sich so ansammelte – je

größer die Ansammlung, desto besser –, konnte man damals die besseren Früchte des menschlichen Lebens bekommen.
In jener Zeit lag das wirkliche Leben der Stadt in der Intensität der individuellen Bindungen und in der Vielfalt der Kontakte. Der elektrische Funke der Neugier und der Überraschung war auf der Straße, in den öffentlichen Gebäuden und in der Wohnung lebendig.
Die Regierung – die Stadt – hatte Bräuche und Schrullen. Doch das Salz und die Würze des individuellen Geistes, Geschmacks und Charakters machte die Stadt zu einem Fest des Lebens: zu einem Karneval, verglichen mit jeder heutigen Stadt. Und die Architektur spiegelte damals diese lebhaften menschlichen Verhältnisse ebenso wider, wie sie jetzt die Maschine widerspiegelt. Damals gab es auch den gemeinsamen Nenner in der Rechnung noch nicht.
Der gemeinsame Nenner ist mit der Maschine gemeinsam in Usonia eingetroffen. Die Maschinenprophezeiung, wie wir sie eben dargestellt haben, zeigt, wenn nichts anderes, daß wir uns mit den Maschinen beschäftigen sollen, die als Lösungen nach dem gemeinsamen Nenner betrachtet werden, und zwar in ihrer gefährlichsten Form hier unter uns, und daß wir das bald tun sollen, ehe die Maschinen sich als Beherrscher mit unserer Nachwelt beschäftigen. Dem gemeinsamen Nenner seine Vorzüge abzusprechen oder die Vorzüge seiner endgültigen Befreierin, der Maschine, zu leugnen, wäre albern. Doch die Stadt, die der gemeinsame Nenner schließlich mit seinen Maschinen bauen wird, unterscheidet sich nicht nur erheblich von der alten Stadt oder von der heutigen; sie wird sich auch ungemein von der neuen Maschinenstadt der Maschinenprophezeiung unterscheiden, wie wir sie von Le Corbusier und seiner Schule skizziert sehen.
Was die Stadt einst zum großen und mächtigen Gegenstand des menschlichen Interesses machte, bereitet jetzt die Reaktion vor, die die Stadt irgendwohin, zu irgend etwas anderem treiben wird. Das menschliche Element in der staatsbürgerlichen Gleichung sieht man bereits treiben – oder es wird geschoben? –, und es bewegt sich nach mehreren verschiedenen Richtungen.
Die Überfüllung war nicht ausschließlich ein Übel für den Menschen, ehe Elektrizität, elektrische Kommunikation, Autos, Telefon und Reklame kamen; dazu kann man noch das Luftschiff nehmen, wenn es seine Flügel ablegt und zu einer sich selbst genügenden mechanischen Einheit wird.
Erkennt man das alles, dann verändert sich alles.
Organische Konsequenzen dieser Veränderungen, die man zunächst nicht wahrgenommen hatte, werden nun sichtbar. Die Freiheit des menschlichen Griffs und der Bewegung, und damit der menschliche *Horizont* als *Aktionssphäre*, ist in einem einzigen Jahrzehnt durch den neuen Dienst, den die Maschine leistet, unermeßlich erweitert worden. Die Horizontalität hat einen Antrieb erhalten, der die menschlichen Betätigungen unermeßlich erweitert.

Deshalb ist jene Notwendigkeit zur Konzentration, die ursprünglich die Stadt erbaute, tatsächlich fast ihrem Ende nahe. Doch diese neuen Möglichkeiten – der Bewegung –, Geschenke der Maschine an uns, haben für eine gewisse Zeit die alte Aktivität nur intensiviert.
Wir sind jetzt tatsächlich Zeugen einer unausweichlichen Kollision zwischen mechanistischen Faktoren. Der Kampf hat begonnen. Der auf diese Weise hervorgerufene zusätzliche Druck sucht gedankenlos einen Auslaß, indem er hoch in die Luft türmt. Die nicht durch Nachdenken gesteuerte menschliche Reaktion in jeder Notlage ist es, stehenzubleiben oder wegzurennen. Das tun wir – bleiben stehen und türmen auf. Oder wir rennen vor der Kollision weg, um am Leben zu bleiben und ein andermal gegen sie zu kämpfen. Dieser menschlichen Eigenschaft, zu bleiben, wo wir sind, entsprechend entstand der Wolkenkratzer und wurde, wie wir sahen, zur Tyrannei. Doch der Wolkenkratzer wird jenen ebensogut dienen, die wegrennen wollen, weil das Hochhaus vermutlich seine wirkliche Zukunft auf dem Lande hat. Doch der Wolkenkratzer ist jetzt der Kniff des Vermieters, nicht nur die Profite der Konzentration, sondern dazu auch die der Überkonzentration einzustecken: Im Wolkenkratzer selbst sehen wir den kommerziellen Notbehelf, der den Vermieter in die Lage versetzt, die Stadt bis zum äußersten, und zwar durch Verordnung, auszubeuten.
So ist die größere Freiheit, sich ohne Schwierigkeit auszubreiten, das wertvollste Geschenk, das uns die neuen Diener – elektrische Kommunikation, Auto, Telefon, Luftschiff und Rundfunk – gebracht haben, für den Augenblick in den Wolkenkratzer pervertiert worden; und die Geschenke der Maschine werden dazu verwendet, dem glücklichen Grundbesitz Profite einzubringen.
Wir wollen zugeben, daß die beliebte Sensation der Akzeleration, die Erregung, unmittelbar auf diese *neuen* mechanischen Möglichkeiten zurückzuführen ist. Die Temperatur steigt hoch. Keiner weiß anscheinend, ob der Exzeß gesunde Erregung über das Wachsen oder das Fieber einer Krankheit ist; ob er Fortschritt bedeutet oder nur eine neue Form der Ausbeutung ist.
Die Kräfte selbst sind blind. In der ganzen Geschichte können wir sehen, daß auch die in die elementaren Kräfte verstrickten Menschen auf lange Zeitspannen blind bleiben. Doch – rettende Klausel – zugleich mit den von unsern neuen mechanischen Dienern freigesetzten Kräften erscheint in unserer Zeit eine *allgegenwärtige Publizität*, eine wertvolle Publizität, der es häufig gelingt, in einem Monat zu schaffen, was sich früher vielleicht über ein Jahrzehnt hinzog. Wir haben bereits in allen Formen menschlicher Kommunikation die notwendige Zeit auf eins zu hundert verkürzt. Um gemäßigt zu bleiben: Was früher in den menschlichen Angelegenheiten ein Jahrhundert brauchte, geschieht jetzt in einem Jahrzehnt.
Fünfzehn Jahre – eine Epoche.
Dreißig Jahre – ein Zeitalter.

Deshalb können die Reaktionen auf jede menschliche Tätigkeit, auf jede Idee oder Richtung diese große wirkende Kraft kontrollieren; und selbst in einer Generation zeigt das Volk Klugheit oder Narrheit jeder einzelnen Tätigkeit auf und ruft nach Korrektur, ehe die Angelegenheit allzuweit gediehen ist. Deshalb könnte das Schicksal früherer Zivilisationen vermieden werden, wenn wir in der unsern Wissen verbreiten. Einflüsse der Erziehung, die auf diese Weise zum Tragen kommen, könnten die Katastrophe abwenden.

Das Verkehrsproblem zwingt, die Aufmerksamkeit auf die tyrannische Senkrechte zu richten. Das Verkehrsproblem ist neu, doch die Lösung wird immer schwieriger, wenn nicht unmöglich.
Andere Probleme werden bald ebenfalls die Stimme erheben – und lauter.
Wie wir bereits sahen, ist das Straßennetz, ursprünglich für das Dorf angelegt, das jetzt Metropole wurde, bereits die Ursache für so viel wirtschaftliche Vergeudung und menschliches Leid, daß es die Struktur der Stadt erschüttert. Hoher Blutdruck in den überfüllten Venen und Arterien, die einst die friedlichen Dorfstraßen bildeten, wird unerträglich.
Das vorgebliche Erleichterungsmittel, das die Hersteller von Raum zum Vermieten anboten – der Wolkenkratzer selbst –, macht jetzt die Notlage noch deutlicher. Das gleiche Erleichterungsmittel, einige Zeit weiter verabreicht, wird, lange bevor die Lösung ihre logische Folgerung erreicht, den Patienten getötet haben – die zu groß gewordene Stadt. Man braucht sich nur anzusehen, wie sich Los Angeles und Chicago in mehrere Zentren aufspalten, die sich wieder von neuem aufteilen.

Und dennoch findet die Tyrannei des Wolkenkratzers in der neuen Maschinenprophezeiung jetzt eine Philosophie, die sie als *Ideal* befestigt!
Auf den prophetischen Bildern der Zukunftsstadt sehen wir, wie die darin verstrickte Menschheit behandelt werden soll, um die menschlichen Wohltaten von Elektrizität, Auto, Telefon, Luftschiff und Rundfunk zu einer Herdenausbeutung zu machen, statt sie in das einzelne menschliche Leben zu bringen.
Und neben diesen spezifischen, vom Bild her entworfenen Wolkenkratzerlösungen der Schwierigkeiten in der Downtown steht gewöhnlich das Problem des Miethauses, des wirklich nicht schönen Bildes der Unterbringung der Armen in Bausch und Bogen.
Die Armen sollen uns anscheinend immer noch bleiben und haben sich in diesem großartigen neuen Zeitalter der Maschine vervielfacht. Jedenfalls muß man sie hinnehmen, bestätigen und besonders für sie sorgen, wie wir in den Plänen sehen können.
Die Katastrophe soll organisch gemacht werden – sie wird eingebaut.
Daß die Armen Vorteile von den vermehrten sanitären Einrichtungen haben, sieht

man und hält es auf den ersten Blick für selbstverständlich. Aber nicht nur die Wohnungen der Armen müssen entkeimt werden, sondern das Leben selber, wo auch immer es um die persönliche Wahl geht; es soll ebenso antiseptisch sein, wenn wir unsern Augen trauen dürfen.

Der Arme soll genau wie der Reiche werden: Nr. 367222, Block 99, Regal 17, Eingang K.

Doch die Oberflächen- und Massen-Architektur, die nun vorschlägt, den Armen als Menschen auszulöschen, hat bereits das gleiche für seinen Vermieter vorgeschlagen. Weshalb sollte sich der Arme also beklagen? Hat er nicht immer noch seine Schwerarbeit für seine Leiden?

Da steht er, der Arme! Er ist kein Abfallhaufen mehr. Nein. Er ist eine mechanisierte Einheit in einem mechanischen System, doch soweit es ihn betrifft, ist er nur noch zwei mal zwei. Er ist gesäubert, aber auch gedämpft worden. In diesem modernistischen Bild können die Armen sich auch nichts ästhetisch Lebendiges aussuchen, um damit zu leben, wenigstens nicht, soweit die Nachbarn oder der Vermieter es sehen können. Die schmutzigen Lumpen sind mit einer sauberen Pappschürze bedeckt worden.

Der Arme ist Teil C – Zahn 309.761.128 der Maschine in diesem Modell für die größere Maschine, die die Stadt werden soll.

Man beachte den vereinfachten Aspekt!

Dies ist wirklich das Nonplusultra des *e pluribus unum* der Maschinerie. Dieses neue Schema für die Großstadt ist von köstlicher Unparteilichkeit, es löscht jeden aus, macht keinerlei Unterschiede, höchstens in den oberen Geschossen, es sei denn, es handele sich um gewisse wirtschaftliche Usancen, die der Zivilisation des Geschäftsmannes heilig sind, gewisse wirtschaftliche Usancen, die auch die Neuerer mit den allgegenwärtigen Ziffern unterschreiben; sie sind der »gemeinsame Nenner«, den sie mit den Ernennern des Systems teilen, wie man ihn auf dem Bild vollendet sieht. Teilen sie halbe-halbe? Die Hälfte dem Ernenner mit der Initiative, die Hälfte für die Ziffern? Das wäre wohl einigermaßen gerecht – oder – wer weiß?

Die ununterscheidbare Aufteilung der Wohltaten muß in jedem Fall der Großzügigkeit der Ernenner selber überlassen werden, wer das auch sein mag. Und wer kann sagen, wer diese sind?

Aber die Menschheit ist hier geordnet. Menschen sind hier wieder Fußvolk im großen Krieg – diesmal dem industriellen, dem friedlichen Krieg. Die einfache Truppe des gemeinsamen Nenners wird kostenlos geführt von dem Offizier Architektur; dieser Offizier normt sie und läßt sie nicht nur hin und her marschieren, sondern auch auf und ab. Auf und ab – noch mehr und in Zukunft immer noch mehr. Der gemeinsame Nenner dieser Auf- und Abbewegungen wäre ohne den ursprünglichen Ernenner nicht lebendiger, als die Maschine es ohne das menschliche Gehirn wäre. Der gemeinsame Nenner ist die Maschine selbst geworden, die endlich in ihre ganzen Rechte eingesetzt worden ist, ehe der Krieg noch richtig begonnen hat.

»Der edle Herzog York, der hatt' zehntausend Mann« – er ließ sie alle zehn Stockwerke hinaufmarschieren und dann noch mal zehn Stockwerke. Und keiner darf wissen, weshalb sie jetzt in der Enge aufwärts, aufwärts, aufwärts gehen und in der gleichen Enge abwärts, abwärts, abwärts kommen, statt daß sie frei hinein- und hinausgehen und behaglich rundumher schreiten zwischen den schönen Dingen, zu denen ihr Leben auf dieser Erde eine Beziehung hat. Heißt das nicht, alle außer den mechanistischen Pläneschmieden und jenen, die sich die Privilegien der obersten Stockwerke zu sichern vermögen, in die Reihen der – Armen zu degradieren?

Nun, und die Armen?
Warum sind sie arm? Gibt es vielleicht eine mechanische Kur für Hilflosigkeit – maschinengefertigt? Oder sind die Verschwender jene, die das Maschinenzeitalter wohltätig in der Masse hüten und schicklich mit einem Schein von Anständigkeit in einem maschinenerzeugten Utopia bedecken soll? Oder sollen die Armen jetzt die Sparsamen sein – die arm in jeder Hinsicht bis auf eine geworden sind?
Die Krüppel, die Lahmen, die Blinden und die Kranken sind die einzigen Armen. Und was die andern Armen betrifft – die Entmutigten, die Unglücklichen –, frische Luft, freier Raum, grünes Gras, das überall rundumher wächst, Obst, Blumen, Gemüse als Entgelt für die wenige Arbeit auf dem Boden, deren sie bedürfen, würde mehr dazu beitragen, ihre Armut zu beseitigen, als jene Wohltat, die ihnen mechanische Plänemacher je erweisen könnten.
Im Augenblick ist der Städtebauerwirbel tatsächlich die Erholung nach dem gemeinsamen Nenner; das städtische Gedränge ist der Trost nach dem gemeinsamen Nenner; die dunklen Ecken der Lichtspielhäuser sind tatsächlich die Zufluchtsorte für die Erholung nach dem gemeinsamen Nenner – wenn diese Zufluchtsorte nicht noch viel Schlimmeres sind.
Und der Herdeninstinkt, der sich in der Masse bewegt und sie verdammt, wird durch die mechanistischen Bedingungen, unter denen die Masse schwärmt und lebt, nur noch stärker entwickelt. Millionen sind bereits so tief gesunken, daß sie keine andere Erhebung mehr kennen und auch keine wünschen. Der gemeinsame Nenner – der so viel Profit bringt, wenn Überfüllung herrscht –, der weiter dazu erzogen wird, zu überfüllen, den man *lehrt*, er sei verloren, wenn er nicht durch Druck und Hitze der Menge angeregt werde, wendet seine Argusaugen worauf – auf noch mehr Wirbel?
Doch viele von den einzelnen, aus denen sich die drängende Menge zusammensetzt, die Besten unter ihnen wissen sehr gut, daß ein Lot Unabhängigkeit und

Freiheit in der Raumverteilung eine Tonne Maschinenförderung wert ist, ob man sie nun als Sanierung tarnt oder als »Kunst« verteilt. Ein freies Amerika, demokratisch in der Art, wie unsere Vorväter es erstrebten, bedeutet gerade diese *individuelle* Freiheit für alle, reich oder arm, sonst ist das Regierungssystem, das wir Demokratie nennen, nur ein Hilfsmittel, um den Menschen der Maschine zu versklaven und ihn ihr gleichzumachen.
Doch die Demokratie wird mit Hilfe der Maschine nachweisen, daß die Großstadt kein Platz für die Armen ist, weil selbst die Armen Menschen sind.

Die Maschine, einst unsere furchtbare Gegnerin, ist bereit und in der Lage, die Plackerei des Lebens auf dieser Erde zu übernehmen. Die Spanne der Muße erweitert sich bereits jetzt, je mehr Erfolg die Maschine hat. Diese Spanne der Muße sollte auf dem Acker, in den Gärten und auf Reisen verbracht werden. Die Spanne sollte vergrößert und dazu benutzt werden, die Umgebung schön zu machen, in die Menschen hineingeboren werden, um dort zu leben – in die man die Kinder bringt, die das Usonia von morgen sein werden.
Und wie ich glaube, wird die Maschine – so widersinnig es jetzt auch selbst denen erscheinen mag, die als erste weggehen werden – all das, was in der Großstadt menschlich war, in die Lage versetzen, aufs Land zu ziehen und mit dem Land aufzuwachsen; wird das menschliche Leben in die Lage versetzen, breit und recht auf dem Boden zu gründen. Das Gefühl der Freiheit im Raum ist ein ständiges menschliches Bedürfnis, weil die Horizontale die Linie der Häuslichkeit ist – die Erdlinie des menschlichen Lebens. Diese Freiheit hat die Stadt weggenommen.
Die Stadt ist bereits zu einem Markt, zu einem Kontor und zu einer Fabrik geworden: Der einzelne – das persönliche Element in dem allen – zieht sich immer stärker zurück, je weiter die Zeit verstreicht. – Nur wenn die Stadt ausschließlich und einfach utilitarisch wird, erhält sie die Ordnung, die Schönheit ist, und die Einfachheit, die die Maschine in den richtigen Händen sehr wohl zu einer Wohltat für den Menschen machen kann. Dieses Ergebnis darf man der Maschine durchaus überlassen.
Dieses, *das einzig mögliche Ideal, die Maschine als Stadt* gesehen, wird man um zehn Uhr betreten und um vier verlassen, und zwar an drei Tagen der Woche. Die anderen vier Tage der Woche werden der mehr oder weniger freudigen Angelegenheit gewidmet, anderswo und unter den dem Menschen natürlichen Bedingungen zu leben. Die Grenzlinien zwischen Kleinstadt und Land verschwinden bereits jetzt allmählich, während sich die Bedingungen umkehren. Das Land absorbiert das Leben der Großstadt, während die Stadt zu dem utilitarischen Zweck zusammenschrumpft, der jetzt allein ihre Existenz noch rechtfertigt. Selbst die Konzentration für utilitarische Zwecke, die wir für die erste Zeit anerkannt haben, könnte als Ergebnis der nahe bevorstehenden Dezentralisierung der Indu-

strie bald verschwinden. Es wird in Kürze unnötig werden, sich zu Massen zusammenzudrängen – aus welchem Grund es auch sei. Die individuelle Einheit wird in kongenialerer Gruppierung auf dem Boden stärker in der schwer errungenen Freiheit werden, die sie zunächst aus jenem nicht der Maschine unterworfenen Element der Stadt gewonnen hat. Henry Ford legte diesen Gedanken in seinem Plan für die Entwicklung des Ortes Muscle Shoals dar.
Selbst die kleine Stadt ist zu groß. Sie wird allmählich in der allgemeinen nichtstädtischen Wohnlandschaft aufgehen. »Ländlichkeit« im Gegensatz zum »Urbanismus« ist amerikanisch und wahrhaft demokratisch.
Das Land besitzt bereits große Straßensysteme – prachtvolle Fernstraßen. Auch sie, die zunächst zur Großstadt führen, werden schließlich die Reaktion weg von ihr beschleunigen. Naturparks stehen in unserm Land überall zur Verfügung. Und Millionen von individuellen Bauplätzen, große und kleine, die sich kaum für andere Zwecke eignen, werden allenthalben vernachlässigt. Warum soll brachliegendes Land, wenn es so viel davon gibt, von den Landmaklern in Streifen von 7,5, 15 oder auch 30 Metern für die Familien parzelliert werden? Diese Zuteilungsgepflogenheit ist ein Überbleibsel aus der feudalistischen Denkweise, aus jener Sozialökonomie, die am Leibeigenen geübt und von ihm getragen wurde. Ein halber Hektar für die Familie sollte das demokratische Minimum sein, wenn diese unsere Maschine ein *Erfolg* werden soll!
Was steht dem im Wege?
Man braucht nur die genormte Leistungsfähigkeit der Maschine zusammenzufassen, die Konzentration ihres Wirkens dorthin zu verlegen, wohin es gehört, und die Gewinne im großen verteilen. Die Gewinne sind entweder Gewinne für den Menschen, oder sie sind eine bittere Frucht. Viele bittere Früchte hängen bereits auf dem Baum der Großstadt neben den guten und machen das Ganze faul.
Ein wichtiger Zug der kommenden Auflösung der usonischen Großstadt zeigt sich in jeder einzelnen Tankstelle an den Überlandstraßen. Die Tankstelle mit Service-Station ist der künftige Großstadtservice im Embryonalzustand. Jede Tankstelle, die zufällig von Natur aus günstig liegt, wird ebenso von Natur aus zu einem Verteilungsmittelpunkt anwachsen – Versammlungsort, Restaurant, Rastplatz oder was sonst nötig ist. Tausend Zentren als Äquivalente für die City in Klein- oder Großstädten, die wir jetzt besitzen, werden das Ergebnis dieser vorausgeschobenen Kraft der Dezentralisierung sein.
Vielen dieser Tankstellen, die dazu bestimmt sind, Zentren für ganze Wohngegenden zu werden, wird man vielleicht Gelegenheiten für besondere Unterhaltungen anfügen, die dem Menschen im eigenen Haus bisher noch nicht zur Verfügung stehen. Doch bald wird es nur wenig geben, was ihn nicht zu Haus erreichen könnte – Rundfunk, Fernsehen, Publikation. In kultureller Hinsicht verbessert sich die Maschine rasch und stetig.

Vollendete Verteilung wie auch allgegenwärtige Publizität sind gewöhnliche Fähigkeiten der Maschine. Diese Fähigkeiten werden, wenn sie sich erst wirklich auszuwirken beginnen, unser gegenwärtiges Arrangement, uns in den Städten zu konzentrieren, umwälzen. Geschäfte, mit den dezentralisierten Tankstellen verbunden, werden vollkommenere Verteilungsmaschinen bilden, als man sie durch die Zentralisierung in den Städten jemals haben könnte.

Die völlige Automobilisierung des Volkes ist ein weiteres Ergebnis, das rasch näherrückt. Deshalb wird sich für den einzelnen bald die Gelegenheit ergeben, alles, was er an Lebensmitteln und Bedarfsgütern braucht, am Straßenrand zu besorgen; dort wird er auch zufriedenstellende vorübergehende Unterkunft finden.

Die großen Überlandstraßen sind im Begriff, zur dezentralisierten Metropole zu werden. Interessen aller Art, am Rand dieser Straße gelegen, werden üblich sein. Der Luxusbus, der über prächtige Straßensysteme rollt, wird den gegenseitigen Verkehr allgemein und fesselnd machen. Die Eisenbahn beschäftigt sich in vielen Teilen des Landes bereits jetzt schon nur noch mit der Güterbeförderung auf lange Strecken.

Eine Tagesreise irgendwohin wird bald an sich schon etwas Genußvolles geworden sein; überall auf dem Weg wird sie belebt, bedient und völlig bequem gemacht werden. Es ist nicht mehr nötig, in dem krampfhaften, von Verkehrsampeln unterbrochenen Verkehr in die Stadt zu fahren – oder überhaupt in eine große Stadt.

Städte sind Riesenmäuler. New York ist der größte Schlund der Welt. Wenn die Versorgung mit Lebensmitteln und Verbrauchsgütern über das ganze Land vollendet verteilt wird, ist eines der lebenswichtigen Elemente, die zum Bau der Großstadt beigetragen haben, auf immer verschwunden und hat sich über den Boden verbreitet, von dem es kam: Die örtlichen Produkte haben nur noch den kurzen direkten Transportweg, wo einst der teure, weite Transport und der Transport zurück notwendig waren.

In bequemer Entfernung von jeder menschlichen Wohnung wird es alles geben, was man an Lebensmitteln und Bedarfsgütern braucht und was bisher die Stadt geliefert hatte. Die Filme kann man bald im Fernsehen zu Haus besser sehen und hören als in jedem Kino. Symphoniekonzerte, Opern und Vorträge wird man schließlich leichter ins Haus bringen, als sich die Menschen nach der alten Gepflogenheit in die Aufführungsstätten befördern ließen; und man hört sie zu Haus im Freundeskreis oder in entsprechender Umgebung mit mehr Genuß. Das Heim der individuellen sozialen Einheit wird in sich selbst in dieser Hinsicht all das enthalten, was bisher die ganze Stadt liefern konnte, dazu intime Behaglichkeit und freie individuelle Auswahl.

Schulen werden zu herrlichen, schönen Plätzen gemacht werden, viel kleiner und weit spezialisierter. Sie werden von verschiedenem Typ, belebende, anregende Gebäude an den Nebenstraßen einer jeden *Wohnlandschaft (countryside)* sein. Unsere volkstümlichen Spiele werden in den Schulparks getrieben, die wirkliche Waldparks sind und jedem von nah und fern zur Verfügung stehen.
Um zu befriedigen, was natürlich und wünschenswert ist an dem Instinkt der Gemeinde, zusammenzukommen, wird man natürliche Plätze von großer Schönheit – in unsern Bergen, an den Küsten, auf den Prärien und in den Wäldern – als Autoziele entwickeln; den Mittelpunkt solcher Erholungsgebiete würden Planetarium, Rennbahn, die große Konzerthalle, die verschiedenen Einheiten des Nationaltheaters, Museen und Kunstgalerien bilden. Viele Menschen mit ähnlichen gemeinsamen Interessen werden sich dort ganz natürlich zusammenfinden; es wird zehn solcher Plätze für jeden einzelnen geben, den wir jetzt haben.
Dort wird es keine Theater im Privatbesitz geben; für diese ist Platz an den Überlandstraßen. Doch gute Stücke und andere Unterhaltungen könnten an diesen Autozielen von einem Ende des Landes bis zum andern von verschiedenen nationalen Reisetheatern gezeigt werden – überall, wo ein Stück sich als beliebt oder wünschenswert erweist.
Solche Zielgebiete würden im Hinblick auf Interesse und Schönheit auf natürliche Weise miteinander in Wettbewerb treten, das Reisen anregen und zu einem Vergnügen, nicht zu einer ärgerlichen Plage machen – weil sich so Orte bieten, wohin zu fahren es sich lohnt. Die ganze Wohnlandschaft wäre dann ein gut entwickelter Park – die Gebäude, hoch oder breit, ständen darin und böten jedem einzelnen Schönheit und Zurückgezogenheit.
Sehr bald werden nur noch immer kürzer werdende Zeitspannen nötig sein, in denen sich Menschen in den Büros zusammenfinden, die sich unmittelbar mit Erfindung, Normung und Produktion beschäftigen. Die *Stadt der nahen Zukunft* wird ein Depot für die Fabrik sein – vielleicht. Doch was die Stadt auch sein mag, sie wird nur ein erniedrigter mechanistischer Diener der Maschine sein, weil der Mensch selbst aus ihr entflohen ist und alles, was die Stadt ihm je geboten hat, dazu die Zurückgezogenheit, die er in der Stadt niemals genoß, gefunden hat; er glaubt nicht mehr, was die Stadt ihn immer lehren wollte: daß er das Für-sich-Sein gar nicht wünsche. Der Mensch wird die *menschenwürdige Freiheit* für sich und die Seinen finden, die die Demokratie bedeuten muß.
Gut und schön – doch wie lindert man einstweilen das entsetzliche Leben, das hilflos und ohne es zu wissen in der Maschinerie der Stadt gefangen ist? Wie hilft man am leichtesten und raschesten der sozialen Einheit dabei, der allmählichen Lähmung zu entgehen, die so charakteristisch für den von der Maschine geschaffenen Schwachsinnigen ist, eine Paralyse des Gefühls und des Gemüts, die für den Triumph der Maschine über den Menschen nötig ist; wie trägt man statt dessen

zur Belebung seiner Menschlichkeit bei, die notwendig ist für seinen Triumph über die Maschine?
Das ist das unmittelbare Problem des Architekten, wie ich es sehe. Es sollte gelehrt werden, daß, über große, freie Gebiete bemessen, das lebendige Interesse in dem Kontakt freier Individualitäten in der Freiheit von Sonne, Licht und Luft und in der Weite des Raums liegt – *mit* dem Boden. Abermals bedürfen wir der Spannung, einer Vielfalt unter solchen Umständen und in einem solchen Maße zu begegnen, die der Ideale der Demokratie würdig und mehr ein Teil der äußeren Natur sind, als man es je zuvor fand – wegen der inneren Harmonie. Wir wünschen, daß der elektrische Funke der allgemeinen Neugier und Überraschung wieder zum Leben erwacht – an den Überlandstraßen und Nebenwegen und auf jedem Hektar unseres Bodens. In reizvollen Wohnhäusern und Schulen und wichtigen öffentlichen Versammlungsplätzen... die architektonische Schönheit bezogen auf die natürliche Schönheit. Die Kunst sollte natürlich und selber die Freude sein, vollendete Harmonie zwischen uns und unserm Erstgeburtsrecht zu schaffen, das wir schon fast verkauft haben.
Nun können wir von der Zeit träumen, da es weniger Regierung, aber mehr geordnete Freiheit gibt. Großzügiger bemessener Raum für den Menschen wird dafür sorgen, davon dürfen wir überzeugt sein.
Wenn das Salz und die Würze von Geist, Geschmack und Charakter des einzelnen im modernen Leben ihre Rechte erhalten haben und die Landschaft fern und nah ein Fest des Lebens sein wird – des großen Lebens –, erst dann wird der Mensch Erfolg mit seiner Maschine gehabt haben. Dann ist die Maschine zum Befreier des menschlichen Lebens geworden.
Und unsere Architektur wird das widerspiegeln.

Da die vielgepriesene »Moderne« dieser Realität ausweicht und nur wieder ein weiteres »Bild« macht, sich überall nur ans Malerische klammert, verpaßt sie die Freude, weil sie nur das Vergnügen sucht. Die »Moderne« bemüht sich, das »Bild« zu verbessern, indem sie neue Attitüden annimmt. Die »neue Bewegung« sucht immer noch die Freude nachzuschaffen, indem sie alles tut, die Imitierung zu verbessern, und dabei alles vernachlässigt bis auf die angemessenen Gesten.
Doch selbst eine verbesserte Imitation als Bild wird bald niedergetreten und zerstört werden – wegen der Maschine. Wie viele Bilder man auch macht, Amerika wird man damit jetzt nicht mehr retten!
Allein der Artifex auf der Suche nach Schönheit kann die Aussagekraft zurückgeben, die wir verloren haben – und die Republik in die Lage versetzen, zu jener großen Kunst in den wesentlichen Dingen des Lebens, die unbedingt vom Menschen gemacht werden müssen, zu kommen, zu jenen Dingen, die für den menschlichen Geist das gleiche bedeuten wie klare Wasserquellen, blauer Himmel, grünes

Gras und noble Bäume für die ausgedörrten animalischen Sinne. Denn wo das Werk des schöpferischen Künstlers eine Notwendigkeit ist, da muß er am *Sinn* als der höheren *Form* des Lebens arbeiten, sonst geht das Leben des menschlichen Geistes in diesem frischen Bemühen unter, das bis jetzt in unserm zwanzigsten Jahrhundert erst ein Versprechen ist.

Das Bedürfnis nach dem Künstlerischen, das uns durch den Wunsch, zivilisiert zu sein, auferlegt wird, ist ja nicht nur eine Angelegenheit des äußeren Scheins. Das menschliche *Bedürfnis*, ob es nun durch die Maschine oder durch handwerkliche Arbeit gestillt wird, trägt in sich selbst das Geheimnis der Schönheit, deren wir bedürfen, um lebenstauglich zu bleiben und mit dieser Schönheit leben zu können. Wir brauchen sie, um in ihr oder von ihr zu leben. Und diese neue Schönheit müßte etwas sein, *wofür* man lebt. Das »Bild« wird schon selbst für sich sorgen, da brauchen wir nichts zu fürchten. In jeder organischen Architektur wird das Bild ein natürliches Ergebnis, eine aussagestarke Konsequenz sein und nicht eine perverse *Ursache* von Trug und Pose.

Und schließlich müssen wir für das Schöne leben, ob wir es wollen oder nicht. Unser industrieller Vorkämpfer, Henry Ford, wurde gezwungen, das anzuerkennen – wenn er wahrscheinlich auch das Schöne nicht mit der Kunst, »dem Unsinn«, in Zusammenhang brachte. Genau wie er es in seiner Industrie tat, wird Amerika gezwungen werden, der Notwendigkeit ihre eigene ehrliche Schönheit zuzugestehen; sonst stirbt das Land einen Tod, der sich in nichts von dem Tod jener Völker unterscheidet, deren Traditionen wir übernahmen und vergötzten.

Solange das, was wir jetzt irrigerweise Kultur nennen, nicht heimisch und uns angemessen sein wird, solange wir dieser Kultur erlauben, etwas Oberflächliches zu bleiben, kann dieses Bild, das Amerika mit so überschwenglichem Eifer illustriert, das Ende nur beschleunigen. Die Knöpfe, Materialien, Aussprüche, Räder und was noch, die wir jetzt für die Zwecke des Bildes benutzen, werden das Wesentliche ersticken – das Leben selbst, das sie irrigerweise trügerisch verbergen, statt es auszudrücken. Und dieses Experiment in der Zivilisation, das wir Demokratie nennen, nimmt dann den Weg auf einen Abfallhaufen, in dem kein folgendes Menschengeschlecht mit einigem Erfolg nach Beweisen der Qualität wird wühlen können.

Angenommen, irgendeine Katastrophe löschte plötzlich aus, was wir den Vereinigten Staaten bis zu diesem Augenblick angetan haben. Und angenommen, zehn Jahrhunderte später kämen die Archäologen, um nach dem Sinn dessen zu suchen, was wir in unsern innersten Adern waren – in den verbliebenen Ruinen; was würden sie finden? Nun einmal genau: Was würden sie als das Wesen dieser bilderversessenen »Illustrierung« des Lebens und als seinen Beitrag zur Weisheit oder zur Schönheit der vergangenen oder der künftigen Zeitalter entdecken?

Würde die Zukunft feststellen, daß wir ein Dohlenvolk mit einer Affenpsychologie

waren, der Unzucht der Mechanismen ergeben – ein Volk, das seine Erlösung bei Mechanismen suchte und dabei entdeckte, daß diese Erlösung weiter nichts sei als ein weiterer und endgültiger Mechanismus? Nein? Und dennoch würden sie bei uns zerbrochene Stücke von jeder Zivilisation finden, die je ihren Platz unter der Sonne einnahm, und sie würden diese Stücke an allen nur denkbaren Plätzen bei uns finden.
Sie würden Spuren heiliger griechischer Monumente als Bankhäuser ausgraben. Die päpstliche Kuppel in Gußeisen würde in Bruchstücken den alten Standort eines jeden Behördengebäudes bestreuen, dazu Fragmente in Stein und Terrakotta aus Kathedralen des zwölften Jahrhunderts, wo man nach den plattgedrückten Maschinen Büros und Werkstätten vermuten durfte – Überbleibsel von Wohnhäusern in siebenundfünfzig verschiedenen Arten und Steinfragmente in Haufen, keines seinem Charakter nach echt, alle widersinnig gemischt. Sie würden Toilettenzubehör früherer Zeitalter als klassischen Salonschmuck bei uns bewahrt finden. Sie würden eine Wildnis von Drähten, Rädern und komplizierten Apparaten von seltsamem Scharfsinn entdecken und dazu – ihr Götter! – welch eine Ansammlung von Knöpfen! Sie könnten Reste von Apparaten ausgraben, die den Menschen befähigten, in die Luft zu steigen wie Vögel oder ins Wasser zu gehen wie Fische, und sie könnten Reste von unsern tüchtigen Transportsystemen finden sowie ein Netz, ein Spinnennetz von verwirrten Drähten, die sich über das Land erstrecken, Überbleibsel unserer bemerkenswerten Fernübertragungen. Aber ich glaube, das bezeichnendste unserer Relikte würden unsere sanitären Anlagen sein. Allenthalben eine Riesensammlung von emaillierten oder Porzellan-Wasserklosetts, Badewannen, Waschbecken, weißen Kacheln und Messingröhren. Das nächste wäre das ungeheure Durcheinander von genieteten Stahlgerüsten in verschiedenen Stadien des Zusammenbruchs und der Auflösung, wo es in Beton eingebettet war. Wäre der Stahl nicht so eingebettet, wäre er völlig weg, es sei denn, daß hier oder da eine ganze Maschine – ein Webstuhl, eine Linotype, eine Registrierkasse, ein Traktor, ein Dynamo, ein Fahrstuhl – in Betonkammern begraben gewesen und so erhalten geblieben war, um Überlegungen und Neugier hervorzurufen, oder Belustigung, da man sie für Reliquien des Glaubens an die Mechanismen betrachtet, eines Glaubens, der uns im Stich ließ! Von dem heißgeliebten *Bild* aber, das wir machen, würde nichts von irgendwelcher Bedeutung bleiben. Die Ruinen würden der Restaurierung durch den Historiker trotzen; sie würden einen Totalverlust an menschlicher Kultur darstellen – abgesehen vielleicht von ihrem Wert als Warnung. Ein paar Bücher könnten möglicherweise erhalten bleiben, die der Restaurierung weiterhelfen, wenn auch die Chemikalien, mit denen man das Papier heutzutage behandelt, wahrscheinlich die meisten Bücher restlos zerstört haben würden. Das Glas und die Tonwaren, die wir herstellen, könnten kaum mehr als merkwürdige Lügen erzählen. Gewisse Fragmente steinerner

Gebäude vom Stadtrand würden erhalten bleiben, um die Gelehrten in Verwirrung zu setzen, denn sie wären ganz griechisch, ganz römisch oder ganz mittelalterlich-gotisch, falls sie nicht gerade ägyptisch oder byzantinisch wären. Doch vor allem würde man Haufen von Pseudorenaissance finden – Dinge, die niemals etwas sagten und niemals etwas sagen konnten. Nur unsere Industriebauten könnten überhaupt etwas berichten, was über uns zu wissen lohnte. Doch nur wenige von diesen Gebäuden würden eine so lange Zeit überstehen – Elektrolyse und Rost würden sie völlig auffressen außer denen, wo der Stahl in Beton gebettet liegt. Glasfragmente würde man in großen Mengen finden, doch die Rahmen, falls sie nicht zufällig aus Bronze waren, und alles andere wären fort. Wolkenkratzer würden sie nicht finden, um uns an ihnen zu messen. Kein einziger von denen, die wir gebaut haben, würde die Zeit überstehen.

Wie und wo würde unsere fortschrittliche Demokratisierung, die auf der Illustrierung des äußeren Scheins beruht, also, falls sie plötzlich unterbrochen würde, ihren Platz in der Aufeinanderfolge der Zivilisationen finden, die sich zu bestimmten Zeiten und an bestimmten Plätzen erhoben und zusammenbrachen? Welche Architektur würde in den Ruinen erscheinen?

Und dennoch – dürfen wir nicht in all diesem Bemühen hinter dem bedeutsam unbedeutenden Bild eine Kultur sehen, die von Jahr zu Jahr plastischer wird? Sind nicht einige unserer modernen Ideen weniger augenfällig konstruiert und von innen überzeugender überall dort, wo wir anfangen aus der ersten Berauschung der Freiheit aufzutauchen? Die endgültige Folge der individuellen Freiheit ist gewiß die Ausmerzung des Unbedeutenden und Verlogenen durch das freie Denken. Einengende Formen und faszinierende philosophische Abstraktionen werden schwächer, während der Charakter stärker und in bezug auf die Natur aufgeklärter wird; das werden sie in Freiheit selbst tun, wie wir bekennen – wenn wir nur diese Freiheit *ausüben!* Und trotz unserer kleinlichen Heuchelei und der zufälligen Reaktionen darf niemand daran zweifeln, daß wir uns in Wirklichkeit danach sehnen, die echte Freiheit in einem weit größeren Maß auszuüben, als wir es tun – ohne Rücksicht auf alle Verbote und Schranken. Ja, wir dürfen ein neues Gefühl für die menschenwürdige Freiheit aufwachsen sehen, das all diesen grausamen Vorspiegelungen ein Ende machen wird. Die Freiheit ist in Wirklichkeit bereits der pseudoklassischen Pose überdrüssig und wird in Kürze all die vielfältigen Illustrierungen satt haben.

Der gesunde Menschenverstand steht auf und wird bald unsern geborgten Putz und die Kulissenmalerei, die ihn stets begleitet, wegfegen, hinein in die Museen; dann wird das gute Leben so ermutigt, daß Amerika redlich seine Schulden an die Menschheit zahlen kann, indem es seine Versprechen dem eigenen Ideal gegenüber hält.

Während der Depression nach 1929 häuften sich die unausgeführten Entwürfe. Doch jetzt erschienen THE DISAPPEARING CITY (1945 als WHEN DEMOCRACY BUILDS und 1958 als THE LIVING CITY) und AN AUTOBIOGRAPHY. »Im Reich der Ideen« und die Worte »An den jungen Mann in der Architektur« gehören zu den Vorträgen dieser Jahre.

Im Reich der Ideen

Der Idealist steht als Ausführender stets unter Verdacht – vielleicht mit Recht. Der Forscher Stanley berichtet von einem Affen, der gefangen und über Nacht mit einem Strick um den Hals festgebunden wurde. Der Affe nagte das Tau entzwei und ging davon, den Knoten noch um den Hals gebunden. Der nächste Morgen fand den Affen mit der merkwürdigen »Krawatte« auf dem Heimweg; doch jeder Versuch, sich mit seinem Stamm wieder zu vereinigen, rief solch wilde Schreie von seinen Gefährten und eine so heftige Erregung – zweifellos von den Schriftgelehrten angefacht – hervor, daß der Affe, der nun »etwas an sich hatte«, verwirrt stehenblieb, ein wenig an seinem »Erlebnis« zupfte und darüber nachdachte. Dann bewegte er sich abermals auf seine Gefährten zu; doch es gab einen solchen Aufstand, daß er verzichten mußte. Die Schriftgelehrten hatten gemeinsam mit den Pharisäern Erfolg gehabt. Das dauerte so den ganzen Tag, weil der arme Affe weiter versuchte heimzukehren (um »die Wahrheit zu sagen«?). Kurz vor Einbruch der Nacht fiel schließlich der ganze Stamm erbittert über den verdächtigen Affen her ... und riß ihn in Fetzen.

Affenpsychologie? Natürlich, aber auch unser eigener Stamm vernichtet häufig bei dem gleichen Verdacht den Mann, der etwas von ungeheurer Wichtigkeit und großem Wert für seinen Stamm mitteilen könnte ... solche Ideen etwa, wie dieser arme »Verdächtige« mitgeteilt haben könnte, darüber, wie man es vermeidet, gefangen und gebunden zu werden – oder, sagen wir, falls man doch gefangen worden ist, wie man dann entwischt.

In unserm Stamm haben wir eine andere Tendenz, die Kehrseite der gleichen Medaille, und dieser Tendenz, die auch *ererbt* ist, entspricht es, dem Affen zuzujubeln, sich ebenfalls ein Stück Seil umzubinden und bald jeden Affen zu ächten, der diese modische Krawatte nicht trägt.

Trotzdem sind Ideen als gemeinsames Erlebnis auf ihre Art gar nicht schlecht, sie müssen auch nicht unbedingt störend sein; es sei denn, es handele sich um große und nützliche Ideen. Dann allerdings beginnen ernstlich das Klatschen, Warnen, Prophezeien und Kreuzigen durch die Schriftgelehrten. Üblicherweise ist das Ergebnis dann irgendeine Form von Mord. In Amerika sind wir jetzt an Ideen in der mechanisch-industriellen Welt durchaus gewöhnt. Ein Erfinder ist auf diesem

Gebiet praktisch immun und darf ungefährdet mit nahezu allem, was er an und bei sich hat, an den Tag kommen; man jubelt ihm noch zu. Wir wollen die Sache ausprobieren, und wenn wir auch zu Tausenden umgebracht werden; wir scharren Millionen in Form von Papierwährung zusammen, um einen blanken neuen Groschen in die eigene Tasche zu stecken: Die Folge ist, daß wir in kommerzieller und mechanischer Hinsicht tatsächlich was erreichen.

Aber der gedankenverlorene Idealist, der egozentrische Erfinder im Bereich der Gedankengebäude, hat bei uns sozial, finanziell und ganz besonders moralisch eine harte Zeit. Abgesehen von der instinktiven Furcht um die Sicherheit unseres Stammes scheint in unserer Form des Gesellschaftsvertrags der Mann mit einer Idee ein verhaßtes Spiegelbild für seine vielen Mitmenschen geworden zu sein, die keine Idee haben. Und gewisse Werte, die der Idealist von Natur aus besitzt – etwa der Glaube an sich selbst wegen der Überzeugung, einen Einblick in etwas Tieferes, Weiteres, Höheres oder Wichtigeres ganz in der Nähe gewonnen zu haben –, prägen ihn. Völlig arglos wird er bald auf dem »Weg« erscheinen, der seiner Individualität eigentümlich ist, den aber der arme Narr, weniger gedankenverloren, als unwichtig, wenn auch richtig, erkannt und für sich behalten hätte. Der Spott von seinen vielen Mitmenschen, die sich sicher mitten auf der Straße halten, wartet ständig auf ihn. Und jetzt ist es nur noch der unheilbar *junge* Mensch, der in unserm Land jemals versucht, durch die Schranken zu brechen – und er wird ausgelacht, daß er das Gleichgewicht darüber verliert, ausgelacht, daß er die Stellung einbüßt und schließlich auch Haus und Herd.

Doch über den gedankenverlorenen Idealisten hat der Stamm so oft zu Unrecht gelacht, daß die überwiegenden »Egoisten von der Straßenmitte« im Hinblick auf dieses Thema empfindlich werden. Sie sollten erkennen, wie Carlyle uns erinnert – der selbst ein ausgezeichnetes Beispiel für den gedankenverlorenen Egozentriker ist –, daß »wir große Gedanken, für die einst große Herzen brachen, billig wie gewöhnliche Luft einatmen«. Die Geschichte wird sich auch weiter immer wiederholen: der »Egoist von der Straßenmitte« wird weiter »billig« atmen, und egozentrische Herzen werden weiter für die Sache der Ideen brechen.

Doch unser »Egoist von der Straßenmitte« ist nicht so sicher, wie er sich's vorstellt. Er soll sich ruhig mit der Tatsache abfinden, daß ihn, genau wie der Kommerz keine Seele besitzt und deshalb nicht – wie das Leben – zeugen kann, kein erfinderisches Genie auf der kommerziellen oder mechanischen Ebene mehr bewahren kann. In einer Flut von Kohlenstoffmonoxyd ist er von der Hölle irgendwohin bestimmt, und er weiß nicht, wohin. Fragt ihn nur! Er ist in der Falle des Apparats gefangen und wird zweifellos bald das Opfer des *Glaubens* an Apparate werden, der jetzt selbst zu einem Apparat wird und den man bald als einen trügerischen Narrenglauben erkennen kann. Mittlerweile hat die Überproduktion der Maschine den Staatsmann zu einem Propagandisten für die Armen, den Bankier zu einem geschlossenen Schleusentor, den Verkäufer zu einer Gottheit gemacht. Um jeden dieser Verkäufer rotiert eine Gruppe von Trabanten mit weißen Kragen als Parasiten, während der Arbeiter selber auf den Hebel tritt oder auf den Knopf des Automaten drückt, der Hunderte von Arbeitern, wie auch er einer ist, ersetzt. Jawohl, aus vielen Gründen sollte Amerika, das selbst der große »Egoist von der Straßenmitte« ist, freundlich zu seinen gedankenverlorenen Egozentrikern sein. Rußland hat die seinen abgeschlachtet und war dann gezwungen, viele zu importieren, ehe sein tragisches Experiment ein Rad vorwärtszudrehen vermochte. Amerika könnte sich ebenfalls bankrott machen, aber Amerika wird vermutlich mit Hilfe von kommerziellen, politischen und Werkzeugmaschinen das Leben bankrott machen. Nein. Kein politischer Apparat, kein Apparat der Organisation, kein Apparat zur Hebung des Verkaufs, kein mechanischer Apparat kann unserm Land viel weiter darüber hinweghelfen. Nur Ideen können ihm jetzt helfen. Unglücklicherweise kommen das Wort »Ideen« und das Wort »Egozentriker« in menschlichen Dingen zusammen, und sie gehören auch zusammen. Aber lassen Sie sich dadurch nicht stören; jetzt muß man Geduld mit dem »Spinner« haben und dem »Verrückten« Duldung entgegenbringen und ihm eine Chance geben.

Wenn auch die Egozentrizität allzuoft zur krankhaften Selbstgefälligkeit führen mag und dann nur eine Torheit – Egoismus – ist wie andere Eigenschaften der menschlichen Natur, ist sie doch nur dann schlecht, wenn sie gemein und kümmerlich wird, das heißt anmaßend, eitel und selbstsüchtig, in einem Wort: unehrlich. Wir sollten auch begreifen, daß für den *Idealisten Optimismus* und für den *Realisten Pessimismus* nur die beiden Seiten der gleichen Medaille sind... beide Extremformen des Egoismus.

Aber wie dies alles auch als »Aufbau der Bühne« sein mag, ich werde in dieser Frage der Ideen mit Ihnen jetzt unmittelbar und persönlich werden.

Was ein Mann *tut*, das *hat* er; und ich werde Ihnen meine Achtung am besten durch Selbstachtung beweisen, das heißt, daß ich von nun an aus meiner eigenen Erfahrung spreche. Trotzdem werde ich versuchen, nicht »nur von mir« zu singen, womit ich scheitern würde, sondern ich werde wie Pei-Woh, der Fürst der chinesischen Harfenisten, die Harfe wählen lassen und, wie er sagte, »nicht wissen, ob die Harfe ich ist oder ich die Harfe...«

Eine Idee ist ein kurzer Einblick in die Natur des Dinges als brauchbarer oder »praktischer«, wie wir sagen (wir lieben das Wort »praktisch«, mißbrauchen es jedoch), als es jetzt benutzt oder gebraucht wird. Eine Idee ist deshalb ein Akt, der, dem menschlichen Denken gemäß, stillschweigend das Vertrauen in den Charakter der Natur äußert, etwas, worauf geringere Männer weiterbauen und woran sie Verbesserungen anbringen.

Eine Laune oder ein Einfall spielt mit den Erscheinungen, wie sie sind. Eine Idee sucht die *Quellen* der Erscheinungen, tritt auf als eine Form innerer Erlebnisse

und gibt frische Beweise für die höhere und bessere Ordnung für das Leben, das wir führen. Schließlich ... *Eine Idee ist Erlösung durch Phantasie.*
Solche Ideen, wie ich sie Ihnen jetzt hier aufzählen will, gehören zu Ihrer augenblicklichen Gegenwart, doch statt »Gegenwart« zu sagen, sollten wir wahrheitsgemäß mit Lao-tse sagen: zu Ihrem Unendlichen. Lao-tse sagte vor zweitausendfünfhundert Jahren, die Gegenwart sei »das sich ständig bewegende *Unendliche*, das das Gestern vom Morgen trennt ...«
Nehmen wir an, daß etwas, was Sie immer ganz selbstverständlich als aus verschiedenen Dingen bestehend betrachtet haben, als »komponiert«, wie die Künstler sagen, Ihnen plötzlich als organisch gewachsen erschiene. Nehmen wir an, Sie erhielten einen Einblick in dieses »Etwas«, erkennten es als ein lebendiges Wesen und sähen es gar nicht mehr als Werkzeug fehlbarer Zweckmäßigkeit, sondern tatsächlich als eine lebendige Schöpfung, die mit einer eigenen Vollkommenheit im Reich des Geistes lebt. Nehmen wir außerdem an, Sie sahen dieses Etwas, das nur auf die notwendigen Mittel wartete, um als lebendige Schöpfung geboren zu werden, statt nur zu existieren, wie sie es überall um sich her existieren sahen als jämmerlicher Notbehelf oder als sentimentales, verlogenes Gebrauchsmittel.
Nun, so etwas Ähnliches geschah Louis Sullivan, als er den ersten Wolkenkratzer *sah*, und etwas Ähnliches geschieht mir in der Architektur seither immer in verschiedenen Formen des Erlebens.
So kann ein einziger Einblick in die Wirklichkeit die *Welt* für einen jeden von uns verändern, falls wir von den Launen und Einfällen der bloßen Erscheinungen in die Quelle der Erscheinungen vorstoßen. Mit Hilfe der menschlichen Phantasie, die an dieser Quelle zu Werke geht, kann unermeßliches neues Leben Ausdruck finden, denn mit neuer Kraft gestalten Ideen tatsächlich unsere sichtbare Welt. Eine neue Ordnung tritt hervor, die das Leben vertieft, so daß wir weniger verbraucht werden bei unserm ängstlichen Bemühen, von hier aus woandershin zu gehen und von dort wieder irgendwohin zu eilen. Jede wirkliche Konzeption hat als Idee, die von irgendeiner *originalen* Quelle herstammt, die gleichen Folgen auf allen Gebieten unseres gemeinsamen Bestrebens, eine Zivilisation aufzubauen.
Wie es bei Louis Sullivan wirkte, als er den Wolkenkratzer entwarf, so wirkte der Gang zur Quelle bei mir, als ich Häuser als einen konsequent aufeinanderfolgenden Flug von Ideen baute, die von jedem konstruktiven, für die Arbeit benutzten Ideal aufflogen.
Zur Verfügung stand das typische amerikanische Wohnhaus von 1893, das auf den Prärien von Chicago herumsaß. (Ich pflegte nach Oak Park nach Haus zu fahren, einer Vorstadt von Chicago, die Chicago verleugnet.) Dieses Wohnhaus dort wurde irgendwie typisch, doch, welchen Glauben zur Natur man auch hegt, stillschweigend oder ausdrücklich, es gehörte da nicht hin. Ich wünschte mir eine

Gelegenheit, ein Haus zu bauen, und erhielt diese Gelegenheit bald, weil ich nicht der einzige war, der die Heuchelei satt und Hunger nach der Wirklichkeit hatte. Und ich wage zu sagen, daß in diesem Augenblick neunzig von hundert von Ihnen es ebenso satt haben.
Was hatte es mit dem Haus auf sich? Nun, zunächst einmal log es in allen Punkten. Es zeugte nicht von dem geringsten Gefühl für Einheit und ebensowenig von irgendeinem Raumgefühl, wie es sich für ein freies Volk gehört hätte. Es war gedankenlos aufgebaut. Es war aufgestellt, wo es der Zufall wollte. Hätte man irgendeine dieser sogenannten »Villen« weggenommen, dann wäre das für die Landschaft nur vorteilhaft gewesen und hätte dazu beigetragen, die Atmosphäre zu klären.
Dieses *typische* Wohnhaus zeugte, soweit es sich um den Menschen handelte, nicht von dem mindesten Sinn für Maßstäbe. Es fing irgendwo unten im Feuchten an und endete so hoch oben, wie es nur ins Blau hineinzuragen vermochte. Alle Häuser sahen, ohne jede Rücksicht auf das Material, gleich aus und entsprachen durchaus denen, die sich darin befanden. Im Grunde war dieses Haus eine verquälte Schachtel mit einem aufwendigen Deckel: eine Schachtel, in die man alle möglichen Löcher hineinschneiden mußte, um Licht und Luft hineinzulassen, und mit einem ganz besonders häßlichen Loch, in das man hineinging und aus dem man herauskam. Die Löcher waren alle »garniert«: Türen und Fenster garniert, die Dächer garniert, die Wände garniert. »Tischlerei und Drechslerei« führten allenthalben das große Wort. Die Fußböden waren der einzige Teil des Hauses, den man glatt ließ. Die Hausfrau und der Dekorateur deckten diese mit einer wirren Teppichkollektion zu, weil sonst die Fußböden »kahl« gewesen wären – »kahl« nur deshalb, weil man nicht sehr gut auf gedrechselten Säulen, ausgesägten Gittern oder Stuckornamenten gehen konnte.
Es ist nicht zuviel gesagt, daß mein Schicksal als Architekt sich mit dem einer betrunkenen Bande von Verbrechern verband, mit Sündern aus Gewohnheit, verhärtet gegen jeden menschlichen Sinn außer einem. (Warum soll ich ihn nennen, »den einen Zug der Natur, der die ganze Welt verbrüdert«?) Außerdem wage ich zu behaupten, daß die ganze Gebäudeansammlung auf dem niedrigsten ästhetischen Niveau in der ganzen Geschichte stand: Dampfheizung, Wasserleitung und elektrisches Licht waren die einzigen versöhnlichen Züge.
Das erste Gefühl war deshalb der Wunsch nach dem Einfachen, eine neue Idee von Einfachheit als etwas Organischem. Überall konnte man sehen, daß organische Einfachheit sinnvolle Gestalt in der harmonischen Ordnung erzeugte, die wir Natur nennen: überall die Schönheit in den belebten Dingen. Niemals war etwas sinnlos. Ich liebte instinktiv die Prärie als eine große Einfachheit; die Bäume und Blumen, der Himmel selbst waren im Gegensatz zu ihr erregend. Ich merkte, daß eine kleine Anhöhe in der Prärie genug war und gleich nach viel mehr aus-

sah. Schauen Sie doch selbst, wie jede Einzelheit in der Vertikalen ungemein bedeutsam wird und wie horizontale Ausdehnungen gar keine Rolle spielen! Hier war eine ungeheure Ausdehnung sinnlos geopfert – kreuz und quer in Parzellen von fünfzehn Metern zerschnitten –, oder wollen Sie lieber nur sieben Meter fünfzig? Die Händler zerhackten den Boden in Stücke und verhökerten ihn ohne die mindesten Bedenken. Überall in einem großen, neuen freien Land konnte ich nur diese gemeine Tendenz bemerken, alles, was menschliches Tun oder Wohnen betrifft, hochkant aufzustellen, statt es bequem auf dem Boden liegen zu lassen. Das hat sich auch seit dem Aufkommen des Autos nicht geändert, obwohl es nun keine Frage der echten Sparsamkeit mehr ist, sondern geradezu ein gesellschaftliches Verbrechen.

Ich hatte die Idee, daß ein auf der Fläche sich hinziehender Grundriß, der sich mit dem Boden identifiziert, sehr viel dazu beitragen müßte, die Gebäude mit dem Boden verwachsen zu lassen. Jedenfalls wurde mir das bewußt, und ich benutzte die Erkenntnis bei der Arbeit. Ich hatte den Eindruck, daß in jenem Niederungsgebiet jedes Haus *auf* dem Boden – und nicht *in* ihm, mit feuchten Kellern – beginnen müsse, wie es damals der Fall war. Diese Idee stellte das Haus auf das »Prärie-Fundament«, das ich erfand, völlig über der Erde. Und die Idee, man müsse es dem Haus auch *ansehen*, daß es *auf* der Erde begann, gab diesem Fundament ein hervorstechendes Sockelprofil als sichtbaren Rand; es war die sichtbare Vorbereitung für das Gebäude selbst.

Die Idee, daß im wesentlichen das Schützende das Aussehen einer Wohnung bestimmen sollte, legte das niedrig sich ausbreitende Dach mit weit vorspringender Traufe über das Ganze: Ich sah ein Gebäude nicht mehr in erster Linie als eine Höhle, sondern als geräumiges Obdach im Freien.

Doch vorher schon war mir die Idee gekommen, daß die Größe der menschlichen Gestalt alle Maße einer Wohnung bestimmen müsse, und später – warum nicht? – auch die Proportionen aller Gebäude, welchem Zweck sie auch dienten. Welchen andern Maßstab hätte ich benutzen können? So paßte ich die Höhen in den neuen Gebäuden nicht der bisher festgelegten übertriebenen Ordnung an, sondern ausschließlich dem Menschen. Ich wußte, daß der Hausbewohner selten genügend Freiheit hatte, sich im Raum zu bewegen; und da ich erkannte, daß die Horizontale die Erdlinie des menschlichen Lebens ist, erweiterte ich den Raum in der Horizontalen, indem ich auf alle Zwischenwände verzichtete, die nicht der Küche dienten oder den Schlafzimmern die nötige Abgeschlossenheit gaben oder die (es war in den Tagen des Salons) unerwünschtes Eindringen in die Intimität des Familienkreises verhinderten. Deshalb trennte ich einen kleinen »sozialen Nebenraum« als notwendiges Übel ab, damit darin »Besucher« empfangen werden konnten. Doch selbst diese Konzession verschwand bald als Überbleibsel der Barbarei.

Um das Haus in angemessene Proportionen in die Horizontale und in eine ruhige Beziehung mit der Prärie herunterzuholen, mußte das Personal aus dem komplizierten Bodengeschoß herunterkommen und in eine eigene Einheit ziehen, die der Küche im Erdgeschoß angehängt wurde. Schränke als unhygienische Kästen verschwanden, weil sie unnötig Platz beanspruchten, und wurden durch Einbauten in den Zimmern ersetzt.

Großzügige Bewegungsmöglichkeit in der Horizontalen und Verzicht auf ungenützte Zimmerhöhen wirkten Wunder in der neuen Wohnstatt. Ein Gefühl angemessener Freiheit hatte die Atmosphäre völlig verändert. Das Ganze wurde geeigneter für den menschlichen Aufenthalt und im Hinblick auf die Lage natürlicher. Ein ganz neues Gefühl für die Raumwerte in der Architektur entstand. Heute scheint es, daß dies Gefühl in die Architektur der modernen Welt eingeführt wurde. Es war fällig. Damals hat ein neues Gefühl der Ruhe durch zurückhaltende »Stromlinien«-Wirkungen den Weg in das Bauen gefunden, wie wir sie heute an Ozeanschiffen, Flugzeugen und Autos sehen. Das »Jahrhundert« kam zu seinem Recht.

Doch bedeutender als alles und gewichtiger, rein als Idee, sollte nun das Ideal der plastischen Gestaltung, der »Plastizität«, in der Behandlung des Gebäudes als Ganzem entwickelt und betont werden. (Worum es sich dabei handelt, können Sie an der Oberfläche Ihrer Hand im Vergleich mit der Gliederung des Knochengerüstes sehen.) Dieses Ideal in der Gestalt der Kontinuität ist mir als ein natürliches Mittel erschienen, eine echte organische Architektur zu erzielen. Hier war der unmittelbare Ausdruck, das einzige Mittel zu diesem Ziel, das ich damals sehen konnte oder heute zu sehen vermag. Hier war, zunächst über den Instinkt (alle Ideen keimen), ein Prinzip in das Bauen als Kontinuität hineingekommen, das seither ins Ausland gegangen und wieder heimgekehrt ist, um sich an die Arbeit zu machen, wie es weiter daran arbeiten wird, Sinn und Brauch unseres Maschinenzeitalters zu revolutionieren. Das bedeutet eine Architektur, die leben und leben lassen kann.

Das Wort »plastisch« war ein Wort, das Louis Sullivan selber gern gebrauchte, wenn er von seinem System der Ornamentik im Gegensatz zu allen andern Ornamenten oder zu jedem aufgesetzten Ornament sprach. Doch warum nun, und nicht nur wegen der These »Form folgt der Funktion«, nicht eine breitere Verwendung des Elements Pastizität, als *Kontinuität* im Gebäude selbst gesehen? Weshalb sollte ein Prinzip nur für einen Teil und nicht für das Ganze gelten? Wenn die Form wirklich der Funktion folgte (es ließ sich zeigen, daß dies mit Hilfe dieses konkreten Ideals der Plastizität als Kontinuität wirklich der Fall war), warum sollte man dann nicht alle Vorstellungen von der Konstruktion mit Pfosten und Balken ganz und gar aufgeben? Keine Pfosten, keine Säulen, keine Pfeiler,

Simse, Kehlungen oder Ornamente, keine Bauteile, die der Struktur zugefügt werden, keine Pfeiler oder Balken als solche. Statt zweier Dinge ein *einziges*. Wände, Decken, Fußböden sollen zueinander gehören, ineinander übergehen, Kontinuität eines auf dem andern oder eines im andern gewinnen; Verzicht auf bloß konstruierte Details wie auf alles um seiner selbst willen An- und Aufgesetzte, wie Louis Sullivan in seinem Ornament den Hintergrund zugunsten eines integrierenden Gefühls für das Ganze auflöste. Stellen wir uns nun vor, daß hier die Idee ein neues Gefühl für das Bauen war, bei dem Formen *wachsen* konnten, die nicht nur der Funktion entsprachen, sondern darüber hinaus ausdrucksvoller waren als in jeder andern bekannten Architektur. Jawohl, durch dieses Mittel konnten nun architektonische Formen »heranwachsen«.

Heranwachsen – zu wessen Bilde? Das war ein geballter Appell an die reine Phantasie. Allmählich vom Allgemeinen zum Besonderen fortschreitend, begann mich die »Plastizität«, jetzt »*Kontinuität*«, als eine breite Möglichkeit in der Architektur zu packen und ihren eigenen Willen durchzusetzen. Fasziniert beobachtete ich die Folgen und sah andere Folgen in den bereits sichtbar gewordenen Konsequenzen. Die alte Architektur begann, soweit es um ihre Grammatik ging, zu verschwinden: Wie durch Magie traten neue Wirkungen ins Leben.

Ausblicke von einer so großen Einfachheit eröffneten sich mir, und so schöne Harmonien erklangen, daß ich nicht nur entzückt, sondern oft genug auch verblüfft, bisweilen sogar bestürzt war. Mit aller Energie konzentrierte ich mich auf das Prinzip der Plastizität als Kontinuität und als praktisches Arbeitsprinzip innerhalb der Baukonstruktion selbst, um die Sache zu erreichen, die wir Architektur nennen.

Einige Jahre später übernahm ich die »Kontinuität« als ein praktisches Arbeitsprinzip der Konstruktion in das tatsächliche Verfahren, das Gebäude zu errichten. Doch um *Pfosten* und *Balken* als solche abzuschaffen, konnte ich keine Hilfe vom Ingenieur erhalten. Aus Gewohnheit führte der Ingenieur alles, was auf dem Gebiet der Berechnung auftauchte, auf Pfosten und Balken zurück; von denen ging er aus, ehe er einem sagen konnte, wo jeder hin mußte und wie viele von jedem nötig waren. Niemals war der Ingenieur Wänden begegnet, die mit Fußböden und Decken zu einer Einheit verschmolzen, die ineinander übergingen und aufeinander einwirkten. Und der Ingenieur hat noch nicht genügend Formeln, die ihn in die Lage versetzen, für eine solche Kontinuität die Berechnungen anzustellen. Verstärkte Fußbodenplatten, als Kragplatten über Stützen gelegt, um Ebenen parallel zur Erde zu erhalten, wie sie jetzt notwendig wurden, um die dritte Dimension zu betonen, waren neu. Doch bald meisterte der Ingenieur das Element der Kontinuität in diesen Fußbodenplatten. Der Ausleger wurde zu einem neuen Element in der Architektur. So wie er im Kaiserlichen Hotel in Tokio benutzt wurde, war er eines der Baumerkmale, die den Bestand dieses Gebäudes bei dem entsetzlichen Erdbeben sicherten. Nach dieser Demonstration war nicht nur eine neue Ästhetik, sondern auch eine große, neue *wirtschaftliche Stabilität* (die diese Ästhetik als durchführbar erwies) in das Bauwesen eingedrungen. Und als weitere Folge dieser Idee, daß die Plastizität als Kontinuität in der eigentlichen Konstruktion wirksam werden solle, ergibt sich nach Laborexperimenten, die Professor Briggs in Princeton vorgenommen hat, daß das Prinzip der Kontinuität tatsächlich in der physikalischen Struktur als spezifischer Beweis für die Brauchbarkeit des ästhetischen Ideals wirksam wird. So wird das Ideal der »Kontinuität« beim Entwurf architektonischer Formen bald als Konstruktionsformel zur Verfügung stehen. Damit wird die »Kontinuität« zu einem neuen und wertvollen Faktor der Wirtschaftlichkeit im Bauwesen selbst. Stahl zu schweißen, statt ihn zu nieten, ist eines der neuen Mittel zu dem gleichen Ziel, doch das eilt dem Bericht voraus.

Aus diesem anregenden, vereinfachenden Ideal entstand bald eine Idee, daß nämlich dieses neue Element der Plastizität, wenn es konsequent in die Praxis umgesetzt oder wenn es überhaupt erfolgverheißend zur Wirkung gebracht werden sollte, sowohl eines neuen Wissens als auch einer neuen Wissenschaft von den Baustoffen bedurfte. Vielleicht interessiert es Sie – mich hat es überrascht –, daß es in der Literatur der zivilisierten Welt nichts über dieses Thema gibt.

Ich begann die Natur der Baustoffe zu studieren. Ich lernte, einen Ziegel als Ziegel, Holz als Holz und Beton, Glas oder Metall für sich und als das zu sehen, was es war. Seltsamerweise erforderte das konzentrierte Phantasie; jedes Material bedurfte anderer Behandlung, und jedes ergab neue Gebrauchsmöglichkeiten, die der Natur eines jeden eigentümlich waren. Entwürfe, die dem einen Baustoff angemessen waren, ließen sich ganz und gar nicht für einen andern verwenden, wenn man es im Licht dieses Ideals der Einfachheit als organisches Ideal betrachtete.

Hätte es bereits in der antiken Ordnung unsere neuen Baustoffe – Stahl, Beton und Glas – gegeben, hätten wir nichts Ähnliches wie die schwerfällige »klassische« Architektur gehabt. Nein – gar nichts. Nun kann es aber keine organische Architektur geben, wo die Natur dieser Baustoffe ignoriert oder mißverstanden wird. Wie könnte es sie geben! Die vollendete Korrelation ist das Grundprinzip für jedes Wachsen. Integrierung bedeutet, daß kein Teil in sich selbst von großem Wert ist, sondern diesen Wert erst in seiner natürlichen Beziehung zum Ganzen erhält. Selbst mein großer alter Meister nahm bei seinen Entwürfen keinerlei Rücksicht auf die Baustoffe: Sie waren nichts als Wasser auf die Mühle seiner reichen Phantasie und sein tiefempfundenes Ornament. Alle Baustoffe waren für ihn nur das eine Material, aus dem er den Stoff seiner Träume webte. Ich erinnere mich noch meiner Beschämung über mein Vergnügen, daß ich den geliebten Meister so deutlich »durchschaute«. Doch als ich nach dieser neuen Ideenkette arbeitete, geriet das Werk bald in scharfen Gegensatz zu den Werkzeugen, die sich finden ließen, um diesen Ideen Gestalt zu verleihen. Welches waren die Werkzeuge, die überall benutzt wurden? *Maschinen!* Viele von ihnen automatische, Stein- oder Holzhobelmaschinen, Stein- und Holzfräsen, verschiedene Drehbänke und Dampfsägen – alle in kommerziell arbeitenden Fabriken: Schrottmühlen, Pressen, Scheren, Schneid-, Form- und Stanzmaschinen in Hütten- und Walzwerken – kommerzialisiert in den Berufen: Betonmischer, Ziegelbrenner, Gießer und Glasarbeiter und den Gewerkschaften – lauter Handarbeiter, Einheiten in einer mehr oder weniger stark kommerzialisierten größeren Gewerkschaft, in der die handwerkliche Tüchtigkeit nur als Überbleibsel Platz behielt und auf ihre Beerdigung wartete. Die genormte Massenproduktion war bereits eine unausweichliche Notwendigkeit, entweder Feind oder Freund – das konnte man sich aussuchen. Und je nachdem, wie man wählte, wurde man entweder ein Meister und nützlich oder ein Luxus – und schließlich ein Schmarotzer.

Die Normung durch die Maschine hatte dem Handwerk bereits das Leben in all seinen Äußerungen genommen. Aber das bereits erschöpfte Handwerk, wie man es in den Formen der alten Architektur sieht, hatte mich nie gestört. Die neuen Formen als Ausdruck der neuen, von der Maschine bestimmten Ordnung störten mich jedoch. Wollte ich neue Formen verwirklichen, mußte ich sie nicht nur den alten und neuen Baustoffen anpassen, sondern sie auch so entwerfen, daß die Maschinen, die sie herzustellen hatten, sie gut machen konnten und würden. Doch nun, da dieses Ideal der inneren Ordnung als integrierend für die Architektur an den höchsten Platz in meiner Vorstellung gerückt war, hätte ich mich auch dann nicht mit etwas Geringerem begnügt, wenn ich Armeen von Handwerkern zur Verfügung gehabt hätte. Inzwischen war die Disziplin des großen Ideals gekommen. Weder in der Architektur noch sonstwo gibt es eine andere so strenge Disziplin, aber auch keine, die so reichen Lohn in der Arbeit bringt oder ihrer Ergebnisse so gewiß ist wie dieses Ideal der »inneren Ordnung«, der Integrierung, die organisch ist. Geringere Ideen flogen wie Vögel vor diesem anspruchsvollen, beseelenden Ideal davon, immer in die gleiche Richtung, doch bei jeder Gelegenheit zum Flug weiter, bis große Ziele in Sicht kamen. Sie können die »Zeichen und Vorbedeutungen« in der Ausstellungsgalerie zusammengetragen sehen.

Doch ehe ich versuche, auf die Ziele einzugehen, die mir in den Blick kamen, könnte es vielleicht interessant sein, über die Reaktionen auf diese neuen Bestrebungen zu berichten. Nachdem das erste Haus gebaut war – es war das Winslow-Haus im Jahr 1893 –, erklärte mein nächster Auftraggeber, er wolle, um nicht ausgelacht zu werden, kein Haus, das so »anders« sei, daß er hintenherum zum Morgenzug gehen müsse. Bankiers weigerten sich, Hypotheken auf die Häuser zu geben, und so mußten Freunde gefunden werden, um diese ersten Gebäude zu finanzieren. Fabrikbesitzer warfen bald nur noch einen Blick auf die Baupläne, die bei Ausschreibungen eingereicht wurden, sahen den Namen, rollten die Zeichnungen wieder zusammen und gaben sie dem Bauunternehmer mit der Bemerkung zurück, sie wollten das Unglück nicht geradezu heraufbeschwören. Bauunternehmer lasen die Zeichnungen häufig genug falsch – sie wichen so grundsätzlich von andern ab –, es mußte bei dem Gebäude so viel »weggelassen« werden.

Die Auftraggeber blieben gewöhnlich »bei der Stange«; häufig waren sie interessiert und aufgeregt und setzten sich weit über ihre Mittel ein. Und wenn sie dann einzogen, mußten sie sehr oft ihre alten Möbel mitnehmen. Das Ideal der »organischen Einfachheit«, gesehen als Ausdruck der vollkommenen Integration, verbot alle Zufügungen, verwarf jede Oberflächendekoration, machte alle Anlagen für die elektrische Beleuchtung und für die Beheizung zu einem integrierenden Teil der Architektur. Soweit möglich, sollte das gesamte Mobiliar an seinem Platz als Teil der Architektur entworfen werden. Vorhänge, Teppiche – alles gehörte in die gleiche Kategorie; deshalb beeinträchtigte jeder Mangel an diesem besonderen Zug des Originalplans häufig die Ergebnisse und bereitete Schwierigkeiten in diesem Prozeß des konstruktiven Weglassens.

Ohne Mitwirkung des Architekten sollten auch keine Anpflanzungen um das Haus vorgenommen werden. Keine Plastik, kein Gemälde, es sei denn, der Architekt hätte zugestimmt. Das machte Ärger. Keine Dekoration als solche, wo es auch sei – Dekorateure, die Arbeit suchten, pflegten die Besitzer zu besuchen, hörten den Namen des Architekten, lüfteten den Hut und machten mit einem kurzen und sarkastischen »guten Tag« auf dem Absatz kehrt – damit meinten sie natürlich, was im Slang später »gute Nacht« bedeutete. Die Eigentümer der Häuser waren alle das Ziel der Neugier, bisweilen sogar der Bewunderung, doch meistens wurden sie vom »Egoisten von der Straßenmitte« lächerlich gemacht. An ihnen mußte, wenn sie so ein Haus hatten, auch etwas sein – »der Strick um den Hals des Affen«?

Eine andere Wahl der Baustoffe bedeutete einen völlig andern Bauplan. Beton kam in Gebrauch, und der Unity Temple wurde der erste Beton-Monolith der Welt – das heißt, das erste Gebäude, als monolithische Architektur in den Holzformen vollendet, in denen es gegossen wurde.

Verputzte Häuser waren damals neu. Flügelfenster waren neu. So vieles war neu. Fast alles außer dem Beharrungsvermögen und der Eigenart der Auftraggeber. Doch als Lohn für das unabhängige Denken beim Bauen, zuerst deutlich gemacht in Struktur und Umrissen des Unity Temple in Oak Park, die klarer aus der früheren Praxis erwuchsen, entstand jetzt *ein völlig neues Gefühl für Architektur*, ein höherer Begriff von der Architektur: Architektur nicht nur als Form, die der Funktion folgt, sondern als angemessene Einfriedigung des Raums begriffen. Der eingefriedigte Raum selbst konnte nun als die Realität des Gebäudes gesehen werden. Dieses Gefühl des »Innen« oder den Raum selbst oder die Räume selbst betrachtete ich jetzt als das Entscheidende, das als *Architektur* ausgedrückt werden mußte. Dieses Gefühl des Innenraums, als Architektur nach außen gekehrt, übertraf alles, was vorher geschehen war, machte alle früheren Ideen nur noch als Mittel der Verwirklichung eines weit größeren Ideals nützlich. Bisher waren alle klassischen oder antiken Gebäude große Massen oder Blöcke von Baumaterial gewesen, äußerlich in Form gebracht und ausgehöhlt, damit man darin leben konnte. Mindestens war das der Sinn von allem. Doch hier kam ein Gefühl für das Gebäude als Organismus ans Licht, das eine neue Möglichkeit für die Mittel des Maschinenzeitalters bot. Dieser Innen-Begriff führte die Architektur völlig von der Bildhauerei, der Malerei fort und auch völlig von der Architektur, wie sie die Antike gekannt hatte. Das Gebäude wurde nun eine Schöpfung des Innenraums in Licht. Und als dieses Gefühl für den Innenraum als die Realität des Gebäudes wirksam wurde, fielen die Wände als Wände weg. Die vergehende Wand schloß sich der verschwindenden Höhle an. Einfriedigende Schirme und schützende Merkmale architektonischen Charakters traten an die Stelle der soliden Mauer.

Immer mehr Licht wurde zum Verschönerer des Gebäudes – zum Segen der Bewohner. Unsere baumbewohnenden Vorfahren bieten uns eher ein Vorbild als die wilden Tiere, die zum Schutz »in die Höhle kriechen«. Ja, in geistigem Sinn ist die höhere *Ordnung* das Gefühl für den sonnenhellen Raum und die Leichtigkeit der Struktur des Spinnengewebes, wie es John Roebling sah und in seiner Brooklyn-Bridge verwirklichte.

Unvermeidlich wird, wie es mir erscheint, dieses Baugefühl den physischen Körper unseres Maschinenzeitalters errichten.

Unsere Zivilisation geht aus der Höhle hervor. Mit der Festung als Wohnplatz sind wir fertig. Die feudale Gesellschaft – wenn auch nicht das feudale Denken – ist im Verschwinden. Damit wird auch das massive Gebäude verschwinden, das die Macht ihres Grundbesitzes beschützte. Mit unsern neuen Baustoffen, Stahl, Glas und Eisenbeton, der Stahl stets gespannt, wird immer deutlicher, daß Leichtigkeit und Stärke im modernen Bauwesen in unmittelbarer Beziehung zueinander stehen. Die Hilfsmittel des Maschinenzeitalters bestätigen die neuen Stoffe in dieser Raumvorstellung der Architektur in jedem Punkt. Gespannter Stahl erzeugt völlig neue Möglichkeiten, Räume zu überspannen, und trägt dazu bei, eine bewohnbare Welt zu schaffen.

Ja, bereits jetzt ist ein Gefühl der Sauberkeit, das in unmittelbarem Zusammenhang mit dem Leben im Sonnenlicht steht, in uns wirksam und trägt nicht nur dazu bei, uns von der Höhle zu befreien, sondern weckt in uns auch den Wunsch nach dem Wesentlichen einer neuen und angemesseneren Einfachheit als dem Gesicht der baulichen Struktur: Die Einfachheit erscheint nun als das jugendlich klare Gesicht der Wahrheit. Diese Wirklichkeit ist neu. Dieses Gefühl für die Wirklichkeit als »Innen« ohne äußerliche Prätentionen der Architektur als etwas, was man der Struktur aufsetzt, läßt all die schweren prätentiösen Ziegelmassen, mit Ziegel- oder Steinmauern geschmückt, schwer, monströs und falsch erscheinen, die tatsächlich in unserm Zeitalter ebenso falsch sind, wie die kleine dekorierte Höhle als Wohnhaus falsch ist.

Die moderne Architektur ist der akademischen Spiegelfechterei überdrüssig. Die Architektur sieht das Flugzeug über uns dahinfliegen, emanzipiert von aller Spiegelfechterei, und wenn es demnächst die Tragflächen ablegt, wird es ganz frei und sich selbst gemäß sein. Die Architektur sieht das Dampfschiff über das Meer fahren, triumphierend als das Ding, das es ist, weil es nur das ist. Sie sieht, wie das Auto immer mehr die Maschine wird, die es sein soll, wie es der Kutsche immer unähnlicher wird und wie es mehr Freiheit erhält, das zu sein, was es ist. In all diesen Dingen und in allen Geräten, welche es auch seien, sieht man immer mehr, wie das Maschinenzeitalter sich für die Freiheit erklärt, die Wahrheiten des Seins auszudrücken, statt sich mit einem falschen Schein zu begnügen. Die moderne Architektur profitiert von dem, was sie sieht, und in fünf Jahren dürfen Sie alle Schein-Schachteln, in die man Löcher oder Schlitze geschnitten hat, damit sie Licht und Luft bekommen, als senil und unerwünscht betrachten.

Ein neues Gefühl für die Schönheit, die man im Maschinenzeitalter sieht und die charakteristisch für unmittelbare Einfachheit des Ausdrucks ist, erwacht in der Kunst und ist bereit, eine neue Welt zu schaffen oder – richtiger gesagt – die Welt neu zu schaffen. Kein Geist, der diesen Namen verdient, betrachtet diese Welt als der Antike unterlegen. Wir dürfen sie zuversichtlich für überlegen halten. Und im Rahmen der Vision einer solchen Konzeption von der Architektur sehen wir, wie die Stadt selbst – die Stadt als *Notwendigkeit* – stirbt. Die Zunahme in der Tyrannei des Wolkenkratzers, die wir jetzt erleben, ist nichts anderes als der Überrest einer Gewohnheit. Gerade diese sich beschleunigende Zunahme, die wir fälschlich für Wachsen halten, sagt den Verfall voraus und geht unmittelbar vor ihm her. Dezentralisation nicht nur der Industrie, sondern auch der Stadt selbst ist wünschenswert und nahe bevorstehend. Die Notwendigkeit errichtete die Großstadt, doch der große Dienst, der dem Menschen als Luxus von der Maschine erwiesen wird, wie sich an Elektrifizierung und Automobilisierung zeigt, wird diese Notwendigkeit aufheben. Schon jetzt sieht man in dem inneren Konflikt zwischen der mechanistischen Vorrichtung des Wolkenkratzers und diesen wohltätigeren Erscheinungen Elektrifizierung und Automobilisierung den Gewinner in dem Kampf zwischen dem habsüchtigen Wolkenkratzer und dem flinken Automobil – die Großstadt zerfällt dabei. Das ist nur einer der handgreiflichsten Beweise für ihre Auflösung.

In der Zunahme der großen Überlandstraßen, der natürlichen ebenso wie der von

Staat und Kreis, und in der allmählichen Erweiterung des Service durch die allgegenwärtige Tankstelle erkennen wir in Embryonalform andere auf den Fortschritt gerichtete Wirkkräfte der Dezentralisierung! Diese neuen Straßen und die sich ausdehnenden Zentren des Verkaufs und des Service bedeuten schließlich die Auflösung und das Zurücktreten der Zentralisierung, die wir jetzt in der Großstadt erblicken. Der größte Dienst, den der fühlende Mensch von der Maschine empfangen wird, die er sich zum Bilde erbaut hat, wird, wenn er die Maschine unterwirft und sich zur Dienerin macht, der Tod der Verstädterung sein! Dieser hektische Urbanismus wird in natürlicher Ländlichkeit untergehen. Und wir werden bald erkennen, daß der natürliche Platz für das schöne hohe Gebäude – nicht in seiner gegenwärtigen Gestalt, sondern in diesem neuen Sinn – auf dem Lande ist, nicht in der Stadt.

Wenn die Maschine den Menschen unterwirft, wird der Mensch mit seiner großen Stadt zusammen untergehen müssen, wie er auch früher in all den Städten, die die großen Völker der Welt jemals erbaut haben, untergegangen ist.

Die Menschheit erwacht erst eben jetzt zu einer Schau von der Maschine als der wahren Befreierin des Individuums als Individuum. Deshalb dürfen wir jetzt das Maschinenzeitalter als das Zeitalter der wahren Demokratie sehen, in dem das menschliche Leben sich grundsätzlich auf die Schönheit und Fruchtbarkeit des Bodens gründet: das Leben, geführt im vollen Genuß der Erdlinie des menschlichen Lebens – der Linie der Freiheit für den Menschen, in der der Horizont des Menschen von der Maschine unermeßlich erweitert werden kann, von der Maschine, dem Geschöpf seines Gehirns im Dienst seines Herzens und Geistes.

So können wir bereits jetzt erkennen, wie im Reich der Ideen innerhalb der Architektur etwas Gestalt annimmt, um all dies auszudrücken – eine neue Ausdruckskraft, die wir mit Recht nennen dürfen: *Ausdruckskraft als das Neue.* Ausdruckskraft als das Neue deshalb, weil in der Architektur seit mindestens fünf Jahrhunderten die »Ausdruckskraft« verlorengegangen ist, außer als ein verbrauchter Symbolismus mit sehr geringer Aussagefähigkeit oder als verlogene Sentimentalität. Diese neue Ausdruckskraft weist die Sentimentalität eines jeden Symbols zurück, blickt der philosophischen Abstraktion als der Schwindlerin, die diese gewöhnlich ist, offen ins Auge, lernt ihre Lektionen unmittelbar aus dem Buch der Schöpfung selbst und verachtet alles, was sich schämt oder fürchtet, als das zu leben, was es infolge seiner eigenen Natur ist oder wird.

Eine neue Integrität also? Jawohl, eine für uns in Amerika neue Integrität – und dennoch so uralt! Eine neue Integrität, die lebendig ist und mit neuen Mitteln schafft – mit größeren Mitteln, als sie je zuvor wirksam waren. Eine neue Integrität, die für die Freiheit arbeitet – für Ihre, meine und unserer Kinder Freiheit – in diesem Reich, das wir für diese gemeinsame Stunde *das Reich der Ideen* genannt haben.

1931 veröffentlichte MODERN ARCHITECTURE den Text dieses Vortrages.

An den jungen Mann in der Architektur

Der junge Mann, den ich vor Augen habe, hört heute viel, zuviel über das Neue und das Alte. Hin und wieder tragen Kritiker des »Neuen« ihren kleinen Kamera-Verstand umher – (Schnappschuß-Begeisterung des halbgaren Architekten) und bejammern oder bejubeln die Morgendämmerung. Wenn zufällig einmal ein Novize ein Gebäude baut, dann übertrifft das Gegacker, wenn nicht gar das Gekrähe, bei weitem das Ei. Propagandisten – dafür und dagegen – gruppieren das Alte als neu und das Neue als alt ein. Historiker verzeichnen ihre schiefen Schlüsse als Tatsachen. Die Anhänger vergänglicher »Ismen« verkünden das Moderne als neu. Und doch war die Architektur niemals alt und wird niemals neu sein. Von der Architektur, dem Hauptstrom, teilen sich kleine Bäche ab, fließen ihren schlammigen Lauf entlang, um von den großen Gewässern wiederaufgenommen und geklärt zu werden, als ob die kleinen Gräben und Flüßchen nie gewesen wären. Alle Kunst in unserer Zeit entspricht diesem Bild, und wir sind nur Zeugen der überreichen Verschwendung der Natur, wenn sie eine Million Samenkörner ausstreut, um eine einzige Pflanze hervorzubringen – und inzwischen genießt sie ihre Extravaganz. Im Leben des Geistes ist die Natur zweifellos um nichts weniger verschwenderisch, und sie mag ihre Extravaganz in der Million Einfälle für eine einzige Idee genießen: Millionen von Gehirnbetätigungen für einen einzigen Gedanken: eine Million Gebäude für nur ein einziges kleines Stück echter Architektur. Ja, sie gibt jetzt nur zu gern eine Million für eins, weil die menschliche Spezies seit fünfhundert Jahren auf das Niveau einer kommerziellen Behelfsmaßnahme des *Kunstgewerbes* herabgesunken ist. Die menschliche Spezies selbst ist also, wie Sie sehen, in Gefahr. Freuen Sie sich deshalb, dem Babel persönlicher Bücher, dem Zurücktreten ästhetischer Richtungen als Beweisen des Lebens zu begegnen – und freuen Sie sich ganz besonders, die halbgaren Gebäude der Novizen zu sehen.

Aber die Verwirrung der Ideen ist eine unnatürliche Verschwendung von Zielbewußtheit. Eine solche Verwirrung, wie wir sie erblicken, bedeutet eine Vergeudung, wie sie die Natur niemals zulassen würde. Die Verwirrung entsteht, weil es in einigen Köpfen Zweifel, in einigen Köpfen Furcht und in andern die Hoffnung gibt, daß die Architektur ihren Umkreis verschiebt. Wie der Mörteltrog und ein Teil der Ziegel dem Tafelblech, der Schweißnaht oder dem Nieten Platz machen, wie der Arbeitsmann hinter der automatischen Maschine zurücktritt, so scheint der Architekt entweder dem Ingenieur, dem Verkäufer oder dem Propagandisten Platz zu machen.

Ich bin hier, um Ihnen zu versichern, daß der Umkreis der Architektur sich tatsächlich mit erstaunlicher Schnelligkeit verschiebt, daß jedoch ihr Zentrum unverändert bleibt. Oder bin ich nur dazu hier, um Ihnen die beruhigende Versicherung zu geben, daß die Architektur ewig zu sich selbst zurückkehrt, um neue Formen zu erzeugen, damit sie ewig weiterzuleben vermag? Im Licht des Neuen und mit den Schmerzen über den Verlust erwacht Amerika erst jetzt und sieht ein, wie und warum die »Kunst«, als kommerzieller Ausweg konzipiert oder auf das Niveau sentimentalen Kunstgewerbes erniedrigt, das amerikanische Leben verraten hat. Jawohl, das ist der einzige Grund, weshalb sich der Umkreis der Kunst im ganzen rasch verschiebt. Der Umkreis verschiebt sich, weil der Hunger nach Wirklichkeit noch nicht tot ist und weil sich das menschliche Gesichtsfeld mit der Naturwissenschaft erweitert, während sich die menschliche Natur durch innere Erlebnisse vertieft.

Das Zentrum der Architektur bleibt unverändert, weil die Schönheit – mag sie auch nicht eingestanden oder schlecht verborgen werden – nach wie vor das wahre Ziel des rationalen, modernen architektonischen Strebens ist, genau wie die Schönheit das entscheidende Merkmal der Architektur selbst bleibt. Doch heute begreift der Moderne infolge seiner wissenschaftlichen Erkenntnisse die Schönheit deutlich als integrierte Ordnung; Ordnung, von der menschlichen Empfindungsfähigkeit als ein Abbild erahnt; Ordnung von der Vernunft erfaßt und von der Technik ausgeführt. Ja, mit Hilfe einer wissenschaftlich größer gewordenen Technik läßt sich jetzt eine integriertere Ordnung erreichen, als sie jemals vorhanden gewesen ist. Ist die integrierte Ordnung erst einmal errichtet, kann man bereits den Rhythmus der sich daraus ergebenden Harmonie wahrnehmen. Und harmonisch sein heißt in einem rudimentären Sinn auch schön sein: Es ist eine gute Plattform, von der man nach der sich bewegenden Unendlichkeit abzuspringen vermag, die die Gegenwart ist. In einer so verstandenen Architektur »trifft sich Gott mit der Natur in der Sphäre des Relativen«. Deshalb ist das erste große Erfordernis einer modernen Architektur das klare Empfinden für eine integrierte Ordnung. Das soll heißen, die *Form* selbst in einem geordneten Verhältnis zu Zweck oder Funktion: die *Teile* selbst in einer Ordnung mit der Form: die Baustoffe und Arbeitsmethoden in einer Ordnung mit beidem: eine Art natürlicher Integrität – die Integrität des Alles in Jedem und Jedes in Allem. Das ist die anspruchsvolle neue Ordnung.

Worin unterscheidet sich denn dann die neue Ordnung von der alten? Nur in folgendem – die alte Ordnung war in die Irre gegangen, von der »Kultur« verraten, vom Historiker in die Irre geführt. Doch die organische Einfachheit, die auf diese Weise als neu erzielt werden soll, ist die Einfachheit des Universums, die sich völlig von der Einfachheit irgendeiner Maschine unterscheidet, genau wie die Kunst des Lebens auf der Welt nicht das gleiche ist, wie mit Hilfe von Kniffen in der Welt zurechtzukommen.

Innere Unordnung ist eine architektonische Krankheit, wenn nicht gar der Tod der Architektur. Deshalb brauchen Sie, junger Mann, der Architekt werden will, von Anfang an ein intellektuelles Verständnis, je unmittelbarer, um so besser, von dieser radikalen Ordnung Ihres Universums. Sie werden Ihr Universum als Architektur sehen müssen.
Vielleicht haben Sie ein beseeltes Ordnungsgefühl als Begabung erhalten – die Schulen können es Ihnen gewiß nicht geben. Deshalb sollte das Wort *radikal* für den jungen Mann in der Architektur ein schönes Wort sein. Radikal bedeutet »von der Wurzel« oder »zur Wurzel«. Jeder Architekt sollte von Natur aus radikal sein, weil es für ihn nicht genügen kann, dort anzufangen, wo die andern aufgehört haben.

In der Architektur haben sich die Traditionen als unsicher erwiesen. Die Propaganda der Toten, die man jetzt in einem mit den Leichen der Opportunität bestreuten Land erleben kann, ist nicht vertrauenswürdiger als die Propaganda der Lebenden. Beide können nicht viel mit organischer Architektur zu schaffen haben. Nein, die Wirkung des Prinzips auf die integrierte Ordnung hin ist Ihr einziges zuverlässiges Vorbild. Deshalb sollte das Anliegen Ihrer Architekturschulen das sein, Sie in der Erkenntnis einer solchen Ordnung beim Studium der verschiedenen Architekturen der Welt zu unterstützen – sonst sind Schulen nur dazu vorhanden, die Jungen zu hindern und zu verunstalten. Sie, junger Mann, lediglich in die Lage zu versetzen, sich den Lebensunterhalt dadurch erwerben zu können, daß Sie Grundrisse für Gebäude anfertigen – das ist keine ausreichende Arbeit für eine Schule. Deshalb werden Sie aus dieser Definition von Ordnung ersehen, daß die »Ordnungen« als solche weniger als nichts mit der modernen, das heißt mit der organischen Architektur zu tun haben. Und außerdem werden Sie sehen, wie wenig irgendeins der großen Gebäude der Jahrhunderte Ihnen dabei helfen kann, Architekt zu werden, *es sei denn, sie blicken in das Innere hinein* und finden dort das Wirken des Prinzips, das diese Gebäude neu in der Ordnung seiner eigenen Zeit machte. Es ist ganz selbstverständlich, daß die eigentümlichen Formen und Einzelheiten, die jenen angemessen sind, für Sie Exzentrizitäten werden – ja, verhängnisvolle Eigenschaften, falls Sie versuchen sollten, sie für sich selber zu kopieren, wenn Sie zu bauen beginnen. Mindestens so viel ist für alle Köpfe offensichtlich, daß das Maschinenzeitalter ins menschliche Blickfeld tritt und strengere Beschränkungen mit sich bringt, als sie der Architektur jemals in der Vergangenheit auferlegt worden sind; doch gerade diese Beschränkungen sind Ihre großen, frischen Gelegenheiten.

Nun sind selbst die Schriftgelehrten durch die unerbittlichen Verhältnisse gezwungen einzusehen, daß alte Baustoffe neuen Baustoffen Platz machen – neue Industriesysteme nehmen den Platz von alten ein –, genau wie alle sehen, daß die amerikanischen Vorstellungen von sozialer Freiheit die Feudalsysteme, Oligarchien und Erbaristokratien ersetzen: Und ebenfalls durch die Umstände werden jetzt alle unerbittlich dazu gezwungen, einzusehen, daß wir nichts oder nur sehr wenig auf dem Gebiet der Architektur haben, was irgendwelche dieser großen Veränderungen ausdrückt.

Gerade infolge der Prinzipien, die heute in unsern mechanischen oder mechanisierten Produkten als Beschränkungen wirksam werden, können Sie sehen, wie in die besten von ihnen eine neue Schönheitsordnung Einzug hält, die in gewissem Sinn tatsächlich eine Verneinung der alten Ordnung ist. In einem tieferen Sinn jedoch, das werden Sie ein wenig später ebenfalls sehen, auch die wissenschaftliche Bejahung der alten Ordnung. Doch Sie, junger Mann, fangen Sie neu und mit Beschränkungen an, allerdings, wie ich hoffe, um nichts weniger von diesem Gefühl für die neue Ordnung beseelt, die eben erst Ergebnisse zu bringen beginnt. Nur ein von der Technik erweiterter Horizont, nur das von dem Gefühl für die Würde und den Wert des einzelnen als Individuum geschärfte Empfinden, nur dieses neue und bessere Verständnis für die innere Ordnung, die der Architektur als Seele *innewohnt*, können Sie jetzt zu einem Architekten machen. Ihre Gebäude *müssen* neu sein, weil dieses Gesetz schon alt war, ehe es Himmel und Erde gab. Überall um sich her können Sie dieses Prinzip im Geist kosmischer Veränderung heute wirken sehen, genau wie es seit Urzeiten her wirkte. Gesetzlos können Sie in der Architektur nicht sein, wenn Sie für die Natur sind. Und fürchten Sie sich nicht, Sie dürfen die Gesetze außer acht lassen, und dennoch sind Sie niemals gesetzlos, wenn Sie für die Natur sind.

Möchten Sie modern sein? Dann ist es die Natur des Dinges, der Sie sich nun verständig nahen und die Sie ehrfurchtsvoll anrufen müssen. Ohne Verbindung mit der Natur – heute um nichts weniger als sonst – werden Sie die neue Ordnung nicht erkennen und werden nicht verstehen lernen, daß sie alt ist, weil sie im Alten neu war. Und abermals sage ich, seien Sie so fest überzeugt, wie es Ihnen nur möglich ist, daß eine klarere Erkenntnis des Prinzips heute unverfälscht in Ihrem Geist sein muß, ehe irgendein architektonischer Weg oder ein technisches Mittel Ihnen überhaupt etwas nützen kann.

Was diese technischen Mittel und Wege betrifft, so gibt es davon ebenso viele, wie es Individuen mit der Fähigkeit gibt, sich unendlich zu bemühen, um Carlyles Ausdruck zu zitieren. All diese Mittel und Wege finden sich auf dem Arbeitsgebiet selbst, wo alles, was das Amerika von heute prägt, eine aktive kommerzielle Frage ist. Das kann sich ein Architektenbüro in hohem Grad zunutze machen. Dagegen wäre es von wahrem Nutzen für dieses Gebiet, wenn es eine Schule gäbe, in der man moderne Maschinen und Verfahren tatsächlich bei der Arbeit sehen könnte. Wenn wir nur solche Schulen hätten! Eine einzige davon wäre mehr wert als alle andern zusammengenommen. Doch in den Schulen, die wir jetzt haben, ist nur ein radikaler und rebellischer Geist ungefährdet, und für einen solchen Geist ist die dort verbrachte Zeit verloren. In unserm Land – und das ist ein Unglück für Sie – ist das Gefühl für die Künste üblicherweise eine befangene Einstellung, eine Einstellung, ähnlich der des Mannes aus der Provinz in einer Gesellschaft. Der Mann aus der Provinz wird sich nicht nach der ihm angeborenen Freundlichkeit und gesunden Vernunft richten, er bemüht sich vielmehr, die andern Gäste zu beobachten und zu tun, was sie tun. Die Furcht, als lächerlich zu gelten, ist ein Alptraum, auch wenn er wach ist. Auf die gleiche Weise läßt den Provinzler die angeborene Vernunft im Bereich der Ideen in der Kunst im Stich. Er meint, er sei sicher, wenn er sich an die gute Gesellschaft hält, an die Gesellschaft der »Höheren«. Diese befangene Furcht davor, man selbst zu sein, diese feige Kapitulation vor dem, was die »andern tun«, jawohl, dieses architektonische Differential *Servilität* erhebt – und das ist Ihr Erbe, junger Mann! – Anspruch auf Ihr Erbe von der Zeit an, als das Schicksal des Architekten »in der Mitte« stand und weder alt noch neu, weder lebendig noch ganz tot war. Wäre das nicht der Fall, dann hätten Sie es nicht so schwer, heraufzukommen und lebendig geboren zu werden. Doch als Folge des bißchens moderner Architektur, das wir bereits haben, werden junge Architekten, in welchem Alter sie auch stehen mögen, heute mit immer weniger Schaden, mit sehr viel weniger Qual heraufkommen, weil die dritte Generation auf unserer Seite steht. Diese Generation wird der Nachwelt wahrscheinlich nicht durch ihren kopierten Manierismus oder ihre entliehenen »Stile« verkünden, daß sie im Hinblick auf jedes Ideal geistiger Integrität weder gelehrt noch vornehm war.

Es wäre falsch, jenen Architekten »in der Mitte«, die Ihnen als posierende oder kommerzialisierte Vorfahren dienen, den Vorwurf wegen dieses verheerenden architektonischen Erbes zu ersparen. Wo sie hätten führen müssen, folgten sie der Nase nach. Statt es sich zum geheiligten Vorrecht zu machen, Herren des Prinzips zu sein, wurden sie Herren oder Opfer des Geschmacks, der gewöhnlich eine Angelegenheit der Ignoranz ist. Als sie es zu Muße und Geld brachten, wurden diese Ihre Vorfahren Antiquitätenkenner, Patrone und Trödler der Imitation. So war es mit wenigen Ausnahmen bei all diesen sentimental gewordenen, nach den Stilen geformten Architekten: »Junge, nimm Tudor Nr. 37 wieder herunter und bring für die Dame ein Erkerfenster an.« Oder, besorgt: »Madam, was für einen Stil möchten Sie denn haben?« Einige wenige wehrten sich dagegen, ihnen muß man alle Ehre erweisen. Man erzählt von Louis Sullivan eine Geschichte: Eine Dame kommt herein und verlangt ein Kolonialhaus. »Madam«, sagt er, »Sie werden nehmen, was wir Ihnen geben.«
Von wenigen Ausnahmen abgesehen (die als Ergebnis einer der eben genannten ähnlichen Einstellung angesehen werden können), sind die einzigen heutigen Ge-

bäude, die sich einer Architektur annähern, Industriebauten, die auf der Grundlage des gesunden Menschenverstandes errichtet worden sind: Gebäude, für den Fabrikanten errichtet, der gesunden Verstand besaß, oder Wohnhäuser, die dringenden Bedürfnissen abhalfen, ohne verächtlicherweise Rücksicht auf die »Höheren« zu nehmen – und ebensowenig mit dem Federhut in der Hand vor der »Kultur« dienerten. Diese vernünftigen Arbeiten besitzen wir, und die Welt bewundert sie, neidet sie uns und ahmt sie nach. Dieser Amerikaner mit gesundem Menschenverstand ist heute der einzige »Ausweg« für Amerika. Er ist noch immer der einzige architektonische Habenposten, den Amerika jemals hatte oder hat. Gebt ihm also, was er braucht, wenn er es braucht.

Um herauszufinden, was er braucht, müssen Sie, wann und wo auch immer Sie es können, in die Fabriken gehen und die Fertigungsprozesse im Verhältnis zum Produkt studieren und auf die Märkte, um die Reaktionen zu erforschen. Studieren Sie die Maschinen, die das Produkt zu dem machen, was es ist. Um Technik zu erwerben, studieren Sie die Werkstoffe, aus denen das Produkt hergestellt wird, studieren Sie den Zweck, für den es produziert wird, studieren Sie das Menschliche *darin* und das Menschliche *daran*. Halten Sie sich dies alles bei allem, was Sie tun, vor Augen, weil Ideen durch schlechte Technik zu Mißgeburten werden.

Im Zusammenhang mit dieser Frage der »Technik« interessiert es Sie vielleicht zu erfahren, daß die Beaux Arts, die die meisten Ihrer amerikanischen Vorfahren erzeugten, selbst bestürzt sind und nun versprechen, ihre Vorschriften neu zu interpretieren, ihre frühere Nachkommenschaft zu enteignen und ihre Lieblingssöhne zu enterben; tut diese Institution es nicht, wird sie selber entthront werden, da die Nachwelt diese Söhne als Erbschaft bereits ablehnt: jene Söhne, die die Grundriß-Zeichenfabriken zur Blüte brachten und bei ihrem sentimentalen Versuch, die Toten wiederzubeleben, die »Attitüde« am Leben erhielten. Jawohl, es wird dem Geist von Tag zu Tag klarer, soweit der Geist wirklich Geist ist, wie schändlich das Produkt dieser Kultur Amerika verraten hat. Es beginnt sich abzuzeichnen und macht Amerika schamrot. Über unsere Architektur als »Kultur« lacht die Alte Welt recht gutmütig. Wenn die Europäer hierherkommen und erwarten, unsere Ideale ansprechend herausgeputzt zu sehen, erblicken sie uns, was modische und offizielle Einstellung betrifft, in unserer Lächerlichkeit, weil wir Bräuche und Manieren übernehmen, die ihrer Natur und ihren Bedingungen nach zu etwas völlig anderem gehören. Sie sehen, daß wir nicht nur uns selbst, sondern auch unser Land verraten. Doch nun haben wir dank der Freiheit auch ein wenig anderes zu zeigen, was anfängt, Respekt hervorzurufen. Nein, junger Mann, ich spreche nicht von den Wolkenkratzern in Reih und Glied als diesem andern, und auch die Welt meint diese Wolkenkratzer nicht, es sei denn, sie betrachtet sie als ein verblüffendes Abenteuer bei dem Geschäft der Raumbeschaffung gegen Miete – als Ungeheuerlichkeit. Auch hier verweise ich Sie auf jene einfachen, aufrichtigen Versuche, wir selbst zu sein und unsere eigenen Gelegenheiten, die an abgelegenen Orten versteckt liegen oder die man im industriellen Leben als Wohnhäuser oder Werkstätten findet, möglichst gut zu nutzen. Sie gehören nicht unsern Reichen. Die Hochfinanz beteiligt sich nicht in großem Umfang an ihnen, es sei denn für ausgesprochene Geschäftsgebäude, wo die »Kultur« nicht berücksichtigt zu werden braucht und Säulen keinen Kredit verleihen können.

Der große amerikanische Reichtum hat der Zukunft bisher noch nichts gegeben, was sich als Architektur lohnte oder was die Zukunft als solche hinnehmen wird, es sei denn als eine Entschuldigung. Im Bauwesen hat Amerika für seine Bedürfnisse nur unter entsetzlicher Verschwendung einige Möglichkeiten geschaffen.

Obwohl die Hälfte der Kosten für amerikanische Gebäude dazu verwendet wurde, sie architektonisch schön zu machen, ist es dem großen amerikanischen Reichtum, geschweige denn der zum Allerweltskünstler erniedrigten amerikanischen »Gelehrsamkeit« noch nicht gelungen, der Welt auch nur eine einzige, vom Denken her errichtete, im Entwurf synthetische Konstruktion zu geben. Der amerikanische Reichtum ist »verkauft« worden, wie er selber von den akademischen Berufen oder den Schriftgelehrten gekauft und an die Pharisäer verkauft und ausgeliefert worden ist. Deshalb erwarten Sie, junger Mann, für das nächste Jahrzehnt nichts von dem sehr reichen Mann in den Vereinigten Staaten. Erwarten Sie für das nächste Vierteljahrhundert auch nichts von Ihrer Regierung! Auch unsere Regierung (hilfloses Instrument einer in der Kunst ungeschickten Mehrheit) ist der Architektur als dem sterilen Überbleibsel des feudalen Denkens oder jenes Denkens, das dem Sophisten mit dem Sklaven diente, ausgeliefert worden. Deshalb liegt die Zukunft der Architektur in Amerika tatsächlich bei dem wohlhabenden Geschäftsmann – dem Mann mit dem unabhängigen Urteil und dem eigenen Charakter, der noch nicht von großen finanziellen Erfolgen verdorben ist –, das heißt dem Mann, der noch nicht durch den Gewinn im eigenen Spiel davon überzeugt worden ist, daß er auch von allem andern am meisten versteht.

Die Gelegenheit, heute eine Architektur zu entwickeln, liegt bei jenen aufrichtigen und unmittelbaren Menschen, die Amerika um seiner selbst willen lieben und ihr eigenes Leben in ruhigem Kontakt mit Amerikas vielfältigen Schönheiten führen – *gesegnet durch das Verständnis für das Ideal der Freiheit, das unser Land einst gegründet hat.* In unsern großen Vereinigten Staaten sind trotz angeblicher »Herrscher« oder irgendwelcher »wohltätiger« importierter Kultureinflüsse diese natürlichen Söhne und Töchter die Seele des Landes; sie sind das frische unverdorbene Leben und deshalb für Sie die Gelegenheit in der Kunst, genau wie Sie, junger Mann, als Künstler jenen eine Gelegenheit bieten. Sie werden ihr Instrument sein, aus dem Konglomerat der Mittelschicht herauszutreten.

Und damit kommen wir zu dem amerikanischen »Ideal«. Dieses amerikanische Ideal muß in der Architektur das werden, was es im Leben ist. Weshalb sollen wir die Frage durch irgendwelche unnatürliche Ästhetik oder durch die Verflechtung mit akademischen Formeln verdunkeln? Die Künste sind doch nur die Medien, die wir für den unmittelbaren Ausdruck des Lebens besitzen und die ihrerseits wieder mit freudespendender Kraft auf dieses Leben selbst zurückwirken – und damit alle künftigen Erlebnisse der Menschen bereichern. In Amerika befinden sich die Künste auf freiem Boden, und deshalb rufen sie überaus gebieterisch nach dem schöpferischen Künstler.

Die Seele jenes neuen Lebens, das wir gern das amerikanische nennen, ist die Freiheit: tolerante und aufrichtige Freiheit, die alle frei sehen muß, wenn sie nicht selber darunter leiden soll. Diese Freiheit ist das höchste amerikanische Ideal. Sie zu erwerben ist also ein inneres Erlebnis, weil es keine »äußerliche« Freiheit gibt. Die Freiheit entwickelt sich von innen her und ist nichts weiter als ein anderer Ausdruck für eine in höchstem Maß integrierte Ordnung. Die Freiheit wird dort, wo innen oder außen Widerspruch herrscht, unmöglich. Deshalb besitzt niemand vollkommene Freiheit, wenn auch alle danach streben dürfen. Doch in dem gleichen Maß, in dem die Freiheit erreicht wird, wird ihr Nebenprodukt, »Glück« genannt, die Folge sein, womit, wie ich vermute, unschuldiges Leben gemeint ist.

Gut – übertragen wir nun das amerikanische Ideal der Freiheit aus dem Bereich des menschlichen Bewußtseins in unsere besondere Ausdrucksweise dieses Bewußtseins, die wir Architektur nennen. Kann irgendein Dekorationsgeschäft, es mag sich auch »Studio« nennen, mit seinen Fertigprodukten aus dem Weltvorrat an »Stilen« mehr ausrichten als »herausputzen« und das wesentliche Gefühl in Verwirrung bringen? Künstlich herausputzen für das Künstlichkeiten schaffende gesellschaftliche Ereignis? Nein, mehr zu erreichen ist unmöglich – ebensowenig wie die Freiheit läßt sich die Architektur *außen auftragen*; sie muß von innen her erarbeitet werden.

Könnte irgendeine Architekturschule, die die Kultur Griechenlands oder Roms einimpft, mit den gängigen Entnahmen aus der antiken Kultur, die dem Sophisten und dem Sklaven gemäß war, für unsern Fall besser passen? Nein, die antike Kultur hat nichts hervorgebracht, was für eine individuelle Freiheit passen könnte, die vom einzelnen von innen her entwickelt worden ist. Und das ist dann die Rechtfertigung (ist sie das wirklich?) dafür ... daß man gar nichts entwickelt und einfach mit der Spiegelfechterei fortfährt, weil diese Spiegelfechterei nun einmal organisiert ist und der Dekorateur sie deshalb auf Lager hat, die Grundrißzeichenfabrik sie verkauft und die Schulen sie unterrichten. Die gegenwärtige Tendenz in der Architektur, die wir als modern bezeichnen, sagt nachdrücklich *»nein«* zu diesem Betrug.

Wenn wir uns ein freies Volk nennen (und wir sind es), werden Sie, junger Mann, mit dem, was Sie bauen, nun stolz »nein« zu weiterem gemeinen Verrat von diesem akademischen Typ sagen.
Sind wir ein freies Volk? Natürlich nicht. Die wichtige Frage ist vielmehr die: Tragen wir den Wunsch im Herzen, wie es in der Verfassung geschrieben steht, frei zu sein? Ist es unser aufrichtiges, leidenschaftlich vertretenes Ideal, frei zu sein? Trotz so vieler feiger und volkstümlicher Beweise für das Gegenteil sage ich: Es ist unser Ideal. Und jene, die am höchsten im Reich der Freiheit stehen, sollten angemessene Gebäude errichten, und sie sollten es jetzt tun, zuerst um dieses Geistes willen – und dann, damit Amerika darüber nachsinnen kann. Es läßt sich geistig nicht mehr daran zweifeln, daß Amerika schließlich eine wahrhaft charakteristische Architektur haben wird – so viel steht für Sie bereits auf der verschwindenden Wand und der vergehenden Höhle geschrieben.

Junger Mann in der Architektur, wer Sie und wie alt Sie auch sein oder welchen Beruf Sie auch ausüben mögen, wir – die Jugend von Amerika – sollten die psychologischen Schocktruppen sein, die in den Kampf gegen die Verfälschung dieses höchsten amerikanischen Ideals geworfen werden. Der Jugend in diesem Sinn wird es obliegen, den Kampf um die Freiheit in der Architektur zu gewinnen.
Daß die amerikanische Architektur keine imitierende Architektur sein kann, ergibt sich trotz aller falschen Maßstäbe von selbst. Es liegt auf der Hand, daß weder ein imitierender Architekt noch eine imitative Architektur frei sein kann – der eine ist Sklave, die andere liegt auf ewig in Ketten. Es liegt also auf der Hand, daß sich die freie Architektur von innen her entwickeln muß – eine integrierte oder, wie wir jetzt in der Architektur sagen, »organische« Sache. Wenn aus keinem andern Grund, so aus diesem kann die moderne Architektur keine »Mode« und ebensowenig irgendeiner der »Stile« sein. Sie, junger Mann, müssen sie gegen beide verteidigen, sonst drängt sich die Senilität abermals für eine Generation vor.

Und nun werden Sie mit Recht fragen, was ist denn wahrhaft »modern« in der Architektur? ... Die Antwort heißt *Kraft* – das heißt materielle Hilfsmittel –, *unmittelbar* für den Zweck eingesetzt. Jawohl, die moderne Architektur ist unmittelbar für den Zweck der Gebäude eingesetzte Kraft, in dem gleichen Sinn, in dem wir sie im Luftschiff, im Überseeschiff oder im Auto eingesetzt haben. Deshalb ist es für den neu erwachten Architekten vielleicht gar nicht unnatürlich, wenn er irrtümlich annimmt, daß das Gebäude selbst – abgesehen von den Folgen der Unmittelbarkeit und des integrierten Charakters – Werkzeugmaschinen oder Flug-, Kampf- oder Dampfmaschinen oder sonst irgendwelchen Apparaten ähneln müsse. Doch da besteht ein wesentlicher Unterschied (es ist der einzig entschei-

dende Unterschied) zwischen einer Maschine und einem Gebäude. Ein Gebäude ist weder ein Gerät noch etwas Bewegliches. Das Gebäude als Architektur wird aus dem Herzen des Menschen geboren, ist der ständige Gefährte des Bodens, Kamerad der Bäume, wahre Widerspiegelung des Menschen im Bereich seines eigenen Geistes. Deshalb ist sein Gebäude geheiligter Raum, in dem er Zuflucht, Erholung und Ruhe für den Körper, besonders jedoch für den Geist, sucht. Unser Gebäude im Maschinenzeitalter braucht also um nichts mehr wie eine Maschine auszusehen, als eine Maschine einem Gebäude zu gleichen braucht.
Gewisse Eigenschaften, menschlich erwünschte Eigenschaften, kann man meiner Überzeugung nach mit Hilfe von Maschinen oder durch die kluge Verwendung unserer mechanisierten Methoden erreichen, ohne daß wir unsere Seelen auf dem Weg über eine arithmetische Reihen-Ästhetik an Allerweltskünstler verkaufen. Es gibt eine sehr viel ernstere Gelegenheit, daß wir in unserer Umgebung wir selbst, daß unsere Architektur menschlicher, unsere Wohnungen von der Phantasie her frischer und origineller werden, damit wir nicht nur das »Kuluretikett«, sondern auch die tödliche Bremse der mechanischen Monotonie und der rein mechanischen Ausdruckslosigkeit überwinden, die uns sonst charakterisiert und uns schließlich zerstören wird. Aber die »...ismen« und »...isten« zeigen sich so sehr von einer neuen Maschinen-Ästhetik in Anspruch genommen, daß sie nicht fähig sein werden, sich über sich selbst zu erheben – so tief sind sie schon jetzt in den Kampf für die Maschinentechnik versunken. Die »Modernistik« hektischer Architekten und der »Modernismus« der Dekorateure verdunkeln bereits jetzt die einfache Frage. Ich wünschte, Sie glaubten mir, daß der Mensch, um wahrhaft neu zu sein, beginnen muß, die Maschine für sich zu gewinnen, statt daß die Maschine den Menschen mit Hilfe des Menschen für sich gewinnt.
Wir haben bereits bemerkt, daß die Architektur immer dann, wenn sie groß war, auch modern gewesen ist; und immer wenn die Architektur modern war, ging es ihr lediglich darum, die menschlichen Werte zu bewahren. Und ich wiederhole, daß die moderne Architektur in diesem tieferen Sinn nur den Novizen eine Neuigkeit ist, daß die Prinzipien, die uns dazu bewegen, modern zu sein, heute die gleichen sind, die die Franken und die Goten, die Inder, die Maja und die Mauren bewegten. Es sind die gleichen Prinzipien, die das wiedererschaffene Atlantis bewegen werden. Falls es auf dem Mars oder der Venus eine Architektur gibt – und mindestens gibt es die Architektur von Mars und Venus selbst –, dann sind auch dort die gleichen Prinzipien am Werk.
Prinzipien sind universal.
Wenn man sich den Prinzipien von innen her nähert, dann sieht man, daß viele der Traditionen, denen wir dadurch schmeichelten, daß wir sie durch Nachahmung gänzlich auslöschten, nicht das geringste mit einem Prinzip zu tun hatten, daß sie vielmehr mit der Erziehung nur durch Impotenz, der tödlichen Macht

der Gewohnheit oder was weiß ich verbunden waren. Die moderne Architektur erkennt sie jetzt als eine Bürde und sammelt Mut, um sie hinauszuwerfen – zugleich mit jenen, die auf ihrer weiteren Benutzung bestehen und sie anwenden. Dies sollten Sie, junger Mann, dankbar als einen nicht geringen Wert der sogenannten »modernen Richtung« anerkennen.

Goethe bemerkte, daß der Tod eine List der Natur sei, damit sie mehr Leben schaffen könne. Darin können Sie den Grund dafür sehen, weshalb es etwas Neues geben und weshalb das Neue stets der Tod des Alten sein muß; doch diese Tragödie braucht sich nur zu ereignen, wo es sich um »Formen« handelt, wenn man am Prinzip festhalten will. Gerade weil wir uns nicht auf das Prinzip verlassen haben, steht der Genius des *genus homo* jetzt von neuem vor der Aufgabe, eine völlig neue Bauweise zu finden, die eine unmittelbare Anwendung von Kraft auf einen bestimmten Zweck ist, als es je zuvor in der Geschichte der Fall war. Aber wir wollen noch einmal wiederholen: Um Schönheit von der Art wie in der äußeren Natur in der unwandelbaren Normierung zu erhalten, die heutzutage die »Kraft« kennzeichnet, dürfen wir nicht die Maschine dramatisieren, sondern müssen den Menschen dramatisieren. Sie müssen arbeiten, junger Mann in der Architektur, um den Fluch des »Angewandten« – sei es das mechanische Gerät oder die sentimentale Dekoration – von dem heutigen Leben zu nehmen.

Doch diese moderne konstruktive Mühe wird von Anfang an durch eine gewisse neue Ästhetik zunichte gemacht, in der der äußere Schein zum Zweck statt der Charakter zum Ziel gemacht wird. Die »neue« Ästhetik wird auf solche Weise von Anfang an »alt«, weil sie nur eine andere Art des »Angewandten« ist. Die Franzosen mit aller Delikatesse und allem Charme, die sie anscheinend als Ersatz für die Seele besitzen, und mit der französischen Witterung für die passende Geste im günstigen Augenblick haben am meisten zu diesem Anhang oder dieser Zufügung zum »Angewandten« beigetragen. Als Initiatoren so vieler »Kunstrichtungen«, die sich als sehr kurzlebig erwiesen haben, erkennen sie hier die Gelegenheit für eine weitere »Richtung«. Die Neue Welt und auch die Alte hatten beide bereits eine gewisse neue Ordnung erkannt: Ordnung als Schönheit in dem nackten, harten Aussehen der Maschinen – hatten eine äußerliche Einfachheit bewundert, die unmittelbar jener Konstruktion zu verdanken war, durch die Automaten zur Funktion, zur Bewegung und zum Halt gebracht wurden. Doch gewisse Ästheten – Franzosen aus Sympathie oder Assoziation – wollen uns einreden, daß diese äußerliche Einfachheit *als eine neue Art der Dekoration* das angemessene »Aussehen« für alles in unserm Maschinenzeitalter sei. Die französische Malerei behauptet närrischerweise, sie habe es als erste bemerkt – närrischerweise deshalb, weil wir selber es zuerst gesehen haben. Doch der französische Modernismus geht nun dazu über, dies in der Architektur etagenweise zweidimensional aufeinanderzusetzen – das heißt, sie in der Länge und Breite zu betrachten. Obwohl diese Wirkungen von Oberfläche und Masse in unserm eigenen Land schon weit fortgeschritten waren (zwei Dimensionen, vervollständigt durch Flächen parallel zur Erde als dritter Dimension, um das ganze Gebäude mit dem Boden zu verklammern), ignoriert Paris mit seinem bezeichnenden Bedürfnis nach »Richtung« diese Tatsache und stellt das, was für die Maschine charakteristische Äußerlichkeit ist, in zwei Dimensionen auf (das heißt in den Oberflächen- und Massewirkungen, mit denen Paris so vertraut ist), und so wird die Architektur zur Dekoration. Sie können das in den modischen Geschäften sehen; während Frankreich ein Gebäude für vierundfünfzig Millionen Dollar plant, um auf amerikanischem Boden für seine Kunst und sein Gewerbe Reklame zu machen, ist Amerika eifrig dabei, genügend Autos herzustellen.

Die erste Anerkennung des Französischen war von einer gewissen Inspiration charakterisiert, doch die uninspirierte Nachahmung ist zur Wiederholung geworden, und letzten Endes wird überhaupt nichts geschehen sein – außer einer weiteren »Mode«, ein anderes ästhetisches Diktum, das dann als Modeerscheinung dahinsiecht. Ein weiterer »...ismus« kommt in die Stadt und geht wieder davon – diesmal nicht in einer Pferdedroschke, sondern im Flugzeug!
Jawohl, Amerika ist jung und so gesund, daß es der Verneinung bald überdrüssig wird. Die Negation, der wir hier gegenüberstehen, ist den geheimnisvollen Gefühlstiefen noch fremder. Sie ist protestantisch. Der Protestant ist nützlich, aber selten schön. Wenn er aufhört zu protestieren und selbst konstruktiv wird – dann erhebt sich ein neuer Protestant und nimmt seinen Platz ein; das geschieht, wie wir sehen können, im Augenblick.
Doch für das junge Amerika von heute scheint ein Licht, das allzulange durch gemeinen Gebrauch abgelenkt worden ist, wieder durch all die Propaganda und Verwirrung. Dieses Licht ist das Antlitz der integrierten Ordnung, einer tieferen, konsequenteren Ordnung, als die Welt sie bisher bemerkt hatte und in der die Kraft zweckmäßig bei der Konstruktion angewendet wird, genau wie man die Mathematik zur Musik sublimiert. Bei diesem Licht kann man deutlich sehen, daß es dort, wo keine integrierte Ordnung herrscht, keine Schönheit gibt, wenn auch die Ordnung nicht offener zutage zu treten braucht, als es die Mathematik in der Musik tut.
Es ist also nicht so sonderbar, daß der Novize die Maschine selbst für den Propheten dieser neuen Ordnung hält, wenn man auch nicht vergessen darf, daß der Mathematikprofessor, obwohl Musik sublimierte Mathematik ist, selber keine Musik machen kann. Ebensowenig kann der Doktor der Philosophie, der Baumeister, der Bauingenieur oder der begeisterte Altertumsforscher Architektur schaffen.

Keine Rationalisierung der Maschine oder arithmetische Reihenordnung der Ästhetik kann über die Tatsache hinwegtäuschen, daß Architektur geboren, nicht gemacht wird – sie muß folgerichtig von innen zu dem heranwachsen, was sie nun wird. Die Formen, die sie annimmt, müssen spontan aus Baustoffen, -methoden und -zweck erzeugt werden. Das Gehirn ist ein großartiges Werkzeug mit großer Fertigkeit; doch in der Architektur hat man es mit unserm Gefühl für die besondere Schönheit des Menschenlebens zu tun, wie es die Menschen in Beziehung zueinander auf der Erde leben. Die organische Architektur erstrebt ein höheres Verständnis für den Nutzen und einen feineren Sinn für die Behaglichkeit, in organischer Einfachheit ausgedrückt. Das ist es, was Sie, junger Mann, *Architektur* nennen sollten. Nutzen und Behaglichkeit müssen, um Architektur zu sein, *geistige Zufriedenheit* werden, in der die Seele sich einen höheren Nutzen sichert und eine dauerhafte Ruhe erreicht. So spricht die Architektur wie die Dichtkunst zur Seele. In unserm Maschinenzeitalter diese Poesie auszusprechen, die wie in allen andern Zeitaltern Architektur ist, müssen Sie die organische Sprache des Natürlichen lernen, die *immer die Sprache des Neuen* ist. Um überhaupt eine Sprache zu können, muß man das Alphabet beherrschen. Das Alphabet der Architektur ist in unserm Maschinenzeitalter die Natur der Stahl-, Glas- und Betonkonstruktion – die Natur der als Werkzeug benutzten Maschine und die Natur der neuen, zu verwendenden Baustoffe.
Und welche Sprache?
Die Armut ist in der Architektur – der Architektur als der Sprache des menschlichen Herzens – durch die unnatürliche Aneignung der Künstlichkeit gewachsen, sie ist elend und erbärmlich geworden durch den Fetisch des »Angewandten« – ob nun des Angewandten als mechanischem Apparat oder als sentimentaler Dekoration. Die vorherrschende historische Sympathie, als genormte Gelehrsamkeit vorgetragen, hat Kunst mit Archäologie verwechselt. In dieser akademischen Verwirrung ist es uns nicht gelungen, die Prinzipien zu pflegen, die die Architektur als eine Blüte des Geistes aus unserer eigenen Natur wachsen lassen, wie die Blumen aus der Erde wachsen.

Um architektonisches Wachsen zu schaffen, müssen Sie nun erkennen, daß die wesentliche Kraft unserer Zivilisation sich niemals auf lange Zeit in den flachen Gliedern irgendeiner arithmetisch in Reihen gebrachten oder auch nur mechanisierten Kunst ausdrücken oder auch nur in Kapital umsetzen läßt. Wollen Sie dem Mittelpunkt der Architektur treu bleiben, wo immer sich der Kreisumfang der Architektur auch bilden mag, dann werden Sie die Maschine, die Ihnen sonst als die Sterilität selbst erschiene, als ein unvergleichliches Werkzeug erkennen. Mit dem ernsten Kampf um neue Verfahren beschäftigt, dürfen Sie sich nicht über Ihre Liebe für das Romantische hinwegsetzen, außer über so närrischen Mißbrauch des

Romantischen, wie ihn unsere gegenwärtige Sentimentalität oder Senilität darstellt – unser unfruchtbares Geschick, das wir lange hinter uns haben.
Ich versichere Ihnen, daß mindestens in meiner eigenen Erfahrung genug aufgetreten ist, um mir zu beweisen, daß die Kraft des Menschen mit Hilfe der Maschine in Wirklichkeit überhaupt kein Hemmnis für eine ungeheuer vielfältige *imaginative* Architektur ist.
Ebensowenig zweifelt ein Geist, der diesen Namen verdient, daran, daß das würdige Produkt unseres eigenen Industrialismus uns mehr verdauliche Nahrung für den künstlerischen Genuß geben kann und wird, als die frühen Italiener, das italienische Pasticcio oder das Mittelalter uns jemals gaben. Doch dieser künstlerische Genuß kann und darf natürlich nicht bedeuten, daß die Gemeinplätze des Maschinenzeitalters nun als würdig anerkannt würden. Es bedeutet vielmehr, daß diese Gemeinplätze, vom inneren Feuer verwandelt und umgestaltet, in der ungeheuren Perspektive der Jahrhunderte ihre Plätze als Meisterwerke einnehmen. Eine solche Interpretierung durch das innere Feuer als *Charakter im Bereich der Natur* ist das Werk des jungen Mannes in der Architektur.
Oh – Amerika wird mit Ihnen eine Menge dilettantischer Experimente durchstehen müssen. Wir als Amerikaner müssen uns vielleicht mit närrischen Experimenten abfinden, die auf die amerikanische Weise als Reklame für »raschen Umsatz« benutzt werden. Aber wir müssen Geduld haben, weil die Architektur tief ist.
Die Architektur ist der Körper der Zivilisation selbst. Sie braucht Zeit zu wachsen – sie beginnt erst Architektur zu werden, wenn sie von Gedanken erbaut wird, das heißt, wenn sie eine Synthese ist, die aus einem vernünftigen Anfang vollendet und – ebenso natürlich wie das Atmen – wahrhaft *modern* ist.

Amerika wird noch sehr viel mehr arithmetisch in Reihen bringen und zu Allerweltskunststücken benutzen, und ebenso viele Amerikaner werden an Ornaphobie wie an Ornamentitis am Wegrand sterben, ehe irgendein Ziel erreicht sein wird. Amerika wird sich allerlei Argumente von all und jedem anhören müssen und mit Recht die giftigen Früchte beim größten Teil dieser Argumente verschmähen. Das Land wird viele kleine Gruppen oder Cliquen erleben, die mit mancherlei Beinahe-Ideen herumpfuschen, mit ihnen stürmen und zum persönlichen Ruhm ein Tor schießen in den Strömungen, die wir bereits zur Genüge als »moderne Richtungen« kennen. Und Sie selber, die jungen Männer, werden die Ausbeutung von vollendet guten Idealen durch jede Schattierung einer jeden importierten Nationalität auf Erden erleben, wenn die Frauenklubs von Amerika sich der großen Bedeutung dieser rasch wechselnden Ordnung, in der wir leben und die sie erst jetzt inmitten von Antiquitäten modern zu nennen lernen, für die Familie bewußt werden. Und dann wird Amerika in seiner bezeichnenden Art dazu neigen, den Mißbrauch der Sache irrigerweise für die Sache selbst zu halten und die Sache deshalb hinauszuwerfen. Als charakteristischen Mißbrauch haben wir bereits gesehen, wie die pseudoklassizistische Architektur ihre für sie entscheidenden Gesimse, Säulensimse und Pfeiler ablegte und sich, grundsätzlich unverändert, uns in großem Umfang als »modern« aufdrängte. Bald werden wir davon noch mehr und in noch größerem Umfang sehen. Aber wenn man der Pseudoklassik auch die Ohren wäscht, modern macht man die Architektur damit noch immer nicht.

Eine mißbräuchliche Formel, die die Grundrißzeichenfabrik über Nacht modern zu werden befähigt, ist die, daß alle Architektur ohne Ornament modern sei. Eine andere quälende Formel, die dem Dekorateur eine »Atempause« schenkt, ist die, daß spitze Winkel, die ebene Flächen schneiden, modern seien. Machen Sie sich nichts draus – wir werden alles hinnehmen, nur damit die wiederkehrende Senilität nicht abermals zur neuen Ästhetik wird.

Jawohl, moderne Architektur ist junge Architektur – die Freude der Jugend muß sie hervorbringen. Die Liebe der Jugend, der ewigen Jugend, muß sie entwickeln und bewahren. Sie müssen diese Architektur als klug erkennen, aber nicht so sehr klug, als vielmehr vernünftig und sehnsuchtsvoll – weniger wissenschaftlich als fühlend, nicht so sehr einem Flugzeug ähnelnd als einem Meisterwerk der Phantasie.

O ja, junger Mann, beachten Sie durchaus, daß ein Haus eine Maschine zum Darinleben ist – doch im gleichen Sinn ist ein Herz eine Saugpumpe. Der fühlende Mensch beginnt dort, wo diese Vorstellung vom Herzen aufhört. Beachten Sie wohl, daß ein Haus eine Maschine ist, in der man lebt, aber die Architektur beginnt, wo diese Vorstellung vom Haus aufhört. Alles Leben ist in rudimentärem Sinn Maschinerie, und trotzdem ist Maschinerie das Leben von gar nichts. Maschinen sind nur wegen des Lebens Maschinen. Es ist besser für Sie, vom Allgemeinen zum Besonderen voranzuschreiten. Deshalb rationalisieren Sie nicht von der Maschine aus auch das Leben. Warum wollen Sie nicht, vom Leben ausgehend, über die Maschinen nachdenken? Das Utensil, die Waffe, der Automat – sie alle sind *Angewandtes*. Das Lied, das Meisterwerk, das Gebäude sind ein warmer Erguß aus dem Herzen eines Menschen – menschliches Entzücken im Leben triumphierend: Wir erhaschen einen Blick ins Unendliche. – Dieser Blick, die Vision, ist es, der die Kunst zu einer Angelegenheit des inneren Erlebens macht – deshalb ist sie heilig und in unserm Zeitalter nicht weniger, sondern mehr eine individuelle Sache als je zuvor, das kann ich Ihnen versichern. Die Architektur drückt menschliches Leben aus. Maschinen nicht und ebensowenig irgend etwas Angewandtes, was es auch sei. Das Angewandte dient dem Leben nur.

Der Mangel an Urteilsfähigkeit, zwischen dem Angewandten – dem Aufgetragenen – und dem Leben zu unterscheiden, trägt die Schuld an den erlesensten pseudoklassizistischen Greueln in Amerika. Und dennoch sind unsere erfolgreicheren »modernen« Architekten noch immer eifrig damit beschäftigt, in den großen amerikanischen Städten Hüllen aus Ziegeln oder Stein auf Stahlrahmen aufzutragen. Wird, statt daß wir diesen Fehler von Grund auf korrigieren, nun irgendeine oberflächliche, als neu maskierte Ästhetik den gleichen Mangel an Urteilsfähigkeit im Hinblick auf die Prinzipien der Architektur in die Lage versetzen, uns abermals zu strafen, diesmal mit einer abstrakten Maschinerie, die – wiederum für eine Generation – als Auftragung auf das Aufgetragene benutzt wird?

Wenn es so wäre und Sie zwischen einer Architektur als etwas sentimental Angewandtem und einer Architektur als etwas mechanisch Aufgetragenem oder selbst dem ästhetisch Abstrakten als angewandte Architektur zu wählen hätten – dann wäre es für Amerika besser, Sie wählten die Architektur als das mechanisch Aufgetragene. Doch dann müßte die organische Architektur in einer kleinen Welt für sich fortexistieren. In dieser ihrer eigenen Welt hat sowohl die harte Linie als auch die kahle senkrechte Fläche mit den phantasielosen Konturen der Schachtel einen Platz – genau wie der Teppich einen Platz auf dem Boden hat –, aber das Kredo der nackten Stelze als Stelze hat keinen Platz. Die horizontale Fläche, die alles an die Erde klammert, tritt in der organischen Architektur hinzu, um den Sinn der Formen zu erfüllen, die nicht Inhalte »einkästeln«, sondern den Raum phantasievoll ausdrücken. Das ist modern.

In der organischen Architektur löst sich die harte gerade Linie zur punktierten Linie auf, wo die unbedingte Notwendigkeit aufhört und damit das Eintreten eines angemessenen Rhythmus erlaubt, um auch der Andeutung die ihr zukommenden Werte zu geben. Das ist modern.

In der organischen Architektur beginnt jede Konzeption eines Gebäudes als Gebäude am Anfang und schreitet zum nebensächlichen Ausdruck als Bild *vorwärts*; sie beginnt nicht mit irgendeinem nebensächlichen Ausdruck als Bild und tastet dann *rückwärts*. Das ist modern.

Da das Auge der wiederholten kahlen Gemeinplätze müde ist, wo das Licht von blanken Oberflächen zurückgeworfen wird oder düster in eingeschnittene Löcher fällt, bringt die organische Architektur den Menschen wieder mit dem Spiel von Schatten und der Tiefe der Schatten der Natur von Angesicht zu Angesicht gegenüber; sie sieht frische Perspektiven des dem Menschen angeborenen schöpferischen Denkens und des ihm innewohnenden Fühlens, die sich seiner Phantasie zum Nachsinnen darbieten. Das ist modern.

Das Gefühl für den inneren Raum als Realität in der organischen Architektur wird mit den weiteren Möglichkeiten der modernen Baustoffe koordiniert. Das

Gebäude wird jetzt in diesem Gefühl für den inneren Raum gefunden; die Umhüllung wird nicht mehr nur in Dach und Wänden gesucht, sondern als »abgeschirmter« – Raum. Diese Realität ist modern.

In der wahrhaft modernen Architektur verschwindet deshalb das Gefühl von Oberfläche und Masse in Licht oder in Werkstoffen, die Licht mit Stärke verbinden. Und solche Werkstoffe sind nicht weniger Ausdruck des Prinzips wie die »auf den Zweck gerichtete Kraft«, wie man sie in jedem modernen Gerät oder in jeder modernen Werkzeugmaschine sehen kann. Doch die moderne Architektur bejaht die höhere menschliche Empfänglichkeit für den sonnenerhellten Raum. Organische Gebäude sind von der Stärke und Leichtigkeit der Spinnenweben, Gebäude, vom Licht bestimmt, durch den ihnen innewohnenden Charakter für die Umgebung geschaffen – mit dem Boden vermählt. Das ist modern!

Mittlerweile als Abschied von dem jungen Mann in der Architektur soviel über Mittel und Wege – an die er sich halten sollte:

1. Vergessen Sie die Architekturen der Welt; sie sind nur in ihrer Art und in ihrer Zeit gut.
2. Wenden Sie sich der Architektur nicht als Lebensunterhalt zu, wenn Sie die Architektur nicht als ein wirkendes Prinzip um ihrer selbst willen lieben – wenn Sie nicht bereit sind, ihr ebenso treu zu sein wie Ihrer Mutter, Ihrem Freund oder sich selbst.
3. Hüten Sie sich vor der Architekturschule, außer als dem Repräsentanten des Bauingenieurwesens.
4. Gehen Sie auf die Bauplätze, wo Sie die Maschinen und Methoden am Werk sehen können, die die modernen Gebäude machen, oder bleiben Sie in der unmittelbaren und einfachen Konstruktion, bis Sie ganz natürlich aus der Natur der Konstruktion den Bauentwurf erarbeiten können.
5. Fangen Sie unverzüglich damit an, sich daran zu gewöhnen, im Geist »warum« zu fragen, wenn Ihnen irgendwelche Wirkungen gefallen oder mißfallen.
6. Betrachten Sie nichts von vornherein als schön oder häßlich, sondern nehmen Sie jedes Gebäude auseinander und prüfen Sie jede Einzelheit. Lernen Sie, das Sonderbare vom Schönen zu unterscheiden.
7. Gewöhnen Sie sich daran, zu analysieren – mit der Zeit wird die Analyse Sie dazu befähigen, daß die Synthese Ihre geistige Gewohnheit wird.
8. »Denken Sie in einfachen Dingen«, wie mein alter Meister zu sagen pflegte – damit meinte er, man solle das Ganze auf seine Teile in der einfachsten Form zurückführen und zu den ersten Grundsätzen zurückgehen. Tun Sie das, um vom Allgemeinen zum Besonderen vorwärtszuschreiten, verwechseln oder verwirren Sie sie nie und lassen Sie sich auch selbst nicht von ihnen verwirren.

9. Meiden Sie die amerikanische Idee vom »raschen Umsatz« wie Gift. »Halbgebacken« in die Praxis zu gehen heißt, daß Sie Ihr Erstgeburtsrecht als Architekt für ein Linsengericht verkaufen oder in der Selbsttäuschung, ein Architekt zu sein, sterben.
10. Nehmen Sie sich Zeit für die Vorbereitung! Zehn Jahre Vorbereitung auf die Präliminarien für eine Architektenpraxis sind für jeden Architekten wenig genug, wenn er sich in wahrem architektonischem Urteilsvermögen oder in der Praxis über den Durchschnitt erheben will.
11. Dann gehen Sie soweit wie möglich von zu Hause weg, um Ihre ersten Gebäude zu bauen. Der Arzt kann seine Fehler begraben – doch der Architekt kann seinem Auftraggeber nachher nur raten, Kletterpflanzen zu setzen.
12. Betrachten Sie es als ebenso wünschenswert, einen Hühnerstall zu bauen wie eine Kathedrale. Die Größe des Projekts bedeutet in der Kunst wenig – abgesehen von der Bezahlung. Es ist die Charaktereigenschaft, die wirklich zählt. Der Charakter kann im Kleinen groß und im Großen klein sein.
13. Nehmen Sie unter keinen Umständen an einem Architektenwettbewerb teil, außer als Novize. Niemals hat ein Wettbewerb der Welt etwas gebracht, was in der Architektur lohnend gewesen wäre. Die Jury selber ist zusammengelesener Durchschnitt. Das erste, was die Jury tut, ist, alle Zeichnungen durchzusehen und die besten wie die schlechtesten auszuscheiden, damit sie als Durchschnitt aus einem Durchschnitt den Durchschnitt finden kann. Das Nettoergebnis eines jeden Wettbewerbs ist ein Durchschnitt nach dem Durschschnitt aus den Durchschnitten.
14. Hüten Sie sich vor dem Mann, der sich Pläne ansehen will. Der Mann, der Sie nicht entlohnen will, wenn Sie sich zu seinen Gunsten um Ideen abmühen, wird sich als ungetreuer Auftraggeber erweisen.

Es ist nicht wünschenswert, alles im Leben zu kommerzialisieren, nur weil das Schicksal Sie zufällig ins Maschinenzeitalter hineingestellt hat. Zum Beispiel geht die Architektur heute als Prostituierte auf die Straße, weil die Frage, »den Auftrag zu kriegen«, der erste Grundsatz der Architektur geworden ist. In der Architektur sollte der Auftrag den Mann suchen und nicht der Mann den Auftrag. In der Kunst sind Auftrag und Mann Partner; keiner kann gekauft oder an den andern verkauft werden. Inzwischen halten Sie, da alles, wovon wir gesprochen haben, eine höhere und feinere Art der Integrität ist, Ihr eigenes Ideal von Ehrlichkeit so hoch, daß es Ihr teuerstes Streben im Leben sein wird, sich einen ehrlichen Mann zu nennen, und schauen Sie sich offen ins Gesicht. Stellen Sie Ihr Ideal von Ehrlichkeit so hoch, daß Sie es niemals ganz erreichen können.
Respektieren Sie das Meisterwerk – das ist die wahre Ehrerbietung für den Menschen. Es gibt keine Eigenschaft, die so groß und jetzt so notwendig wäre.

Broadacre City

»Konformität« überschreibt Wright ein Kapitel des TESTAMENTS, in dem er auf die Stadt als den Brudermörder deutet. Er entwickelt das Bild einer Gesellschaft, die bereit ist, ländliches und städtisches Leben zusammenzufügen. Im Winter 1932 baute »The Taliesin Fellowship« in Arizona das – hier in einer späteren Fassung wiedergegebene – Modell von Broadacre City.

Leider ist Konformität im amerikanischen Leben weit verbreitet: um unsere Demokratie zu entstellen? Dieser Trieb zur Quantität statt zur Qualität ist hauptsächlich Entstellung. Ist Konformität immer zweckmäßig? Qualität bedeutete *Individualität* und ist deshalb schwierig. Aber wenn wir jetzt nicht tiefer schürfen, wird Quantität auf Kosten der Qualität zu unserer nationalen Tragödie: Aufstieg der Mittelmäßigkeit zu hohen Rängen.

Die Unterwürfigkeit nimmt zu – eine anscheinend unbeachtete Gefahr, nicht nur für Kunst, Architektur und Religion, sondern für alle Lebensphasen. Zwischen den Radikalen und den Konformisten liegt der gleiche Unterschied wie zwischen einer geschmeidigen Sehne und einem Stück Gasrohr.

Aus all diesen Gründen wollte ich um so intensiver für die erlauchte »Souveränität des Individuums« bauen. Allzuwenig Schönes war je für das individuelle Leben des Menschen auf Erden gebaut worden und seitens der Regierung gar nichts mit tiefem Verständnis für das Wesentliche des neuen Menschheitsideals. Deshalb schrieb ich 1921 – und zwar schlecht – *The Disappearing City*, dem später *When Democracy Builds* folgte, in dem ich die unumgängliche amerikanische Stadt von morgen prophezeite und befürwortete – unsere Stadt, wenn die Demokratie fortleben sollte. Wenigstens gelang es mir, zu skizzieren, wie ich mir das Einbauen des demokratischen Menschen in seine Umgebung vorstellte, gemäß seinen neuen Regierungsidealen und mittels seiner neuen erstaunlichen wissenschaftlichen Hebelkraft: der Maschine. Die Planung der neuen Stadt wurde organisch: organische Bauentwürfe und -konstruktionen. Diese Amerika gehörende Stadt sollte auch mit unserer politischen Unabhängigkeitserklärung in Einklang stehen. Dementsprechend schuf Taliesin 1932 Broadacre City. Ich sah sie als unwiderstehliche Welle herankommen, um die neue angewandte Wissenschaft zu rechtfertigen und die neue Auffassung von der sozialen Integrität des Menschen als Individuum der Wirklichkeit näherzubringen. Ich hatte die richtige Verwendung der Maschinenkunst als lebendiges Element im Organismus unserer Gemeinschaft – und darum mußte sie in der amerikanischen Stadt zwangsläufig richtig ankommen – betrachten gelernt. Ich sah, daß diese neue Stadt jeden aufgezwungenen Formalismus irgendeines Stiles ablehnte.

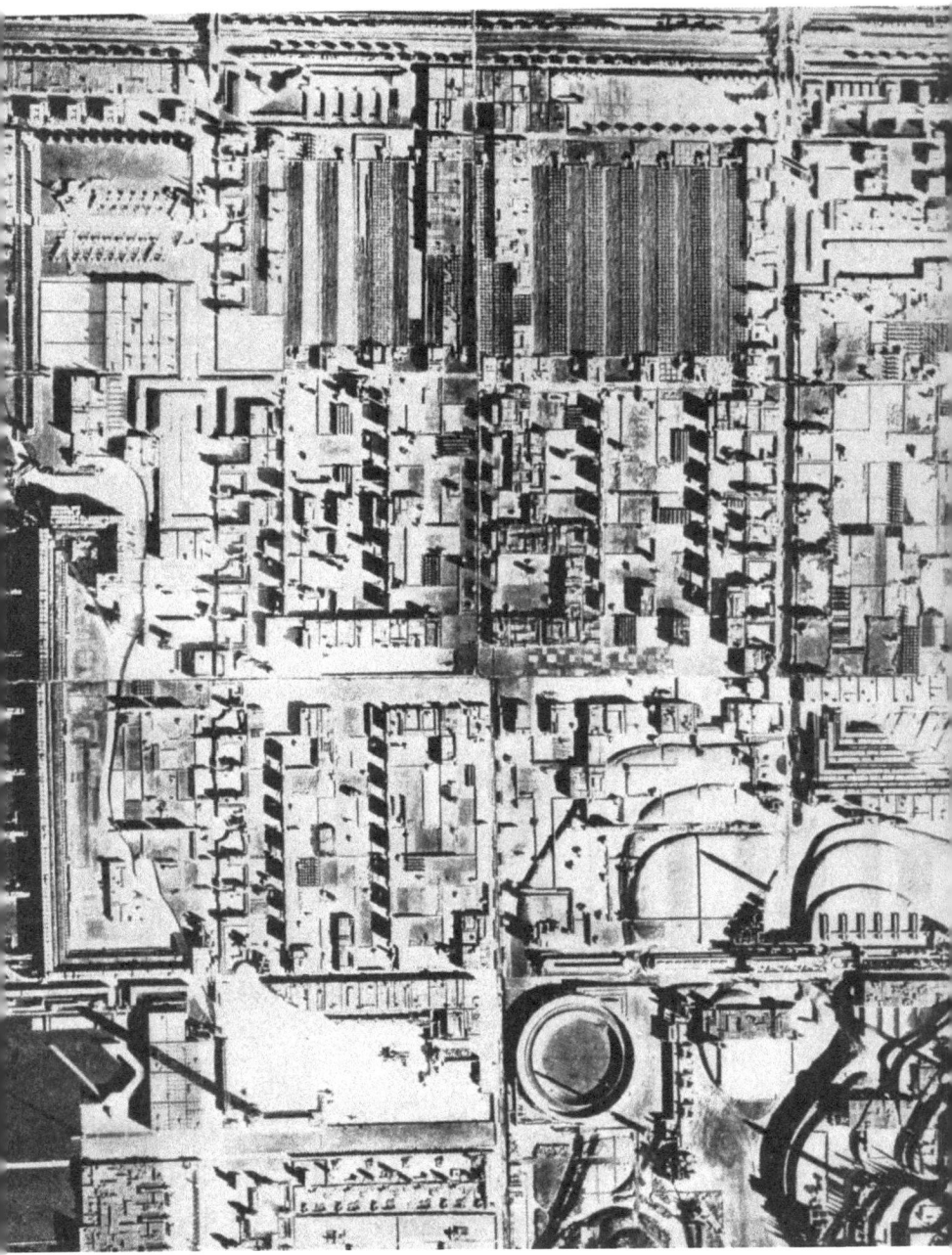

1936. Haus E. J. Kaufmann – Fallingwater, Bear Run, Pennsylvania. Ansicht und Grundriß des Hauptgeschosses.

»Zum erstenmal in meiner Praxis, soweit es sich um Arbeiten an Wohnhäusern in den letzten Jahren handelte, war Stahlbeton tatsächlich notwendig, um das Auslegersystem dieser Erweiterung des Felshanges zu konstruieren.«

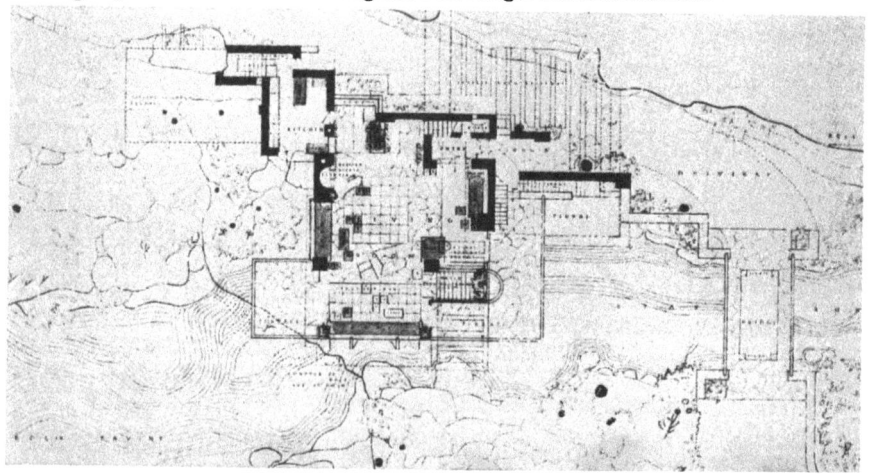

1938. Taliesin West. Wrights Winterheim, Paradise Valley bei Scottsdale, Arizona. Gesamtansicht und Terrasse.
»*Das vollständig veränderte Gelände bedingte eine völlig andere Form. Obwohl man sich kaum einen größeren architektonischen Kontrast als den zwischen Taliesin Nord und Taliesin West vorstellen kann, wirken die gleichen Bauprinzipien.*«

Das usonische Haus I

Ab 1937 baute und beschrieb Wright »Das natürliche Haus«. Den Häusern für Herbert Jacobs, für Katherine Winkler und Alma Goetsch folgten in wenigen Jahren mehr als hundert dieser schlichten Wohnhäuser für die amerikanische Familie.

»Die Verwendung unserer neuen Baustoffe – Beton, Stahl und Glas – und der alten – Stein und Holz – in einer Art, die nicht nur wirtschaftlich, sondern auch schön war, bedeutete jetzt Kultur. Viele neue Möglichkeiten, sie zu behandeln, ergaben sich aus den Auswirkungen eines neuen Bauprinzips. Ich nannte es ›organisch‹. Darüber hinaus wurde das Haus selbst in die rechten Maßstäbe gebracht, damit die Menschen darin besser wie ein Teil davon aussahen; und ihre Freunde wirkten darin besser als draußen. So vollzog sich ... ein grundlegender Wandel und trug zur Kultur der Vereinigten Staaten bei. Was damals stattfand, wuchs, blühte und verwelkte seither unter verschiedenen Namen, die verschiedene Architekten in einer endlosen Folge von Behelfsmaßnahmen dafür fanden.«

Samuel Butler, der Verfasser von *The Way of all Flesh*, der Begründer des modernen realistischen Romans, bemitleidete uns in seinem *Erehwon* (»nowhere« – nirgends – rückwärts gelesen), weil wir keinen eigenen Namen haben. »Die Vereinigten Staaten« gefiel ihm nicht als Bezeichnung für uns als Nation, und das Wort »amerikanisch« teilten wir mit mindestens einem Dutzend anderer Länder. Deshalb schlug er »usonisch« – das die gleichen Wortwurzeln wie *Unität* oder *Union* hat – vor. Das schien mir angemessen zu sein. Darum habe ich dieses Wort oft gebraucht, wenn ich mich auf unser Land oder unseren Stil bezog.

Man stelle sich einmal vor, welch fruchtbare usonische Manifestation gut disziplinierter menschlicher Phantasie unsere Umwelt heute sein könnte, wenn anstatt der Vorschubleistungen für europäische Sackgassen schöpferisches Denken und Fühlen ermutigt, das schöpferische Raumgefühl in der Architektur richtig erkannt worden wären, so daß es nun in unserem Innern wohnte! Wenn Lehrer *durch solche Erfahrung bereichert* worden wären und sie als Grundelement ihrer eigenen Erziehung gepflegt hätten, so hätte es ihnen freigestanden, unsere demokratische Vision zu pflegen, so hätten sie unser amerikanisches Geistesgut gegen die Konfusion und Konformität unterstützen können, die uns von allen Seiten bedrängen. Mit ihrer Hilfe könnten wir nun imstande sein, geistige Entität als Schönheit zu sehen – Schönheit als etwas Ethisches – und Ethik als etwas Wichtigeres als Moral, Geld oder Gesetz. Wenn die Bedeutung des Wortes »usonisch« auf diese Weise wirklich die Einheit, die Unität unseres nationalen Lebens geworden wäre, so hätten wir diese Bezeichnung verdient, und Usonia wäre unser.

Das Haus zum bescheidenen Preis ist nicht nur das wichtigste amerikanische Architekturproblem, sondern auch die schwierigste Aufgabe für die besten Architekten. Was mich betrifft, so möchte ich dieses Problem lieber zu meiner und Usonias Befriedigung lösen, als irgend etwas anderes bauen, was mir im Augenblick einfällt – abgesehen von dem modernen Theater, das jetzt vom legitimen Drama gebraucht wird, wenn der Film die Bühne nicht totmachen soll. In unserm Land besteht das Haupthindernis für jede wirkliche Lösung des Problems eines Hauses zu bescheidenem Preis darin, daß unser Volk nicht recht weiß, wie man leben soll. Die Menschen glauben, bei ihren Eigenarten handele es sich um ihren »Geschmack«, bei ihren Vorurteilen um eine Vorliebe und bei ihrem Unwissen um eine Tugend – überall, wo es um die Schönheit des Lebens geht.

Um es genauer zu sagen: Ein kleines Haus in der Seitenstraße könnte reizvoll sein, wenn es nicht das große Haus auf der Avenue nachäffte, genau wie das usonische Dorf selber großen Reiz haben könnte, wenn es nicht die große Stadt nachäffte. Ebenso könnte die kleine Marie von der alten Farm, der an einem kalten Tag ein Tropfen an der Nasenspitze hängt, in Kleidern, die ihrem Stand und ihrer Arbeit entsprechen, reizend sein, doch in dem Aufputz vom Versandhaus Sears-Roebuck, der die Kleider ihrer Großstadtschwestern imitiert, ist sie nichts als albern; und die Großstadtmädchen imitieren ihrerseits die Stars aus Hollywood: Lippenstift, Rouge, hohe Absätze, Seidenstrümpfe, Glockenrock, schiefer Hut und so weiter. Genau diese »Nachäfferei« ist das Hindernis für die große architektonische Leistung in den USA. Diese provinzielle »Kulturnachahmung«, die der Person, dem Ding oder Gedanken nicht erlaubt, einfach und natürlich zu sein, ist das wirkliche Hindernis für eine echte usonische Kultur.

Ich bin überzeugt, daß jedes neue Haus, dessen die aus einem bestimmten Boden erwachsene Kultur bedarf – um das Haus, das der provinziell »geschmackvollen« Dummheit dient, wollen wir uns keine Sorgen machen! –, grundlegend anders ist. Jenes Haus muß Vorbild für ein einfacheres und gleichzeitig reizvolleres Leben sein: unbedingt neu, aber den Lebensverhältnissen angepaßt, die in diesem Land, das wir heute bewohnen, so schön und gut sein könnten.

Dieses Haus zu bescheidenem Preis, das nicht nur den äußeren Zwecken, sondern auch der inneren Realität entspricht, muß eines Tages Wirklichkeit werden. Weshalb wollen wir es dann also nicht gleich tun? Die Behelfsbauten, die millionenweise entstehen, die in den Zeitungen angepriesen und von der Regierung gebaut werden, tun das ganz und gar nicht.

Meiner Ansicht nach sind diese Häuser, die sich in diesen oder jenen Stil kleiden, aber in Wirklichkeit keinerlei Integrität besitzen, ein stupider Notbehelf. Stil *ist* wichtig. *Ein* Stil ist es nicht. Der ganze Unterschied liegt darin, daß wir *mit* Stil und nicht für *einen* Stil arbeiten sollten.

Diesen Punkt betone ich seit fünfundvierzig Jahren.

Trotz aller Bemühungen, das Ergebnis zu verbessern, ist das amerikanische »Kleinhaus«-Problem noch immer ein dringendes, notwendiges und verworrenes Thema. Aber woher sollte etwas Besseres kommen, wenn die Behörden alles tun, um die alten Dummheiten zu verewigen? Ich glaube nicht, daß das Haus, das uns fehlt, aus der heutigen Erziehung oder aus dem Streben nach dem großen Geschäft erwachsen kann. Und ebensowenig entsteht es durch die Annoncen tüchtiger Reklameagenten. Oder berufsmäßiger Stromlinien-Entwerfer. Nur etwas mehr als gesunder Menschenverstand kann uns den Weg zur besseren Leistung im Bauen weisen.

Und was könnte man nun vernünftigerweise in der Frage des bescheidenen Wohnhauses für unsere Zeit und unsern Raum tun? Vielleicht sehen wir uns einmal an, wieweit das erste Haus für Herbert Jacobs in Madison, Wisconsin, vernünftig ist. Dieses Haus für einen jungen Journalisten, seine Frau und eine kleine Tochter wurde 1937 gebaut. Kosten: fünftausendfünfhundert Dollar, einschließlich des Architektenhonorars von vierhundertfünfzig. Gebaut von P. G. Grove.
Um der kleinen Familie Jacobs die Errungenschaften der Zeit, in der sie lebt, zugänglich zu machen, mußten viele Vereinfachungen vorgenommen werden. Mr. und Mrs. Jacobs selbst mußten das Leben etwas einfacher sehen. Welches sind in ihrem – einem typischen – Fall die wesentlichen Dinge? Es ist nicht nur notwendig, auf alle überflüssigen Schwierigkeiten der Konstruktion zu verzichten, vorfabrizierte Teile zu verwenden, soweit das vorteilhaft ist, die Arbeit an Ort und Stelle soweit wie möglich einzuschränken, weil sie immer teurer ist: Es ist außerdem notwendig, die drei Installationszweige – Heizung, Beleuchtung und sanitäre Einrichtungen – zusammenzulegen und zu vereinfachen. Das mußten unsere Mindesteinsparungen sein, wenn wir jene Geräumigkeit und Freiheit des Blicks erreichen wollten, die wir verlangen, um den in dem Haus lebenden Menschen genügend Freiheit zu geben. Und es wäre ideal, das Haus innen und außen in einem Arbeitsgang zu bauen: das Haus innen fertigzustellen, während das Äußere noch gebaut wurde. Komplizierte Dächer sollten nicht gewählt werden.
Mit jedem Walm, jeder Kehlung, jedem Bodenfenster, die das Dach unterbrechen, wird der Bestand des Gebäudes gefährdet.
Das Motiv der Fensterreihung ist natürlich ein sehr nützliches Hilfsmittel, um das neue charakteristische Raumgefühl zu erzielen. Die gesamte Fensteranlage kann in der Fabrik fertig gemacht und wie die Wände aufgestellt werden. Aber es ist nicht mehr sinnvoll, von Türen und Fenstern zu sprechen. Diese Wände bestehen im wesentlichen aus einem System von Fensteranlagen und spielen ihre eigene Rolle im Bauplan – dieses System ist ebensosehr ein Teil des Entwurfs, wie Augen ein Teil des Gesichts sind.
Was kann also ausgelassen werden? Folgendes:

1. Sichtbare Dächer sind teuer und überflüssig.
2. So, wie die Wagen gebaut werden, ist eine Garage nicht mehr nötig. Ein Wagenhof mit reichlichem Dachschutz und Wänden an zwei Seiten reicht aus. Detroit denkt immer noch an Viehställe. Es meint, der Wagen sei ein Pferd und müsse im Stall untergebracht werden.
3. Der altmodische Keller, ausgenommen für Heizung und Brennstoff, war immer eine Ärgernisquelle. Eine vier Zoll dicke, dampferwärmte Betonmatte, unmittelbar über einer Kiesschicht auf dem Boden verlegt, die Wände daraufgestellt, ist besser.
4. Innen-»Dekoration« wird nicht mehr gebraucht.
5. Wir brauchen weder Heizkörper noch Beleuchtungsanlagen. Wir heizen das Haus »hypokaustisch« – in oder zwischen den Fußböden. Wir können das Stromkabelnetz selbst zur Lichtanlage machen und das Licht zur Decke hinauf- und von der Decke herabwerfen. So wird die Beleuchtung indirekt, abgesehen von einigen Anschlüssen für Stehlampen.
6. Möbel, Bilder und Nippsachen sind überflüssig, weil die Möbel in die Wände eingebaut oder die Wände so gebaut werden können, daß sie selbst die Möbel sind.
7. Überhaupt kein Anstrich. Holz konserviert sich selbst am besten. Ein Überzug von farblosem Harzöl ist genug. Nur die Fußbodenmatte aus Betonvierecken verlangt Bohnerwachs.
8. Kein Putz im Gebäude.
9. Keine Regenrinne, keine Wasserspeier.

Was müssen oder können wir bei unserer neuen Konstruktion verwenden, um den großen Baugedanken zu fördern? In diesem Fall vor allem fünf Baustoffe: Holz, Ziegel, Zement, Papier, Glas. Um die Herstellung zu vereinfachen, müssen wir bei der Konstruktion unser System der horizontalen Einheit verwenden. Außerdem müssen wir ein System der vertikalen Einheit benutzen, das aus der Breite der Bretter und Leisten selbst besteht, die sich mit den Ziegelschichten zusammenfügen. Obwohl das Holz allmählich zum Luxusmaterial wird, sind die Wände innen und außen aus dem gleichen Material – drei Bretterschichten, dazwischen Papier, die Bretter zusammengeschraubt. Diese Bretterplattenwände – eine Art Sperrholzkonstruktion in größerem Maßstab – können hohen Isolierwert besitzen, ungeziefer- und nahezu feuersicher sein. Diese Wände können wie die Fensteranlagen auf dem Boden vorfabriziert und mit jeder Isolierung, die wir uns leisten können, an Ort und Stelle aufgestellt werden; sie können auch in der Fabrik vorbereitet und in Teilen zum Bauplatz befördert werden. Das Dach kann zunächst auf Stützen gebaut und die Wände nachher daruntergeschoben werden.
Die Versorgungssysteme müssen, um Schwierigkeiten und nachträgliche Ein-

schnitte zu vermeiden, ein organischer Teil der Konstruktion, jedoch unabhängig von den Wänden sein. Ja, wir müssen geschliffene Glastafeln haben. Sie gehören zu den Dingen, die uns geschenkt worden sind, um den Planer des wahrhaft modernen Hauses zu erfreuen und die Bewohner glücklich zu machen.
Der Dachrahmen besteht in diesem Beispiel aus drei in der Tiefe gestaffelten Rahmen aus 2×4-zölligen Leisten, die unter dem Dachüberstand sichtbare Absätze bilden und dem Dachbelag aus zweizölligen, dreißig Zentimeter breiten Brettern genügend Halt verleihen, ohne daß teure Verstrebungen »eingebaut« werden müßten. Der mittlere Absatz kann offengelassen und mit Klappen versehen werden, um das Dachinnere im Sommer zu ventilieren. Das Dach mit Pappe belegt, isoliert und mit einer guten Asphaltschicht versehen, bildet die Decke des Hauses, Obdach, das das Schutzbedürfnis durch den großzügigen Dachüberstand befriedigt. Dies alles haben wir im Geist vor uns, wenn wir die Verteilung der Räume planen.
Was müssen wir nun als wesentlich beachten? Wir haben ein Eckgrundstück – sagen wir einen halben bis ganzen Hektar – mit dem Blick nach Süden und Westen. Wir bekommen dann einen guten Garten. Das Haus wird so geplant, daß es sich um zwei Seiten dieses Gartens legt.

1. Wir müssen einen Wohnraum haben, so groß, mit so viel Ausblick und mit so viel hereinkommendem Garten, wie wir es uns leisten können; im Wohnraum einen Kamin, offene Bücherregale, einen Eßtisch in der Nische, Bänke und Wohnzimmertische eingebaut; auf dem Fußboden einen ruhigen Kaminvorleger.
2. Ausreichenden Koch- und Eßraum nebenan, wenn nicht als Teil des Wohnraums. Dieser Platz kann innerhalb des Wohnbereichs von den Außenwänden abgesetzt werden, um die Arbeit der Hausfrau zu erleichtern. Das ist ein neuer Gedanke hinsichtlich der Küche: Nimm sie fort von den Außenwänden und, erhöht, hinein in den Raum zwischen Kamin und Eßplatz; so ist die Verbindung zwischen beiden hergestellt, häßliche Ecken werden vermieden, und den Haupträumen geht keine Außenwand verloren. Ein natürlicher Luftstrom geht zur Küche wie zum Kamin, Kochgerüche strömen nicht ins Haus. Von diesem Arbeitsplatz führen Stufen in einen kleinen Keller für Heizung, Brennstoff und Waschküche hinunter, obwohl für diesen Plan ein Keller nicht unbedingt nötig ist. Das Badezimmer liegt gewöhnlich nebenan, damit die Leitungen zur Heizung von Küche und Bad wirtschaftlich verbunden werden können.
3. In diesem Fall (zwei Schlafzimmer und eine Werkstatt, die später ebenfalls Schlafzimmer werden kann) ist das einzige Badezimmer um der Abgeschlossenheit willen mit keinem der Schlafzimmer unmittelbar verbunden. Viel zu oft sind Badezimmer angelegt worden, die unmittelbar in ein von mehr als einer Person belegtes Schlafzimmer oder gleichzeitig in zwei Schlafzimmer führen.

Wir haben bei dieser Anordnung so viel Garten und Raum, wie unser Geld uns erlaubt, wenn wir den Bau mit Hilfe einer erprobten Technik vereinfachen. Ein bescheidenes Haus, dieses usonische Haus, eine Wohnstatt, die nichts für »Großmannssucht« übrig hat, abgesehen davon, daß sich das Haus weit über das Grundstück erstreckt. Es ist ein Gefährte des Horizonts. Mit Fußbodenheizung versehen, kann es sich gar nicht weit genug ausdehnen, was Behaglichkeit und Schönheit der Proportionen betrifft, vorausgesetzt, die Unterhaltung wird nicht zu teuer. Natürlich muß eine solche Wohnstätte die Schöpfung eines Architekten sein. So etwas kann weder der Baumeister noch der Amateur. Diesen Plan zu imitieren oder in Teilen nachzuahmen birgt erhebliche Gefahren in sich.
Das liegt vor allem daran, daß ein Haus dieses Typs kaum gebaut und seinem Entwurf entsprechen kann, wenn nicht ein Architekt den Bau überwacht.
Und dem Gebäude würde die rechte Wirkung fehlen, wenn der Architekt nicht auch bei der Möblierung und bei der Gartenanlage mitspräche.
So mögen diese kurzen Erläuterungen zusammen mit dem Grundriß zeigen, wie eng und erstickend die kleinen Schwitzkästen im Kolonialstil – ob sie nun von der Regierung geheiligt wurden oder nicht – wirklich sind, wenn es um das Leben der usonischen Familie geht. Man kann sehr leicht zwei davon, deren jedes mehr kostet, in den Wohnraum von diesem hier stellen; sie würden kaum über die Wände hinausreichen. Hier ist ein Haus zu bescheidenem Preis, aus Ziegeln und Holz, das unsere neue Technik sowohl in den Maßstäben als auch in der Behaglichkeit stark erweitert hat: ein Einzelhaus, das sich zur Vorfabrizierung eignet, da die Fabrik »zum Haus gehen kann«.
Stellen Sie sich nur vor, wie sich die Kosten senken würden, wenn diese Technik allgemein bekannt wäre oder wenn gleichzeitig viele Häuser ausgeführt würden – vermutlich bis auf viertausendfünfhundert Dollar, je nach Anzahl der gebauten Häuser und nach ihrer Lage.
Hier gibt es gleichzeitig Bewegungsfreiheit und Abgeschlossenheit, erzeugt von der gesamten Anordnung, die der landläufigen »Einschachtelung« unbekannt ist. Von der Schönheit wollen wir gar nicht reden. Schönheit ist ein zweideutiger Ausdruck, wenn es sich um eine Frage des Geschmacks in der Provinz handelt, wobei unsere großen Städte noch am provinziellsten sind.
Aber ich glaube, eine kultivierte amerikanische – wir sagen usonische – Hausfrau wird gut darin aussehen. Das jetzt unvermeidliche Auto wird wie ein Teil des Hauses wirken.
Wo hört der Garten auf, und wo fängt das Haus an? Wo der Garten beginnt und das Haus aufhört.
Obendrein scheint diese usonische Wohnstätte ein Ding zu sein, das den Boden mit dem neuen Gefühl für Raum, Licht und Freiheit liebt – und darauf haben unsere Vereinigten Staaten ein Anrecht.

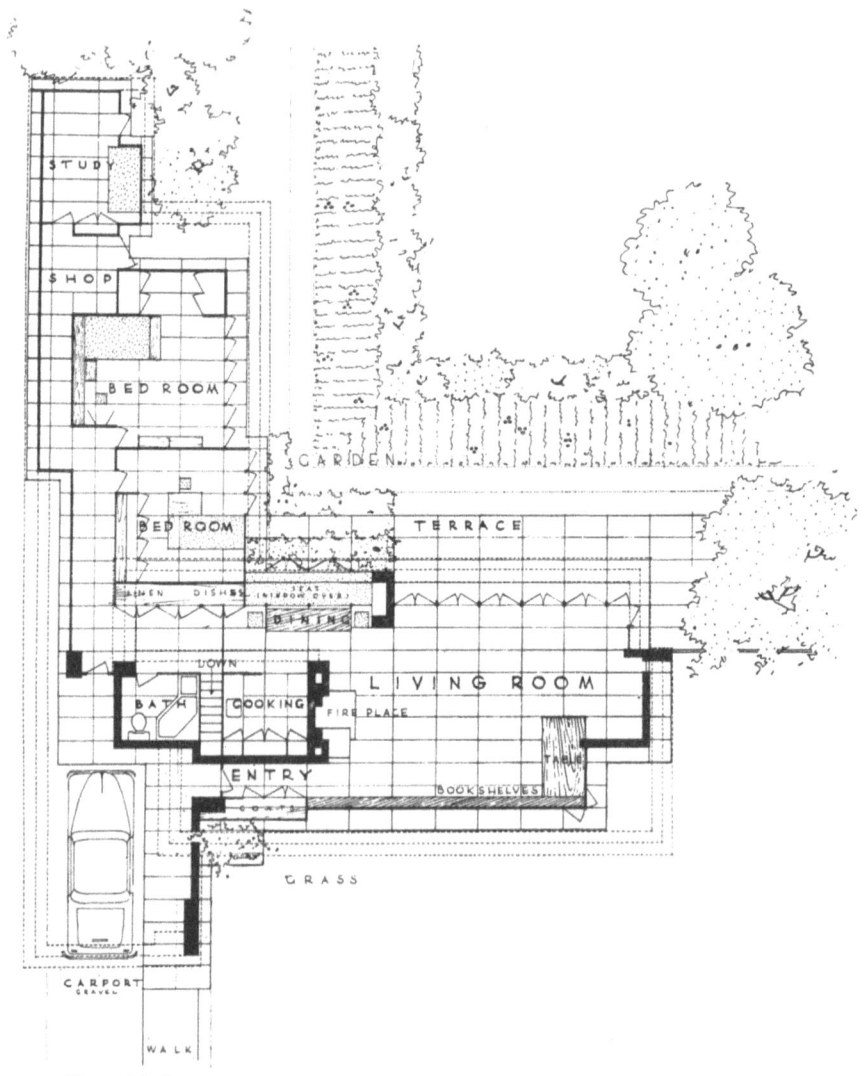

1937. Haus H. Jacobs, Westmorland bei Madison, Wisconsin. Grundriß, Straßenansicht und Gartenansicht.
»Das usonische Haus will eine natürliche Erfüllung sein, in die Lage, in die Umgebung, in das Leben seiner Bewohner integriert. Ein Haus, eins mit der Natur der Baustoffe, in dem alle Elemente der Umgebung in das Haus hinein und durch das Haus hindurchgehen.«

177

1939. Haus K. Winkler – A. Goetsch, Okemos, Michigan. Grundriß, Ansichten von Norden und Südosten.

»In einem Haus zu leben, in dem alles echt und harmonisch ist, bedeutet, daß man ein neues Freiheitsgefühl, ein neues Lebensgefühl gewinnt – im Gegensatz zu dem üblichen Dasein in dem wahllos geplanten Haus, wo das Leben von einer Reihe einengender Schachteln begrenzt wird, die alle wiederum in einer großen Schachtel stecken.«

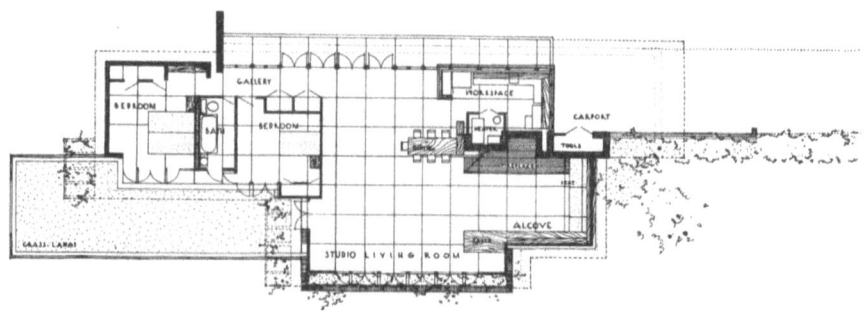

179

Das Johnson-Labor

1936 begannen die Arbeiten für das Verwaltungsgebäude der Johnson Company. Es wurden die hohlen Pilzsäulen sichtbar, die schon 1931 für das Zeitungsgebäude »The Capital Journal« geplant worden waren. »Stützen dürfen isoliert dastehen, indem sie Gewicht gegen Gewicht ausbalancieren – sie zeigen sich ... als integrales Muster ... Im allgemeinen wird die Struktur jetzt zu einer Angelegenheit des Von-innen-nach-außen.«
1947 wurde mit dem Bau des Laborturmes begonnen, dem ersten freitragenden hohen Gebäude, das Wright ausführte. Hierüber berichtete er 1951 in THE ARCHITECTURAL FORUM.

Als sich in der S. C. Johnson Wax Co. die Frage nach einem neuen Forschungslabor stellte, sagte Herbert Johnson: »Gehen wir doch in die Luft, Frank.« »Genau das!« erwiderte ich. Ich hatte mehrere der ziellos sich dahinziehenden flachen Bauten gesehen, die sich Laboratorien nannten, Rohre, die hier, da und überall liefen, und einen Rundumgang für alle Leute. Ich wußte, daß wir in einem hohen Gebäude doppelt soviel Sonnenlicht und doppelt soviel Arbeitsfläche erhalten, Dollar für Dollar gerechnet.
Wir gingen also hinauf in die Luft, rund um einen riesigen Zentralschacht, von dem die Stockwerke abgingen; rund um jedes Geschoß gab es helles Licht und Raum. Der gesamte Laborraum war dann unbehindert und stand in direkter Verbindung mit einem Röhrensystem, das in die hohlen Decken aus Stahlbeton verlegt war und Verbindung mit der senkrechten Röhre des Schachts selbst hatte. Dies erschien mir als natürliche Lösung ... die alle Arten von herrlich sonnenerleuchteten, in direkter Verbindung miteinander stehenden Arbeitsräumen ermöglichte. Von dem riesigen Schacht frei getragen, breiten sich die Deckenplatten aus wie Baumäste und bieten senkrecht ausreichende Trennung der Abteilungen voneinander. Fahrstuhl- und Treppenschächte in diesem Zentralschacht verbinden die Abteilungen miteinander. Alle Versorgungsleitungen und die vielen Ansaug- und Auspuffrohre laufen in ihre eigenen zentralen Kanäle, die wie das Zellmuster des Baumstamms angeordnet sind.
An jeder zweiten Geschoßdecke hängt fest eine äußere Glasverkleidung. Diese Glashülle besteht, wie die des ursprünglichen Verwaltungsgebäudes, aus Glasröhren, die von kleinen senkrechten Spreizen aus Aluminiumguß an ihrem Platz gehalten werden und horizontal durch Plastik versiegelt worden sind. Im Innern wurde aus Temperaturgründen ein zweiter Schirm aus Flachglas an den Aluminiumspreizen befestigt und zum Reinigen beweglich gemacht.

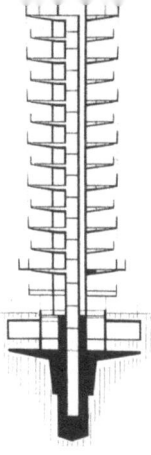

1936. Verwaltungszentrum S. C. Johnson and Son, Inc., Racine, Wisconsin (1950 fertiggestellt). Gesamtanlage und Schnitt des Laborturmes.

»Das Prinzip der Kragplatte in der Architektur entwickelt Tenuität als völlig neue menschliche Ausdrucksform und auch als Mittel, um alle Last durch eine ausladende Gegenlast im Gleichgewicht zu halten. Dies führte zum erstenmal ein anderes Prinzip in die Bauweise ein – Kontinuität.«

1936–1939. Hauptbüro für S. C. Johnson and Son, Inc.
»Licht fällt in das Gebäude ein, wo wir gewöhnlich eine Decke finden. Die kastenmäßige Struktur im Inneren verschwindet völlig. Die Wände... bestehen aus roten Klinkern und rotem Kasotasandstein. Das ganze Gebäude ist gebaut aus Stahlbeton mit einem kaltgepreßten Netzwerk zur Verstärkung.«

1943. Salomon R. Guggenheim Museum, New York City *(1959 fertiggestellt).*
Innenraum.
»Wir bauen kein Raumgewebe aus Einzelabteilungen, sondern eines, in dem alles ein großer Raum in einem durchlaufenden Geschoß ist. Das Ganze aus Gußbeton gleicht der Form nach eher einer Eierschale als einer Trägerkonstruktion.«

1953–1956. H. C. Price Turm, Bartlesville, Oklahoma. Ansicht.
»*Diesen Typ des Schutzglas-Turmes habe ich zuerst 1924 für Chicago und 1929 für St. Mark's-in-the-Bouwerie in New York entworfen. Das Gebäude ist zum Zweck der Vorfertigung durchweg genormt; nur der Betonkern und die -platten brauchten auf der Baustelle hergestellt zu werden.*«

1953. Haus J. Boomer, Phoenix, Arizona. Südostansicht und Grundrisse des Erd- und Obergeschosses.

»Jedes Haus, das es wert ist, als Kunstwerk betrachtet zu werden, muß eine eigene Grammatik haben. ›Grammatik‹ in diesem Sinn meint in jedem gestalteten Werk das gleiche – ob es ein Gebäude aus Worten, aus Stein oder Holz ist.«

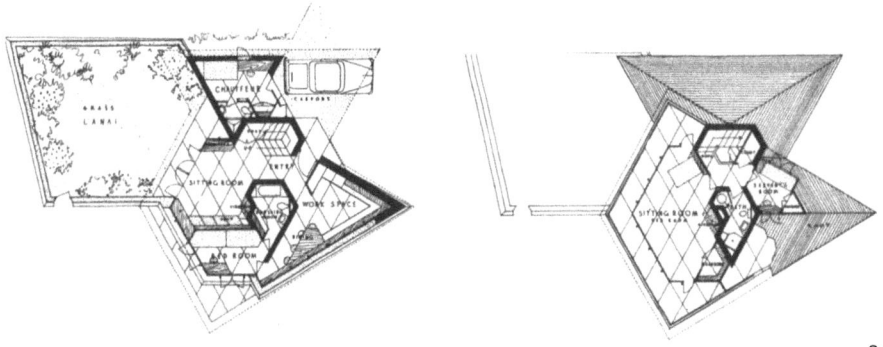

Eine organische Architektur

1953 erschien das Buch DIE ARCHITEKTUR DER ZUKUNFT. Es enthält die Niederschrift einer Vortragsveranstaltung, die 1939 in London stattfand. An zwei von vier Abenden zeigten sich in den Ansätzen zu einer Diskussion die Mißverständnisse eines betroffenen Publikums.

Erster Abend

Wenn ich unserm Vorsitzenden für seine warme Begrüßung danke, dann bemerke ich, daß »wir, die Briten« alles mit so imponierender Förmlichkeit machen, daß ich bereits jetzt, wo ich hier stehe, den Eindruck habe, ich hätte mich vorbereiten müssen, eine einstudierte, förmliche Vorlesung zu halten. Da ich aber nicht so recht weiß, was förmliche Vorlesungen sind, weil ich in meinem Leben nie welche besucht habe, verstehe ich mich auch nicht recht darauf, Ihnen eine zu halten. Gleich zu Anfang will ich lieber zugeben, daß ich mit einem Minderheitenbericht hierher gekommen bin: mit einer formlosen Unabhängigkeitserklärung. Großbritannien hat schon mal eine von uns bekommen, am 4. Juli 1776: eine förmliche Unabhängigkeitserklärung, bei der es um Steuern ging; diesmal geht es um den Geist.

Bin ich also auch ein Rebell? Ja. Aber nur ein Rebell als ein Mann, der bei seiner Arbeit in einer Lebensspanne – oder ist es mehr? – Tag um Tag in der Praxis ausgeführt hat, was er für wahr hält. Selbst Brite – Vater aus Yorkshire, Mutter aus Carnarvon –, stellte mich das Schicksal draußen auf die Prärien des Mittelwestens der Vereinigten Staaten von Amerika – sagen wir: Usonia –, und dort in dem hohen Gras wuchs ich auf und lernte bauen; dafür muß ich einem großen Meister die Ehre geben: Louis Sullivan.

Wir machten es schon ganz gut in den Staaten auf unserm Weg zum Ausdruck unserer selbst als eines Volkes mit einer eigenen Architektur, als wir, wie das Schicksal es wollte, unsere erste Weltausstellung bekamen, die Weltausstellung von 1893. Und dort sahen die Vereinigten Staaten von Amerika zum erstenmal die Architektur als eine große Orchestrierung, und sie gefiel ihnen, obwohl sie nicht allzuviel über ihre Natur nachdachten und nicht wußten, daß dies alles auf Pauspapier aus trockenen Büchern zu ihnen kam oder daß es als »traditionell« unseren integrierenden heimischen Bestrebungen schräg gegen den Strich ging. Wir hatten zu jener Zeit viele allzugut ausgebildete Architekten – Sie kennen ihre Namen, weil Sie mit der Architektur vertraut sind –, und es wurde ihnen – lauter Gelehrten –, da sie die Architektur so fix und fertig vorfanden, leicht, sie dem amerikanischen Volk im großen Maßstab zu verkaufen – sie war ja zur Hand. Danach wurde die Architektur eine große Sache in den alten Formen des Größenwahns, während sich die Architekten selbst – lauter Gelehrte – als Makler betätigten. Unsere »großen« Architekten waren, was man damals gemeinhin noch nicht wußte, »Entwurfspartner« hinter den Kulissen. Die meisten Architekturbüros bestanden aus mehreren Männern – »Architekten«. Da war der »Entwurfspartner«, der die Gebäude *entwarf*, da war der Mann, als Ingenieur ausgebildet, der es irgendwie fertigbrachte, die imitierenden Gebäude – verdammte Dinger – mit Hilfe eines Unternehmers – verdammt sei er – zu bauen. Und dann war da der Mann, der das alles verkaufte – der die Aufträge beschaffte. Ich glaube, es war unser großer Architekt Henry Richardson, der sagte, es sei »der erste Grundsatz der Architektur, den Auftrag zu kriegen«.

Deshalb war der größte Teil unserer Architektur in Usonia nach dieser Katastrophe von Weltausstellung im Jahr 1893 eine Art von Trödlerwesen. Ich selber hatte nie den Eindruck, daß diese fix und fertig vorliegende Architektur irgendwelche großen Erfolge zeitigte oder etwas mit unserm Leben, so wie es geführt wurde, zu tun hätte. Ich war schon damals fest überzeugt, daß die Architektur, die wirklich diesen Namen verdiente, vom Boden aus begann und daß irgendwie das Gelände, die heimischen industriellen Bedingungen, die Natur der Baustoffe und der Zweck des Gebäudes unweigerlich die Form und den Charakter einer jeden guten Konstruktion bestimmen müßten. Deshalb bedeutete dieses ganze Zusammendrängen auf dem Schauplatz einen großen Kummer für mich. Louis Sullivan, mein alter Meister, bei dem ich herangewachsen war, hatte bereits bewiesen, daß sein Denken unabhängig und seines Volkes würdig war, doch diese Weltausstellungs-Welle der Pseudo-»Klassik«, die nun zu einem Ismus geworden war, spülte hoch und überschwemmte uns alle. Es dauerte Jahre und Jahre, ehe wir aus dem Unterstrom dieser schrecklichen Rückströmung wieder auftauchten. Mittlerweile hatte mich, während ich weiterarbeitete, wie ich es eben vermochte, Zoll um Zoll, Schritt um Schritt, Jahr um Jahr, eine völlig neue Vorstellung vom Bauen erfaßt. Ich nenne sie hier neu, doch die Vorstellung geht mindestens fünfhundert Jahre vor die Zeit Jesu zurück. Obwohl ich das damals noch nicht wußte, war der Grundsatz, der jetzt im Mittelpunkt unserer modernen Bewegung steht, schon so früh von dem chinesischen Philosophen Lao-tse sehr deutlich ausgesprochen worden. Das erste Gebäude, das ich bewußt in dem ehrlichen Bestreben errichtete, diese »neue« Bauidee auszudrücken, war der Unity Temple in Oak Park im Jahr 1904.

Welches ist diese neue Bauidee? Nun, ich bin zu Ihnen herübergekommen, weil ich hoffe, Ihnen etwas zu zeigen, was es Ihnen vielleicht etwas leichter macht, dieses Ideal der modernen Architektur geistig klarer zu erfassen, als es mir jetzt der Fall zu sein scheint. Infolge dieser frühen Bestrebungen zeigt sich entschieden ein neues Gesicht auf unsern Prärien des Mittelwestens – das bisher nicht vertraute Gesicht des Grundsätzlichen. Das Gesicht ging bald ins Ausland – über Deutschland und Holland –, doch das Grundsätzliche scheint überwiegend zu Haus geblieben zu sein. Sie alle sind mittlerweile mit diesem Gesicht vertraut, wie es sich bei mehreren aufeinanderfolgenden Weltausstellungen zeigte – zuerst in Paris. Und an vielen andern modernen Gebäuden können Sie in jedem Land Äußerlichkeiten sehen, die man modernistisch nennt. Doch das Grundsätzliche haben wir, glaube ich, noch immer wenig begriffen oder überhaupt nicht praktiziert. In unsern Gesprächen werde ich mich deshalb bemühen, so klar ich es vermag, die Zentrallinie des Grundsätzlichen hervorzuheben, da ich dieses Ideal – ursprünglich – belebt habe; und ich möchte das tun, damit die organische Architektur einen festen Stand gegen die nun weltweite Woge der Imitierung ihrer selbst hält. Leider habe ich den Eindruck, daß dieses große Ideal, das ich vor so langer Zeit, sehr früh in meinem Leben, liebenlernte und eifrig übte, verraten, unabsichtlich, aber dennoch verraten wurde, und zwar von denen, die seine Freunde sein wollten und sich darauf verlegten, es zu imitieren, ohne es zu begreifen.

Die Architektur in Usonia hat immer Ihre traditionellen Formen in unser Land importiert. Zuerst und vor allem hatten wir bei uns die altenglische Kolonialtradition als Hindernis – die Tradition, die für das gesamte kulturelle Leben, das wir kannten, verantwortlich war; wir hatten also diese Kolonialtradition, gegen die wir kämpfen mußten, und wir müssen noch immer dagegen kämpfen, weil bis auf den heutigen Tag viele Privathäuser und die meisten öffentlichen Gebäude in den Vereinigten Staaten diese frühe Tradition – von Ihnen hier in England übernommen – auszudrücken versuchen. Und wenn ich zu Ihnen nach England komme, wie ich es jetzt getan habe, sehe ich fast alles vom Menschen Gemachte, das wir oberhalb unseres Bodens besitzen, hier bei Ihnen im Original. Aber natürlich war es bei Ihnen – das wollen wir doch zugeben – niemals das Original ... nicht wahr? Auch bei Ihnen war es zur Zeit seiner Aufnahme Eklektizismus, ausgewählt französisch, glaube ich. War unsere Kolonialarchitektur Ihre georgianische? Und war ihre georgianische Architektur französisch, aus Florenz in Italien stammend? Und diese italienisch-französisch-englische Architektur wird heutzutage in Amerika weitgehend reproduziert. Die Regierung baut Cape-Cod-Häuser (merkt man ihnen den am Cape Cod gefangenen Schellfisch an?), also Schellfisch-Kolonialhäuser, auf den Prärien des Mittelwestens bis auf den heutigen Tag. In Kansas, den beiden Dakotas und in Nebraska können Sie diese kleinen »Kolonial«-Wärmschachteln sehen, die unsere Regierung aufgestellt hat, ohne Rücksicht, wie es scheint, auf die Natur oder auf die Natur der Architektur oder auf den gesunden Verstand: Sie hat sie errichtet im Namen eines wohltätigen »Wohnprogramms«.

Wenn wir unser eigenes Leben führen sollen, müssen wir wahr sein, aber wahr im Hinblick worauf? In dieser Angelegenheit der Architektur anscheinend wahr im Hinblick auf das dahinschwindende Ende einer Kultur, die bereits entartet an unsern Küsten ankam und die selbst im besten Fall nie mehr als zweifelhaften Geschmack und wenig oder kein Wissen besessen hat – kein Gefühl für das Ganze, nichts von wirklicher Integrität der Konzeption oder der Struktur, durch die eine neue Nation in ihre eigene Lebensweise hineinwachsen und dadurch eine Kultur errichten könnte, die ihr selber gehört, statt demütig Senilität als Mode hinzunehmen.

Nun war dieses alte »koloniale« Erbe, wie wir es im Licht der modernen Zeiten sehen, tragisch. Deshalb ist die Unabhängigkeitserklärung, die ich Ihnen heute bringe, keine bloße Verneinung. Sie ist die bejahende Verneinung der Gültigkeit jener sklavischen Unterwürfigkeit auf dieser Erde, und sie will das Lebensrecht zu leben geltend machen. In England können Sie, wenn Sie wollen, an den alten traditionellen Formen festhalten, durch die wir verderbt wurden. Sie sind zwar tot, aber hier legitimer; sie gehören mehr oder weniger Ihnen, aber es sind nicht die unsern. Ich erkläre, die Zeit ist gekommen, daß die Architektur ihre eigene Natur erkennt und die Tatsache verwirklicht, daß sie aus dem Leben selbst herstammt und für das Leben bestimmt ist, wie es jetzt gelebt wird, eine humane und deshalb intensiv menschliche Sache; sie muß wieder die menschlichste aller Ausdrucksmöglichkeiten der menschlichen Natur werden. Die Architektur muß eine Interpretation jenes menschlichen Lebens sein, wie wir es nach unserm jetzigen Wissen in Individualität und Schönheit leben sollen.

Solche Erklärungen gab die »Klassik« natürlich nicht ab; das »klassische« Ideal kann nicht erlauben, daß etwas Derartiges durchsickert. Die »Klassik« war mehr eine Maske, die das Leben tragen sollte, als ein Ausdruck des Lebens selbst. Wieviel mehr war das dann die Pseudo-Klassik? Deshalb lehnt die moderne Architektur die Haupt- und die Nebenachse der klassischen Architektur ab. Sie lehnt jeden Größenwahn ab, jedes Gebäude, das nach militärischer Art dasteht, Hacken zusammen, Augen geradeaus, etwas zur Rechten und etwas zur Linken. Die Architektur begünstigt bereits den Reflex, die natürliche bequeme Haltung, die verborgene Symmetrie von Anmut und Rhythmus, die die Lockerheit, Anmut und Natürlichkeit des natürlichen Lebens bejaht. Die moderne Architektur – wir wollen nun sagen: *organische* Architektur – ist eine natürliche Natur – die Architektur der Natur für die Natur.

Wenn wir jetzt für einen Augenblick zu dem zentralen Gedanken der organischen Natur zurückgehen wollen, so war es Lao-tse, fünfhundert Jahre vor Jesus, der, soweit ich weiß, als erster erklärte, daß die Realität des Gebäudes nicht in den vier Wänden und dem Dach bestehe, sondern dem Innenraum innewohne, dem Raum, in dem man lebt. Diese Vorstellung ist die völlige Umkehrung aller heidnischen

– »klassischen« Bauideale, welche es auch seien. Erkennt man diese Baukonzeption an, dann stürzt die gesamte klassische Architektur tot zu Boden. Ein völlig neuer Begriff ist in den Geist des Architekten und das Leben seines Volkes getreten. Daß ich diesen Begriff erkannte, geschah instinktiv; ich wußte nichts von Laotse, als ich mit diesem Begriff vor Augen zu bauen begann; ich entdeckte ihn erst viel später. Ich begegnete Lao-tse ganz zufällig. Eines Tages kam ich aus dem Garten, wo ich gearbeitet hatte, herein und griff nach einem kleinen Buch, das mir der japanische Botschafter in Amerika geschickt hatte, und darin stieß ich auf den Baubegriff, den ich Ihnen eben genannt habe. Er sprach genau das aus, was mir vor Augen gestanden hatte und was ich selber mit einem Gebäude zu tun versucht hatte: »Die Realität des Gebäudes besteht nicht in Wänden und Dach, sondern in dem Innenraum, in dem man lebt.« Das war's! Zuerst neigte ich dazu, ein wenig zu heucheln; ich hatte mich irgendwie für einen Propheten gehalten und hatte den Eindruck, mit einer großen Botschaft, deren die Menschheit bedürfte, beauftragt zu sein, und fand nun, daß ich schließlich doch in die Kategorie »Ferner liefen« gehörte. Die Botschaft war der Welt schon vor Jahrtausenden verkündet worden... Was nun? Ich konnte das Buch nicht verbergen und die Tatsache nicht verhehlen. Eine Zeitlang fühlte ich mich wie ein Luftballon, in den man hineingestochen hat. Doch dann begann ich einzusehen, daß ich diese Idee nicht von Lao-tse übernommen hatte; es war ein tieferes, profundes Etwas, das in der Welt am Leben geblieben war, etwas vermutlich Ewiges und deshalb Universales, etwas, was erhalten geblieben war und für immer erhalten bleiben wird. Dann gewann ich den Eindruck, daß ich stolz sein dürfe, es wahrgenommen zu haben, wie Lao-tse es wahrgenommen hatte, und daß ich versucht hatte, es zu *bauen*! Ich brauchte nicht allzu enttäuscht zu sein.

Wie ich es fand, so können auch Sie finden, daß der Begriff der heute lebendigen Architektur als *modern* zuallererst *organisch* ist. »Organisch« ist das Wort, das wir für diese neue Architektur verwenden sollten. Deshalb stehe ich vor ihnen und predige die *organische* Architektur, erkläre, daß die organische Architektur das moderne Ideal und die so notwendige Lehre sein muß, wenn wir die Gesamtheit des Lebens sehen wollen, und daß sie jetzt dem ganzen Leben dienen muß und keine »Traditionen« für wesentlich neben der großen *Tradition* halten darf. Ebensowenig darf sie irgendeine vorgefaßte Form pflegen, die uns entweder Vergangenheit, Gegenwart oder Zukunft aufzwingen will, sondern sie muß statt dessen die einfachen Gesetze des gesunden Menschenverstandes – oder des Überverstandes, wenn Ihnen das lieber ist – erheben, nach denen die Form aus der Natur der Baustoffe, der Natur des Zweckes bestimmt wird, und zwar so, daß eine Bank nicht wie ein griechischer Tempel, eine Universität nicht wie eine Kathedrale aussieht, noch ein Spritzenhaus einem französischen Château ähnelt oder was sonst noch. Die Form folgt der Funktion? Jawohl, aber wichtiger ist jetzt, daß *Form*

und Funktion eins sind. Wenn dieses tiefere Verständnis in den Geist eindringt, dann bedeutet dies alles, daß es völlig falsch ist, unserm Leben die »57 Varietäten«, wie wir sie jetzt zu nennen gewöhnt sind, aufzuzwingen; daß der Klassizismus und jeder Ismus aber tatsächlich ein solches Aufzwingen auf dem Weg über die frühere Erziehung und Ausbildung ist. Deshalb wurde ich rebellisch, wo es um die Ausbildung ging, insbesondere um die Ausbildung des Architekten. Ich glaube, daß Architekten geboren werden. Ich bezweifle sehr, ob sie wirklich gemacht werden können. Ich glaube, wenn ein Architekt geboren wird und man dann versucht, ihn zu *machen,* wird man ihn bei der heutigen Lage der Dinge ruinieren, weil es nicht genug Daten auf den Tabellen gibt, mit denen man ihn unterweisen kann, so daß er am Leben bleibt und zu arbeiten vermag. Wenn Sie ihn aber unterrichten wollen, wenn Sie ihm etwas sagen wollen, was wollen Sie ihm sagen und wer soll ihn unterrichten? Was haben Sie in den Universitäten, den Akademien und Schulen – einstweilen –, was Sie dem jungen Architekten geben könnten, das wirklich aus dem Leben in diesem tieferen gültigeren Sinn ist, als er selber es wäre? Welche Erfahrung haben Sie in den Architekturschulen, die nicht etwas *über* das Leben ist: irgendeine Lehnstuhltheorie oder ein ästhetisches Muster irgendwelcher Art? Was ich eben gesagt habe und jetzt noch über diese Konzeption sagen werde, bedeutet unausweichlich das Ende der Architektur und jeder Kunst als irgendeiner modischen *Ästhetik.* Und genau *das* ist jetzt unsere Schwierigkeit mit der modernen Bewegung selbst. Statt diese Prinzipien zu übernehmen und ihnen treu zu folgen und sich zu bemühen, das Leben ihnen entsprechend zu interpretieren, wird nur das neue Gesicht gesehen, und da die jungen Architekten als Eklektiker ausgebildet worden sind und ausgebildet werden, übernehmen sie das neue Gesicht auf dem Wege der Auswahl und des Eklektizismus und geben uns mit Hilfe dieses Gesichts (falls es nach ihnen geht) wieder mal einen Stil, die 58. Varietät. Das ist schlimm, weil es um nichts besser ist als vorher, abgesehen von der Novität und einer gewissen oberflächlichen Einfachheit, die glatte Flächen und flache Dächer zu einer Ästhetik macht.
Soweit es um diese 58. Varietät geht, haben Sie einige frische Beispiele in London. Sie haben also ihre Auswirkung hier verspürt; und ich glaube, daß zwar einige der Motive des neuen Ideals und auch eine gewisse Hingabe an dieses Ideal vorhanden sind, daß man den Mut und die Selbstaufopferung bei dieser Bemühung deshalb loben darf, daß jedoch, da die Prinzipien dabei fehlen, die Ergebnisse im ganzen, mindestens für den Augenblick, unheilvoll sein müssen. Was diese Ergebnisse London antun, ist... nun, vielleicht verdient London das; ich weiß es nicht!
Doch im Ernst... wenn wir wieder zu der Natur dieser Sache zurückkehren, die ich vertreten möchte, zurück zu dem Minderheitenbericht – der »Unabhängigkeitserklärung« –, dürfen wir nun fragen: Unabhängigkeit wovon? Lassen Sie es

mich noch einmal sagen: Unabhängigkeit von allem, was von außen aufgezwungen wird, von welchen Seiten es auch sei, soweit sie nicht in Berührung mit dem Leben stehen; Unabhängigkeit vom Klassizismus – ob neu oder alt – und von jeder Hingabe an die sogenannten »Klassiker«; Unabhängigkeit von der weiteren Kreuzigung des Lebens durch gängige kommerzielle oder akademische Maßstäbe und, mehr noch, eine Zurückweisung all dessen, was dem Leben aufgezwungen wird; eine Unabhängigkeitserklärung nicht nur dort, wo es um die kulturelle Rückschrittlichkeit unserer »altkolonialen« Traditionen geht, sondern auch dort, wo unser Eklektizismus noch in der Ausbildung steht. Entschlossen erkläre ich völlige Unabhängigkeit von jeder akademischen Ästhetik als solcher, welche es auch sei – und wie und wo man sie auch heilighalten mag.

Früher ahnten und »fühlten«, behaupteten wir und sagten voraus, doch nun wissen wir schon etwas. So seltsam Ihnen dieser Anspruch auch erscheinen mag, wie unschicklich und egoistisch er wirkt, wir wissen tatsächlich etwas. Wir wissen jetzt, daß wir dem Leben in diesem tieferen Sinn vertrauen dürfen. Wir *wissen*, daß man dem Leben vertrauen kann. Wir *wissen*, daß die *Interpretation* des Lebens die wahre Funktion des Architekten ist, weil wir wissen, daß Gebäude für das Leben gemacht werden, damit man darin lebt, glücklich darin lebt, daß sie entworfen werden, um zu diesem Leben Freude und lebendige Schönheit beizutragen. Doch tatsächlich sind all diese Worte – Wahrheit, Schönheit, Liebe – so schrecklich von unsern Reklameagenten in Usonia abgenutzt worden (ich stelle mir vor, daß für England das gleiche gilt, weil ich anfange einzusehen, während ich unter Ihnen umhergehe, daß fast alles, was wir tun und haben, so ungefähr irgendwie ein kleines England ist), daß ich diese noblen Worte bis zu diesem Augenblick als »suspekt« vermieden habe. Wollten wir auch die englische Praxis ernsthaft und eingehend auf die Benutzung dieser Worte untersuchen, würden wir Sie nicht nur auf ziemlich die gleiche Art und Weise schuldig finden, wie wir selbst es sind, sondern auch in vielen andern Punkten, wo es um die Kultur geht, davon bin ich überzeugt... meine Lords, Damen und Herren!

Wenn wir nun auf die alte Ordnung zurückblicken, dann kommt es darauf heraus... nicht wahr... daß wir, statt zur Quelle zu gehen, um uns inspirieren zu lassen, statt zu dem Naturprinzip im Hinblick auf unser Vertrauen in das Leben und auf unsere Liebe zum Leben zu gehen, um dort Inspiration und Erkenntnis zu finden, wohin gegangen sind? Zu den Sesseln der Universitäten, zu ihren geheiligten verstaubten Büchern, zu den berühmten Lehrstuhlmännern, die auch wieder von Lehrstuhlmännern unterwiesen wurden, die selber wieder berühmte Abstämmlinge vom Armsessel waren. Wir haben bloße Instruktion und zweifelhafte Formung auf diese stellvertretende linkshändige Weise erhalten, bis unser ganzes soziales Gefüge, das weit über seine Kapazität hinaus gebildet ist, die Anspannung der Wirklichkeit nicht mehr zu ertragen vermag. Die Definition des

»Lieben Meisters«* für den »Intellektuellen« war: »ein Mann, der weit über seine Kapazität gebildet worden ist«, und ich kann Ihnen versichern, daß Usonia weit über die Kapazität hinaus gebildet ist und daß die Bildung in unserer Zeit nahezu gar nichts mehr mit wahrer Kultur zu tun hat. Wieviel Sie darin im Augenblick besser daran sind, müssen Sie selber sehen, meine Lords, Damen und Herren.
Und so kommt diese offene Herausforderung an England, die nicht weniger eine Herausforderung an unsere eigene Nation ist, jawohl... eine Herausforderung an die Welt im großen: sich dieser neuen Wirklichkeit zu stellen und sie zu weiteren Zwecken und einem besseren Ziel zu verarbeiten.
Nun ist die Wirklichkeit ja nicht neu; nur uns ist die Wirklichkeit neu.
Wie neu wir der Wirklichkeit sind oder die Wirklichkeit uns ist, können Sie, meine ich, alle sehen, wenn Sie sich in Großstadtstraßen, in Vorstädten oder auf dem Land umschauen. Und Sie können es nicht nur an der Architektur erkennen; sie sehen es an der Kleidung, den Bräuchen – notwendigen Bedürfnissen, deren Bedeutung man durcheinandergebracht hat; Sie können es ebensogut in dem augenblicklichen Zustand der Welt sehen – hysterisch, unbehaglich, ein unangenehmes Gefühl drohender Gefahr und völligen Untergangs. Alles Materielle liegt mit allem Geistigen durcheinander wie Kraut und Rüben. Kurz, das Leben selbst erlebt eine Baisse, es steht nicht mehr über pari. Sehen Sie sich doch selbst an mit Ihrer Vermögensbesteuerung. Was zeigt sie an? Was zeigt der gesamte Zustand dieser Welt im Augenblick anders an als das Bedürfnis nach einem Vertrauen in das Leben, nach einer Richtungsanleitung, wie sie unser Ideal einer organischen Architektur geben kann. Sie ist eine ebenso große Friedensmacherin wie Schrittmacherin, weil sie konstruktiv ist.
Aus dem Boden in das Licht – jawohl! Nicht nur das Gebäude muß so voranschreiten, sondern wir können auch keine organische Architektur bekommen, wenn wir nicht eine organische Gesellschaft erreichen! Wir können ein paar Gebäude für einige Menschen bauen, die die Bedeutung oder den Wert dieses Verständnisses für das Ganze kennen, das wir jetzt organisch zu nennen lernen, aber wir können keine Architektur für eine Gesellschaft haben, wie es die unsere jetzt ist. Wir, die wir die Architektur lieben und sie als das große Strukturgefühl in allem erkennen, was ist – in Musik, Malerei, Bildhauerei oder im Leben selbst –, wir müssen irgendwie als Vermittler wirken – vielleicht als Missionare. Doch ich weiß wohl, wie gefährlich der Missionarsgeist ist; ich stamme selber aus einer langen Reihe von Predigern, die bis in die Zeit der Reformation zurückreichen. Ich habe Missionare in Japan scheitern sehen, und ich habe den Schaden gesehen, den andere wie sie überall auf der Welt anrichten; doch dafür, daß die Architektur in diesem Sinn als eine organische Architektur in das soziale Sein eintritt, müs-

* Louis Sullivan. (Auch im Original deutsch. Anm. d. Ü.)

sen wir, die sie ausüben, unausweichlich bis zu einem gewissen Maß Missionare werden. Architekten täten indessen besser, und es ginge ihnen gut genug dabei, wenn sie bei ihrem Leisten blieben und ihre Arbeit ruhig in ihrer eigenen Art tun würden. Ich glaube, ich hätte kein Recht, hier zu stehen, zu predigen und von alldem zu reden, wenn ich das nicht ein Leben lang getan hätte; und ich schwöre Ihnen, nie von etwas zu sprechen, was ich nicht wirklich praktiziert habe und deshalb nicht wirklich weiß. Deshalb ist dieses Gespräch heute nachmittag mit Ihnen ganz und gar nicht akademisch. Wie so manche andere persönliche Abenteuergeschichte wird es von der ersten Person Singular strotzen. Es macht nichts. Ich kenne keine Form des Von-sich-selbst-Redens, die so doppeldeutig wäre wie die britische Bescheidenheit in der dritten Person Plural. Ungeachtet des Schmerzes und des unendlichen Widerwillens, die ich gewissen zärtlich gehegten britischen Gelehrten vielleicht verursache, sind diese Gespräche für Sie da – was sie Ihnen auch wert sein mögen.

So schwierig die Sprache natürlich auch ist, sie ist verhältnismäßig leicht zu benutzen; es wird immer leichter sein, ein Ideal zu beschreiben, als es zu bauen. Wenn Sie es versuchen, werden Sie merken, wie schwer es ist, die Form von Grund auf unabhängig, wahrheitsgetreu und aufrichtig zu bauen. Solange es jedoch nicht getan wird, wird diese ganze verrückte Welt ebenso nervös, eifersüchtig, neidisch und unbefriedigend für ihre Bewohner sein, wie sie es jetzt ist.

Ich habe aber den Eindruck, während ich hier stehe und zu Ihnen vom Bauplatz aus spreche, ein beschäftigter ausübender Architekt, daß hier ... in diesem Ideal der Form als organischer Gestalt die wahre Zentrallinie nicht nur der Architektur selbst, sondern der heimischen Kultur auf der ganzen Welt liegt. Was wir Amerika nennen, geht bereits um die ganze Welt. Es ist ein Geist, der nicht mehr nur für Usonia eine Rolle spielt. Ich finde ihn hier unter Ihnen, und ich finde ihn, wohin ich auch komme. Ich weiß, daß er in der Gesamtheit der Welt vorhanden ist und daß er lediglich der festbegrenzten Linien des tatsächlichen Prinzips bedarf, um dieses neue Leben, das wir modern nennen, das jedoch so alt ist, so alt wie das Leben selbst, zu einer entscheidenden Einheit – der neuen Integrität – zu gestalten. Jawohl – das *Integrierende* ist jetzt das Kriterium.

Und ich will in mehreren zusammenhängenden Vorträgen versuchen zu zeigen, wie dieses einfache Prinzip einer organischen Architektur bereits an die Arbeit gegangen ist, versuchen aufzuzeigen, was es tut, und – mindestens auf der Leinwand – den Unterschied zwischen Gebäuden zu zeigen, die von diesem Geist beseelt sind, und jenen, die unsere großen Städte noch immer im Auftrag der Regierung oder im eigenen errichten und die unsere großen Nationen bauen, um die Würde einer amtlichen Autorität auszudrücken.

Als ein solches Beispiel, für die weite Welt gültig, wollen wir einmal Michelangelos Kuppel nehmen: die Kuppel des Petersdoms in Rom. Michelangelo war kein

Architekt; er war Maler – kein sehr guter; er war Bildhauer, und zwar ein guter. Aber er wollte Gebäude errichten, und im Hinblick auf ein Gebäude im besonderen hatte er eine großartige Idee. Nun müssen Sie eine Kuppel als Bogen sehen und wissen, was Sie ja tun, daß ein Bogen unten immer nach außen schiebt. Jeder Bogen, welcher es auch sei, muß irgend etwas finden, was diesem Schub Widerstand leistet, sonst stürzt er ein. Darüber scheint sich Michelangelo weiter keine Gedanken gemacht zu haben. Wahrscheinlich wußte er überhaupt nicht viel darüber. Doch diese Form – »die Kuppel« – reizte den Mann. Ursprünglich hatte eine Kuppel Schenkel tief unten innerhalb des Gebäudes selbst und war dadurch eine stabile architektonische Konstruktion. Doch Michelangelo hielt es für schön, seinen großartigen Bogen oben auf hohen Pfosten in den Himmel hinaufzusetzen. Das tat er. Das Ergebnis war ein phantastischer, ästhetischer bildhauerischer Effekt, tatsächlich jedoch unsinnig: ein massiger Anachronismus. Ehe die Kuppel noch vollendet war, zeigten sich an ihrer Basis Risse, und Brocken von Mauerwerk fielen herunter. Eilig wurden die Grobschmiede von Rom aufgerufen, und jeder einzelne von ihnen machte sich rasch an die Arbeit, eine große Kette zu schmieden, die man um Michelangelos Kuppel legen wollte. Die Kette kam gerade noch rechtzeitig hinauf. Sie befindet sich noch dort. Die Moral ist nun die, daß dieser einzigartig bastardisierte Ausdruck der Architektur, be-simst und be-pfeilert, verlogen, sich selbst gegenüber unwahr, zum Symbol der amtlichen Autorität auf der ganzen weiten Welt wurde. Wir haben das in Usonia überall. Wir haben es als Kapitol der Nation und als Regierungsgebäude des Einzelstaates und als Gerichtsgebäude des Kreises. Sogar der Distrikt hat gern eine Kuppel auf seinen bepfeilerten Büros, und die Hochfinanz hat versucht, das zu stehlen, obwohl die sonst ganz gut, Danke für die Nachfrage, mit der mittelalterlichen Messe zurechtkommt.

Ebenso gedankenlos wie dies, ebenso unorganisch wie dies ist all das nicht zu Ende gedachte akademische Bauen, in dem wir das Leben heute eingebettet finden. Wir denken nämlich überhaupt nicht mehr darüber nach. Selbst diese Gebäude, in denen wir wohnen oder für die wir leben, sind nicht mehr mit *Gedanken erbaut*, keine Gedankengebäude mehr. Sie waren es übrigens nie. Sie waren lediglich *Geschmacksgebäude*. Nehmen Sie Ihre große St.-Pauls-Kathedrale. Sir Christopher Wren, Liebling von England (er besaß doch gewiß die Verehrung des Volkes seiner Zeit), hat für Sie eine Kuppel gebaut, entworfen nach der Kuppel Michelangelos. Sir Christopher besaß die Verwegenheit, zu prahlen, seine Kuppel hätte auch allein gestanden, ohne die Kette – dennoch benutzte er die Kette. Ich erwähne das als einen einzigen kleinen Vorfall, der hervorragend etwas von dem zeigt, wogegen die organische Architektur anzukämpfen hatte und wogegen sie ohne jeden guten ehrlichen Grund weiter ankämpfen muß.

Erkennen Sie nun vielleicht, daß es eine ganz schöne Aufgabe ist, die die Jungen im Geist da zu erledigen haben, eine ganz schöne Arbeit, die sie noch tun müssen? Manche kämpfen, um unsere tote Vergangenheit durch klares Denken wegzuräumen, um Platz zu schaffen für das unmittelbare und ehrliche Bauen aus dem Boden, den wir haben, zu dem Licht, das da ist. Nein, ganz so einfach ist das alles nicht, aber es ist auch nicht allzu schwierig. Aber es kann nicht vom Architekten allein geschafft werden, solange unsere Sozialstruktur sich noch in dem gleichen sinnlosen chaotischen Zustand befindet. Doch unser Geist ist in diesem Abfallhaufen, den uns der berufliche Ästhetizismus hinterlassen hat, noch am Leben geblieben. Die alte Ordnung vergeht, und die neue tastet mittlerweile, tastet und hofft, einen Weg durch diesen Haufen zu etwas Integrierenderem und den Gesetzen der Natur mehr Entsprechendem zu finden: zur Liebe zur menschlichen Natur, in die Potenz des menschlichen Lebens erhoben. Wir wollen sehen, was sich da tun läßt.

Zweiter Abend

Als ersten Punkt unseres zweiten Gesprächs, und wie Sie auch aus Jimmie Thompsons schönem Film sehen, haben Sie heute abend keinen Vortragenden vor sich. Ein Arbeiter kommt eben vom Bau zurück. Ich könnte mir wünschen, daß häufiger Arbeiter vom Bau auf Ihr Podium kämen und mit Ihnen aus der Erfahrung redeten, daß sie aus erster Hand redeten, frisch von der Leber weg – über das, was tatsächlich draußen auf der Welt vor sich geht. Über den Eingang zu dem neuen Zeichenraum, den wir in Taliesin bauen und den Sie eben kurz im Winter gesehen haben, wollen wir die folgenden Worte in Eichenholz geschnitzt über der Tür anbringen: »Was ein Mensch tut, das hat er!« Und ich glaube, diese Erklärung ist – vielleicht nicht der Ausgangspunkt, aber mindestens ein angemessenes Versprechen für die Richtung auf die organische Architektur hin, wie wir diese neue Abenteuerreise in die Wirklichkeit nennen. Wie ich in meinem vorigen Vortrag erklärt habe, ist diese neue Architektur – in Wahrheit – eine ernsthafte Suche nach der Wirklichkeit. Menschen und all ihre Dinge sind so beladen, so versteckt von der pseudoklassischen Maske, die überall getragen wird, wo man Menschen ausbildet, daß die Suche mühsam ist.
Ich nehme an, daß das Tragen der Maske eine Art Verteidigungstaktik war und noch ist. Nachdem wir mindestens fünfhundert Jahre lang wirklich nichts eigenes Kulturelles mehr geschaffen haben, haben wir ausgebeutet, was wir für das am besten zu Übernehmende hielten, oder – wahrscheinlicher – einfach das, was wir am meisten bewunderten; und wir taten damit, was wir konnten. Ist es uns sehr gut dabei ergangen? Ist es England sehr gut dabei ergangen? Frankreich ist es einigermaßen gut ergangen, weil Frankreich sich um Hilfe an die Italiener

wandte, um seine Renaissance richtig aufgesetzt zu bekommen! Und den Engländern, die zwar weniger fein und elegant sind, erging es damit auch recht gut, weil sie auf die englische Weise in dieser Renaissance lebten und sie dadurch domestizierten. Sie verliehen dieser merkwürdigen französischen Renaissance der Renaissance tatsächlich ein sehr heimisches Aussehen. Was mir an Ihrem Land heute am meisten gefällt und was ich am meisten bewundere, ist diese häusliche Schlichtheit, die Sie, wie durchaus bekannt ist, so gut zu erreichen verstanden – trotz der Renaissance, vergessen Sie das nicht, nicht wegen ihr. Es ist schwer, solche Schlichtheit mit dem Neuen zu erreichen, es sei denn, Gott sorgt dafür, daß es klappt, wie man bei uns in Hollywood sagt. Aber wir erreichen es auch und übertreffen es, wie ich meine, in den usonischen Gebäuden, die wir jetzt errichten. Die erste Bedingung für dieses Heimische oder Häusliche ist, wie mir scheint, die, daß jedes Gebäude, das errichtet wird, den Boden, auf dem es steht, lieben sollte. Allzuviel von der alten traditionellen Architektur bestimmt die pseudoklassische Architektur und das, möchte ich sagen, was wir an georgianisch-kolonialer Architektur haben – eine Renaissance der Wiedergeburt der Renaissance –, verabscheut tatsächlich jedoch den Boden und sieht auch so aus. Das Haus steht einfach so da, sonst nichts, und es hat die gleiche Stellung, ob es sich auf einem Hang oder auf flachem Boden, auf bewaldetem Gelände oder auf kahlem Felsen befindet. Ohne Rücksicht auf die topographischen Verhältnisse werden die Konturen der gleichen Tradition beobachtet, längs und quer – auf und ab. Gewöhnlich liegt der Eingang in der Mitte. Es gibt Zimmer rechts und Zimmer links, hier einen Flügel und da einen Flügel. So nimmt man's ganz, oder man läßt's bleiben! Hält man sich an diese geheiligte, aber dumme »Tradition«, dann ist man wenn auch nicht gerade bewundernswürdig, so doch bestimmt achtbar. Entfernt man sich auch nur ein wenig von ihr, ist man eine Gefahr oder in Gefahr. Aber das ist jetzt kein Leben mehr, wie wir Leben verstehen. Der Reflex, von dem ich gesprochen habe, tritt ins Bild und erscheint in all den Gebäuden, die Sie heute abend auf der Leinwand gesehen haben. Wenn sich Haupt- und Nebenachse heute in solchen Gebäuden zeigen, dann weil Opfer unter den gegebenen Umständen natürlich erscheinen. Manchmal sind Haupt- und Nebenachse natürlich, doch die Architektur, ausgehend von Haupt- und Nebenachse, wie wir sie kennen und als »klassisch« bezeichnen, war nie darauf angelegt, dem Leben zu dienen; sie wurde ihm nur aufgezwungen. Das wissen wir jetzt.

Dieses Aufzwingen geschah nicht bewußt, aber es stand nun einmal da – monarchisch und nicht demokratisch –, nicht aus dem Leben innerhalb des Gebäudes, das, falls es natürlich wäre, im Reflex läge. Um es ganz einfach auszudrücken: Dieser natürliche Reflex gibt ganz unmittelbar den Eindruck wieder, der in Taliesin jetzt die Basis unseres Bauens bildet. In Gebäuden, die wir dort errichten, hat sich die Bewegung entwickelt und ist aufgewachsen, wie der Stamm des Baumes

Zweige und Laub aussendet. Wir praktizieren diese Grundsätze und Ideale jeden Tag, indem wir uns auf jede uns nur mögliche Weise mit dem Leben und der Natur aus erster Hand raufen. Dennoch haben wir einen zu weit links liegenden Flügel oder Zweig gehabt, und wir haben einen zu weit rechts liegenden Flügel oder Zweig gehabt. Der linke Flügel hat das Aussehen dessen angenommen, was wir sehr gern praktizieren, und hat mit malerhaftem Scharfblick eine bloße Szene daraus gemacht, einen oberflächlichen Stil; mit anderen Worten, wir sind auf der linken Seite wieder einmal zu einer Oberflächlichkeit gekommen, als wir versuchten, der Wirklichkeit mit der gleichen alten Übung der Kunst als einer Ästhetik zu entrinnen, statt daß die Kunst von dem Gefühl ausging, wir müßten jetzt, da die Zeit gekommen ist, wo Gebäude wissenschaftlich errichtet werden können, der Wissenschaft und Kunst und sogar der Religion Ausdruck als einer Einheit in dem verschaffen, was wir bauen. Der rechte Flügel sieht die Manier, und da er etwas von den Mitteln weiß, geht er dazu über, beides zu übertreiben. Die Ausbildung hat zu unserm Unglück jetzt in unserer Not nur solche jungen Männer hervorgebracht, die allerlei durch Auswahl und Selektion tun können, statt von innen her durch schöpferischen Impuls und Instinkt, von erprobten Grundsätzen gelenkt.

Den linken Flügel dieser Bewegung, der mittlerweile herangewachsen ist, können Sie heute in den Vereinigten Staaten und in jedem andern Land an den »modernistisch« genannten Gebäuden erkennen. Sie besitzen einige davon in London, und wir haben bereits erwähnt, was sie London angetan haben. In Rußland gibt es auch einige. Sie können sich ansehen, was sie Rußland angetan haben. Die Russen warfen, nachdem sie sich diese Gebäude genau und gründlich angesehen hatten, die Männer, die sie errichtet hatten, hinaus oder waren mindestens nicht sehr freundlich zu ihnen, weil der russische Charakter schließlich ziemlich wild und romantisch ist und das Land deshalb recht ärgerlich über diesen Import wurde. Und doch ist es seltsam, daß die Russen, nachdem sie die eine ästhetische Seite der Sache hinausgeworfen hatten, weil sie ihnen nicht gefiel, sich nun einer andern, einer alten und schlechteren verschreiben. Sie sind zur »klassischen« Architektur zurückgekehrt; weil sie noch nichts von der *organischen* Architektur wußten, glaubten sie, diese zweidimensionalen Gebäude des linken Flügels seien moderne Architektur. Und es besteht die Gefahr, daß Sie in London das gleiche denken. Wir in Taliesin betrachten diese neuen Gebäude – hart, unsympathisch im Aussehen, schmal – als nützliche Verneinung im Äußeren, doch im wesentlichen nur als den Ausdruck einer andern Ästhetik, wenn auch einer besseren, die jedoch der Wahrheit der Architektur nicht viel und dem Herzen gar nicht näher kommt als die Ornamente und der Größenwahn, die dem Modernistischen voraufgingen.

Insofern mag heute als moderne Architektur ungefähr alles gebaut werden; doch wir sprechen von organischer Architektur, wir wollen immer organische Architektur sagen. Lassen Sie es mich wiederholen: Das Wort »organisch« kann nicht für die sogenannte klassische Architektur gelten, welche Form sie auch haben mag, und es gilt nicht für irgendeins der »periodischen« Gebäude, auch nicht für die »Georgianische« Periode, in der wir heute leben. Der Ausdruck paßt für nichts anderes, was wir zufällig jetzt haben. Er ließe sich jedoch auf die alten japanischen Gebäude anwenden; die Wohnhausarchitektur Japans war wahrhaft organische Architektur. Er würde auch für gewisse andere Architekturepochen der Welt gelten. Ägyptische Architektur war in gewissem Sinn organische Architektur, ein Ausdruck des Gefühls für menschliche Form. Die gotischen Kathedralen des Mittelalters besaßen viel, was organisch im Charakter war, und sie wurden einflußreich und schön, insofern diese *organische* Eigenschaft in ihnen lebte, wie es auch bei allen andern Architekturen war, die diese besaß. Die griechische Architektur kannte sie – ganz und gar nicht! Sie war die höchste Form der Suche nach der eleganten Lösung.

Bei meiner Arbeit mit Lehrlingen habe ich bemerkt, daß sich etwas ereignet, wenn diese Vorstellung von der Architektur als organisch in dem jungen Geist zu wirken beginnt: Es ereignet sich etwas für das Leben Entscheidendes. Die Art und Weise, wie man das Leben betrachtet, wird weiter. Man ärgert sich über die unbegründeten Beschränkungen, über den empirischen Zwang, die bedeutungslosen Gesten wie in der großen Oper, diese Posen, die alle Gebäude der Pseudo-Klassik und Pseudo-Renaissance annehmen, als ob sie Kunst und Architektur wären. Man fängt an, sich etwas zu wünschen, was dem Boden ein wenig näher ist, was mehr *vom Leben* und nicht so sehr *über dem Leben* ist. Wir beginnen uns zu wünschen, wie beseelte Menschen zu leben. Deshalb waren das erste, was diese neue Bewegung ablehnte, »die Stile«, als nächstes kamen die augenfälligen Haupt- und Nebenachsen der »klassischen« Architektur. Symmetrie und Rhythmus wünschten wir uns, weil beide Leben sind, doch die Symmetrie verdeckt, anmutig, den Rhythmus durchwegs so anmutig wie nur möglich; doch niemals sollten diese beiden irgendwann und irgendwo um ihrer selbst willen anmaßend auftreten. In allen Maßen stets im menschlichen Maßstab. Doch die neue Bewegung – es ist wirklich eine »Bewegung« –, die als Bejahung dieser Prinzipien im hohen Gras der westlichen Prärien begann, ist überwiegend mehr oder weniger fruchtlos geblieben. Ich selbst könnte, wie ich hier stehe, ein bitter enttäuschter alter Mann sein. Das bin ich nicht. Ich bin recht glücklich und immer noch an der Sache interessiert, die ich liebe, weil ich erkenne, daß jede neue Bewegung, die sich mit der Philosophie des Bauens oder des Seins beschäftigt, wegen des Charakters der bei uns immer noch herrschenden Ausbildungsart ausgewertet und wahrscheinlich vorübergehend aufgegeben werden muß. Wir können jungen Architekten, die am Zeichenbrett der Planfabrik oder nach dem Buch ausgebildet oder die nach Armsesselvorschriften Architekten geworden sind, keinen Vorwurf daraus machen, daß sie nicht weitergekommen sind als bis zum Äußeren, das neuen Prinzipien voraufgeht. Es gibt einstweilen sehr wenig Voraufgehendes, woran man sich mit Sicherheit halten kann. Finden sie jedoch überhaupt einen Präzedenzfall, dann werden sie ihn sehr bald, wenn auch nicht absichtlich, ausbeuten. Und es ist nur natürlich, daß wir dann nur einen weiteren Zeichenbrettarchitekten der trügerischen Fassade von etwas verändertem Typ haben. Und außerdem bekommen wir durch Nacheiferung das, was wir unter uns die »reformierte« oder die »deflorierte« Klassik nennen. Mindestens bis heute ist das der Einfluß unserer modernen Bewegung auf die uralten klassischen Ordnungen gewesen. Die »Klassik« gibt dabei nicht um ein Jota nach, soweit es um das Denken geht, aber es wird äußerliches Detail abgekratzt und dadurch ihr Aussehen so vereinfacht, daß es der neuen Ästhetik konform wird. Die Gebäude von Architekten der alten klassischen Schule wirken jetzt stärker wie das Äußere jener neuen Einfachheit, die da aufgestanden ist. Und haben wir damit also verbesserte Effekte? Ich meine, uns allen gefällt die »deflorierte« Klassik sehr viel besser als die alte dekorierte Klassik. So weit, so gut. Und das Gute stammt unmittelbar von unserer neuen Bewegung. Es hat einmal jemand gesagt, und ich finde, sehr gut gesagt, daß radikale Liberale ihre Arbeit weniger dadurch tun, daß sie in sich selbst stark werden, sondern dadurch, daß sie alle andern liberaler machen. Und soviel ist bereits geschehen, wofür wir die Ehre in Anspruch nehmen dürfen. Heute haben wir in den äußeren Erscheinungen der Welt vieles, was unmittelbare Folge der Stoßkraft und Stärke dieser neuen Idee ist. Aber es ist nicht unvernünftig, anzunehmen, daß wir, da wir dies nun haben, weiter damit voranschreiten und sogar in unsere Schulen festumrissene Arbeitsprinzipien einführen. Doch ich frage mich, ob wir in naher Zukunft überhaupt Schulen in der gleichen Art wie früher oder heutzutage haben werden. Und ich frage mich außerdem, ob wir die Großstädte in dem alten Sinn behalten. Ich persönlich glaube, daß sowohl Schulen als auch die Großstadt unbedingt überlebt sind. Die große Stadt, bestenfalls ein Zufallsprodukt, mochte für das möglich sein, was zu der Zeit vorhanden war, doch sie ist in wissenschaftlicher Hinsicht unmöglich geworden. Pferdewagen, Fußwege... der Feind unmittelbar vor den Toren? Nun, das war einmal: Man schloß die Tore, und der Feind konnte nicht herein. Als das Leben noch primitiv und in mechanischer Hinsicht alles ganz anders war, besaß die übergroß gewachsene Stadt als Notwendigkeit auch Gültigkeit. Aber welche Gültigkeit hätte die übergroß gewachsene Stadt jetzt? Wenn wir weniger daran gewöhnt, weniger wie Schafe wären, wenn wir nicht durch Jahre der Gewöhnung an den Zwang dazu gebracht worden wären, uns mit ihr abzufinden, könnten wir sie nicht mehr ertragen. Jetzt ist es das Höchste, was das Leben zu bieten hat, in einer großen modernen Stadt zu leben. Jemand hat gesagt, um in New York die Straße zu überqueren, müsse man schon auf der andern

Seite geboren sein. Um in diese so sinnlose Aufhäufung hineinzukommen und wieder hinauszugelangen, verbraucht ein Mensch zuviel Lebenskraft. Wir sollten bald an entscheidenden Stellen fortgeschrittene Geister haben, die das moderne Gefühl für Geräumigkeit verstehen, das so bezeichnend für das Heute ist, da die wissenschaftliche Mechanisierung jedem, reich oder arm, zugänglich gemacht wird. Wir sollten bald erkennen können, daß die Tür dieses Käfigs – dieses Dinges, das wir die große Stadt nennen – endlich offensteht. Die Tür steht offen, und wir können fliehen. Wir können aus dem Käfig herausgehen, und der Käfig kann von sich selber weggehen, um niemals wiederzukehren. Wir sollten außerdem begreifen, daß wir, in Großstädten zusammengedrängt, schrecklich verletzbar sind; wir können sehr leicht in Massen vernichtet werden. Der Feind ist immer noch vorhanden; Völker hassen einander immer noch, deshalb sind zerstörerische Kräfte mehr denn je auf freiem Fuße. Es gab mal eine Zeit, da verteidigten wir uns durch Stadtmauern mit Toren darin. Wir konnten den Feind aussperren. Doch auf diese einfältige Weise können wir mit dem Feind nicht mehr fertig werden. Wichtiger als dieses Unglück ist das neue Gefühl für Geräumigkeit, das aus der Geschwindigkeit und der Möglichkeit, die Gedanken sofort auszutauschen, erwächst; dieses Gefühl für Geräumigkeit erzeugt das Bedürfnis, daß das Außen ins Gebäude kommt und das Innen hinausgeht. Garten und Haus können jetzt eins sein. In jeder guten organischen Konstruktion ist es schwer zu sagen, wo das Haus beginnt oder endet und der Garten beginnt – und das ist genau, wie es sein soll, weil die organische Architektur erklärt, daß wir von Natur bodenliebende Geschöpfe sind, und insofern wir uns um den Boden bemühen, ihn kennen und uns an dem freuen, was er uns zu geben hat, verwerten wir praktisch unser Geburtsrecht. Doch in dem zu groß gewordenen Dorf, das man nun Metropole nennt, haben wir unsere Schritte abzuwägen, Wagen auszuweichen, buchstäblich unser Leben in die eigene Hand zu nehmen, um von irgendwoher irgendwohin zu kommen – dabei verbrauchen wir unsere ganze Nervenkraft und unsere halbe Zeit, nur um hinzugelangen und wieder zurückzukommen, *vielleicht* wieder zurückzukommen –, um diese sinnlose großstädtische Konzentration von aufeinandergestapelten Schweinekoben und Zusammengescharrtem aufrechtzuerhalten, deren Basis bereits verschwand, als all diese naturwissenschaftlichen Erfindungen, die uns jetzt von oben und von allen Seiten bedrohen, gemacht wurden. Meinen Sie nicht, daß wir rechtmäßig von unsern Architekten erwarten könnten, daß sie all dies konstruktiv berücksichtigen, damit wir von alldem wegkommen oder es wenigstens unter menschlicheren Bedingungen erhalten, und zwar so rasch wie möglich? Unter keinen Umständen ist es uns möglich, unsere großen Städte befriedigend in Ordnung zu bringen. Überlegen Sie nur, daß die Zusammenballung eben erst begonnen hat! Von fünf Engländern werden bald drei Auto fahren. Nein, unter keinen Umständen ist es uns möglich, die Gebäude alten Stils, die man immer noch »klassisch« nennt, in Ordnung zu bringen. Ein grundsätzlich neuer Gedanke mit wissenschaftlich konstruktiver Einsicht in die Natur dessen, was getan und wie es getan werden soll, muß die moderne Menschheit von der Marter des Elends erlösen, das sie sich selbst auferlegt hat: dieser Gedanke ist bereit, als organische Architektur an die Arbeit zu gehen.

Es ist nicht genug, lediglich aufrichtig in dieser Sache zu sein. Ich glaube, die Zeit ist gekommen, wo man klug sein muß; Sie, junge Architekten – so viele von Ihnen dort an den Wänden –, Sie müssen fähig sein, die Bedeutung dieser Krise zu erfassen, und lernen, vom Allgemeinen zum Besonderen vorwärtszuschreiten, um diese völlig neuen Gleichungen zu lösen. Dann wird diese Bewegung auf eine organische Architektur zu eine echte, aufwärts und vorwärts gerichtete Bewegung des Lebens selbst werden, weil in Zukunft, davon bin ich überzeugt, in seiner Zentrallinie die Wahrheit einer jeden Kultur von heimischem Charakter für jedes Volk liegt, wo es auch sei. Ich bin überzeugt, das gilt in England ebenso, wie es in den Vereinigten Staaten gilt.

Ich fühle mich ein wenig verdrießlich, hierher zurückzukommen – wie ich bereits sagte –, nur um zu sehen, daß nahezu alles, was wir oberhalb des Bodens besitzen, von London stammt und aus dem Vereinigten Königreich zu uns gekommen ist; nahezu all unsere Mißbräuche dessen, was wir an Kultur besitzen, nahezu all unsere schlechte Architektur und sehr viele von unsern schlechten persönlichen Gewohnheiten. Unter anderm die berufliche Bescheidenheit und die übersteigerte Aussprache. Doch ich freue mich, sagen zu können, daß ich nun einsehe, daß auch sehr viele unserer guten Dinge von Ihnen stammen. Das kann ich nicht leugnen und will es auch nicht. Ich gebe gern zu, daß unser englisches Erbe das Beste ist, was wir haben, vorausgesetzt, wir können es verstehen, es in der Perspektive sehen – und werden nicht »furchtbar davon hereingelegt«. Das ist eine englische Redewendung *, nicht wahr? In Tokio hörte ich einmal jemand sagen: »Wissen Sie, meine Liebe, gestern bin ich *furchtbar hereingelegt* worden, ja, furchtbar *hereingelegt.*« Sie sehen, ich habe es mir gemerkt! Nun glaube ich, wir Usonier sind »furchtbar hereingelegt worden, meine Liebe«, durch unsere ausbilderische, oxfordische, cambridgesche Servilität im Hinblick auf »Sie alle« und auf das, was Sie nun einmal haben und wie Sie es haben. Ich glaube jedoch, die Usonier haben jetzt etwas, was Sie erst noch bekommen müssen. Ich glaube, diese Sache brauchen Sie am allermeisten.

So wie ich heute vor Ihnen stehe, bin ich eigentlich ein Abgesandter des Bodens, der das Salz und die Würze eines neuen und frischen Lebens predigt. Ich möchte

---

* Frank Lloyd Wright benutzt hier den englischen, völlig unamerikanischen Ausdruck: *I was awfully had* für: Ich bin furchtbar hereingelegt worden, und flicht außerdem das ebenso englische *my dear* ein. (Anm. d. Ü.)

in Sie dringen, ein bißchen weniger bildungsbefangen und konservativ, ein wenig liberaler und vernünftiger zu sein; Sie alle – jeder Architekt eingeschlossen – sollten täglich sieben Minuten lang, wenn möglich, ein bißchen ernsthafter und tiefer über das Thema nachdenken, was den organischen Charakter in der Wirtschaft, der Regierungskunst, der Architektur und – ja, warum nicht? – in der Kunst des Verkaufens ausmacht. Wahre Architektur, meine edlen Lords, Damen und Herren... ist Poesie. Ein gutes Gebäude ist die größte der Dichtungen, wenn es organische Architektur ist. Die Tatsache, daß das Gebäude sich der Wirklichkeit stellt und Wirklichkeit ist und dem Leben dient, während es zur Befreiung des Lebens beiträgt, daß es das alltägliche Leben lebenswerter und alles Notwendige glücklicher macht, weil es nützlicher ist, darin zu leben, macht das Gebäude darum nicht weniger, sondern mehr zu einer Dichtung. Jeder große Architekt ist notwendigerweise ein großer Dichter. Er muß ein großer und origineller Interpret seiner Zeit, seines Tages, seines Jahrhunderts sein. Heute nachmittag ging ich zur Architectural Association und sprach zu zweihundertfünfzig oder mehr jungen Leuten, nur einer kleinen Handvoll unter all den jungen Architekten, die Sie ausbilden, damit sie Ihnen helfen, Ihre Zukunft zu bahnen. Da waren sie nun. Sie wurden ausgebildet – und wie? Ich meine das nicht als Reflexion über sie oder ihre Lehrer im besonderen, weil das ein Zustand ist, wie man ihn jetzt auf der ganzen Welt vorfindet. Er ist in Usonia sogar schlimmer als in England. Er ist bei uns deshalb schlimmer als bei Ihnen, weil es für uns weniger Entschuldigungen dafür gibt.
Aber was sollen diese Jungen denn nun tun, wenn die Bewegung auf einen organischen Ausdruck der organischen Gesellschaft hin wachsen soll? Wo sollten sie sein? Dort ganz bestimmt nicht. Wenn sie Boden haben, sollten sie einen Plan machen und Zeichnungen für das Werk ausarbeiten, das sie tun wollen, und in der Art, wie sie es tun wollen. Jemand sollte ihnen das Stück Boden geben; es gibt so viele prächtige Stücke, die wartend daliegen – gerade hier in England. Die Jungen sollten dann zu diesem Boden hinausgehen und, von ihm inspiriert – bauen. Und wenn er baut, während er plant, und plant, während er baut und dabei entwirft und zeichnet, soll er etwas Tatsächliches im Schweiß des Lernens auf der sonnengebräunten Stirn lernen. Das mag, wie ich meine, vielleicht nicht »Ausbildung« sein, aber es wäre Kultur. Und Kultur ist jetzt weit besser.
Heute kennen sich, wie ich glaube, unser usonisches Erziehungssystem und die Sache, die wir Kultur nennen, nicht einmal. Und da Sie, unser England, unsere Lehrer gewesen sind, wie könnte es hier bei Ihnen alles anders sein? Ich sagte, daß es ganz unwahrscheinlich sei, daß ein Mann ein Gentleman und ein guter Architekt dazu sein kann, und vermutlich ist das wahr, wenn wir die anerkannte Bedeutung des Ausdrucks »Gentleman« und die neue Bedeutung des Ausdrucks »Architekt« nehmen. Aber sehen Sie nicht ein, daß aus all der Professionalisierung in dieser Welt und ohne einen einzigen Fachmann jetzt kein Leben erwachsen

kann? Er ist – der arme Mann – eine unvermeidliche Folgeerscheinung. Er wurde zu dem, was er ist, von dem gemacht, was war, und nun kann er das nicht mehr hinter sich lassen, um zu experimentieren. Er kann ebensowenig voranschreiten, wie eine Regierung das kann. Die Regierung muß – von Natur aus – ebenfalls eine Folgeerscheinung sein. Beide können, wie sie da stehen, falls sie überhaupt stehen sollen, folgen, aber nicht führen. Wir in unserm Land zum Beispiel haben erwartet, daß unser Präsident Ideen hat, und haben ihn sinnloserweise durch Arroganz eingeschüchtert – unaufhörlich –, weil er sich nichts ausdenken kann, was wir uns ersparen möchten. Sinnloser Haß von seiten derer, die er retten wollte, war das Schicksal Franklin Roosevelts, und ich vermute, es wird das Schicksal eines jeden sein, der sich heute in ähnlicher Position befindet. Den Nationen sind die Ideen ausgegangen, weil die einzelnen, aus denen die Nationen bestehen, keine haben.

Nun werden Sie mit Recht fragen, woher dieser ganze frische Anstoß kommen soll. Wo sollen wir dieses Salz und diese Würze des Lebens finden, das frisch aus dem Boden kommt mit den benötigten Ideen, das mit der Fähigkeit für breitere Anwendungen dieser neuen Ideen kommt, um aus dem Leben das zu machen, was wirkliches Leben unter dem demokratischen Ideal, das wir bekennen und als Etikett tragen, sein soll? Sie in England besitzen vermutlich mehr von dem demokratischen Instinkt, oder sagen wir, von der tatsächlichen Übung, durch gewisse oberflächliche Verschiedenheiten maskiert, als wir in den Vereinigten Staaten. Davon bin ich nicht unbedingt überzeugt, aber ich habe doch den Eindruck – da ich Sie besser kenne –, daß es möglicherweise so ist. Warum vertrauen Sie dann dem Leben nicht? Warum vertraut das große England dem Leben nicht auf Grund dieses großen aufwärts gerichteten Schwunges des Lebens, auf Grund dieses Begehrens, der Menschheit zu dienen, sie zu interpretieren und sie durch eine frische Integrität zu entwickeln? Schließlich ist es doch eine gute und vornehme Geste, nicht wahr? Jawohl, es wäre sogar »*gentlemanlike*«, es zu tun.

Überaus schmerzlich ist die Annahme, das Leben sei ein Dieb und ein Lügner, bis es Ihnen nicht irgendwie und zu Ihrer Zufriedenheit beweist, daß es unschuldig ist. Das ist nicht die richtige Einstellung für einen Gentleman. Doch mir scheint, daß es Ihre Einstellung geworden ist. Und Ihre Einstellung wird fast überall auf der Welt übernommen, soweit ich sie gesehen habe. Als ich hierher kam, war ich überaus enttäuscht, die Furcht zu erblicken, die unter Ihnen herrscht. Wo ist das große alte England, das sich behauptete, sich vor nichts fürchtete, das großmütig, glänzend war und sich nicht vor dem Leben fürchtete, weil es lebte? Wenn es noch immer lebt, weshalb braucht es sich dann heute vor irgend etwas zu fürchten, und wäre es auch eine große Idee? Bestimmt nicht vor einem Flugzeug, das Bomben trägt. Schließlich sind Flugzeuge nur eine Reklamesache. Sie können eine Menge Schaden anrichten und vielleicht sehr viele Frauen und Kinder umbringen, wenn die Welt wirklich so tief gesunken ist, daß das Kriegführen darin bestehen muß, Frauen und Kinder zu töten. Und wenn es so ist, warum töten wir dann nicht alle Frauen und Kinder? Aber ich schweife hier ein wenig ab; ich weiß, ich hätte nicht daran rühren sollen. Es lag nur daran, daß ich hoffte, hier drüben bei Ihnen etwas zu finden, von dem ich weiß, daß es hier *ist*, weil ich eins damit bin; ich weiß, daß das, was ich fühle, was ich wünsche, was ich liebe und erhoffe, ebenso englisch wie usonisch ist. Vermutlich ist es auch deutsch, vermutlich ebenso italienisch. Und zufällig weiß ich, daß es sehr umfassend, ziemlich tief innen, japanisch ist. Was nun? Das Ideal einer organischen Architektur für eine organische Gesellschaft als Zentrallinie einer neuen Kultur ist unausweichlich ein großer Friedensmacher in der Welt, weil es wahrhaft *konstruktiv* ist.

Man hat mich bisweilen einen Bilderstürmer genannt, aber ein solcher Ausdruck gilt eigentlich nicht für mich. Ich habe niemals etwas Lebendiges zerstören oder auch nur das Tote wegnehmen wollen, es sei denn, der Tod wäre eine Bedrohung für das Leben geworden. Ich hatte etwas Besseres und auf bessere Weise in der Hand, was ich pflanzen wollte; doch die lebenden Toten störten das Pflanzen. Diese vernünftige Zerstörung im Namen der Natur ist die einzige Rechtfertigung, die es für Zerstörung gibt. Vielleicht ist das die einzige Rechtfertigung, derer wir bedürfen.

Ich spreche heute abend von dieser neuen Bewegung als dem Ideal eines organischen Lebens, von Gebäuden als organischen Gebäuden, von einem wahrhaft organischen Wirtschaftssystem. Ein Staatsmann wäre ein großer Architekt in diesem Sinn, wenn er wüßte, daß das Leben in seinen besten Äußerungen organisch ist. Deshalb spreche ich zu Ihnen von einem großen humanen Ideal. Wenn wir von ihm bedient werden, wenn wir dies wachsen, sich weiterbewegen und vorankommen sehen sollen, dann wollen wir auf das Leben und die Bewegung selbst verzichten, besonders auf all diese zweideutigen Äußerlichkeiten, ob »links« oder »rechts«, und wollen die Jugend daran arbeiten lassen, so wie die Zentrallinie verläuft – wahrhaftig. Und die Jugend war niemals eine Frage der Jahre und wird es auch niemals sein.

Nun habe ich genug geredet. Das Reden hat wirklich sehr wenig Wert; das ist mein Eindruck. Ich schäme mich immer, es öffentlich zu tun, und doch... und doch... tue ich es. Wenn ich einen Vortrag dieser Art gehalten habe, dann gehe ich deprimiert nach Haus und denke bei mir: »Nun habe ich es wieder getan und habe versucht, versucht, versucht, und was ist der Sinn?« Dieses »Was ist der Sinn?« ist, glaube ich, zu englisch. Sie Engländer hören zu, sind einverstanden, Sie sagen: »Ja, das ist wahr.« Und Sie tun nicht das geringste daran, weil sich ein tiefer Pessimismus im Hinblick auf das Leben unter Ihnen einnistet, wenn Sie nicht aufpassen.

Ich habe Mr. Wright etwa so verstanden, daß Großstädte eine schlechte Einrichtung seien und daß wir aufs Land hinausziehen und dort leben sollten. Würden wir damit nicht das Land zerstören und, selbst wenn wir es nicht gerade zu einer einzigen bandförmig entwickelten Wohnstraße machen, ihm den Charakter nehmen, den wir uns beim Land wünschen?

Das ist eine vernünftige Frage, und die Annahme, daß die Großstadt eine schlechte Einrichtung sei, ist jetzt nur natürlich. Doch was die Zerstörung des Landes betrifft, so sprechen wir natürlich nicht davon, daß wir solche Gebäude, die jetzt die Stadt bilden, aufs Land hinausbringen wollen. Gott behüte! Wir sprechen davon, daß das flache Land selbst einen Gebäudetyp entwickelt, zu dem gehört, daß das natürliche Gebäude zu einem Teil der Landschaft wird, so daß das Gebäude mit natürlicher Anmut dorthin gehört. Solche Gebäude wird es geben. Einige davon sind bereits vorhanden. Auch mir würde es mißfallen, Ihre Londoner Gebäude in der englischen Landschaft zu sehen. Das englische Leben ist ganz und gar nicht eingesperrt – trotz all Ihrer kleinen Gartenstücke davor. Diese Gebäude erscheinen mir als viel zu pessimistisch. Sie haben nicht das rechte Gefühl für die Landschaft, und es fehlt ihnen jedes moderne Gefühl für das Leben. Wenn London als ein Museumsstück bewahrt werden sollte, indem man seine bedeutungslosen und unerwünschten Teile zu Parks macht, würde es zu einem großen Schatz für die Zukunft. Es würde mir gar nicht gefallen, die Stadt Stück um Stück von Bauunternehmern zerstört zu sehen. Ich sähe gern, daß die Slums und die bedeutungslosen Teile beseitigt und die kostbaren historischen Aspekte von London selbst in einem großen Park für die Nachwelt bewahrt werden, wenn die Menschen, nachdem sie gelernt haben, wie man baut, weiter hinaus aufs Feld ziehen und die ganze Landschaft von England zu einer einzigen schönen modernen Stadt wird – in dem neuen Sinn, in dem das Land um so schöner durch die Gebäude wird, ja, sogar durch die Fabriken. Dann könnten sie nach London zurückfahren und sich ansehen, wie es einmal war. Das ist möglich.

Was würden Sie tun, wenn Sie etwas Neues in einer alten Großstadt bauen müßten? Würden Sie Ihre Architektur hineinstellen, oder würden Sie sich etwas überlegen, was zu dem paßt, was bereits da ist?

Ich glaube, diese Frage beschäftigt sich mit dem Problem des Augenblicks: Wie soll man in dieser Übergangsperiode weitermachen, um in einer alten Stadt zu leben, ohne sie mit neuen Ideen oder verfehlten alten zu zerstören? Wenn ich aufgefordert würde, ein Gebäude in London zu bauen, dann wüßte ich, wie ich bereits sagte, nicht, was ich tun sollte. Aber wenn ich dann überhaupt baute, würde ich versuchen, mindestens nicht etwas Abscheuliches zu bauen, etwas, was mein

Gefühl von London am wenigsten beleidigen und verletzen würde. Aber was das nun sein würde – wie soll ich das wissen! Alles, was jetzt bei den Gebäuden möglich ist, die Sie in Ihrer Großstadt bauen, ist etwas wie barmherzige Linderung. Nichts Durchgezüchtetes von Kraft, Zielbewußtsein und Charakter kann heutzutage in der Großstadt geboren werden. Aber Sie können etwas tun, um das Sterben zu erleichtern und es dieser alten Stadt ganz behaglich zu machen, während sie ihrer unausweichlichen Auflösung entgegengeht.

Was würden Sie vorschlagen, um die Landschaft in einen Garten auf einer Parzelle von etwa achtzehn oder auch dreißig oder sechzig Meter Breite zu bringen? Das ist in England ein sehr großes Problem, da wir überall Bauvorhaben mit sehr schmalen Parzellen haben.

Die Parzelle von achtzehn mal dreißig Meter oder jede Parzellenreihe ist eine gräßliche Sache, die ein breiteres Leben von Anfang an unmöglich macht. Warum muß es, selbst in England, überhaupt für irgendeinen Menschen so schmale Parzellen geben? Wenn bei uns in den Vereinigten Staaten von Amerika jeder einen Acker* Boden zur Verfügung hätte, dann würden wir nicht einmal den Staat Texas füllen; und ich bin überzeugt, daß Sie überrascht wären, wieviel jeder bekäme, wenn Sie die Bevölkerung von England nähmen und ausrechneten, wieviel Boden für jede Familie zur Verfügung stände, vorausgesetzt, daß wirklich alles zur Verfügung gestellt würde. Wenn die Menschen zusammengepfercht werden, wie sie es in London sind, dann scheint es, als ob auf der ganzen Welt nicht genug Raum für sie da wäre. Doch nicht weit von hier, in Richmond, gibt es einen Park von tausend Acker! Neulich bei Tisch saß ich neben einem Herrn, der von seinem viertausend Acker großen Grundbesitz sprach. Auf den Britischen Inseln ist viel Platz für britisches Leben, und die britische Landschaft würde dadurch um nichts weniger reizvoll.

Richtet sich Ihr Ideal nicht ganz und gar gegen das Grundprinzip der Menschheit? Ist es nicht das Grundprinzip der Menschheit, Herden zu bilden? Die Menschen haben doch wohl immer noch den Wunsch, in einer Herde zu leben und sich nicht, soweit sie nur können, von ihren Mitmenschen zu entfernen?

Habe ich gesagt: »Soweit sie nur können?« Aber ich glaube, der junge Herr hat eine sehr vernünftige Frage gestellt. Er behauptet, der Herdeninstinkt der Mensch-

---

* Der Acker – acre – etwa 40,5 Ar; also fast zwei Morgen oder ein halber Hektar. Der Herr, mit dem Frank Lloyd Wright aß, sprach also von einem gut sechstausend Morgen großen Grundbesitz. In der Bundesrepublik stände ziemlich genau ein ganzer Acker je Kopf zur Verfügung. (Anm. d. Ü.)

heit sei »grundlegend«. Er meint, wir sind noch immer wie die Schafe und besitzen auch noch diese tierischen Eigenschaften. Die haben wir auch. Aber ich glaube, die Kultur hat – trotz der großstädtischen Erziehung – etwas für uns getan, und ich denke mir, daß die Kultur mit Hilfe der landwirtschaftlichen Ausbildung noch mehr für uns tun wird. Wenn wir als menschliche Wesen aufwachsen und uns entwickeln sollen durch diesen Geist, der uns geschenkt worden ist, dann werden wir den Tieren immer weniger ähnlich sein und im Licht der modernen Zeit immer weniger »Herden bilden«. Dieses neue philosophische Prinzip der Wirklichkeit und diese großen Möglichkeiten, die der Menschheit jetzt zum erstenmal durch die Naturwissenschaft gegeben worden sind und die zu dem großartigen Gefühl von Geschwindigkeit und Raum geführt haben, das wir so lieben, wenn wir auch Tiere sind, daß wir mit Hilfe dieser Geschenke der Naturwissenschaft die Herde auf klügere Weise suchen und damit uns immer weniger als Herde zusammendrängen werden. Ich sage nicht, daß wir uns so weit wie möglich voneinander entfernen sollen, aber ich sage durchaus, wir sollten weit genug voneinander weggehen, um dieses moderne Raum- und Lebensgefühl als das unsere – auf keines andern Kosten – zu empfinden.

Ist es nicht unvermeidlich, daß die organische Architektur ebenfalls einen Kodex von Schemata entwickelt und daß es Dogmen und Prinzipien geben wird, die ganz und gar nicht auf der Hand liegen und den Studenten beigebracht werden müssen? Wenn die Bewegung sich nicht in hundertundeine Richtungen aufteilen soll, muß man ihr dann nicht irgendeine Richtung und eine grundlegende Struktur geben?

Das ist eine strittige Frage, und ich glaube, sie läßt sich leicht dadurch beantworten, daß man sagt: Ja und nein. Wir wurden alle, in Britannien vermutlich ebenso wie in Usonia als Eklektiker ausgebildet, und dieser anerzogene Eklektizismus ist unsere besondere Einstellung zum Leben geworden. Und deshalb ist die allgemeine und besondere Imitierung immer noch unvermeidlich. Die Menschen *werden* diese Ideen und Prinzipien nehmen und sie auf der einen Seite auswerten, wie sie sie auf der andern Seite für die akademische Ausbildung formulieren werden. Akademien werden bald *einen* Stil schaffen, wo nur *Stil* an sich nötig wäre. Tatsächlich haben »sie« das bereits getan. Doch eins müssen wir uns immer vor Augen halten: Wir wollen nicht mehr *einen* Stil, falls es das ist, was Sie unter »grundlegender Struktur« verstehen. Die Menschheit braucht dauernd Stil, deshalb bedarf sie der Individualität, die ständig und mit jedem Beispiel in jeder Generation in allen Ländern der Erde frisch und neu ist. Das Gesetz der Veränderung ist ein unveränderliches Gesetz: das einzige Gesetz, auf das wir keinerlei Rücksicht genommen haben. Es ist das einzige Gesetz, das zu beachten und zu achten wir nicht gelernt haben, wenn wir darangehen, *Form* zu schaffen. Wir haben versucht, die Gezeiten des Lebens einzudämmen und in Schach zu halten. Warum sollten wir damit immer noch fortfahren? Warum wollen wir nicht einsehen, daß ein Schema, wenn überhaupt eins entworfen werden muß, ein freies Schema sein kann, das nämlich, das dem Wachsen am meisten angemessen ist, das nämlich, das am ehesten das Leben fördern und ihm Wachstum zubilligen wird? Das bedeutet, meine ich, das Ende des Wortes »Einrichtung« oder »Institution«, wie wir sie aufgestellt haben. In dem Augenblick, da wir ein wohlerworbenes oder sentimentales Interesse haben, meinen wir, wir müßten es schützen, behüten und die Feinde davon abwehren, indem wir es festhalten. Unser Denken, unsere Philosophie, alles, was wir haben, ist wie dieses *»Haben und Behalten«*. Ich bin überzeugt, Sie wären sehr überrascht, wenn Sie sähen, wie wirksam man diesen Prozeß umdrehen kann. Wenn Erziehung und Ausbildung lernen würden, das mit Hilfe einer wahrhaft menschlichen Kultur zu tun, die Rezepte und Praktiken des »Habens und Behaltens« zu vergessen, der organischen Kultur zu erlauben, mit ihrem großen liberalen Lebensgefühl auf den Plan zu treten, dann würden Sie finden, daß man dem Leben vertrauen kann, daß das Leben vielleicht sogar das einzige ist, dem man wirklich trauen kann. Und wie interessant Sie die Vielfalt seiner Manifestierung finden würden!

Wir jungen Leute kommen nach einer recht langen Ausbildung aus den Schulen und haben vielleicht das Gefühl, daß nicht alles so befriedigend gewesen sei, wie wir es uns wohl gewünscht hätten, und arbeiten dann unter einem Stadtbaurat oder einem Beamten in ähnlicher Stellung. Wie sollen wir, während wir der Gemeinschaft dienen, soweit wir es in unserer Stellung können, und nach all dieser Ausbildung uns wieder von dieser Ausbildung befreien, um der Gemeinschaft besser zu dienen?

Es gibt nur einen Weg, wie wir uns von unserer Ausbildung befreien können. Bei uns befinden sich jetzt natürlich alle Dinge buchstäblich und geistig in Schubkästen oder Fächern. Als Beispiel: Wir haben den Bauingenieur, den Architekten, den Landschaftsarchitekten, den Innenarchitekten und so weiter und so weiter. Doch in dieser Sache, über die ich zu Ihnen gesprochen habe, gewinnt man rasch ein Gefühl für das Ganze und ein Gefühl der Gesamtverantwortlichkeit, wenn sich eine Einheit in dem Ganzen in einem entwickelt, die man nicht in einen Schubkasten legen kann. Der einzige Weg, wie wir uns von unserer Ausbildung befreien können, ist der, daß man sich mit diesem neuen Gefühl, das in einem wächst, an die Arbeit macht, irgendwo, wo das Leben tatsächlich, nicht theoretisch ist. Auf diese Weise wird man, wenn man sich an den weiteren Ausblick hält, wahrscheinlich alles vergessen, was einem beigebracht worden ist, weil das Gelehrte dann nämlich einfach nicht funktioniert.

Wenn Sie heute abend und bei den andern Gelegenheiten, bei denen Sie eine Anzahl von Menschen, die am Bauen interessiert sind, anreden, in jedem Anwesenden eine Anerkenntnis der organischen Prinzipien im Bauen und Leben erreichen würden, was würden Sie dann vorschlagen, wie wir in unserm Land diese Anerkennung unter den Millionen von Menschen verwirklichen können, die Sie noch nicht kennengelernt haben und die einstweilen noch nicht »architekturbewußt« sind? Wie können wir in einem Land wie dem unsern innerhalb unserer Lebenszeit erreichen, was Sie zustande bringen möchten?

Warum wollen wir uns Sorgen um unsere Lebenszeit oder über eine allzuweite Zukunft machen? Alles, was *ist, ist* jetzt richtig. Wenn ich eine Gelegenheit erhalte und nutze sie gut aus, dann wird bald eine andere für mich kommen. Die Zukunft – hinaus über jenes Stück, das heute zu überblicken ist – ist etwas, was wir nicht sicherstellen können, und wir sollten auch nicht zuviel daran denken. Wir sollten unsere Gegenwart betrachten; wir sollten in der Gegenwart für die Zukunft arbeiten, da die Gegenwart die Zukunft ist, soweit wir sie jetzt zu sehen vermögen. Ich glaube, wir sollten uns nicht zuviel Sorgen darum machen, wie lange das Wachsen dauern oder wie schwer es werden wird – hier und jetzt oder später. Wenn wir etwas als gut betrachten, ist es unsere Aufgabe, zu *handeln,* jetzt ... Wenn meine Worte mein Denken übermitteln und heute abend auch nur einen einzigen Geist inspiriert haben, dann werde ich zufrieden sein. Ein einziger Geist ist genug.

Sie haben mich heute abend inspiriert. Sie haben mir ein Gefühl für den Raum gegeben, ein Gefühl, das ich erweitern möchte, damit ich die Dinge empfinde wie Sie. Eines Tages hoffe ich den Auftrag zu erhalten, etwas zu bauen. Angenommen, ich bekomme den Auftrag, dann werde ich zuallererst meinem Auftraggeber gefallen und ihm geben müssen, was er haben will. Was ich möchte, wird vermutlich nicht das sein, was er sich wünscht. Wenn es mir gelingt, eine Verbindung dieser beiden Dinge zu schaffen, dann stehe ich vor der Aufgabe, meinen Plan von der örtlichen Baubehörde genehmigt zu bekommen. Diese beiden Hindernisse sind die wichtigsten unter den Schwierigkeiten, denen wir Architekten hier gegenüberstehen. Ich bin überzeugt, daß Sie bei Ihren ersten Bauten vor ähnlichen Schwierigkeiten gestanden haben.

Das habe ich; und wenn sie auch lästig sind, sind es doch wirklich die einzigen Schwierigkeiten, die man überwinden muß.

Ich möchte gern wissen, wie es Ihnen gelungen ist, sich zunächst von dem frei zu machen, was vorher geschehen war, und den neuen Stil der Architektur zu entwickeln, obwohl Sie diesen Schwierigkeiten, wie ich es nenne, gegenüberstanden.

Wenden wir uns zunächst Ihrer Furcht vor Ihrem vermutlichen Auftraggeber zu. Es *ist* eine begründete Furcht, und sie steht heute als Gespenst vor manchem jungen Mann auf der ganzen Welt. Glücklicherweise bestand sie für mich nicht. Ich brauchte mich von nichts frei zu machen. Die Dinge waren, wie sie waren, ich war, wie ich war, und ich baute, wie ich bauen wollte. Mein Auftraggeber kam, ich solle für ihn bauen; deshalb war er auch mein Auftraggeber. Ich glaube, kein Architekt könnte für einen Auftraggeber bauen, wenn es ihm gegen den Strich oder gegen sein Wissen oder Gefühl oder gegen seine gute Absicht geht. Das ist auch nicht Ihre Aufgabe, wie ich sie sehe. In einem solchen Fall sollten Sie, glaube ich, sagen: »Es tut mir leid, aber ich kann nicht für Sie bauen«, und warten, bis die rechte Gelegenheit schließlich doch kommt. Dann wird sie bestimmt kommen. Kein Mensch kann ein Gebäude für einen andern errichten, der nicht an das glaubt, woran jener glaubt, und der ihn nicht wegen dieses Vertrauens gewählt hat, das er in ihn setzt. Das ist die Natur des Verhältnisses zwischen Architekt und Auftraggeber, wie ich es sehe. Wenn ein Mann ein Gebäude zu errichten wünscht, sucht er sich einen Dolmetscher, nicht wahr? Er sucht einen Mann, der die Technik beherrscht, das auszudrücken, was er selbst ausdrücken möchte, aber nicht auszudrücken vermag. Wenn deshalb ein Mann wegen eines Baues zu mir kommt, muß er für mich bereit sein. Nur dann kann ich tun, was er sich wünscht. Ich habe bei so manchem Mann die Tür aufgemacht und ihn aus meinem Büro gewiesen, wenn ich fand, daß er bloße Neuigkeit suchte und nicht verstand, was ich für ihn tun würde. Neulich noch war es nur der Name, der einen Auftraggeber interessierte. Er war dieser organischen Bemühung im Bauen nicht gewachsen, wie ich wußte. Und ich wußte, wenn ich für ihn gebaut hätte, hätte ich ihm nur etwas in die Hand gegeben, worin er nicht richtig hätte leben können. Verzweifeln Sie also nicht daran, daß Sie sich auf jeden Fall frei machen müßten. Jeder Mann hat das ihm Gemäße, und dieses ihm Gemäße wird zu ihm kommen, wenn er in England vielleicht auch lange darauf wird warten müssen!

Architekten sind die einzigen Menschen, denen beigebracht wird, Pläne zu machen; keinem andern Menschen in der Gemeinschaft wird auch nur das mindeste über Planen beigebracht. Das sollte aber einen kleinen Teil in der allgemeinen Erziehung eines jeden ausmachen, ganz besonders bei solchen Menschen, die sich mit Politik beschäftigen wollen. Ich meine, ein Premierminister oder ein Präsident, der nichts von abstraktem Planen weiß, kann einfach nicht in der Lage sein, für eine Gemeinschaft zu planen, und ich meine, die Tatsache, daß Architekten die einzigen sind, die überhaupt irgend etwas vom Planen wissen, ist von der Gemeinschaft aus betrachtet sehr unbefriedigend.

Ich glaube, daß das zutrifft und tatsächlich sehr unbefriedigend ist. Ich glaube, zur Kultur – ich möchte nicht Ausbildung oder Erziehung sagen – eines jeden Mannes und einer jeden Frau sollten einige Kenntnisse im Planen und Planlesen gehören. Jeder wirklich kultivierte Mensch sollte einen Plan ebenso leicht lesen können wie ein Buch. Wenn das der Fall ist, werden die Ideen freier fließen können. Worüber wir heute abend gesprochen haben, setzt die Architektur als die Zentrallinie jeder wahrhaft heimischen Kultur voraus. Wenn das so ist, dann müßte es ebenso natürlich für Jungen und Mädchen sein, die Natur des Plans kennenzulernen und selber zu planen, wie es natürlich für sie ist, Klavier oder Harfe spielen zu lernen oder Dickens oder sogar Walt Whitman zu lesen.

England und Amerika sind Demokratien, und wir denken gern, daß es freie Länder sind, doch unser Bauen wird reguliert und in breitem Maß von Verordnungen, Vorschriften und allen möglichen Bedingungen gehindert werden. Deutschland und Italien sind Diktaturen; aber dennoch sehen wir, daß dort ungewöhnliche Bauvorhaben durchgeführt und in sehr kurzer Zeit abgeschlossen werden. Können Sie einen vernünftigen Kompromiß zwischen diesen beiden Zuständen vorschlagen?

Ich könnte eine Grundlage für einen Kompromiß vorschlagen, aber ich glaube nicht, daß die Angelegenheit damit geregelt wäre. Die Bauvorschriften der Demokratien enthalten natürlich nur das, was die vorige Generation vom Bauen wußte oder darüber dachte, und die folgende Generation empfindet diese Vorschriften als Hindernis. Als ich nach Japan gerufen wurde, um das Gebäude in Tokio zu bauen, konnte ich keine Genehmigung dafür erhalten. Ich erhielt auch keine Genehmigung für den Bau irgendeines der Gebäude, die Sie heute abend im Film gesehen haben. Was das Gebäude betrifft, dessen Beendigung Sie soeben gesehen haben, das Gebäude der S. C. Johnson Wax Company, so habe ich auch dafür keine uneingeschränkte Baugenehmigung erhalten. Und wir bauen gerade in Philadelphia eine kleine Häusergruppe, welche Ardmore-Experiment genannt wird. Dieses Experiment ließ sich nicht mit den bestehenden Bauvorschriften vereinigen, deshalb brachten wir es fertig, diese Bauvorschriften abzuschaffen. Bisweilen ist es notwendig zu sagen: »Gebäude sind schließlich fürs Leben, und das Leben geht weiter. Wenn Sie all das, was die nächste Generation oder diese Generation über das Bauen wissen wird, darauf beschränken wollen, was die vorige Generation wußte, dann kommen Sie her und verbieten Sie die Arbeit an unserm Gebäude.« Diese Verantwortung will niemand gern übernehmen. Wir sind in

Usonia vielleicht ein wenig liberaler, als Sie hier meinen, es sich leisten zu können. Aber dieser Anachronismus, von dem Sie sprechen, ergibt sich nicht ausschließlich aus der Tatsache, daß wir Demokratien und die andern Länder faschistisch sind. Er ergibt sich daraus, daß wir keine echten Demokratien sind: Wir sind in allzu vielen Dingen undemokratisch im Denken. Wir haben die Demokratie auf den Lippen; sie ist eine Oration auf den Seiten der Schulbücher. Aber wir setzen wenig davon in die Tat um. Und die unliberale Verwaltung, die diesen Kodex von Bauvorschriften handhabt, ist unmittelbar auf die antiquierten Ausbildungsprozesse zurückzuführen, die die Menschen hervorgebracht haben, von denen diese Vorschriften stammen.

Der Wunsch, sich an Regeln und Verordnungen zu halten, die den Fortschritt verhindern, ist nicht charakteristisch für die Demokratie, aber natürlich ist Ausschußarbeit bestenfalls langsame Arbeit, und die Demokratie ist eine Art Ausschuß bei der Arbeit. Der Diktatur steht es frei, darauf zu verzichten und zu sagen: »Das ist eine gute Idee; die wollen wir durchführen.« Und vielleicht wünschte man sich dann doch, sie würde lieber nicht durchgeführt. Aber in dem System, das Sie in England haben, und selbst in dem in Amerika geschieht es nur sehr selten, daß unsere »Herrscher« so etwas zu sagen wagen, es sei denn, die Sache käme vor einen Ausschuß. Sie – und wir – scheinen zu denken, ihre Länder seien Demokratien, wenn sie von einem Ausschuß regiert werden... eine ungemein sonderbare Auffassung von Demokratie, wie Sie gleich sehen, wenn Sie sie analysieren. Doch selbst in dem Fall... Nein, ich glaube nicht, daß hindernde Vorschriften eine Frage Demokratie kontra Diktatur sind, sondern eine Sache der gegenwärtigen Verworrenheit der Vorstellungen in unsern Demokratien. Und der Furcht vor dem freien Willen eines jeden einzelnen (außer dem des Diktators) auf seiten der Diktatur. Tatsächlich gibt es keinen triftigen Grund, weshalb eine Demokratie nicht das Beste haben sollte, wollen und besitzen dürfte. Ist nicht die Demokratie die höchste Form der Aristokratie, die die Welt je erlebt hat – die Aristokratie des Menschen, des einzelnen, den seine Eigenschaften als Mensch zum Aristokraten machen? Wir wollen diese Art Demokratie statt der jetzigen Snobokratie irgendwie in die Tat umsetzen, dann werden die Vorschriften kein Hindernis für besseres Bauen sein. Doch der Weg dahin scheint lang zu sein.

Sie erwähnten in Ihrem Vortrag, daß es eine Rechtfertigung für die Zerstörung gebe, nämlich etwas Besseres zu bauen. Stoßen wir da nicht auf den gleichen strittigen Punkt – wer soll entscheiden, was etwas Besseres ist? Ein gewisser Freund von uns auf dem Kontinent glaubt, daß er das schon seit einiger Zeit tue.

Ja – wer soll entscheiden, was besser ist? Nun, in einer Demokratie entscheidet das der Mensch in seinen eigenen Dingen für sich selbst. Ich möchte nicht sagen, daß irgendein Tribunal kompetent wäre, das »Bessere« für ihn zu bestimmen. Ich glaube auch nicht, daß das ein Fall für ein »Tribunal«, eine Sache von Richtertum und Urteil sei. Die Zeit kommt, wenn die Natur selbst, die Natur der Dinge, die mit der Natur des Menschen zusammenfällt, aufschreit, fordert und auf ihre eigene Weise entscheidet. Zum Beispiel meine ich, daß wir in dieser Frage der Architektur jetzt so weit sind, und zwar wegen der umfassenden Veränderungen, die die Naturwissenschaft hervorgerufen hat.

Meinen Sie nicht, daß wir Gebäude entwerfen sollten, die sich für die Menschen eignen, die darin wohnen müssen, und nicht, wie es uns gefällt?

Doch, aber so, wie wir die Geeignetheit sehen, wenn wir konsultiert werden. Menschen, die in Gebäuden wohnen, wissen in der Regel merkwürdig wenig von Gebäuden. Sie glauben, sie wüßten, was sie haben wollen. Bisweilen tun sie's auch. Wenn sie zu Ihnen kommen, Sie haben wollen, glauben, daß Sie es wüßten, dann wissen sie soviel. Aber wenn sie zu Ihnen kommen, um Ihnen zu sagen, *wie* Sie bauen sollen, was sie haben wollen, dann ist das etwas anderes. Das kann nicht funktionieren. In einem Bauwesen gemäß diesem Ideal, das ich eben vorgeschlagen habe, bin ich fest überzeugt, daß es nicht funktioniert. Jeder Architekt baut ein Gebäude, um seinen Auftraggeber zufriedenzustellen, gewiß; warum wäre er sonst Architekt und der Mann sein Auftraggeber? Doch wenn Sie als Architekt hinausgingen und eine Arbeit suchten, sich auf die Suche nach einem Auftrag machten, versuchten, einen Mann dazu zu überreden, sich von Ihnen ein Gebäude bauen zu lassen, dann würden Sie vielleicht Ihren Auftraggeber gegen Ihren eigenen Willen zufriedenstellen müssen, tun müssen, was er Ihnen sagt – und das geschähe Ihnen auch ganz recht! Aber sich in seine Macht zu begeben ist selbstverständlich unsittlich.

Um heutzutage zu denken und zu planen, muß ein Architekt ein sehr gründliches Wissen von der sehr komplizierten Technik des Bauens besitzen, die außerdem immer komplizierter wird. Kann ein Meister von durchschnittlicher Intelligenz all das, oder müssen Spezialisten zugezogen werden?

Die Angelegenheit der »Experten« scheint mir in dem »System«, wie es heute herrscht, verankert zu sein. Der Spezialist ist entstanden, weil das kapitalistische System, das wir praktizieren, Räderzähne braucht, die seine Räder am Drehen halten. Es trifft zu, daß das Bauen äußerst kompliziert geworden ist, weil das System seine eigenen Schwierigkeiten und Verwicklungen schafft. Aber es macht keine große Schwierigkeit, einen Organismus, ein Wesen als Gebäude zu schaffen, in dem alle benötigten Anschlüsse einbezogene Merkmale des Gebäudes sind.

Doch ein Gebäude dieser Art, nennen wir es eine Schöpfung, kann nicht unter einem Spezialistensystem entstehen, wie Sie es hier erwähnen. Eine solche Schöpfung muß aus der Meisterschaft eines einzigen Geistes hervorgehen; und das muß der Schöpfer des Gebäudes sein; allein das ist organisches Bauen. Beim organischen Bauen können wir keine Gruppe von Spezialisten brauchen; wir müssen sie auf den Hinterhof des Gebäudes verbannen... oder in die Vergessenheit. Mir gefällt das, was Henry Ford über den Experten gesagt hat – falls er eine Opposition hätte, die er zu vernichten wünschte, würde er sie mit Experten ausstatten. Ich bin überzeugt, daß der Experte heute der bedingungslose Feind der Sache ist, über die ich zu Ihnen gesprochen habe, und daß man um so schlechter daran ist, je mehr man ihn beteiligt und je mehr man von ihm zu erhalten glaubt. Deshalb meine ich, der Architekt sollte die Grundbegriffe lernen, die der elektrischen Installation zugrunde liegen, er sollte wissen, was zur guten Klempnerarbeit gehört, er sollte in der Lage sein, zu erfinden, anzuordnen, und all dies zu einem vollständigen Organismus zusammenbringen. Wir sprechen von einer Einheit, wenn wir von einem organischen Gebäude reden; wir sprechen nicht von einer Hülse, die aufgestellt und danach von Zubehörmännern bis auf die Hälfte heruntergeschnitten wird, damit sie ihre Sachen hineinbringen können – und dann kommt der Putzer und schmiert alles wieder zu – und danach der Maler, der Mängel zudeckt, und so weiter.

Stellen sie sich doch diese Fünf-Prozeß-Gebäude vor! Jetzt bauen wir Ein-Prozeß-Gebäude und haben einen Teil des Zubehörs abgeschafft; als ein Beispiel: Die Heizung liegt jetzt unter dem Fußboden. Es war so schwierig geworden, ein Gebäude zu errichten, daß es fast unmöglich war, daran zu denken, eins zu erbauen. Und dieses neue Denken, das ich Ihnen heute abend bringe, erfordert zuerst eine allgemeine Vereinfachung im Prozeß des Bauens. Der Architekt muß lernen, »in Einfachheiten« zu denken, ehe er ein modernes Gebäude errichtet, das es wert ist, gebaut zu werden.

So sehr wir auch die meisten Gebäude in den Vorstädten Londons verachten und verurteilen mögen, die Leute, die darin wohnen, halten sie für wundervoll; sie lieben ihre Häuser. Schlagen Sie vor, daß wir die Freiheit, die Last und die Verantwortung auf uns nehmen sollten, ihnen zu erklären, sie hätten völlig unrecht, nur um unsere eigenen Ideale von dem, wie ein Haus aussehen sollte, zu befriedigen?

Wenn ich glaubte, die Häuser seien völlig falsch, würde ich das den Menschen, die darin wohnen, sicher sagen, falls sie mich um meine Ansicht fragen würden. Aber ich glaube nicht, daß ich eigens zu ihnen hingehen würde, nur um ihnen das zu sagen.

Dritter Abend

Zunächst werde ich Ihnen als »Horsd'œuvre« noch ein Stück des Films von Lehrling Jimmie Thompson über unsere Arbeit in Taliesin Nord und West zeigen. Die moderne Welt ist so bildinteressiert geworden, daß es schwer ist, noch etwas ohne Bilder zu verstehen. *(Der Film wird gezeigt:)* Die Bilder auf der Leinwand zeigen Ihnen nun, was wir die »Taliesin Fellowship« nennen, und zuerst das Wüstenkamp auf einer großen Mesa – einem aus der Ebene aufragenden Tafelberg – in Arizona, das die Jungen mit mir zusammen gerade bauen, um darin während des Winters zu arbeiten und zu leben. In Wisconsin (Taliesin Nord) leben wir nur sieben Monate im Jahr – im Sommer –, und für die andern fünf Monate – im Winter – verlassen wir dieses Gebiet, wo die Temperatur unter 20° unter Null absinkt, und ziehen in die riesige Wüste des großen fernen Westens, wo die Sonne scheint. Die Gebäude, die Sie jetzt sehen, haben wir erst halb beendet. Viele der Baueinheiten besitzen Leinwanddächer, die von Rotholzrahmen getragen werden; diese Rahmen liegen auf massiven Steinmauern, die gemacht werden, indem wir die flachen Wüstensteine in Holzkästen legen und dann Steine und Beton dahinterwerfen. Die meisten der Leinwandrahmen können geöffnet oder geschlossen werden. Außer meinem Arbeitszimmer, das Sie links sehen, gibt es einen großen allgemeinen Arbeitsraum und dreißig Schlafzellen für die Jungen. An Stelle von Plastiken haben wir, wie Sie sehen, heimische Felsen genommen, auf denen die amerikanischen Indianer vor Jahrhunderten geschrieben haben; diese Felsstücke fanden wir auf unserm eigenen Grund und Boden. Das Kamp ist aus diesem Boden gewachsen, dem Geist von Umgebung und Klima gemäß, wenn Sie es vielleicht auch nicht so empfinden wie ich, wenn Sie es sich auf diesen Bildern ansehen. Hier kommt ein Detail des Mobiliars. Das Mobiliar gehört zu den Gebäuden – es geht geradezu aus ihnen hervor –, doch leider sind, wie Sie gesehen haben, zwar die Häute unserer dort lebenden Leute, aber nicht ihre Kostüme in Übereinstimmung mit der Konstruktion. Da die Leinwand des Daches durchscheinend ist, gibt sie ein sehr schönes Licht zum Leben und Arbeiten; anderswo habe ich so etwas noch nicht erlebt, außer in Japan bis zu einem gewissen Grade, wo die Häuser Schiebewände aus Papier besitzen, »Schoji« genannt.
Jetzt zeigt Ihnen der Film den heimischen Hintergrund für unsere Kampgebäude, die wunderbaren Horizontkonturen mit dem schönsten Sonnenschein, den es außerhalb Griechenlands gibt. Die großen Kakteen, die Sie wie Monumente herumstehen sehen, werden Saguaro genannt. Sie gehören zu den wenigen prähistorischen Pflanzen, die erhalten geblieben sind; sie waren schon da, als es die Ichtyosaurier gab. Einige von ihnen, die immer noch wachsen, sind etwa sechshundert Jahre alt.
Die Bilder jetzt – im Sommer – stammen von unserm eigentlichen Heim Talie-

sin, Wisconsin. Jeder Junge hat dort seinen Anteil an der Arbeit zu übernehmen, und die Mädchen tun das gleiche. Ein Junge kann einen Tag in der Küche sein und am nächsten einen Traktor fahren, am folgenden mauern; doch fast jeden Tag verbringt er einige Zeit im Zeichenraum und macht Pläne. Es ist erstaunlich, was die Jungen mit ganz geringer Anweisung leisten. Die Führerschaft wechselt alle vierzehn Tage, und so kommen alle Älteren an die Reihe, die andern anzuleiten. Wir haben so wenig Organisation wie möglich – zu wenig, nehme ich an. Wir versuchen, in diesen jungen Menschen Initiative zu entwickeln. Wir bauen dauernd, wenn wir nicht zeichnen oder für unseren Lebensunterhalt sorgen, und finden das als Lebensweise sehr interessant. Einige dieser jungen Burschen verzichten nachmittags auf den Tee, um weiterzuarbeiten, wenn sie an dem, was sie gerade machen, besonders interessiert sind – und das ist gewöhnlich der Fall. Dieses besondere Interesse an seiner Arbeit halte ich für ungemein wichtig in der Ausbildung des Architekten, daß er ein Gefühl für den Stein und das Holz bekommt und ein Empfinden für die Struktur in den Händen erhält, das von dort in den Geist geht.

Die Musik spielt eine große Rolle in unserm Leben, wie Sie in diesem Teil des Films sehen. Wir haben ein kleines Quartett, das gerade Bach spielt, wie es häufig Beethoven spielt – die beiden größten Architekten, von denen ich überhaupt etwas weiß. Alles, was wir verlangen, ist Tun, mehr Tun und dann noch mehr Tun. Es braucht jedoch nicht gewaltsam zu sein; wie Sie sehen, haben wir alle unsere Freude, wenn die Arbeit vorangeht, und ein Teil dieser Arbeit geht jeden Tag oder Abend im Zeichenraum vor sich.

Taliesin selbst ist ein natürliches Haus, aus dem Stein der Gegend erbaut, wie Sie jetzt sehen, und von Stockrosen umgeben. Ich glaube, man hält diese Malve für ein Unkraut; jedenfalls tritt sie anscheinend auf der ganzen Welt auf. Ich habe gehört, sie stamme aus Kleinasien und Südeuropa, aber ich glaube, die Engländer haben sie heimischer gemacht als jedes andere Volk. Die meisten unserer Ornamente in Taliesin sind altchinesisch wie die, die Sie jetzt sehen. Sie scheinen den modernen Geist zu haben, der moderne Gebäude charakterisiert, und je älter sie sind, desto mehr von diesem Geist besitzen sie anscheinend! Aber hier würde man wohl streiten können. Dauernd bemühen wir uns, eine forschende, experimentelle, geistige Einstellung wachzuhalten. Die Mädchen arbeiten genauso wie die Jungen; wir bemühen uns, keinen Unterschied bei der Arbeit zu machen, wenn das auch manchmal schwierig ist.

Ich möchte nicht, daß Sie auf den Gedanken kommen, Taliesin sei eine Schule oder eine Genossenschaft. Es ist zufällig unser Heim, der Platz, wo wir arbeiten, und diese jungen Menschen sind meine Kollegen und Lehrlinge: keine Schüler. Sie kommen, um zu helfen, und wenn sie etwas lernen können – nun, das freut uns. Es gibt sehr viel verschiedene Dinge zu tun, weil wir mehrere hundert Acker

»Farm« haben; und daneben sind wir ausübende Architekten; wir bauen gegenwärtig einige fünfzig oder sechzig Häuser überall in den Vereinigten Staaten, deshalb sind wir ziemlich beschäftigt. Doch zur gleichen Zeit, als wir dieses Kamp in Arizona bauten und unser Haus in Taliesin erweiterten, errichteten wir das Johnson-Verwaltungsgebäude, einen ungeheuren Bau mit Klimaanlage, modern in jeder Hinsicht; Sie werden später etwas davon sehen, und außerdem eine Anzahl Wohnhäuser zu bescheidenen Preisen.

Der Film endet, und Frank Lloyd Wright beginnt seinen Vortrag.

Die Bewegung für das Wohnhaus zu bescheidenem Preis nimmt uns jetzt überwiegend in Anspruch. Es ist wirklich erstaunlich, festzustellen, daß der Wohnhausbau zu niedrigen Kosten in Amerika die dringende Notwendigkeit der Stunde ist; ich habe den Eindruck, daß wir solche Häuser endlos weiterbauen könnten. Ich meine, es ist das wichtigste Arbeitsgebiet, das wir überhaupt haben, und es ist von unsern Architekten vernachlässigt worden. Deshalb unternahm ich es, ein kleines Haus für 5 500 Dollar in Madison, Wisconsin, zu bauen, und es gelang mir, es zu errichten, ohne daß der Eigentümer einen Cent mehr als diese 5 500 zu zahlen hatte. Dieses »Haus Jacobs« war ein fußbodenbeheiztes Gebäude mit Holzwänden, die auf die Hohlräume verzichteten, wie sie sich bei den meisten Holzkonstruktionen finden, und die, wie Sie wissen, eine Einladung an Ungeziefer sind, bei einem zu wohnen. Sind diese Tiere erst einmal da, ist es schwer, sie wieder loszuwerden. Diese Zellräume machen das Gebäude auch zu gutem Anmachholz bei einem Feuer. Wir haben also ein Haus mit dünnen, aber soliden Wänden gebaut und durch die Struktur der Bretterwände genug Stärke zum Tragen des Daches erhalten. Die meisten dieser Häuser sind einstöckig, sie könnten aber, wenn nötig, auch zweistöckig sein; und sie sind – im Plan – stark vereinfacht: alles Zubehör ist ins Haus einbezogen.

Als ich dieses Haus gebaut hatte, sagten einige meiner Kollegen, wie ich hörte, daß dies nur Reklame sei und ich kein weiteres bauen würde. Da ich jedoch der Ansicht bin, daß die Errichtung solcher Häuser für einen Architekten eine der wichtigsten Aufgaben in unserm Land ist, verpflichtete ich mich, vierzig weitere zu bauen. Wir sind jetzt beim siebenundzwanzigsten, und ich möchte Ihnen versichern, daß es nichts Interessanteres oder Wichtigeres in unserer heutigen Welt gibt, als zu versuchen, in die Häuser, in denen unsere vom Typ her besten Bürger wohnen, etwas von der Qualität eines echten Kunstwerks zu legen; aber nichts ist auch mühsamer, schwieriger und anstrengender. Es wäre eine Übertreibung, zu sagen, daß eins dieser kleinen Gebäude zu niedrigen Kosten ebensoviel Nachdenken und Mühe erfordert wie etwa das Johnson-Verwaltungsgebäude, das eine Million Dollar kostet. Doch in jedem Fall steht die Mühe nicht im rechten Ver-

hältnis zu dem Lohn, wie ihn die Architekten jetzt errechnen. Wäre ich reich oder wohlhabend, würde ich diese Häuser für den Rest meines Lebens weiterbauen, weil aus ihnen, davon bin ich überzeugt, die besseren öffentlichen und industriellen Gebäude hervorgehen würden, die wir so dringend brauchen. Aber ich glaube, es ließe sich etwas tun, um den Dienst des Architekten lohnender für beide Seiten zu machen, wenn die Bedeutung dieser Häuser erkannt würde.
Heute abend wollen wir versuchen, mit den praktischen Anwendungen dieses neuen Ideals fortzufahren, das ich Ihnen vorzutragen mich bemüht habe. Ich möchte sagen, daß ich mich so stark für den Entwurf dieser kleinen Häuser eingesetzt habe, weil ich glaube, daß sie heute zu den nützlichsten aller Anwendungen der Architektur in einem noblen Sinn gehören. Und es ist recht überraschend und auch befriedigend, festzustellen, wie architekturbewußt unsere jungen Leute in Usonia im Hinblick auf diese tieferen Gedanken in der Architektur geworden sind. Ich komme ein bißchen unter unsern jungen Leuten herum, wenn ich es auch nicht mehr als sieben-, achtmal im Jahr tue. Ich bin in unsere verschiedenen Universitäten gegangen, um direkt zu ihnen über diese Angelegenheit einer Zentrallinie für eine heimische Kultur zu sprechen, und habe es so einfach zu erklären versucht, wie ich es vermochte. Die Reaktion – das darf ich wohl mit Recht sagen – ist gewaltig gewesen. Sie scheinen samt und sonders nach etwas zu hungern; sie wissen nicht, was es ist, aber sie wissen, daß sie jetzt in einer Untiefe stecken. Sie haben alle den Eindruck, daß das, was Großmutter hatte, und die Art, wie Großmutter es besaß, schon ganz recht war, weil Großmutter ganz recht war, aber es war nicht ganz das Rechte für sie selber heute. Und das gilt ebensosehr oder sogar noch stärker für Gebäude als für irgend etwas anderes. Noch mehr jedoch gilt es für das Leben, das eben sichtbar wird.
Hier werden Sie dank den jungen Geistern unserer Nation bald praktische Anwendungen der Idee von Küste zu Küste, von Kanada bis zum Golf finden. Viele Beispiele gibt es bereits in allen Staaten unserer Union. Vielleicht fangen Ihre jungen Leute in England eben erst an, den Anstoß der modernen Naturwissenschaft auf Ort und Art des Lebens und auf die Bewegung zu empfinden – Auto, Telefon, Telegraf, Radio und Fernsehen, Fliegen und all die andern modernen Möglichkeiten, die unser Leben in Amerika mit großer Weite und vielen Gelegenheiten erfüllen, mit einem Wandel der menschlichen Maßstäbe, dem noch immer alle Ideale entgegenstehen, die wir im Hinblick auf die Gebäude und das Leben darin besaßen. Doch die Jungen fangen an zu verstehen, daß »die Tür des Käfigs, den wir Großstadt nennen, offengelassen worden ist« und daß sie hinausgehen können, da sie ein Recht dazu haben. In unsern Vereinigten Staaten von Amerika fangen wir an, praktische Verwirklichungen der Freiheit darin zu finden, daß die Weiträumigkeit die große moderne Gelegenheit ist, daß der menschliche Maßstab völlig anders geworden ist und daß wir nicht mehr auf kleinen Bodenparzel-

len zu leben brauchen – und es auch nicht wollen –, bei denen unsere Zehen bis auf die Straßen hängen und wir einen kleinen Hintergarten mit ein paar Pflanzen darin haben und aus dem Fenster unsern Nachbarn zu beiden Seiten, den guten wie den schlechten, die Hände schütteln können. Ich habe gesagt, daß ein Acker für den einzelnen etwa das Minimum sein sollte, und wenn die Familie aus sieben Köpfen besteht, sollte diese Familie sieben Acker haben. Das ist eine Annäherung, die wir für die Menschen der Vereinigten Staaten zur Anwendung bringen möchten. Das wäre eine praktische Bemühung von großer Bedeutung, davon bin ich überzeugt.

Es ist schwierig, diese Anwendung oder irgendeine kühne Verwirklichung durchzusetzen – wegen der Erziehung, der Schulausbildung der meisten unserer Architekten, wie ich es immer und immer wieder gesagt habe –, das ist geistiger Stillstand. Wir sind nur ein wenig neueres England ostwärts von Buffalo. New York ist es ganz, andere Nationalitäten dazugeworfen, um gutes Gewicht zu bekommen. Doch unsere alten Kolonialtraditionen, so schön sie waren, wurden bald, soweit das Land nach Westen weiterging, ausgewertet und verworfen. Wir tragen nicht mehr die Kniehosen und Seidenstrümpfe, die Schnallen und die Spitzen an den Handgelenken und um den Hals, die zu den Gebäuden unserer Vorväter gehörten. Wo und wann wir sie auch bauen, ich wünschte, wir wären gezwungen, sie zu tragen. Das paßte viel besser zu dem, was in gewissen Teilen unseres Ostens getan wird. Doch das usonische Leben ist jetzt weit über den Osten hinausgewachsen, und wenn englische Reisende sich jetzt »Amerika« ansehen wollen, wie es wirklich ist, müssen sie das alles vergessen. Jetzt beginnt Amerika *westlich* von Buffalo. Die größte und am annäherndsten schöne Stadt unserer jungen Nation ist wahrscheinlich Chicago. Und ich glaube, schließlich wird Chicago die schönste große Stadt sein, die in der modernen Welt übrigbleibt.

Für praktische Anwendungen unseres Ideals von einer organischen Architektur gewähren uns diese großen westlichen Ebenen mit ihrem weiten Raumgefühl genug Platz, auf dem wir nach Buchstabe und Geist meinen eigenen praktischen Vorschlag der Broadacre City ausführen könnten. Heute Broadacre City als »eine praktische Anwendung in der Jetztzeit« vorzustellen, könnte uns allzuweit in das Feld der Zukunft hinausführen – das unserm letzten Vortrag vorbehalten ist. Aber es scheint jetzt doch wichtig... Der Entwurf Broadacre City hat eine neue menschliche Raumordnung vorgeschlagen – wie ich schon sagte –, einen Acker für den einzelnen. Jeden einzelnen in unserer Nation so unterzubringen, würde – lassen Sie es mich noch einmal sagen – nur einen einzigen Staat erfordern. Wir müßten den Staat Texas nehmen, aber der Staat Texas könnte alle Menschen, die wir haben, mit einem Minimum von einem Acker Land für jeden aufnehmen, und dann wäre das übrige Usonia menschenleer. Wenn die Vorschläge auch nicht zu unsern Lebzeiten ausgeführt werden können, so ist es doch mindestens nicht unvernünftig, es für durchführbar zu halten, Menschen dazu zu erziehen, daß sie wieder eine entsprechende Einstellung zum Boden haben. Ich glaube nicht an eine Bewegung »zurück aufs Land«; ich halte jede rückwärts gewandte Bewegung für töricht; aber wir können jetzt vorwärtsschreiten zu einer praktischen Anwendung im großen Maßstab, nachdem uns die Wissenschaft mit allem dafür Nötigen ausgestattet – oder es uns als Last aufgebürdet – hat; wir können klug auf die neuen Formen zugehen, die geschaffen werden *müssen*, um das Leben so unterzubringen, daß der Mensch großzügiger, geräumiger und vollkommener leben kann; dazu müssen wir uns – praktisch – mit dem tatsächlichen Bauproblem beschäftigen, für das wir jetzt die Verantwortung tragen. Und deshalb möchte ich Ihnen Broadacre City hier heute abend vorstellen. Die Zukunft, die wir sehen, ist unsere Gegenwart. Wahrscheinlich wird jede Bezugnahme auf Broadacre City eine Art Predigt werden. Ich glaube, den Drang zum Predigen habe ich von England erhalten, weil meine Vorfahren bis zurück zu den Tagen der Reformation Prediger waren. Ich bin mir bewußt, daß das eine schlechte Sache ist, aber sie ist nun einmal da, und Sie sitzen gerade hier. Wenn ich Ihnen deshalb heute abend sagen soll, wie weit wir mit unserm Ideal gekommen sind, dann muß ich Ihnen Broadacre City zeigen – wenigstens ein bißchen davon. In ein paar Jahren werden Sie alle mehr davon hören.

Ich habe eben von dem Haus für bescheidenen Preis gesprochen. Diese Bewegung, die auf Broadacre City zuführt, haben wir also schon vorzuweisen. Wir wissen nicht, wo die nächste Entwicklung in diesem Zusammenhang auftreten mag. Zufällig bauen wir im Augenblick im Broadacre-Stil eine Gruppe von acht Häusern auf vierzig Acker – und für wen, was glauben Sie? Für die Universitätsprofessoren der staatlichen Universität in Lansing, Michigan. Das nenne ich glühende Kohlen auf mein Haupt sammeln, doch praktisch ist es Fortschritt; unsere Professoren – Philosophie und so weiter und so fort – erhalten auch Broadacre-Religion! In Wheeling, West-Virginia (einem alten Kolonialstützpunkt östlich von Buffalo), sollen wir eine weitere Gruppe bauen, die wir Usonia III nennen werden. Taliesin ist Usonia I und Lansing Usonia II.

Ich weiß übrigens nicht, ob alle von Ihnen, die heute abend zum erstenmal hier sind, das Wort »Usonia« für unser Land kennen. »Vereinigte Staatler« klingt nicht gut, und uns »Amerikaner« zu nennen, sind wir nicht berechtigt. Die Südamerikaner nehmen es uns, wie ich feststellte, als ich vor mehreren Jahren in Rio de Janeiro war, übel, daß wir es tun; die Brasilianer erklären, sie seien die Amerikaner. Wir müssen deshalb den Streit beenden, indem wir einen guten Namen für uns suchen. Ihr Samuel Butler nannte uns »Usonier«. Ich meine, Usonier ist ein ausgezeichneter Name, da er seine Wurzeln in der Union hat – wie wir die Wurzeln unseres nationalen Lebens. Deshalb benutze ich den Ausdruck und hoffe, daß sich das Land im Lauf der Zeit auch daran gewöhnt. Nun, um wieder auf die praktische Anwendung der Idee zurückzukommen, diese verschiedenen kleinen Zentren, die da im Broadacre-Stil entstehen, sind das neuere Usonia und drücken den inneren Geist unserer Demokratie aus, die im großen und ganzen bis jetzt noch gar nicht so sehr demokratisch ist, wie Sie vielleicht wissen. Ich glaube, hier in England gibt es mehr Gefühl für die Demokratie und Ausübung der Demokratie als bei uns.

Aber wir sind jetzt mit England Kameraden: Wir sind nicht mehr das kleine England, das sich da in den Prärien verlor, wir kommen zurück und stehen mit Ihnen Schulter an Schulter, und ich hoffe, eines Tages kann ich Sie in Usonia irgendwohin führen, damit Sie diesen neuen Ausdruck des Lebens in einer Demokratie sehen – Broadacre City.

Wenn es uns so schwer geworden ist, die Kruste der toten Tradition zu durchstoßen, so schwer, Traditionen wegzuwerfen, damit die große Tradition leben kann, dann werden Sie sich ein wenig davon vorstellen können, wie schwer es sein wird, eine solche Wiederherstellung des Lebens durchzusetzen, wie sie Broadacre City bedeutet. Wenn wir versuchen, uns zu bewegen, stoßen wir auf den Widerstand, der auch Sie erreichen wird; und ich bin mir nicht einmal ganz klar, ob er nicht von uns aus zu Ihnen kommen wird. Hätten wir nicht unsere heute gängige Volkserziehung, die Oxfordisierung in unserm Land, dann wären wir schon meilenweit auf der Straße zur Verwirklichung dieser Idee vorangeschritten, zur Verwirklichung der vielleicht größten Architektur, die die Welt je gesehen hat, und vermutlich auch des großartigsten Ausdrucks des menschlichen Lebens, den die Welt je gesehen hat. Doch diese Verwirklichung kann nur zollweise, Schritt um Schritt vor sich gehen; sie muß die kulturelle Rückständigkeit, die Bildungsziele von gestern überwinden, die dem heutigen Leben aufgezwungen worden sind. Was haben wir denn heute in der Erziehung, was uns tatsächlich helfen könnte, Broadacre City zu verwirklichen? Nun, unser Land ist – und das gehört eng zu meinem Broadacre-Thema, wenn es zunächst auch nicht so scheinen mag – voll von jungen, aber ratlosen Leuten mit weißen Kragen, die alle über die Straßen streifen und eine Stellung suchen; doch sie wissen nicht, was eine Stellung ist, es sei denn, es wäre eines jener Vorrechte der Bildung wie der Verkauf von Aktien oder Versicherungspolicen oder das Recht, irgendwie und irgendwo Agent für den Verkauf von irgend etwas oder ein annehmbarer Schwiegersohn zu werden. Diesen jungen Männern, unsern besser gebildeten jungen Männern – übrigens Hochschülern und Gentlemen –, ist niemals der Gedanke gekommen, sie könnten aufs Land zurückgehen, zu den alten Farmen, auf den heimischen Boden zurückkehren, nun gebildet, um dort das Leben so schön zu machen, wie sie es haben wollen, ihr Land zu bestellen, sich ihre Häuser zu bauen und sich ihre Lebensweise dort zu schaffen, heimisch und ungemein reizvoll. Hätten sie diese Gesinnung, dann wäre das der Beginn der tatsächlichen Broadacre City, wenn sie die nötige Befähigung dafür aufbrächten. Dort in der Schönheit der frischen Landschaft könnten sie so leicht und unter liberalen Bedingungen all das haben, was eine große Stadt ihnen zu geben hat bis auf den herdenhaften Druck von Menschheit auf Menschheit und bis auf jene Exzesse des Herdeninstinkts, die dort unvermeidlich sind. Doch so tragisch dies alles auch ist, wir müssen uns mit der Tatsache abfinden, daß selbst den Vereinigten Staaten von Amerika der eigene Boden nicht mehr gehört. Der Boden ist in die Hände von Maklern, Banken, Versicherungsgesellschaften und andern geldverleihenden Institutionen unseres Landes gefallen; heute ist es selten, noch wirkliches persönliches Eigentum an Boden zu finden; wir müssen es also den Menschen mit Hilfe eines Planes zurückgeben, wie ihn Broadacre City darstellt.

Dieses sinnlose, gedankenlose Drängen zur Verstädterung, dieses unaufhörliche Drängen vom grünen Land zum harten Pflaster und der zu groß gewordenen fabrikmäßigen Industrie – das steht dem, was wir jetzt in Usonia machen möchten und wohin wir von unserm jetzigen Zustand aus gehen möchten, das heißt Broadacre City, grundsätzlich im Wege. Wegen dieses scheinbar sinnlosen Drängens zur Zerstörung im Tiefpunkt der Wirtschaftskrise – 1932 – begannen wir in Taliesin diese bessere Lebensweise auszuarbeiten, ein freies und besseres Schema des Lebens in einer Demokratie – gegründet auf ein wahrhaft kapitalistisches System. Wir meinten, nicht viel über diese Dinge reden zu sollen, solange wir nicht wirklich sagen konnten, welches ein besserer Weg sei, diese Dinge zu tun, über die wir hier gesprochen haben; deshalb begannen wir ein großes Modell, eigentlich einen Querschnitt durch unsere gesamte Zivilisation, die wir in vielen Einzelheiten studierten. Auf diese Weise ersannen und modellierten wir bessere Möglichkeiten, als sie damals bestanden oder heute bestehen, für nahezu alles, was in dieser Zivilisation zu tun ist. Doch bald stießen wir auf die Tatsache, daß es nutzlos ist, zu versuchen, die Menschheit mit Hilfe der (organischen) Architektur zu befreien, solange die Menschheit selbst unorganisch, also im Gefängnis ist. Solange nichts anderes – Soziales – frei ist, der soziale Geist sich im wesentlichen in Dunkelheit und das Wirtschaftssystem nur das Profitsystem kennt, nichts dagegen von der Natur des Geldes, standen wir einem furchtbaren Hindernis nach dem andern gegenüber. Wer kannte die Natur des Geldes? Niemand schien etwas davon zu wissen. Was wurde überhaupt in der Schule darüber gelehrt? Selbst der gute alte Karl Marx scheint es als Abstraktion hingenommen zu haben.

Und wir fanden, daß wir den Boden frei haben mußten, in dem Sinn, in dem Henry George freien Boden predigte – ich spreche hier nicht von der *einen* Steuer –, und wir fanden, daß wir nicht nur freien Boden, sondern auch freies Geld haben mußten, das heißt Geld, das nicht von Zinsen besteuert wird, sondern Geld lediglich als ein freies Tauschmittel und ebenso frei wie der Boden für die, die ihn nutzen wollten und konnten. Dann stießen wir gegen eine weitere dunkle Ungerechtigkeit, die da lauerte: die Ideen, aus denen die Gesellschaft lebt, sich bewegt und ihr Wesen hat; sie alle wurden zu Spekulationsgütern. Ein Stück weiter erkannten wir, daß alles, wovon wir leben mußten – vergessen Sie nicht, es war während der Wirtschaftskrise von 1929 bis 1935 –, irgendeine Form von *Spekulationsgut* war. Wir stellten fest, daß das Leben selbst bei uns praktisch zu einem Spekulationswert geworden war; jawohl, so weit war es gekommen. Wenn man alles im Leben auf das Niveau der Spekulationswerte heruntergezogen hatte, bekam man selbstverständlich eine Nation von Spielern; und das Spielen wurde nicht nur zur Hauptmöglichkeit, zu Geld zu kommen, sondern zur großen Daseinsromanze eines ganzen Volkes. Und dazu entwickelte sich das kapitalistische System (nennen Sie es kapitalistisch, doch in Wirklichkeit ist es das gar nicht) in Amerika. Heute ist es das in weitem Maß immer noch, vielleicht versteht es nicht, wie es eigentlich kapitalistisch werden könnte; oder möglicherweise könnte es das jetzt gar nicht mehr.

Eine organische Architektur kann zu einem echt kapitalistischen System gehören, wenn die Basis dieses Systems breit auf dem Boden ruht, doch sie stößt auf all diesen Zwang, diese Prätentionen, diese allgemeinen Verbote, diese geheiligten Verfälschungen – das sind sie nämlich – der entscheidenden Sache: ein besseres Leben für einen besseren Menschen. Nun erkannten wir bald, daß man sein Leben nicht damit zubringen kann, Gebäude für die Menschheit zu bauen, die Menschheit zu lieben, die Baukunst zu lieben, sich von modernen Möglichkeiten inspirieren zu lassen und zu sehen, was sie sind und was sie für die Menschheit tun könnten, ohne gleichzeitig die Schädlichkeit dieser Einrichtungen oder Institutionen zu erkennen, über die ich eben gesprochen habe. Und ich versichere Ihnen, ich spreche hier nicht nach Büchern, und ebensowenig trage ich Theorien vor. Ich gebe Ihnen, so einfach ich es vermag und mit den wie üblich wimmelnden Personalpronomen, das Ergebnis einer langanhaltenden, praktischen und unakademischen Bemühung unsererseits, eine bessere Grundlage für den Bau eines besseren Lebens der Demokratie zu legen. Ich erkläre Ihnen, wie diese gewissen Dinge, denen wir begegneten, es unwahrscheinlich machen, daß irgendeine solche Bemühung jemals allgemeinen Erfolg haben könnte, ehe nicht Änderungen in unserm sogenannten »System« durch eine klügere Erziehung durchgeführt werden. Ich bringe diesen Punkt heute abend zur Sprache, weil er wirklich praktisch und der Saft in den Adern einer jeden organischen Architektur von schöpferischem Charakter ist. Wie, so frage ich Sie, sollen wir große freie Gebäude errichten, Gebäude aus dem Grund heraus und ins Licht hinauf, die außerdem ein neues Gefühl für Geräumigkeit besitzen – Aufruf zur Freiheit für ein freies Volk –, solange das Leben nicht selbst frei ist? Wie stehen die Dinge wirtschaftlich und sozial im einzelnen, daß sie sich zu einem freien Leben zusammenfügen und es zu einem Glück machen könnten, unter modernen Verhältnissen zu leben, wenn wir die Vorteile verwirklichen, die

die moderne Wissenschaft uns gegeben hat – die erweiterte Dauer des Lebens, die rasche reine Schönheit der Geschwindigkeit, den Reichtum der erweiterten Gemeinschaftskontakte und ein allgemeines oder gemeinsames Interesse, das über die ganze Welt reicht? Nichts geschieht oder kann in einer Ecke der Welt geschehen, das nicht im nächsten Augenblick überall bekannt wird. Ein einziges Jahrzehnt entspricht heute einem ganzen verflossenen Jahrhundert, wenn es um die verstrichene Zeit geht.

Die organische Architektur auf den Plänen für die Broadacre City begreift, daß unser gesamter wissenschaftlicher Fortschritt seine eigene Romantik, seine Möglichkeiten der Schönheit besitzt. Doch sie müssen ihren Weg in unser Leben nehmen als Segen, nicht als Fluch, der sich gegen alles richtet, was wir Kultur nennen, und vor allem müssen sie sich gegen den Strom der Volkserziehung stellen. Abermals begegnet unsere Bemühung der schrecklichen kulturellen Rückständigkeit des Gelehrten. Ist dieses hemmende Zurückziehen in den Vereinigten Staaten von Amerika gerechtfertigt? Ist es im alten England noch gerechtfertigt? Es ist vielleicht – zeitweilig – in Rußland gerechtfertigt, wo es heute am schmerzlichsten sichtbar wird. Dort in der UdSSR haben wir ein großes Volk, dessen Mehrzahl vor kurzem noch Leibeigene waren. Eine Nation, die zu 91 Prozent, glaube ich, aus Analphabeten besteht, also noch jung und fähig, sich zu emanzipieren. Ich vermute, die Menschen dort tun, was ihnen gefällt, fordern, was sie wünschen, und bekommen es. Da sie vor ihrer Befreiung überwiegend Leibeigene waren, hatten sie weniger als nichts, aßen aus der Hand einer dünnen Oberschicht mit Kultur, die schließlich nichts mehr vom großen Rußland in sich hatte: Sie war lediglich ein Eklektizismus geworden, importiert aus dem Durchschnitt Europas. Diese bepfeilerten Gebäude mit hohen Decken, an denen glitzernde Glaskronleuchter hingen, griechische Statuen auf den Balustraden der Renaissanceterrassen, während barock gestaltete Springbrunnen vor dem glattrasierten Rasen spielten, kurz, eine Form des Größenwahns, die die westliche Welt seit fünf Jahrhunderten ergriffen hatte und von der Sie Beispiele allenthalben in den »großartigen« Städten unserer zivilisierten Welt sehen. Und bittere Armut, unvorstellbare Armut aß aus der Hand dieses nachgemachten Dinges. Aber was wünschen sie jetzt, da sie frei sind? Wozu haben »sie« sich entschlossen, was wollen sie haben? Nun, sie sind jetzt entschlossen, genau das gleiche Ding zu haben. Spricht man zu ihnen von Einfachheit? Nein. Spricht man zu ihnen von organischer Architektur? Nun ... sie würden antworten: »Nein, gebt uns dieses Ding, das wir haben wollen.« Und wir finden es in der Klassik! So bekommt Rußland jetzt eine Wiedergeburt der Renaissance, die eine größere Erniedrigung des Lebens war als jeder Zwang, gegen den Rußland revoltierte. Jede Station der Untergrundbahn in Moskau ähnelt mehr oder weniger einem Palast mit glitzernden Kronleuchtern, obwohl die Untergrundbahnen dem Volk gehören. Überall in Rußland, wo-

hin Sie kommen, können Sie dieses Ding wieder sehen, besonders in dem großen der *Arbeit* geweihten Palast. Hier liefen wirtschaftliche und soziale Freiheit der Kultur davon, daher die verzweifelte kulturelle Rückständigkeit.
Aber sind wir, die großen Gebildeten, denn besser daran? Wie weit sind wir, meine Lords, Damen und Herren, mit der Verwirklichung dieser großen neuen Einfachheit, die ich Ihnen vorgestellt habe, gekommen? Hat uns diese neue Forderung nach Integrität der Form und des Charakters der Sache, in der wir leben müssen, und der Art und Weise, wie wir darin leben müssen, sehr viel weiter gebracht? Das Leben ist bei uns nicht weit vorangekommen, wenn wir uns immer noch bei der franko-georgianischen Tradition und bei diesen großen Renaissancepalästen befinden, die Sie hochschätzen. Abermals frage ich, woher haben Sie sie? Fragen Sie sich selber, woher sie zu Ihnen nach England gekommen sind. Ich weiß, wie es jeder denkende Architekt wissen muß, daß Gebäude aus jener wahnsinnigen Epoche keine Schätze mehr sind, daß sie eine bloße Maske auf einem unechten Leben waren und in keiner Weise eine Offenbarung oder ein Entwicklungsweg sind, wo es um das moderne Leben geht – höchstens als grausiges Beispiel. Wir wissen, wenn es uns darum zu tun ist, es zu wissen, daß es ihnen an Integrität in jeder Hinsicht fehlt.
Über die praktischen Anwendungen dieser Bewegung – und es ist nun endlich eine weltweite Bewegung geworden – habe ich mit Recht gesagt, daß viele der in ihrem Namen errichteten Gebäude die Bewegung verraten. Trotzdem ist es eine noblere menschliche Bewegung auf eine bessere Integrität auf Erden zu, als wir sie bisher gehabt haben – diese Bewegung, die von den ersten Anfängen an unausweichlich auf den Widerstand des ausgebildeten, eingefahrenen Geistes des populären Gelehrten gestoßen ist. Doch, schlimmer als alles andere, sie ist auf diesen selbstzufriedenen oberflächlichen Popanz des »kultivierten« Geschmacks gestoßen. Ich möchte widerholen und betonen, daß die besseren Gebäude der Bewegung diesen Punkt als allerersten zurückweisen. Es stimmt nicht, daß die Architekten des organischen Bauens den guten Geschmack nicht schätzten: Wir glauben an seine Entwicklung, an seine Bewahrung und an die Achtung vor ihm, doch nur, wenn er am Platz ist – und dieser Platz ist jetzt nur noch gering, weil wir glauben, daß wir, falls dieser vollständige Kreis, Wissenschaft, Kunst und Religion jemals geschlagen werden soll, aufhören müssen, das Leben an der Oberfläche völlig von außen her aufzuteilen, und daß wir deshalb jetzt und in Zukunft den lediglich nach dem Geschmack gebauten Gebäuden weit weniger Respekt entgegenbringen dürfen. Wir wollen haben, was an gutem Geschmack vorhanden ist, doch zuerst, sage ich, wollen wir die rechtschaffene Anwendung der Konstruktion der rechten Idee in den rechten Verhältnissen haben. Dann wollen wir durch den Instinkt, der der Geschmack ist, die Ausdrucksformen des Lebens, die wir Kunst nennen, so hoch auf die Stufenleiter der Dinge tragen, sie so schön machen,

wie es Ihnen gefällt, so schön, wie man sie nur zu machen versteht. Gott weiß, wie schöne Gebäude heute gemacht werden können – im Vergleich zu denen, die entweder bereits stehen oder noch stehen werden, wenn sie von einem gelehrten Herumtändeln mit abgenutzten, überholten Traditionen irgendwelcher Art inspiriert sind.

Ich glaube, ich bin weit abgeschweift (immer ein Risiko des Vortrags aus dem Stegreif) und habe überwiegend ungesagt gelassen, was ich darüber zu sagen begonnen habe, nämlich wie weit wir bisher in den Entwürfen für Broadacre City gelangt sind. Ich werde das als »Fortsetzung in unserm nächsten Zusammensein« aufnehmen müssen, weil ich schon zu lange gesprochen habe. Doch ich bin nun bereit, hier stehenzubleiben und es mir »von Ihnen geben zu lassen«.

Warum meinen Sie, daß Chicago die schönste Stadt der Welt sein werde?

Zuallererst, weil es ein großzügiges System von Parks hat, das größte auf Erden. Sie können fast den ganzen Tag fahren, ohne das Boulevard- und Parksystem von Chicago zu verlassen. Und die Parks werden ebensogut gepflegt wie Ihre Londoner Parks – und das ist wirklich sehr gut. Ein weiterer Grund ist der, daß Chicago dank seinem Architekten, Dan Burnham, anscheinend die einzige große Stadt in unsern Staaten ist, die ihre Uferbezirke entdeckt hat. Außerdem besitzt sie in höherem Maß als jede Großstadt Eigenleben. Selbst wenn die Stadt sich mit Gangstern abgibt, tut sie es im großen Maßstab, obwohl ich glaube, daß man in New York City mehr Gangster als in Chicago findet, außerdem auch eine gefährlichere Einstellung der Gangster. Ich fahre gelegentlich gern einmal nach New York, wenn ich auch seine enge Provinzialität bedauere. Aber Chicago liebe ich.

Mr. Frank Lloyd Wright hat gesagt, daß Häuser gebaut werden sollten, damit die Menschen glücklich darin wohnen können, und daß diese Häuser den Bedürfnissen der Familie entsprechen müßten. Eine Arbeiterfamilie mit mehreren Kindern, die in drei, vier Zimmern leben muß, kann trotzdem sehr glücklich sein, und da die Familienmitglieder auf so engem Raum leben, werden sie wie Seeleute an Bord; sie lernen, die Bedürfnisse der andern zu respektieren, und wenn sie in die Welt hinausgehen, sind sie gefällig und besitzen sehr viele Eigenschaften, die ihnen zustatten kommen. Ich bezweifle sehr, ob es vorteilhaft wäre, wenn sie ein, zwei Acker Boden besäßen, weil sie die nicht in Ordnung halten könnten. Wenn die Bevölkerung Englands nach dem Schema von einem Acker je Kopf angesiedelt würde, dann würde England selbst als Erholungsgebiet für die ruiniert, die in den Städten wohnen und in ihrem Urlaub das Land genießen; es würde im gesamten Königreich zu halbvorstädtischen Verhältnissen kommen. In Amerika mit seiner großen Ausdehnung ist es anders.

Ein weiterer Punkt ist der, daß es keinen besseren Soldaten als den Londoner Cockney gibt und daß keiner Ungemach mit größerer Seelenstärke und Heiterkeit zu ertragen vermag. Ich glaube, daß das auf sein Schlachtschiff-Dasein, wie ich es genannt habe, zurückzuführen ist, weil er in überbelegten Wohnungen gelebt hat; seine Frau kann sich aus dem Fenster lehnen und behaglich mit der Nachbarin plaudern. Für ein solches Leben läßt sich viel sagen. Leute, die in solchen Verhältnissen vielleicht vollkommen glücklich sind, könnten (unter andern Verhältnissen) zu dem Wunsch verführt werden, ein Auto besitzen zu wollen, und den Eindruck gewinnen, daß sie jedesmal, wenn sie ein Vergnügen haben wollen, etwas ausgeben müßten; und ich glaube ganz und gar nicht, daß das notwendig ist. In den Kolonialzeiten lebte in Amerika die Familie auf der Farm und machte sich kleidsame Mützen aus Waschbärfellen, bei denen der Kopf vorn saß und der Schwanz dem Träger über den Rücken fiel, und die Männer trugen Jacken und Hosen aus Hirschleder.

Yes, Sir, und man darf wohl sagen, daß mit dieser Waschbärmütze die moderne Architektur für die Vereinigten Staaten von Amerika begonnen hat.

Ich glaube, wir sollten Leute haben, die bereit sind, aufs Land zurückzugehen und auf Farmen zu leben, wo sie sich alles selbst machen. Das bedeutet zwar, daß die Frauen von morgens bis abends arbeiten müssen, doch das können sie auch, da ihr Geist nicht mit andern Dingen beschäftigt ist. Die Männer werden ebenfalls den ganzen Tag arbeiten müssen und es sich nicht leisten können, sich Zeitungen, einen Radioapparat oder sonst etwas Derartiges zu kaufen. Vorausgesetzt also, daß sie bereit sind, ohne diese Dinge auszukommen, können sie auf dem Land leben.

Ist denn dieses Aschenbrödelleben, dieses mühsame Dasein – die Schlachtschiff-Existenz, von der Sie sprechen – wirklich das Ideal der modernen Zivilisation? Wenn es das ist, dann hat, meine ich, der Sprecher völlig recht, und ich schlage vor, daß wir unser Volk noch mehr zusammendrängen. Je weniger Raum wir den Menschen geben, desto wirksamer werden dann die Ergebnisse sein. In diesem Fall sehe ich überhaupt nicht ein, wozu sie soviel Raum brauchen, wie sie jetzt haben. Warum wollen wir den Druck dann nicht noch mehr verstärken und ihnen noch mehr Raum wegnehmen, damit sie noch besser kämpfen? Weil sie selber kein besseres Leben kennengelernt haben, wird es vermutlich auch die nächste oder übernächste Generation nicht kennenlernen. Wo die Ignoranz eine Wonne ist, ist es wohl töricht, klug zu sein!
Das Dasein, das der Sprecher beschreibt, ist für mich jedoch eine Verneinung des Lebens und keine Bestätigung. Ich bedaure die Umstände, unter denen ein solches

Leben geführt werden muß. Genau dagegen wenden sich die moderne Bewegung und das Leben selbst. Es trifft zu, daß sich das menschliche Leben gewöhnt oder sogar damit zufriedengibt, sich unter Druck allen nur möglichen Umständen anzupassen, sogar dem Bombardieren von Frauen und Kindern als moderner Kriegskunst. Aber soll das Leben dort enden? Warum sind Engländer in dieses neue Land gegangen, das wir jetzt das unsere nennen? Warum haben wir dieses große neue Land und diese große neue Nation? Das liegt daran, daß vor langer Zeit Engländer nein zu Ihrer Idee gesagt haben, Sir. Einige von den Engländern wollten sich damit nicht abfinden. Waren das schlechtere Männer als der Londoner Soldat? Bei Ihrer Voraussetzung können selbst die Slums viel Frucht bringen. Sie zu erhalten könnte ausgezeichnete Ergebnisse zur Folge haben, deren wir uns überhaupt noch nicht bewußt sind. Wenn wir dagegen das »Schlachtschiff-Leben« der Slums abschaffen, könnte das vielleicht erheblich dazu beitragen, den Krieg abzuschaffen, und das wäre eine Katastrophe für das Menschengeschlecht, nicht wahr? Vielleicht ist der Londoner gerade wegen seines »Schlachtschiff-Daseins« ein so ausgezeichneter Soldat. Vielleicht leidet die Menschheit unter der furchtbaren Bedrohung des Krieges gerade wegen dieses ideal disziplinierten Charakters des »Schlachtschiff-Lebens«, das Großstädter in engen Wohnungen und in Slums führen.

Ich bin jedoch überzeugt, daß wir uns, um human zu sein, für die Philosophie der Freiheit einsetzen müssen und nicht für irgendeine Philosophie des Schlachtschiff-Opfers, denn was hat der Londoner Soldat im Leben bisher durch sein Kämpfen anderes erreicht als *das Bedürfnis nach mehr Londoner Soldaten?*

Welchen Wert, zu dem man ja sagen möchte, hat die Zivilisation aus diesen menschlichen Opfern gewonnen? Welchen? Es sei denn, immer mehr Flugzeuge, die über uns dahinfliegen und Frauen und Kinder in Massen umbringen, wie es jetzt als moderne Kriegskunst legitim ist. Ich kann mir nichts Erniedrigenderes auf der Welt vorstellen.

Ich möchte sagen, daß Mr. Wrights Bemerkungen über die russische Architektur ziemlich ungerecht im Hinblick darauf sind, daß die Architekten von einiger Erfahrung im heutigen Rußland ein Erbe des zaristischen Regimes sind und daß das jüngere Element noch nicht die Erfahrung besitzt, aus der es diese neue Architektur hervorbringen könnte.

Ich möchte wirklich nichts Ungerechtes gegen Rußland sagen. Ich bewundere den Mut des russischen Volkes und glaube an die Kraft dieses Geistes. Ich weiß nur wenig von der russischen Politik und Regierungskunst. Aber ich bin vor zwei Jahren dort gewesen und habe mit den jüngeren Architekten gesprochen, habe ihre Bekanntschaft gemacht und ein wenig von dem erfahren, was dort vor sich geht.

Anscheinend hat ihr Führer Stalin gesagt: »Ja, wir wünschen Einfachheit im Bauen für ein besseres Leben, aber vergeßt nicht, daß diese Generation den Revolutionskrieg ausgefochten hat; gebt ihr, was sie sich jetzt wünscht. In zehn Jahren reißen wir das alles wieder ab.« Ich finde, daß auch das in gewisser Weise ein feiner Geist und unserer Sentimentalität, die es endlos bewahren würde, weit voraus ist. Dennoch halte ich diese Art, den Mantel nach dem Wind zu hängen, um Zeit zu gewinnen, nicht für recht.

Dem Plan, daß jeder einen Acker Boden erhalten soll, werden sehr viele Menschen zustimmen, aber es wäre interessant zu wissen, wie das Gemeinschaftsleben dieser Menschen unter solchen Umständen aussehen würde. Menschen können nicht allein für sich bestehen; sie müssen irgendein Gemeinschaftsleben haben, und es würde mich interessieren, welche Art von Gemeinschaftsleben Mr. Wright im Sinn hat. In Nordirland sind die Farmen sehr klein, und die Leute züchten dort Schweine; sie haben sie in der Vergangenheit mit einigen Schwierigkeiten verkauft; nun aber hat der Staat eine Möglichkeit ausgearbeitet, diese Farmer in der Schweinezucht auszubilden und Einkauf und Verkauf der Schweine mit Hilfe von Zentralagenturen vornehmen zu lassen; und nun haben sie als einzigen Grund, in die Landstadt zu fahren, nur noch den, ins Kino zu gehen oder ein Paar Hosenträger zu kaufen oder so etwas Ähnliches. Die alte Gemeinschaft zerfällt, und diesen Menschen wird eine neue Ordnung auferlegt. Es ist durchaus die Aufgabe eines Stadtplaners oder Architekten, herauszufinden, welche Art von Gemeinschaftsleben diese kleinen verstreuten Farmer in Nordirland führen werden, und das gleiche Problem wird sich in einer Gemeinschaft ergeben, wo jeder Mensch seinen Acker Boden besitzt.

Wir, die wir Schweine essen, sollten uns natürlich auch Sorgen um die Schweinezüchter machen, aber wir leben in einer Übergangszeit, und es wird viele Jahrzehnte des Übergangs brauchen, bis Ihnen die Umrisse dessen, was ich Ihnen als Broadacre City – die Schweine an ihrem Platz – genannt habe, sichtbar werden. Sie dürfen nicht glauben, daß die Gebäude in der Art, wie wir sie jetzt haben, bleiben werden oder daß die Gemeinschaft, wie sie jetzt ist, unbedingt so bleiben muß, wie sie jetzt ist. Das alles wird sich verändern, wenn ein neuer und besserer Typ von Gebäuden in einer freieren Gemeinschaft, die wir jetzt noch nicht vorhersehen können, außer daß sie mehr zum Land gehört, aufwachsen wird. Je mehr solcher Gebäude wir auf dem Land haben, ein desto schöneres Gemeinschaftsleben wird entstehen, und um so weniger werden Sie sich dessen bewußt werden, daß die vorhandenen Gebäude überhaupt noch Eindringlinge sind.
Und was das endgültige Schema des zukünftigen Gemeinschaftslebens unter diesen Umständen betrifft – wer weiß denn, wie überhaupt ein Gemeinschaftsleben

der Zukunft aussehen wird? Die alten Beziehungen müssen sich unbedingt ändern. Das Auto hat das ländliche Gemeinschaftsleben in unsern Staaten bereits ganz entscheidend beeinflußt. Selbst Nordschottland wird dem zu gegebener Zeit nicht entgehen. In den Staaten wird bald jeder einen Wagen haben, und ich kenne heute in meiner eigenen Gegend keinen Schweinebauern (wir nennen sie Schmutzfarmer), der nicht seinen Familienwagen hätte, vielleicht sogar zwei. Ich kenne niemand ohne Telefon. Alle haben Radio. Ich kenne manche, die keine Lust haben, die Farm zu verlassen und in die Stadt zu gehen, um dort den Rest ihrer Tage zu verbringen. Die usonische Farm ist die in unserm Leben meistgewünschte Einheit, weil sie – trotz ihrer Hypotheken – auf dem Weg ist, ein kleines Fürstentum zu werden – und gerade in dem Augenblick wird sie dem Farmer weggenommen. Wollte man behaupten, es wäre bereits so (daß die Städter auf die Farmen drängen), dann wäre das unrichtig. Aber unbedingt ist das die Richtung, in der sich die Dinge entwickeln – ohne jede Hilfe durch den Architekten und nur mit Hilfe einer sehr oberflächlichen Volkswirtschaft. Die Erkenntnis wächst, daß das Gemeinschaftsleben in dem Sinn, wie es jetzt in kleinen Dörfern, Landstädten und Großstädten gelebt wird, nicht mehr notwendig ist und auch nicht mehr so reizvoll wie damals, als es anfing, nicht-notwendig zu werden. Die leichten Verkehrs- und Verständigungsmöglichkeiten machen heute zehn Meilen zu dem, was früher zwei Straßenblocks in der Stadt waren. Wie ich bereits oft gesagt habe, tritt ein völlig neues Raumbewußtsein in unser aller Leben, ob in der Stadt oder auf dem Land. Es ist ein neuer menschlicher Maßstab entstanden, der das Gemeinschaftsleben und alles sonstige darin verändern muß. Was heißt also Gemeinschaftsleben? Wenn heute genug Raum zum Parken und Fahren für jeden in London vorhanden wäre, dann gäbe es schon heute kein London mehr, weil alles, was von London da ist, kaum für den Platz zum Parken und Fahren nach den heutigen Anforderungen reichen würde. Denken Sie dabei daran, daß der motorisierte Engländer gerade erst nach London gekommen ist. Wie wird Ihr großstädtisches Gemeinschaftsleben in zehn Jahren aussehen? Was wird die Gemeinschaft in fünfundzwanzig Jahren sein? Als Architekten müssen wir über die Toleranzen und Ignoranzen des Augenblicks hinausschauen, ganz gleich, ob es sich um Stadt oder Land handelt, und versuchen, die Zukunft zu sehen. Sind wir nicht in der Lage, über die Gegenwart hinauszublicken und für die Zukunft zu planen, dann wird, glaube ich, das Gemeinschaftsleben einschließlich der Schweine und Güter, dazu Gott und die Muße, ein Schlachtschiff-Leben bleiben, und wir bleiben dort stehen, wo wir sind – um schließlich für unsere Existenz in Schützengräben in unsern Stadtparks zu kämpfen oder in Luftschutzkellern zu verfaulen.

Mr. Wright sagte in seinem Vortrag, er wolle London lassen, wie es ist, doch in der Erwiderung auf die letzte Frage sagte er, daß die vorhandenen Gebäude verschwinden würden. Das erscheint mir ein wenig inkonsequent.

Ich sehe die mangelnde Konsequenz nicht. Die besseren Teile Londons bilden wie so viele unserer großen Städte jetzt das größte Museumsstück auf der Welt. Große Städte oder die wertvollsten und historischen Teile davon könnten genau das sein, wenn wir sie bewahren, wie sie sind, wenn wir also dezentralisieren. In unserer letzten Sitzung, glaube ich, deutete ich an, daß London, wenn seine unbedeutenden Teile und Slums entfernt worden sind und Platz für Bäume oder Gras gemacht haben, einen wunderbaren Park abgeben würde, in dem sich die Bürger des neuen London erholen könnten; gewisse Teile bleiben dabei bewohnbar. Es wäre nicht möglich, London neu zu erbauen, weil ein nach modernen Begriffen bewohnbares London bei diesem Prozeß verschwinden würde; es würde kein London geben, weshalb wollen wir dann das historische London nicht als historisches London erhalten?
Deshalb sehe ich nichts Inkonsequentes in dem, was ich gesagt habe. Londoner Gebäude, die nicht wertvolle Geschichte sind, sind ungeeignet, aufs Land zu gehen; die traurigen Meilen von düsteren Wohnhäusern erscheinen mir mehr wie erbärmliche Kittchen für die Menschheit als wie Gebäude mit modernem Lebens- und Raumgefühl. Deshalb müssen Sie diese alle vernichten. Lassen Sie sie verschwinden, weil trotz und alledem reichlich und genug Raum für eine Broadacre City in England ist! Ich glaube die Behauptung nicht, daß in England nicht genug Platz für das moderne Leben sei, von dem ich gesprochen habe. Ich will noch einmal den Park von tausend Acker in der Nähe, bei Richmond, und den Zwischenfall nennen, daß ich bei Tisch neben einem Herrn gesessen habe, der seinen Grundbesitz mit viertausend Acker angab. Von diesen gibt es Tausende, wo die natürliche Schönheit erhöht, nicht zerstört würde. Ich möchte die Schönheit solcher Besitzungen nicht zerstören, indem ich Gebäude hineinbringe, wie das Bauwesen oder die Bauunternehmer in London jetzt sind. Aber ich empfehle den Architekten sehr wohl, ein frisches Verständnis für den Boden zu entwickeln und die Landschaft durch das Bauen zu entwickeln, nicht zu zerstören. Es gibt so etwas – ich baue es, aber es läßt sich in ein paar Worten kaum genau erklären, wie ich es mache. Ich weiß, daß eine solche Vereinigung von Landschaft und Gebäude kommen wird, und ich glaube, daß beide dadurch verschönert werden.

Mir scheint, daß Sie Ihr Museumsstück zerstören werden, wenn Sie die Gebäude wegnehmen, die Sie, wie Sie sagen, neu bauen wollen.

Nein, ich würde nichts zerstören außer Londons Schande. Ich schlage vor, Sie behalten alles, was wahrhaft »historisch« ist. Ich würde die Reihen und Reihen von gemeinen Häusern zerstören, in denen die Menschen zu leben versuchen, nicht die, in denen einmal strahlendes Leben herrschte. Ich würde die besseren Häuser und Paläste bewahren, die historischen alten Straßen und Gassen, die öffentlichen Gebäude und Kirchen.

Aber wenn Sie alles Schmutzige und Unangenehme von London wegnehmen und nur die historischen Gebäude übriglassen, was bleibt dann von London?

Genug. Wir gehen gelegentlich zu den Gräbern unserer Vorfahren, warum also nicht auch zu den Überresten unserer Städte? Aber die Vision, die das Gewicht ihrer Vergangenheit durchdringt und bis zur Freiheit unserer Zukunft geht, kommt nicht in einem Augenblick.

Ich bin nicht zufrieden mit der Antwort im Hinblick auf das kommunale Leben. Wenn das englische Volk in der vorgeschlagenen Weise über das Land zerstreut werden soll, dann erfordert das ein Gebiet von einem Quadrat mit der Seitenlänge von 260 Meilen (etwa 420 km); das nähme den größten Teil des Landes in Anspruch, und selbst wenn die Menschen so zerstreut werden, verlangen sie, sich zu Gemeinschaften irgendeiner Art zusammenzuschließen, falls auch nur etwas vom Land frei bleibt. Es gibt Stellen, wo man keine Häuser bauen kann, etwa auf den Gipfeln der Gebirge.

Bergland bietet die hübschesten Baugrundstücke. Und ich bezweifle die Arithmetik des Herrn. Ich rate zum Bauen (vielleicht hohe Gebäude) auf den Teilen des Landes, die für andere Zwecke am wenigsten geeignet sind. Es ist möglich, ein Gebäude in diesem Sinn des organischen Bauens überall hinzusetzen. Man kann keine elizabethanischen oder Tudor-Häuser dort bauen, aber man kann weit ausgedehnte, sich auf dem Boden ausbreitende Häuser bauen, wie ich sie beschrieben habe, oder einzelne, schlanke, aufrechtstehende.

Aber wir wollen sagen, um der Auseinandersetzung zu helfen, daß das Land zum Städter kommt, statt daß der Städter aufs Land geht. Ich möchte keine Stadt »zerstreuen«; Dezentralisierung ist nicht Zerstreuung – das ist falsch... es ist Wiederherstellung. Und ob Sie nun glauben, was ich gesagt habe, oder nicht, die großen Werkzeuge, die die Wissenschaft der Menschheit in die Hand gegeben hat, gestalten diese neue Stadt, die überall und nirgends sein soll. Sie werden etwas bauen wie Broadacre City. Architekten werden das, wie ich fürchte, nicht bauen, weil ich einsehe, daß sie, da sie gebildet und ausgebildet sind, sie nicht einmal zu sehen vermögen. Und deshalb werden diese natürlichen Wirkkräfte, diese ungeheuren wissenschaftlichen Kräfte das ohne sie bauen, aber es wird ihnen dabei nicht an Baumeistern fehlen.

Zerstreuung wird, glaube ich, nicht stattfinden. Die Angelegenheit wird mehr ein Prozeß der allmählichen Absorption durch die Integrierung unausweichlicher Folgen sein. Allmählich werden die Menschen immer unzufriedener mit dem zunehmenden großstädtischen Druck werden. Die Massenerziehung wird ihren Zugriff auf das Volk verlieren, wenn die organische Kultur den Platz dieser sterilisierenden Erziehung übernimmt. Wenn die Kultur tatsächlich kommt, werden Veränderungen sehr rasch vor sich gehen, weil jetzt jede wahre Kulturform mit dem Gesetz der Veränderung wirken wird; sie wird sich nicht gegen die Veränderung stellen und auch nicht in die Knie gehen und Tränen vergießen.
Ich möchte Sie alle fragen, warum die Zivilisation überall so nervös und jämmerlich ist. Liegt es nicht daran, daß es keine große Vision, kein wirkliches Denken gegeben hat, das klug das Gesetz der Veränderung anerkannte und damit weiterging, Vorbilder für das Leben schuf, so frei, daß das Gesetz der Veränderung nicht Unglück und Qual für das betroffene Leben zu bedeuten brauchte? Die Zeit muß kommen, da dieses unerbittliche Gesetz als eine Selbstverständlichkeit in die Philosophie und in die konkreten Formen aufgenommen wird, die unser Zeitalter ausdrücken. Ich gehöre zu denen, die fest überzeugt sind, daß diese Zeit bereits da ist.

Ich hätte gern, daß Sie noch ein wenig weiter gingen und zu praktischen Einzelheiten kämen. Diese Individuen mögen glücklich auf ihren Äckern sein, aber sie müssen sich untereinander zusammenschließen.

Ja, das werden sie tun – warum nicht?

Aber wenn Sie die Leute dort haben, wo Sie sie haben wollen...

No, Sir, nicht, wo *ich* sie haben will, sondern wo *sie selbst* sein möchten. Wenn nicht erst eine praktische Erziehung den Menschen erfaßt und ihn etwas vom Boden gelehrt und ihn zu einem Liebhaber der Geschenke des Bodens gemacht hat (er ist ein Geschöpf des Bodens), kann man nicht viel mit ihm machen, es sei denn, man deportiert ihn oder baut einen Wolkenkratzer in irgendeinem Park auf dem Land, in dem man ihn leben läßt, damit er sich in dem Stil zusammenschließen kann, den er gewohnt ist, und das alles ist durchaus durchführbar in dem neuen Entwurf für Broadacre City, der selbst ein Plan für eine freies kommunales Leben ist.

Wenn diese Menschen also sind, wo sie sein möchten, dann werden sie alle ein Gefühl haben, sie müßten zusammen arbeiten, sich zusammenschließen. Musik, Theater, Kunst, sie alle bedürfen des Zusammenschlusses in irgendeiner Form.

Ja – natürlich. Aber in Zukunft mehr über Funk, vielleicht sogar überwiegend, weil die Menschen vielleicht ihre vollkommenen Häuser nicht verlassen möchten, um etwas zu besuchen, was sie zu Haus viel besser genießen können.

In dem Film sahen wir Ihre Jungen auf dem Hügel musizieren, und es schien ihnen besser zu gefallen als das Radio.

Wir könnten keine Musik im Radio haben, wenn wir nicht fortführen, sie selbst zu machen. Ich glaube, wir brauchen beides und werden beides immer zu Haus haben. Aber unausweichlich wird sich eine neue Form von Gemeinschaftsleben entwickeln, aber wie das genau aussehen wird, darüber hinaus, wie Broadacre City es tastend als frei wachsend umreißt, wer kann das sagen? Ich nicht. Wer will sagen, wie die Menschheit schließlich durch all diese geistigen Veränderungen und physischen Vorteile modifiziert wird, wenn Ton und Bild durch massive Mauern zu den Menschen kommen, wenn jeder sich aller Dinge auf der Welt, die er bewohnt, bewußt wird, ohne einen Finger zu rühren, wenn es überflüssig geworden ist, irgendwohin auf der Erde zu gehen, es sei denn, es machte einem Vergnügen? Die ganze Psyche der Menschheit verändert sich, und was diese Veränderung schließlich als zukünftige Gemeinschaft bringen wird, will ich nicht prophezeien. Sie *ist* bereits stark verändert. Das sehe ich in meinem Land deutlicher, als Sie es in Ihrem sehen können. Das Ergebnis unserer Erziehung ist die Narrheit, daß sie keine Veränderung sehen und diese auch nicht als Wachstumsgesetz zulassen will. Deshalb ist der junge Mann heute hilflos. Da er nichts von dem sich verändernden Leben des organischen Wachstums, des geistigen und des materiellen, weiß – ist er ein Parasit. Vielleicht nicht als Parasit geboren; doch wenn er nicht so geboren ist, ist er dazu erzogen worden und wird auch Parasiten *erzeugen*. Was sollen wir denn dann mit dem Gemeinschaftsleben anfangen, sagen wir, in einer parasitischen Welt für Parasiten? Ich kann es nicht sagen. Aber das Gemeinschaftsleben wird selbst für sich sorgen, wenn man ihm diese erweiterten, belebteren, beseelteren Horizonte und Bedingungen gibt, die ich als unausweichlich betrachte. Und eins glaube ich: Das künftige Gemeinschaftsleben wird viel lebendiger sein, gerade weil es weniger ein Ausweichen vor dem Leben sein wird. Ich glaube, weder Sie noch ich können alle Einzelheiten kennen. Aber wir brauchen auch nur die allgemeine Richtung zu kennen und außerdem zu wissen, was als nächstes in Sicht kommt.

Welche Rolle wird die Romantik in der Architektur der Zukunft spielen?

Von meinem Standpunkt als moderner Architekt aus betrachtet hat sich das Zentrum dessen, was wir Romantik nennen, verschoben; ich finde, es liegt nicht mehr an der Peripherie der Dinge. Deshalb hat die Romantik auch nicht mehr viel mit Geschmack zu tun. Ich empfinde sie als ein neues Verständnis der Wirklichkeit, als ein neues Abenteuer in der erregenden Suche nach Wirklichkeit. Wenn es etwas Romantischeres als dies geben sollte, dann ist es in meinem Leben nicht in Erscheinung getreten, und ich nehme an, es wird auch nicht in Ihrem Leben erscheinen – die Zufälle, die großen Belohnungen, die unvergleichlichen Schönheiten, die unvernünftigen Bestrafungen, sie alle tragen dazu bei, das Leben romantisch zu machen. Keine eskapistischen Gesten mehr, keine vom Geschmack gebauten, vom Geschmack geformten Ideen, sondern eine ernsthafte lebenslange Suche nach der Sache, die aus der Natur der Sache wächst, nicht aus irgend etwas, was man der Sache von außen aufklebt.

Und nun muß ich Sie zum Schluß bitten, ein Ende mit dieser Diskussion zu machen. Ich habe Ihnen erlaubt, sich sehr weit von der ursprünglichen Absicht für Gespräch Nummer drei zu entfernen, und wir sind schon tief in Nummer vier.

Vierter Abend

Bei unserem letzten Abend – dem dritten – sind wir mit unserer Diskussion so weit abgewichen und so weit in die Zukunft gelangt, daß das für heute vorgesehene Thema – »Die Zukunft« – fast erschöpft worden ist. Deshalb werde ich wahrscheinlich »zusammenfassen« müssen. Doch wie vorher werden wir damit beginnen, einen weiteren, und zwar den letzten Teil von Jimmie Thompsons Taliesin-Film zu zeigen. Wir bringen einen Vorspann zu den Bildern unserer letzten in Taliesin gezeichneten Bauten, indem wir Ihnen die Jungen (und Mädchen) zeigen, die auf der Farm arbeiten, während sie ihre Arbeit im Zeichenraum fortführen. Wie Sie sehen, ist die Architektur bei uns nicht einfach eine Zeichenbrett-Angelegenheit; es ist eine Lebensweise. Dadurch, daß die Jungen (und auch die Mädchen) diese Arbeit im Freien tun, bekommen sie die Natur des Bodens in den Blutkreislauf und finden, daß der Schweiß auf der Stirn das Denken fördert. Wenn ich selbst des Denkens und der Ideen müde bin und mir ein bißchen abgestanden vorkomme, gehe ich hinaus und schlage Steine auf den neuen Straßen, arbeite auf dem Bau oder gehe aufs Feld. Ich komme erfrischt zurück – und bin besser in der Lage, weiterzumachen. Wir haben eine Farm von zweihundert Acker, auf der wir alle arbeiten. Ich habe gehört, daß man uns auf Taliesin beschuldigt hat, »Eskapisten« zu sein; aber diese strenge Sache, die Sie auf der Leinwand sehen, wirkt eigentlich nicht so sehr eskapistisch... oder doch? Diese Bilder erscheinen hier vor dem Gespräch, das folgen wird, doch eigentlich gehört beides nebeneinander. In diesem Augenblick sehen Sie Lehrlinge, die die wiederaufgebaute Scheune streichen, indem sie sie mit roter Farbe spritzen. Die rote

Scheune ist einer der größten Habenposten in der Landschaft von Wisconsin. Fast alle Scheunen in Wisconsin sind genauso rot (Eisenoxyd). Nun sehen Sie, wie die Wiederaufbauarbeit weitergeht; der Damm, der unsere Wasserkraft speicherte, war unterspült worden, und wir mußten ihn neu bauen. Wir machen uns nicht so viel daraus, wenn hin und wieder etwas entzwei geht, weil wir dann die Gelegenheit haben, es noch einmal und diesmal besser zu bauen. Auf diese Weise lernen wir. Ich bin froh, sagen zu können, daß wir, obwohl alle jungen Leute auf Taliesin Maschinen und scharfe Werkzeuge benutzen und dabei nicht immer auf die Sicherheit achten, während der ganzen sechs Jahre, die wir dort arbeiten, keinen schweren Unfall gehabt haben. Das spricht sehr für das Einvernehmen dieser jungen Leute. Und wir sind in Taliesin alle »Selbstanlasser«; wir sorgen in all und jedem selber für uns mit Heizung, Beleuchtung, Transport und Wasserversorgung und haben nur wenig oder gar keine bezahlte Hilfe. Wir ernähren uns selbst, teilweise aus dem Boden, und unterhalten uns selbst. Und wir sorgen im Sommer für den kommenden Winter. Einer der Gründe, weshalb Männer aus dem Norden die Männer im Süden besiegen, ist der, daß sie dauernd von lebensfeindlichen Verhältnissen umgeben sind, die sie selbst abwehren und währenddessen für den Winter vorsorgen müssen. Der Norden kann sich niemals »gehenlassen«, wie es der Süden darf, weil dauernd Schwierigkeiten überwunden werden müssen. Auf der Leinwand sieht man nun ein Gebäude in The Glen, Bear Run, Pennsylvania. Das Haus heißt Falling Water. Auslegerplatten aus Beton, die vom Felsufer über den Bach vorspringen, tragen den Wohnraum über den Wasserfall hinaus. Die Konstruktion vermittelt das übliche Raumgefühl. Die Kragplatten erscheinen erheblich weicher als sonst, weil alle Kanten der Deckplatten und Überstände und die Platten des Dachüberstands abgerundet sind. Die Platten sind durchweg bewehrt und tun die Arbeit, die sie auch dem Aussehen nach tun. Zusammen mit ihnen ist Naturstein verwendet worden. Das Gebäude ist sehr stark Teil seiner Lage. Wenn wir solche Konstruktionen bauen, ist es unsere Gewohnheit, immer einen unserer Lehrlinge auf den Bau zu schicken, an dem wir beschäftigt sind; dort bekommen sie Erfahrung, während die Arbeit im Zeichenraum und auf der Baustelle voranschreitet.

Als nächstes sehen wir ein Holzhaus auf einem kalifornischen Hügel, aus dünnen, aber massiven Wänden geschnittenen Holzes erbaut; die Gestaltung der Wände sorgt für die Stärke – wir nennen dieses Haus Hanna das Honigwabenhaus, weil sich die Konstruktion aus einem System sechseckiger Einheiten zusammensetzt. Das Sechseck paßt sich der menschlichen Bewegung besser an als das Viereck.

Nun kommt eins unserer Häuser auf Long Island bei New York: Zypressenholzbretter und -dielen innen und außen, dazu rote Ziegelmauern. Wir haben hier keinen Putz verwendet. Wir verzichten bei unsern Gebäuden auf Putz, wo es irgend möglich ist, und benutzen statt dessen Bretter oder Sperrholz. Manchmal werden synthetische Stoffe benutzt und in zunehmendem Maß auch Stahl und Glas. Hier sehen Sie das jüngste Präriehaus, das Haus Johnson in Racine, Wisconsin. Wir nennen es »Wingspread« – Flügelspanne. Ein Haus mit einem großen Wohnraum, in dessen Mitte ein hoher Kamin aufragt; davon gehen Flügel in vier Richtungen aus; links sehen Sie den Flügel (einen Zwischenstock, der in den offenen Wohnraum als Balkon hineinragt) mit Zimmern für den Besitzer, seine Frau und die junge Tochter; rechter Hand ist ein Flügel zu ebener Erde für die vier Jungen, ein Spielzimmer am äußersten Ende; ein weiterer Flügel ist für die Dienstboten und ihre Tätigkeiten und ein letzter für Gäste und Autos. Der klare Schwung des Gebäudes entspricht dem vieler anderer Häuser, die ich für angemessen auf unsern Prärien im Mittelwesten hielt. Der Boden unter den vielen vorspringenden Gitterkonstruktionen ist mit wilden Weinreben bepflanzt. Die äußere Holzverkleidung ist aus zweizölligen Zypressenbrettern, während die Ziegelmauern rot sind und der Stein ein rosa Kasota-Sandstein ist. Das alles weist das übliche Gefühl von Weite und menschlicher Geräumigkeit auf, und vom Haus aus wirkt die umgebende Landschaft besonders reizvoll. Niemand hatte bemerkt, daß wir hier einen besonders schönen Bauplatz hatten, bis das Haus stand. Dann erkannten die Menschen, wie schön er wirklich war. Wenn die organische Architektur richtig ausgeführt wird, wird die Landschaft dadurch niemals vergewaltigt, vielmehr stets entwikkelt. Die Seitenwände des Schwimmbeckens sind unterschnitten. Das durchschnittliche Schwimmbecken sieht meiner Ansicht nach aus wie eine verherrlichte Badewanne. Man gewinnt dabei weniger den Eindruck von Wasser als von dem Becken, in dem es enthalten ist. Werden die Beckenwände jedoch unterschnitten, sieht man keine Wände, sondern nur das Wasser und die Reflexionen. Dieses Haus »Wingspread« vermittelt etwas von dem klargegliederten Kraftgefühl, wie Sie es auch in einem gut ausgewogenen Flugzeug oder einem Ozeanschiff finden; doch das ist keine bloße Ästhetik, es ist konstitutionell, das kann ich Ihnen versichern. Wahrscheinlich ist dies eins der vollständigsten, bestkonstruierten und teuersten Häuer, die zu bauen ich je das Glück gehabt habe.

Schließlich sehen Sie Konstruktionsfotos von dem fensterlosen, fußbodenbeheizten, völlig klimatisierten Verwaltungsgebäude der S. C. Johnson Wax Company in Rancine, Wisconsin; wie es hier gezeigt wird, ist es bereit, die Glasverrohrung in das Betonskelett aufzunehmen. Wir mußten Tests durchführen, ehe der Bauausschuß von Wisconsin uns diese Konstruktion erlaubte. Die baumförmigen Säulen, die Sie jetzt sehen, werden gerade für den Bauausschuß von Wisconsin getestet. Sie erwiesen sich als etwa sechsmal so stark wie erforderlich. Ich glaube, technisch gehört dies auch zu den am besten gebauten Gebäuden der Welt. Und ich betrachte es nicht nur als ein durchaus modernes Stück Arbeit, sondern glaube außerdem, daß es dem Ideal einer organischen Architektur näher kommt als alle andern, die ich gebaut habe. Wenn Sie sich im Innern befinden, haben Sie keinerlei Gefühl von Gewicht; die Masse ist verschwunden; Sie haben auch nicht das Gefühl, eingesperrt zu sein, da Sie nirgends von dem äußeren Licht oder einem Gefühl des Himmels abgeschnitten sind.

Nun wollen wir zu unserer letzten »Konversation« übergehen. Vielleicht hat das, was Sie auf der Leinwand gesehen haben, eine kleine Vorstellung von dieser neuen Bauweise gegeben, von der ich gesprochen habe, dieses Gefühl für ein Gebäude als einem Ding, das für das darin geführte Leben aus dem Boden wächst, ein Gebäude, durch die Natur der Baustoffe und den Zweck der darin verrichteten Sache bedingt, als etwas, was tatsächlich eine frische Integrität besitzt – nicht Theorie, sondern Praxis.

Ehe wir vorhin den Film betrachteten, sagte ich, wir hätten uns mit dem vorgesehenen Vortragsthema schon so ausführlich beschäftigt, daß wir heute abend vielleicht zurückgehen, ein Faß Nägel herausholen und mit einem schweren Hammer einige technische Einzelheiten einschlagen müßten. Ich wurde heute nachmittag wieder ein wenig erschüttert, als ein junger Mann mit ornamentalen Bartkoteletten, der in mein Hotel kam, um mich zu interviewen, sagte, er habe gehört, ich würde beschuldigt, »Eskapist« zu sein, und er wünsche nun, daß ich das entweder bestätigte oder bestritte. Wahrscheinlich ist es an der Zeit, daß ich mich auf die Verteidigung vorbereite, aber ich weiß wirklich nicht genau, was ein »Eskapist« in der Bedeutung ist, die der junge Mann dem Wort beilegt, und ebensowenig, was es heißt, einer zu sein. Wenn ich es wüßte, würde ich ihn vielleicht selber so nennen. Wenn er darunter jedoch versteht, der Bedrückung durch die tote Vergangenheit zu entrinnen und in ein Leben zu gelangen, das der lebendigen Gegenwart besser entspricht, dann bekenne ich mich schuldig im Sinne dieser leichten Anklage. Die Grundlage dieser Beschuldigung, »Eskapist« zu sein, könnte man darin finden, daß wir in Taliesin ein recht abgeschlossenes Leben führen und uns unserm eigenen Leben auf unsere eigene Weise widmen; Sie haben eben auf der Leinwand etwas von seinem Charakter gesehen. Und wenn das heißt, dem Leben ausweichen, dann weiß ich nicht, was Leben ist. Wir haben vor, uns kopfüber hineinzustürzen, es herauszufordern; wir fürchten uns nicht, die Wirklichkeit zu erforschen, sondern sind eifrig darauf aus. Tatsächlich halte ich Taliesin für eine kleine Forschungsstation auf dem Weg zu ebendieser *Wirklichkeit*. Wir in Taliesin betrachten die Realität als die heutige Romantik. Wir haben bereits festgestellt, daß die Romantik nicht mehr an der Peripherie des Lebens liegt, da wir sie jetzt als vom Menschen geschaffen betrachten, aber sie ist noch etwas Tieferes, was man davon unabhängig im Leben findet, wenn man es lebt. Ich darf sagen, daß auch das ein Ausweichen ist, aber wenn es das ist, dann wollen wir alle ausweichen, alle Eskapisten sein! Doch ich glaube eher, daß sich die Beschuldigung auf einen gewissen Geisteskult bezog, weil die Sentimentalität zu weit gegangen war und nun die »Antis« zu weit in entgegengesetzter Richtung gehen wollen.

Nun, an den vorigen Abenden habe ich eine ganze Menge gesagt (aber Sie haben selber ja auch erheblich gesprochen) über eine Architektur unter den zweideutigen Verhältnissen, in denen wir gegenwärtig leben; nun haben wir mit oder – eigentlich – gegen uns in jedem Zweig der Kultur die kostbare Ästhetik, die hohe Sentimentalität in der verlogenen Rücksichtnahme auf das Alte, die daraus folgende, törichte akademische Nichtbereitschaft, die Toten zu begraben. Warum nur diese allgemeine Abneigung, die tote Vergangenheit ihre Toten begraben zu lassen? Ich gebe zu, selbst das Feingefühl zu lieben, aber ich bestreite, daß ich deshalb Eskapist oder Sentimentalist bin. Seit ich nach England gekommen bin, habe ich, wie ich erwartete, festgestellt, daß der kultivierte Engländer der beste Kamerad und der reizendste Gesellschafter der Welt ist, und ich finde Ihr liebes altes London voll rührender Reize und sehr interessant für Liebhaber von Antiquitäten. Ich bin seit vielen Jahren nicht mehr durch ein Museum gegangen, deshalb gefällt mir die Stadt. Deshalb wünsche ich gar nicht, daß London stark verändert wird. Es würde mir auch gar nicht gefallen, wenn dieses Ihr schönes Museumsstück ausgeflickt würde. Warum wollen Sie es nicht bewahren, wie es ist? Warum wollen Sie es von Architekten oder Bombern zerstören lassen?

Da gab es neulich abends einen hübschen kleinen Krach in der »English Speaking Union« zwischen Ihrem Professor Richardson und andern (ich selber auf einem Seitengleis). Frage: ob London mehr in Gefahr von Baumeistern als von Bombern sei. Ich stellte mich dann auf den Standpunkt, daß das ganz unwichtig sei. Ich meine, daß es deshalb keine so große Rolle spielt, weil ich glaube, daß London von beiden keine Gefahr droht. London befindet sich lediglich in der ernsten Gefahr, die vom Leben selber ausgeht. Wir wollen es doch zugeben, meine Lords, Damen und Herren, daß London architektonisch senil ist. London ist senil. Wie könnten wir das länger leugnen? Wenn Sie nun eine hoffnungslos senile Großmutter hätten, welche Einstellung würden Sie ihr gegenüber einnehmen? Es wäre die Einstellung der Besserung und Linderung, nicht wahr? Das sollte Ihre humane Einstellung sein, und Sie würden sie wahrscheinlich nicht einbalsamieren und in einem Glaskasten aufheben, wenn sie stürbe. Meiner Ansicht nach sollte Ihre Einstellung London gegenüber ähnlich sein – Besserung, Linderung, das alte London ehren und es dabei bewenden lassen, aber schließlich – und zwar bald – das Beste davon als Gedächtnisdenkmal in einem großen grünen Park bewahren. Das mag auf den ersten Blick als eine allzu einfache Lösung nach all diesen ärgerlichen technischen Schwierigkeiten mit den einander widerstreitenden Interessen der menschlichen Natur erscheinen. Doch Dezentralisierung und Reintegrierung ist die einzige und *unausweichliche* Lösung, nicht nur für London, sondern für jedes zu groß gewordene Dorf auf der heutigen Welt. Ich weiß, daß es schwer ist, das, was ich sage, als wahr anzuerkennen, aber ich bin überzeugt, wenn sie die Angelegenheit, aus London wegzugehen, nicht selbst in die Hand nehmen, dann werden Ihnen die mechanistischen, naturwissenschaftlichen Kräfte, die die Zukunft gestalten, ob Ihre Architekten es gern haben oder nicht (natürlich wird es ihnen *nicht* gefallen), eine Stadt der Zukunft bauen, die meiner Ansicht nach dem Taliesin-Vorschlag für eine Broadacre City, den wir am vorigen Abend erörtert oder doch ein wenig zu erörtern versucht haben, verwandter sein wird als alles sonst, was wir bisher als fest umrissenes Modell einer fortschrittlichen Vorstellung vom guten modernen Leben zu betrachten Gelegenheit gehabt haben.

Ja, heute abend werden wir rekapitulieren und – wie üblich – wiederholen. Notwendigerweise ist es in diesen Gesprächen oft zu Wiederholungen gekommen. Sie waren alle nicht als richtige Vorträge über das Thema der Architektur geplant. Jedes einzelne dieser Gespräche ist eine spontane Diskussion ihrer Notwendigkeit und ihres Platzes in der Gesellschaft gewesen, wie alles, was nicht genügend studiert, aber dafür sehr tief empfunden ist. Nun stehe ich hier zum letztenmal vor Ihnen und bin innerlich noch stärker beteiligt an dem, was ich Ihnen eben gesagt habe – einmal über die Stadt und dann über die Art des Lebens in diesem Gedränge, in das sich die Stadt heute allenthalben auf der Welt gebracht hat. Wir Menschenwesen sitzen tatsächlich in einer furchtbaren Klemme. Wir sind nicht einmal so gut konditioniert, um uns zwischen zwei tödlichen Gefahren hindurchzufinden – trotz all unserm militärischen Pomp und Prunk, vielleicht gerade, weil wir es damit so weit gebracht haben –, daß wir in unserer Bestürzung überhaupt nicht mehr wissen, wo wir uns befinden. Die jungen Menschen, denen ich begegnet bin und mit denen ich gesprochen habe, als ich mich ein wenig in Ihrem Land umsah, das auch das unsere ist, die jungen »gebildeten« Leute also, mit denen ich sprach, wie ich mit Ihnen spreche (gebildeten Menschen), sind alle verwirrt und darauf aus, eine Richtung nach vorn zu finden, wie auch Sie es meiner Überzeugung nach sein werden. Sie glauben fest, daß es irgendwo ein besseres Leben für sie geben muß, wie auch Sie es glauben. Wie ich schon sagte, sind sie alle gebildet in dem Stil von ein wenig Fassade, und zwar weit über ihre Fähigkeit hinaus, in Usonia gewiß nicht stärker als in älteren Ländern wie dem Ihren. Und wozu das alles? Es kann doch wohl nicht sein, daß sie ausschließlich gebildet wurden, um mehr Kanonenfutter zu liefern? Es kann doch wohl nicht sein, daß sie nur für falsche Götter gebildet wurden, um ein weiterer Zahn auf den allzu vielen Rädern eines kapitalistischen Systems zu sein, das – auch dieser Tatsache wollen wir ins Auge sehen – in Wirklichkeit überhaupt kein kapitalistisches System ist! Ich glaube an ein kapitalistisches System, das seine Basis weit über den Boden ausbreitet und seine Spitze so hoch erhebt, wie es Ihnen nur gefällt. Doch hier haben wir eins mit der Spitze auf dem Boden und der Basis hoch in der Luft; in der Demokratie ist etwas schiefgegangen! Bei all dem Schwärmen gibt es keine wirkliche Potenz. Die potentiellen Truppen des Friedens sind weit größer als die des Krieges, aber sie sind noch niemals in all der bunten Schönheit ihres Zaubers auf-

gestellt worden. Die Liebe zu Jeanne d'Arc wird weit länger leben als der Haß auf Napoleon.
Ich weiß wenig von Politik. Ich gebe zu, daß ich für Politiker ganz und gar keine Achtung empfinde. Doch als Architekt, der die Struktur studiert, finde ich es bedauernswert, daß es heute keinerlei Gefühl für die Struktur als etwas Organisches in ihren Köpfen gibt; und nur mit diesem Gefühl könnten die Staatsmänner dazu beitragen, das Leben der Welt zu retten. Und wenn dieses Gefühl für die Struktur bei Ihnen nicht bald in die Tat umgesetzt wird, wo wird man dann die Zivilisation finden? Am Ende.
Wenn wir die Gelehrsamkeit beiseite lassen, können wir bald verstehen, wie die Architektur in den Zustand geriet, in dem sie sich heute befindet, wenn wir uns nämlich vergegenwärtigen, daß die Architektur seit fünfhundert Jahren lediglich die Anwendung der Wiedergeburt einer Art oberflächlicher Ästhetik auf die Konstruktion ist, und ich glaube, das gleiche geht überall auf dem Gebiet unserer Erziehung vor sich, wo an sich unsere Kultur sein sollte. In den Staaten sind wir in diese Klemme geraten, weil die »Ästhetik« – wie ich bereits nachdrücklich betont habe –, die wir übernahmen, an unsere Küsten als die »Kolonialtradition« kam, die in sich keinerlei Kenntnisse von organischen Prinzipien hatte und nicht das mindeste von dem wußte, woraus ein neues Leben auf neuem Boden unter neuen Umständen die neuen Formen modellieren konnte, die es brauchte, um dem Charakter nach etwas Organisches zu sein. Eine Form des Kolonialismus war alles, was wir als Kultur hatten, und Sie hatten das, was Sie hatten, auf ziemlich genau die gleiche Weise erhalten, wie wir das Unsere. Dieser »Ismus« ging um die ganze Welt (und blieb sich dabei einigermaßen gleich) als eine Art Renaissance so vieler anderer Renaissancen... viel zu vieler. So ist mindestens fünfhundert Jahre lang diese bloße Anwendung des Geschmacks auf Umstände von außen im heidnischen Sinn in allen Angelegenheiten des Lebens das einzige gewesen, was die Welt der Architektur und damit nicht weniger die Angelegenheiten der Menschen hatten, um davon zu leben und daran zu wachsen.
Was haben wir mittlerweile an großen schöpferischen Werken als tatsächliche Arbeitsbasis für das Leben, das wir geführt haben, oder als Beweis für seine Gültigkeit aufzuweisen? Nicht viel. Nein, es war wirklich ein eskapistisches Leben, das wir geführt haben. In diesem Leben werden wir die richtige Anwendung des Wortes »eskapistisch« finden, wenn das Wort überhaupt einen Sinn hat. Unsere gesamte Kultur ist dieser billige Versuch aus zweiter Hand gewesen, den Tatsächlichkeiten des Daseins nach links oder rechts mit Hilfe geschmacksgeschaffener modischer *Illusionen* auszuweichen. Eine unechte Bildung hat die modischen Illusionen von Generation zu Generation bestätigt – durch Bücher, Befehle und Belohnungen. Wirtschaftlich wie architektonisch war nahezu alles, womit wir anfingen, die Demokratie unserer Vereinigten Staaten aufzubauen – genau wie unsere

ererbte kulturelle Rückständigkeit –, ein feudales Überbleibsel, ein ungeeignetes Überbleibsel aus feudalen Zeiten. Wir begannen mit der großen Idee, das Leben zu einer gerechten Chance für jeden Menschen zu machen, jedem Menschen die gleiche Möglichkeit vor dem Gesetz zu geben. Ich glaube, es war ein Irrtum, als in die Unabhängigkeitserklärung hineingeschrieben wurde, daß jeder Mensch frei und gleich geboren sei, weil das schierer Unsinn ist... Ich glaube, gemeint war, daß jeder Mensch frei und vor dem Gesetz gleich geboren wird... Da das so war, dauerte es nicht lange in diesen Überbleibseln eines feudalistischen Zeitalters, die eben ganz frisch als wirtschaftliche Basis für die neue Demokratie aufgestellt worden waren, bis der Wolf, der Fuchs und die Ratte in menschlicher Gestalt zu Gewinnern in diesem neuen Aufbau wurden; und heute sind sie völlig die Gewinner. So wurden wir sehr rasch an jedem Ausdruck eines demokratischen Lebens gehindert, noch ehe wir recht begannen, zur Niederlage verurteilt. Kein Wunder, daß wir jetzt in die Enge getrieben, arbeitslos und völlig verwirrt sind.
Jawohl, irgendein Denken, irgendein wirklicher Gedanke muß nicht nur in die Architektur, sondern auch in diese Sache eindringen, die wir die wirtschaftliche Basis des sozialen Lebens nennen.
Nicht mehr damit zufrieden, als Unbeteiligte von draußen hineinzuschauen, müssen wir als Meister durch ein Gefühl für die Struktur, wie ich es während dieser vier Abende immer wieder betont habe, eintreten. Irgendein tieferer Gedanke von uns – wenn wir auch ausgebildet und gebildet sind – muß nach innen, muß durchdringen; und von der Innenarbeit aus müssen die praktischen neuen Formen entstehen, die für das echt demokratische Leben geeignet sind, rationale Strukturformen, die die Demokratie nicht zu etwas auf den Kopf Gestelltem machen oder sie ein bloßes Lippenbekenntnis bleiben lassen, sondern zu einer tatsächlichen Lebens- und Arbeitsweise, *lebendig* und alles ansteckend, jeden einzelnen Menschen von heute, wo er auch steht.
Gelegentlich blättere ich die Zeitungen durch und habe dabei bemerkt, auf welche Weise man die Demokratie dem Faschismus gegenüberstellt. Aber ich glaube, je mehr man den Kommunismus analysiert, je mehr man Faschismus und Demokratie analysiert, desto weniger wird man in der Lage sein, entscheidende Unterschiede in der Praxis zwischen ihnen zu sehen, sobald die Theorie erst verflogen ist. Es fehlt etwas Radikales in all diesem Zetergeschrei der »Massenpresse«, und gerade so »radikal« müssen wir jetzt sein. Wir brauchen ehrliche Radikale. England ist diesen gegenüber, das gebe ich freudig zu, immer gastfreundlich gewesen. Doch das Wort in unserm pseudokapitalistischen Land auszusprechen ist ebenso, als ob man die rote Fahne schwänge; gebildete Menschen nehmen an, daß alles über solchen Leuten zusammenstürzt. Es steht zehn zu eins, daß sie die Polizei rufen – »zerstreut euch, oder ihr werdet verhaftet«. Aber wir wollen doch rational sein... radikal bedeutet nur, herauszufinden suchen, was an der Wurzel liegt –

das Wort »radikal« heißt »von der Wurzel«. Wieviel wissen wir Heutigen von der Wurzel? Ungeachtet unserer »Neigung« zur Geschichte – was ist uns denn gelehrt worden über die Wurzeln, zum Beispiel die Wurzeln unserer Wirtschaftsordnung? Professoren an usonischen Universitäten, die damit anfangen, sich mit den Wurzeln von irgendeiner Sache abzugeben, können ihre Stellung verlieren. Viele von ihnen, die kein Arg dabei haben, die weder dem Leben noch der Menschheit Schaden zufügen wollen, sondern hoffen, ihnen zu nützen, suchen forschend, um etwas über Wurzeln zu finden, damit sie es lehren können; und dann begegnen sie dieser Opposition von ihren Arbeitgebern – dem System – in einem freien Land, in unserer eigenen Demokratie! Ich kenne eine Anzahl solcher Fälle. Niemand wird sagen, das sei bewundernswert – aber ist es auch nur vernünftig? Ist es überhaupt noch länger erträglich? Was hat all diese Vorurteile und Befürchtungen wie Tonnen um Tonnen zusammengestürzter Ziegelmauern auf unsere Köpfe gebracht? Warum haben wir noch nicht den Mut der Freien? Warum sind wir noch nicht fähig, für uns selber zu sehen und allein zu stehen? Warum kennen wir die Natur dieser lebenswichtigen Dinge nicht, die wir diskutiert haben, die innere Natur dieser Sache, die wir Architektur nennen? Alle andern lebensentscheidenden Dinge sind ebenso wie diese eine große Sache oder müßten es in einer wahren Demokratie doch sein! Was ist überhaupt Architektur? Ist es die große Ansammlung der verschiedenen Gebäude, die erbaut wurden, um den wechselnden Geschmack der verschiedenen Herren der Menschheit zu befriedigen? Ich glaube, nicht. Nein, ich weiß, daß Architektur Leben ist; oder mindestens ist sie etwas, was selbst Gestalt annimmt, und deshalb ist sie der treueste Bericht von dem Leben, wie es gestern auf der Welt gelebt wurde, wie es heute oder in alle Zukunft gelebt wird. Deshalb weiß ich, daß die Architektur ein »Großer Geist« ist. Sie kann niemals etwas sein, was aus den Gebäuden besteht, die der Mensch auf seiner Erde errichtet hat. Die Architektur ist jener große, lebendige schöpferische Geist, der von Generation zu Generation, von Jahrhundert zu Jahrhundert fortschreitet, beharrt und der Natur des Menschen und seiner sich wandelnden Verhältnisse gemäß schafft. Das erst ist wirklich Architektur.

Wissen nun die Professoren, die das Thema für uns behandeln, in diesem breiten Sinn viel darüber? Tun sie viel für uns? Wir reden jetzt über die Architektur als über eine Sache, die wieder richtig herum aufgestellt werden muß – für eine richtig aufgestellte Gesellschaft. Die Architektur darf nicht auf dem Kopf stehen, sonst verpassen wir den Schlag des Rhythmus, den das Leben uns zu bringen hat, oder wir verlieren auf immer etwas Entscheidendes und Wertvolles; etwas, wofür die ganze Wissenschaft soviel getan hat, um es unter so schrecklichen Kosten für uns zu vollenden, kann nicht kompensiert werden. Die Naturwissenschaft hat unsäglich viel getan, um Wunder zu vollbringen, die zum Segen für unser Leben werden könnten, jetzt aber Flüche sind, weil die Kultur ohne schöpferische Architektur nicht mitkommt, um sie zum Segen zu machen. Ohne die schöpferische Architektur als Zentrallinie der gesamten Kultur können wir uns nicht nutzbar machen, was die Wissenschaft bereits geschafft hat, ebensowenig können wir zeigen, wie man die überreichen wissenschaftlichen Ergebnisse klug auch nur auf materielle Weise verwertet, ganz davon zu schweigen, sie schöpferisch und auf schöne Weise zu gebrauchen.

Was verhindert heute die Verwirklichung und die kulturelle Auswertung der Naturwissenschaft bei der Schaffung eines besseren Morgen? Was hindert wahre Staatsmänner (Architekten der sozialen Ordnung) daran, in einer Zeit wie der jetzigen aus unserer Mitte aufzustehen? Warum sind die Völker der ganzen Welt intrigierenden Industriellen und schlauen Politikern auf Gnade und Ungnade ausgeliefert? Warum werden nationale Ränke und finanzielle Komplotte als normale Staatskunst betrachtet? Warum wird es jetzt von zivilisierten Nationen hingenommen, daß Frauen und Kinder massenweise in ihren eigenen Häusern durch mechanische Verbesserungen im großen gemordet werden dürfen? Warum erkennt man das als erlaubte Form der Kriegführung in der modernen Zivilisation an? Dieser Mord ist gemeiner als alles Entartete, was ich mir in der vergangenen Geschichte denken kann. Daran, daß das Verbrechen von zivilisierten Nationen toleriert wird, können Sie sehen, auf welches geistige Niveau sich das Denken in einem Leben wie dem unsern gesenkt hat. Keine Nation, keine, und keine Vereinigung von Nationen ist in der Lage, zu einer so entsetzlichen Erniedrigung nein zu sagen – worauf kann dann die Zukunft noch hoffen? Nun... wirtschaftlich mag unser sogenanntes kapitalistisches System dieser Erniedrigung oder schlimmerer Dinge bedürfen, um weiterbestehen zu können. Dieses angebliche System ist natürlich in erster Linie eine Sache des Geldes – aber, ob Sie es glauben oder nicht, keiner, zuallerletzt das »System« versteht wirklich etwas von Geld. Während des Zusammenbruchs in den Vereinigten Staaten – sie nannten es gern eine Depression, aber es war ein Zusammenbruch – hörte, wie ich glaube, niemand in unserm Land (oder in Ihrem) auch nur eine einzige aufgeklärte offizielle Andeutung über das Warum oder Wozu jenes umständlichen Geheimnisses, das man Geld nennt, noch war irgend jemand bereit, zu einem vernünftigen Heilmittel unter den gegebenen Umständen zu greifen. Und das lag einfach daran, daß »sie« die Natur des Dinges – des Geldes – nicht verstanden. Nein, das taten »sie« damals nicht, und auch heute verstehen »sie« noch nichts von der Natur des Geldes. Der liebe, gütige alte Karl Marx und der noble Henry George verstanden auch nichts davon; sie nahmen es als eingeführte Abstraktion oder als etwas Gottgegebenes hin. Und wir haben es auch so hingenommen. Ich erwähne das Geld nur als ein Beispiel für den Mangel an jeglichem *Gefühl für die Struktur* in Volkswirtschaft oder Gesellschaft und bei dieser Suche nach organischer Struktur, für die ich in der Architektur plädiere. Nirgendwo ist ein solches Denken in einfachen Dingen heute wirksam, obwohl wir es mit Recht als *zweckmäßig* bezeichnen müssen. Nun fordert diese teure Verwirrung infolge des kürzlichen furchtbaren Zusammenbruchs all der alten, wirtschaftlichen, sozialen, ästhetischen Theorien gewiß etwas, was von innen kommt und einen besseren Weg für Gebrauch und Gewohnheit weist, was einen der Natur gemäßen Weg bekanntmacht, der sich nicht vor dem Gesetz der Veränderung fürchtet, weil dieses Gesetz als das notwendige, unvermeidliche *Gesetz des Wachstums* erkannt werden muß. Ich bin überzeugt, am meisten hat unserer Jugend in ihrer euphemistisch bildenden Erziehung sowohl im kulturellen als auch im wirtschaftlichen System die Tatsache geschadet, daß die »Ismen« des Institutionalismus zur Gewohnheit geworden sind; und wir müssen gegen das »Istische« der »Isten« kämpfen, die alle instinktiv gegen das lebenswichtige Gesetz organischer Veränderung sind – die Feiglinge betrachten alle Veränderungen, welche es auch seien, als Feinde. Deshalb fürchten wir uns jetzt allmählich ein wenig vor Veränderungen und fühlen uns nur sicher, wenn wir wissen, wir können die Hände an dem behalten, was wir jetzt haben, so wie wir es haben. Je mehr Geldmacht wir bekommen und behalten, desto dümmer werden wir, Verfechter des Bestehenden, statt Verfechter des guten Lebens um seiner selbst willen. Unsere Universitäten mögen erkennen und lehren, daß *das Gesetz der organischen Veränderung das einzige ist, was die Menschheit als heilsam oder als tatsächlich anerkennen kann!* Wir können nur wissen, daß alle Dinge sich in einem kontinuierlichen Zustand des Werdens, im Prozeß des Fließens befinden. Heraklit wurde auf den Straßen Athens als Narr gesteinigt, weil er diese Unabhängigkeitserklärung abgegeben hatte; ich erinnere mich nicht mehr, wie viele Jahrhunderte das her ist. Doch heute hat die moderne Kultur keinen Fortschritt in diese Richtung gemacht, weil wir diese mutige Erklärung nicht beachtet haben und weil wir so institutionell, so beschränkt im Ausblick geworden sind, so von Furcht vor dem Leben erfüllt, statt von der Bereitschaft beseelt, ihm zu vertrauen, daß leider das tiefe Mißtrauen gegen das Leben heute in den Vereinigten Staaten von Amerika und in England stärker ist denn je. Wir haben Angst... sind Feiglinge... jawohl... weil wir so eifrig damit beschäftigt sind, zu haben und zu behalten (oder es doch zu versuchen), daß wir nichts Tieferes und Wesentlicheres in den Griff bekommen; doch das müssen wir nun finden, sonst können wir zusehen, wie wir als Zivilisation verschwinden. Es ist das gleiche Etwas, das wir finden müssen, von dem ich Ihnen immer wieder nachdrücklich in diesen formlosen egoistischen Gesprächen zu erzählen versucht habe. Es ist das gleiche wesentliche Etwas, das die organische Architektur gefunden hat; und wenn wir nur wenig davon zeigen können, so findet es doch seinen Platz und seine Pflanzung ganz allmählich überall auf der ganzen Welt. Aber was können wir bis auf seltene Beispiele mit einer organischen Architektur im allgemeinen als der Architektur eines ganzen Volkes anfangen, solange wir kein ganzes Volk haben, sondern nur eine Gesellschaft, so oberflächlich, wie die unsere es geworden ist, so unwissend im Hinblick auf Ursache und Wirkung, daß sie sich vor allem fürchtet, was das Leben wirklich ist? Ich habe in meiner Lebensspanne gelernt, daß es nur ein einziges Vertrauen, eines Mannes würdig, gibt, und das ist das Vertrauen in das Leben selbst, der feste Glaube, daß das Leben *ist* (Welten ohne Ende, amen), daß man es weder betrügen noch besiegen kann. Soweit das geht, was die Erziehung Kultur zu nennen beliebt, haben wir in all diesen Jahrhunderten versucht, das Leben zu schlagen und zu besiegen, und beinahe ist es uns auch schon gelungen. »Autorität« hat fast niemals Vertrauen zum Leben gehabt. Wir haben dem Leben gewiß nicht in der Architektur vertraut, wir haben ihm nicht in der Politik oder Staatskunst vertraut. Nirgendwo haben wir ihm vertraut, nein – nicht einmal in der Religion! Wir reden über Gott, und wir haben all diese großen architektonischen Opfer an Gott gebaut, wobei Gott alles andere und alles anderswo ist als das Leben, das wir kennen, und das Alltagsleben, das wir führen. Kein Wunder, daß wir sind, wie wir sind, und nicht so, wie wir sein müßten, um lebendig weiterzugehen – oder tot zu gehen, zum Himmel! Und es ist nicht von geringer Bedeutung, daß man tot sein muß, um dahin zu gehen.

Wenn ich nun zu meinem Heim und zu meinem Basteln zurückgehe, zurück nach Taliesin, um zu versuchen, diese einfachen Dinge des geistigen Lebens auf Erden in objektive konkrete Form zu bringen, die subjektive Wahrheit in den Vordergrund zu stellen, um die Formen und Pläne für das Leben lebenswerter zu machen, dann kann ich Ihnen nur eins hierlassen, das nämlich, was ich an diesen Abenden gesagt habe, um ein wenig daran mitzuhelfen, diese entsetzliche kulturelle... architektonische Rückständigkeit zu überwinden, die unsere Wissenschaft aufdeckt und beschämt; und dabei ist, wie mir scheint, jede Nation gleich.

Die kulturelle Rückständigkeit hat ihren Grund zu einem großen Teil in unserer verlogenen, ausschweifenden, prostituierten sozialen Sentimentalität. Heute kann uns auch keine Ästhetik, wie mechanistisch und hart sie sich selber auch vorkommen mag, mehr retten. Wir müssen dafür sorgen, daß Menschen, Staaten und Gebäude *vom Denken gebaut* werden! Solange nicht die Dinge des Lebens, die die Kultur betreffen, worunter eine natürliche Architektur eins der ersten ist, von innen her gedanklich gebaut werden, sind wir, wie ich meine, am Ende des letzten Kapitels unserer Zivilisation... ist es eine große Zivilisation, das frage ich mich. Sind wir vielleicht der Schluß von etwas, was verschwindet? Wie viele von Ihnen haben den Eindruck, daß sich das Leben, wenn wir nicht diesen Weg aufwärts von innen her finden, auf dem aufsteigenden, nicht auf dem absteigenden Ast befindet? Ich persönlich bin der Ansicht, daß wir die Natur dieses organischen Charakters und dieser Integrität in allem, was wir jetzt tun, lernen *müssen*, oder wir gehen unter. Wenn wir nicht sehr bald lernen, dieses Lernen »Kultur« zu nen-

nen, dann werden wir bald lernen, das, was wir jetzt Kultur nennen, als einen Fluch zu erkennen!
Hier kommen diese andeutenden, demokratischen Predigten, fürchte ich, ans Ende. Wir haben heute abend keine Zeit für viele Fragen. Jedenfalls werde ich mich nicht so weit vom Weg wegführen lassen, wie Sie es bei unserm letzten Treffen getan haben. Aber wenn ich heute abend etwas gesagt habe, was Sie nicht für wahr halten, werden Sie es mir vielleicht sagen. Ich habe – ständig – die Natur unserer Zeit und die großen Leistungen der Naturwissenschaft scheinbar herabgesetzt, aber ich habe nicht die Absicht gehabt, weil ich die menschliche Natur noch immer für gesund halte und weil ich anerkenne, daß die Naturwissenschaft eine großartige Aufgabe gut getan hat; aber, nun ja, ich weiß, daß die Naturwissenschaft uns nicht retten kann. Die Wissenschaft kann uns nur die Werkzeuge in den Kasten legen, die mechanischen Wunder, die sie bereits vollbracht hat. Aber was nutzen uns wunderbare Werkzeuge, wenn wir ihre humane, kulturelle Anwendung nicht beherrschen? Wir wollen nicht in einer Welt leben, wo die Maschine Herr über den Menschen geworden ist; wir wollen in einer Welt leben, wo der Mensch Herr über die Maschine wird!
Mindestens – oder schließlich – habe ich Ihnen diese Botschaft gebracht; was wir organische Architektur nennen, ist weder bloße Ästhetik noch Kult oder Mode, sondern eine tatsächliche Bewegung, die sich auf eine tiefe Idee von einer neuen Integrität des menschlichen Lebens gründet, in der Kunst, Religion und Wissenschaft eins sind: Form und Funktion als eines gesehen, ihnen gehört die Demokratie.
Nun... wenn Sie heute abend keine Fragen haben, glaube ich, will ich lieber gehen... Ich danke Ihnen, meine Lords, Damen und Herren – Ihnen allen dort, aus dem Grunde meines Herzens, daß Sie mir eine so nachsichtige, verständnisvolle Zuhörerschaft gewesen sind... leben Sie wohl... und gute Hoffnung!

Nachwort

Ich weiß, daß viele junge Architekten enttäuscht sein werden, weil ich nicht genauer auf die Technik des Bauens eingegangen bin, was ich leicht hätte tun können, weil ich nicht mehr von den plastischen im Gegensatz zu den alten Strukturprinzipien gesprochen und ihnen keine Einzelheiten zu dem Prinzip der Kontinuität als der Physik einer wahren Ästhetik gegeben habe, zum Bauen mit unsern neuen Materialien – Stahl und Glas, die nicht nur das Antlitz unserer Welt, sondern sogar ihr Skelett verändern. So viele Zweifel in ihrem Geist habe ich absichtlich vernachlässigt, weil mir schien, daß diese Vorträge sich mehr mit dem Ort und Charakter der Architektur im modernen Leben beschäftigen sollten, als einen Weg anzugeben, sie zu praktizieren.

Projekte

Seit 1901 sprach Wright von den Möglichkeiten »der Maschine«. Ihr galt die letzte Frage, die er im TESTAMENT stellt: »Die maschinelle Standardisierung wächst anscheinend dauernd, ohne den menschlichen Geist irgendwie zu inspirieren. Wir sehen, wie der amerikanische Arbeiter selbst ein Opfer des offiziell anerkannten Gangstertums wird. Alles, was heute mit Professionalismus zu tun hat, stirbt langsam spirituell. Muß die angeborene Schönheit des amerikanischen Lebens zusammenbrechen oder zerstört werden? Können wir in unserem Land Wahrheit als Schönheit und Schönheit als Wahrheit nur dann retten, wenn Wahrheit unabhängig von der herrschenden Autorität zum Hauptanliegen unserer ernsthaften Bürger, der Künstler, Architekten und Religionsdiener wird?«
Wright starb am 9. April 1959, »mit Ehren überhäuft«. Zu den außergewöhnlichen Projekten, die in den Jahren vor seinem Tod entstanden, gehört auch »The-Milehigh-Illinois«: eine Wolkenstadt über einem tripodischen Grundrißbild, die in 528 Geschossen Platz für 130 000 Einwohner bietet.

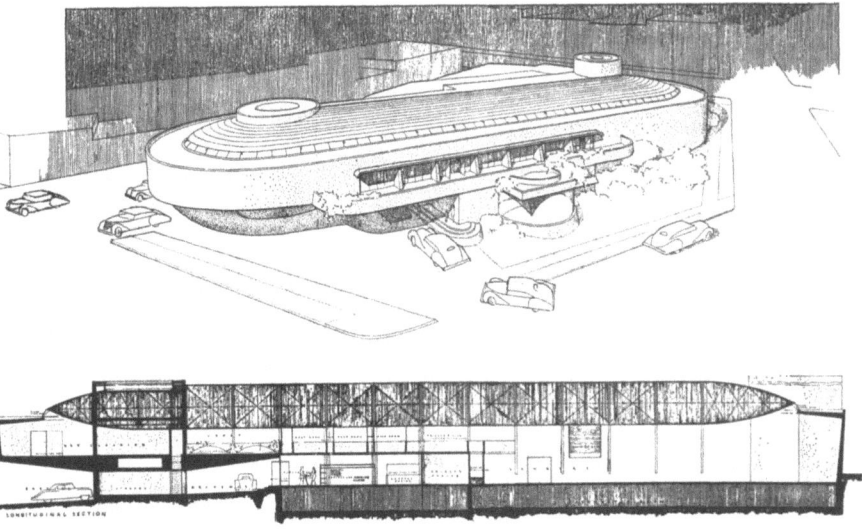

1948. Wäscherei Adelman, Milwaukee, Wisconsin. Perspektivische Ansicht und Längsschnitt.
»Das Gebäude wurde als großes, offenes Zentrum mit einer Plenum-Kammer darüber geplant, die im Winter mit warmer und im Sommer mit kalter Luft gefüllt ist; die Luft wird durch die Kellerlüftung in die Arbeitsräume gesogen.«

1955. Monona Terrasse, Madison, Wisconsin. Perspektivische Ansicht und Grundrisse. Links: 1 Öffentliche Räume, Zuschauerraum und Parkplätze, 2 Parkplätze, Bootshäuser, darüber Museums- und Theaterräume, 3 Parkplätze, darüber Gartenanlagen. Rechts: Erweiterung des Balkons und der Terrasse.

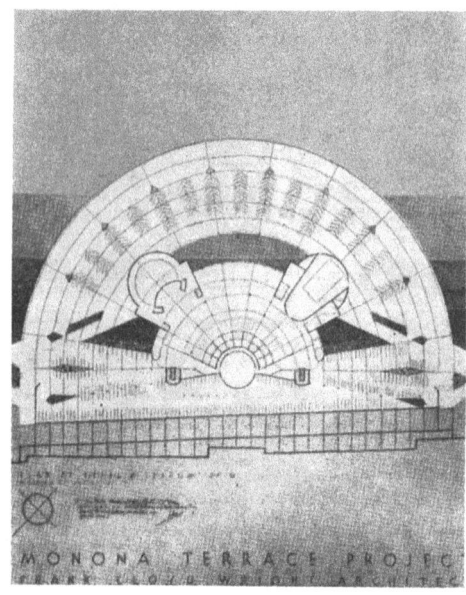

1957. Staatskapitol bei Phoenix, Arizona. Perspektivische Ansicht und Grundriß. »Eine einfache, bequeme Anordnung für die behördliche Familie, den Senat, das Parlament, den Obersten Gerichtshof und die Unterbringung der obersten Senatsbeamten – alles zweckmäßig ausgestattet.«

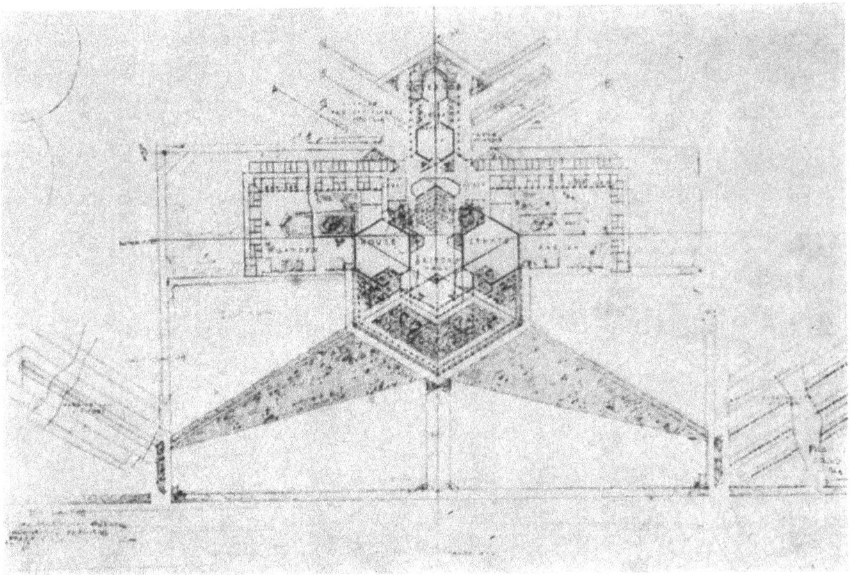

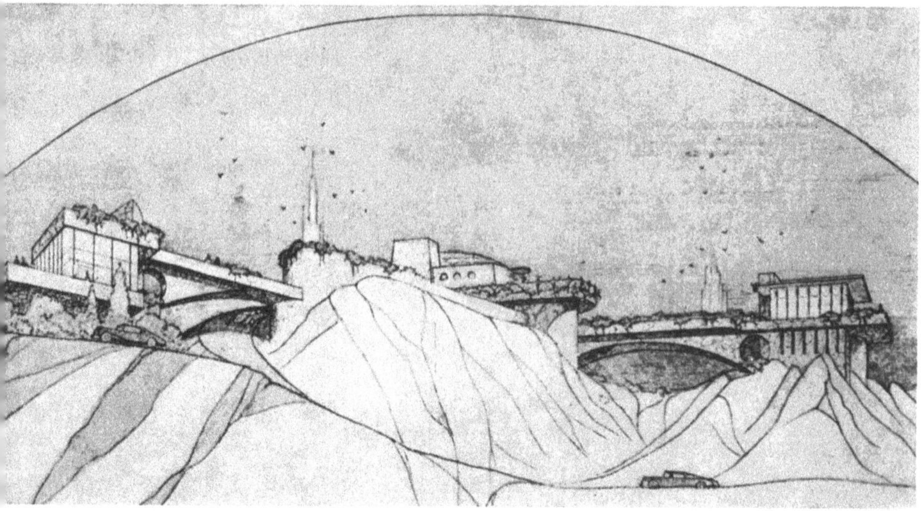

*1959. Drei verbundene Häuser für Mrs. D. J. Donahoe, bei Scottsdale, Arizona.
Rechts: 1953. Masieri-Gedächtnisgebäude,
Studentenbibliothek und -wohnhaus, am Canale Grande, Venedig.
1957. Opernhaus für Bagdad.*

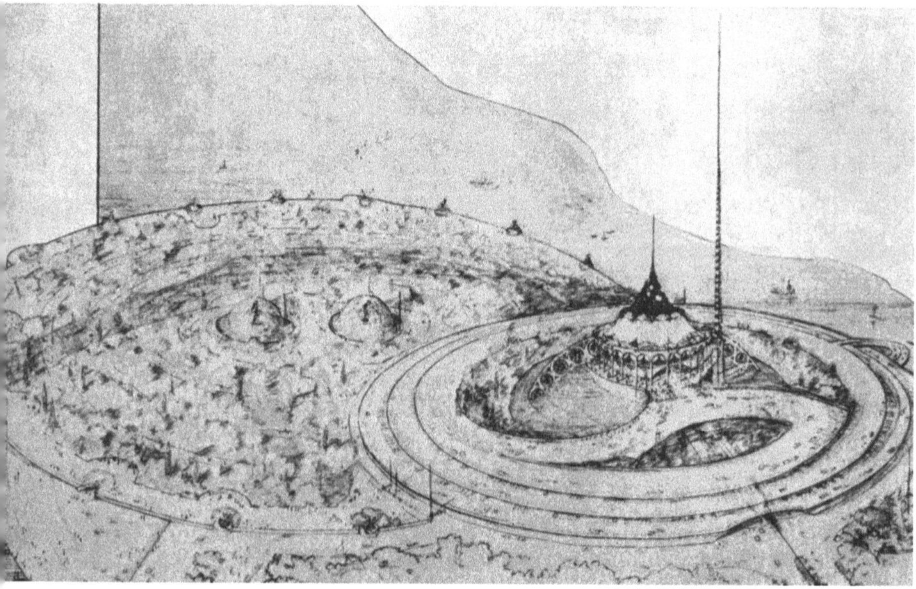

Ein Gespräch

Der Text stammt aus einer Fernsehsendung der NBC vom 17. Mai 1953.

FRANK LLOYD WRIGHT: Kommen Sie herein, Hugh.
HUGH DOWNS: Guten Tag, Mr. Wright.
WRIGHT: Ich freue mich, Sie zu sehen.
DOWNS: Ich mich ebenfalls.
WRIGHT: Was haben Sie denn da in der Hand?
DOWNS: Das ist ein Buch, zu dem ich Ihnen gleich eine Frage stellen möchte. Ich dachte mir, Mr. Wright, daß wir in der kurzen Zeit von einer halben Stunde, die uns zur Verfügung steht, ein möglichst klares Bild vom Wesen Ihrer Vorstellungen über die Architektur bekommen möchten ... über die amerikanische Architektur im amerikanischen Leben.
WRIGHT: In einer halben Stunde?
DOWNS: Nun, soviel wir in einer halben Stunde eben schaffen können. Könnten Sie uns sagen, was dies für ein Bild ist?
WRIGHT: Das ist das kleine Haus auf der Forest Avenue in Oak Park, Illinois, das ich 1893 baute, als ich noch bei Adler und Sullivan war. Nein, ich glaube, dieses Haus für Cheney wurde ein paar Jahre später gebaut – etwa 1900. Das Bild zeigt auch das Haus daneben; dadurch bekommt man eine recht gute Vorstellung von dem, wohinein ich als Architekt geboren wurde. Ein kleiner Baum, eine Weide, wuchs zwischen meinem eigenen Haus und dem Arbeitszimmer. Es gab eine ständige Prozession rund um das Haus, um zu sehen, wo der Baum wohl durch das Dach wuchs.
DOWNS: 1893.
WRIGHT: Ja.
DOWNS: Ich nehme an, viele unserer Zuschauer werden mit mir darin übereinstimmen, daß dieses Cheney-Haus wie ein Haus aussieht, das voriges Jahr erbaut sein könnte; und ich meine, dies ist eine gute Einführung in unser Thema, das sich »Sechzig Jahre lebendige Architektur« nennt.
Wann haben Sie den Entschluß gefaßt, die Architektur zu Ihrem Lebenswerk zu machen?
WRIGHT: Zu meinem Glück brauchte ich das niemals zu entscheiden. Das war alles schon für mich entschieden, ehe ich geboren war. Meine Mutter war Lehrerin, wissen Sie – und aus Gründen, die nur ihr bekannt sind, wünschte sie sich einen Architekten als Sohn. Der Sohn war zufällig ich, und so wurde ich natürlich Architekt. Sie hat mich so eingerichtet. Das Zimmer, in das ich hineingeboren wurde, war mit neun Holzschnitten der großen alten englischen Kathedralen von Timothy

Cole geschmückt. Erinnern Sie sich dieser Bilder? So wurde ich also in die Architektur hineingeboren.

Downs: Welches war Ihre erste Tätigkeit als Architekt, Mr. Wright?

Wright: Ja, Hugh, ich glaube, ich wollte wirklich Architekt werden, so gut ich es eben vermochte. Deshalb war meine erste Tätigkeit in der Architektur die, »hineinzukommen« – bei Adler und Sullivan. Mein Vater war Geistlicher in Madison, also arm. Es war kein Geld da, mich auf eine Architektenschule zu schicken – aber Madison, unsere Heimatstadt, besaß eine Ingenieurschule an der Universität von Wisconsin und einen sehr gütigen Dekan der technischen Fakultät, Professor Allan D. Conover. Er gab mir ein Stipendium: Ich konnte für ihn arbeiten und damit meine technische Ausbildung an der Universität bezahlen. So habe ich mir das Studium erarbeitet. Fast. Wäre ich drei Monate länger geblieben, hätte ich mein Diplom als Ingenieur erhalten. Aber ich war versessen darauf, Architekt zu werden, und so machte ich mich aus eigenem Antrieb nach Chicago auf – um zu arbeiten, und wie es sich dann herausstellte, bei Adler und Sullivan.

Downs: Würden Sie sagen, daß Sie jemals von irgendwelchen architektonischen Vorstellungen Sullivans beeinflußt worden sind?

Wright: Natürlich. Diese Vorstellungen beeinflußten nahezu alle im ganzen Land.

Downs: Wieso?

Wright: Er war der echte Radikale seiner Zeit. Seine Gedankenwelt gab uns den heutigen Wolkenkratzer. Sehen Sie, als die Gebäude zum erstenmal *hoch* wurden, waren die Architekten verwirrt – es gab keine Präzedenzfälle – und wußten nicht, wie sie sie *hoch* machen sollten. So stellten sie ein zwei- oder dreistöckiges Gebäude auf das andere, bis sie genug hatten. Ich erinnere mich, daß der Meister hereinkam und mir etwas auf den Tisch warf – es war eine Ansicht eines Teils von St. Louis, das Wainwright-Building in Umrissen hineingezeichnet. Er sagte: »Wright, dieses Ding ist *hoch*. Was ist also gegen ein hohes Gebäude einzuwenden?« Nun, da war es also, *hoch*! Danach blühten die Wolkenkratzer – hoch. Der Wolkenkratzer, den man heute sieht, ist das Ergebnis von Louis Sullivans Initiative. Das war seine Geistesart, der Typ seiner Gedankenwelt. Er sah das Ding unmittelbar als das, was es war. Verstehen Sie?

Downs: Die meisten, die überhaupt mit Ihrem Werk bekannt sind, wissen, daß es organisch und innig mit dem menschlichen Leben verknüpft ist. Wann nahm diese Vorstellung in Ihrem Werk zuerst Gestalt an?

Wright: Das ist schwer zu sagen. Ja – es ist wirklich schwer zu sagen. Aber in meiner Jugend gab es natürlich gar nichts von dem, was ich mir wünschte. Es war nirgends vorhanden. Es mußte geschaffen werden, und es geschah zum erstenmal dort draußen auf den westlichen Prärien von Chicago: der erste menschliche Ausdruck dessen, was wir jetzt organische Architektur nennen.

Downs: Sie benutzen das Wort organisch. Unterscheidet sich das überhaupt irgendwie von meiner Verwendung des Ausdrucks moderne Architektur – was meinen Sie?
Wright: Völlig. Moderne Architektur ist nämlich lediglich etwas – und zwar alles, was es auch sei –, was heute gebaut wird, organische Architektur dagegen ist eine Architektur von innen nach außen, in der das Wesen das Ideal ist. Wir benutzen das Wort organisch nicht für etwas, was in einem Schlachterladen hängt, wissen Sie.
Organisch bedeutet wahr – im philosophischen Sinn wesentlich – überall dort, wo sich das Ganze zum Teil verhält wie der Teil zum Ganzen und wo die *Natur* der Materialien, die Natur des Zweckes, die *Natur* der gesamten Ausführung als Notwendigkeit klar wird. Aus dieser *Natur* ergibt sich, welchen Charakter man dem Gebäude in jeder besonderen Lage als schöpferischer Künstler verleihen kann.
Downs: Wenn Sie nun davon ausgehen, was versuchen Sie dann in ein Haus hineinzutun. wenn Sie eins entwerfen?
Wright: Zuallererst die Familie, für die es geplant wird – das ist nicht immer leicht und gelingt auch nicht immer, doch gewöhnlich geht es. Und wir versuchen, in das Haus ein Gefühl der Einheit hineinzulegen – des *Ganzen und Gesamten*, das es zu einem Teil seiner Umgebung macht. Wenn das gelingt (es ist das Bestreben des Architekten), kann man sich das Haus nirgends anders vorstellen als gerade dort, wo es tatsächlich steht. Es wird ein reizvoller Teil seiner Lage, statt die Umgebung zu schänden.
Downs: Ein treffendes Beispiel dafür, wie Lage und Haus zusammenstimmen, ist natürlich das Bear-Run-House. Wie bringen Sie Lage und Haus zueinander in Beziehung?
Wright: Dort befand sich in einem schönen Wald eine massive hohe Felsplatte, die sich neben einem Wasserfall erhob, und es erschien nur natürlich, das Haus von dieser Felsbank aus freitragend über das fallende Wasser vorspringen zu lassen. Sehen Sie, bei dem Bear-Run-House, dem ersten Haus, wo ich die Möglichkeit hatte, mit Beton und Stahl zu bauen, klärte sich die Grammatik des Hauses natürlich durch diese Gegebenheiten. Dazu kam – natürlich – Mr. Kaufmanns Vorliebe für die schöne Lage. Er liebte die Gegend, wo das Haus erbaut wurde, und hörte dem Wasserfall gern zu. Das war also der erste Leitgedanke bei der Planung. Ich meine, man kann den Wasserfall hören, wenn man sich das Bild ansieht. Mindestens ist er da, und der Bewohner lebt innig mit dem, was er liebt.
Downs: Erzählen Sie uns etwas von Ihrem eigenen Haus, Mr. Wright, von Taliesin.
Wright: Nun, hier ist Taliesin. Es wurde 1911 zum erstenmal erbaut – es war eine Art Zuflucht für mich und die Meinen zu jener Zeit. Ich war drauf und dran, die Gesellschaft nur noch aus der Froschperspektive zu sehen und mußte unbe-

dingt hinaus aufs Land. Ich stellte fest, daß meine Mutter diesen Platz für mich ausgesucht hatte. Sie bat mich, zu kommen und ihn zu nehmen. Ich tat es natürlich; es war das südliche Wisconsin – flache Hügel, zutage tretende Felsbänke –, ein waldiger Platz, und für Taliesin galten die gleichen Überlegungen wie später für Bear-Run. Die Lage bestimmte Züge und Charakter des Hauses Taliesin. Infolge tragischer Umstände sitzen Sie jetzt in dem dritten Haus, das seit damals errichtet wurde.

Jetzt ist Taliesin ein steinernes Haus und ein Haus des Nordens – wirklich für den Norden erbaut. Ich liebte die Eiszapfen, die sich an den Traufen bildeten, und im Winter wurde es vom Schnee zugeweht und sah aus wie ein Hügel, wie einer der Hügel dort. Taliesin wurde so gebaut, *daß es diesem Gebiet angehörte*.

Mein Großvater kam mit seiner Familie in diese Gegend, als die Indianer noch dort waren, vor etwa 125 Jahren, und sie nannten das Tal immer liebevoll »das Tal«. Und das Tal gehörte ihnen, weil sie es sich erobert hatten. Es wurde von meinem Großvater und dessen Söhnen urbar gemacht. Sie haben in Taliesin ein Beispiel dafür, daß die dritte Generation auf den Boden zurückkehrt, um ihn wirklich zu entwickeln und sich mit allen Mitteln zu bemühen, etwas Schönes draus zu machen.

DOWNS: Woher kommt der Name »Taliesin«, Mr. Wright?

WRIGHT: Meine Familie stammt aus Wales. Die Vorfahren meiner Mutter waren walisische Einwanderer. Mein alter Großvater war Hutmacher und Prediger in Wales gewesen. Sie bildeten das kultivierte Element hier in unserer County Iowa. Sie hatten alle walisische Namen für ihre Häuser – das meiner Schwester hieß Tanyderi, »Unter den Eichen« –, so wählte ich ebenfalls einen walisischen Namen für das meine: Taliesin. Taliesin, eine Druide, war Mitglied von König Arthurs Tafelrunde. Er sang den Ruhm der schönen Künste – ich schätze, er wird der einzige Brite gewesen sein, der das jemals tat –, deshalb wählte ich Taliesin als Namen – es bedeutet »leuchtende Stirn« –, und dieses Haus, das jetzt Taliesin genannt wird, ist wie eine Stirn am Rand des Hügels erbaut, nicht auf dem Gipfel des Hügels, ich glaube nämlich, man sollte niemals unmittelbar auf dem Gipfel von irgend etwas bauen. Baut man nämlich auf der Hügelspitze, dann verliert man den Hügel. Baut man dagegen neben den Gipfel, behält man den Hügel und auch die Höhe, die man wünscht. Sehen Sie es? Nun, auf diese Weise ist Taliesin wirklich eine Stirn.

DOWNS: Wenn ich nun an Taliesin-West denke, wundere ich mich über die großen Unterschiede zwischen diesem und dem andern Taliesin, obwohl es für denselben Mann gebaut wurde – beides sind ja Ihre Häuser. Weshalb diesen Unterschied?

WRIGHT: Zunächst war das Gelände völlig anders. Hier kamen wir zur unbedingten Wüste, wo ich zum erstenmal diese erstaunlichen und erregenden neuen Formen sah – Kakteen und Gebirge. In Wisconsin hat die Erosion durch das Alter alles weich gemacht. Dort war die Landschaft pastoral – sanft. Doch dort draußen war alles scharf, hart, sauber und wild. Alles in der Wüste war bewaffnet, deshalb wurde es ein völlig neues Erlebnis. Mit dem gleichen Gefühl für Struktur, der gleichen Vorstellung vom Bauen, die wir in den beiden von Ihnen genannten Beispielen hatten, mußte Taliesin-West unbedingt der Wüste entsprechen. So entspricht das Taliesin dort ebenfalls wieder seiner Lage, seiner Umgebung. Der Zweck war natürlich in Arizona ziemlich der gleiche wie in Wisconsin und hat sich seither auch kaum geändert.

Downs: Was ist der Unterschied zwischen organischer und konventioneller Architektur?

Wright: Ich nehme an, Sie meinen: strukturell?

Downs: Ja.

Wright: Sehen Sie hier die alte Konstruktion mit Pfosten und Balken – man kann sagen, dies ist der Pfosten, dies der Balken – Pfosten und Balken –, das war alles eine Art von Übereinanderlegen; und wenn man Trennwände haben wollte, schnitten sie sich oder sie stießen stumpf aneinander – sehen Sie: schneiden, stumpf aneinanderstoßen oder aufreißen. Und brauchte man Spannung, mußte man etwas mit etwas anderm verbinden und es so zusammenfügen. Das konnte nachgeben.

Nun, die organische Architektur vereinigte diese Prinzipien miteinander, so daß ein Gebäude eher so wurde – sehen Sie, es hatte Spannung –, man konnte an der Struktur zerren. Es besaß eine dehnbare Spannung infolge des Stahls – schlanke Biegsamkeit –, und infolge des Stahls konnte es große Räume überspannen, und die großen Räume konnten durch große Scheiben klaren Glases geschützt werden. Die Orientalen, die Griechen nämlich, hatten keine solchen Möglichkeiten. Hätten sie Stahl und Glas gehabt, nun, dann brauchten wir heute nicht mehr nachzudenken – wir würden kopieren, wie üblich. Doch jetzt mußte mit diesen neuen Baustoffen etwas angefangen werden – diesen großartigen neuen Hilfsmitteln –, Glas und Stahl und Maschinen. Sie sind überragend. Wegen jenes Prinzips der schlanken Biegsamkeit beim Stahl konnten wir den Freiträger benutzen, und in die Struktur kam durch den Stahl das Element der Kontinuität. Sie sehen, das eine geht ins andere über, und eins gehört zum andern, und wir haben nicht mehr wie früher Aneinanderstoßen, Nute und Fuge. Eben dieses Element der Stärke brachte das Kaiserliche Hotel in Japan intakt über das Erdbeben. Das Prinzip der Spannung und Biegsamkeit, statt der Starre, die gebrochen werden konnte, war seine neue Stärke.

Downs: Würden Sie uns wohl einige von den Dingen erklären, die grundsätzlich Ihre eigenen Neuerungen in der Architektur sind?

Wright: Das wäre ziemlich langweilig – auch eine lange Geschichte, vielleicht zu lang für diese Gelegenheit. Zuallererst kam dieses neue Raumgefühl als *Realität* des Gebäudes – dann das Gesicht dieses neuen Raumgefühls, mehr oder weniger das, was ich damals stromlinig nannte – dieses Wort stromlinig ging etwa zu jener Zeit auf Grund meiner Bemühungen in die Sprache ein. Das nächste war der offene Plan – statt daß ein Gebäude eine Reihe von Schachteln und Schachteln innerhalb von Schachteln war, wurde es immer offener, immer stärker des Raumes bewußt, das Außen kam allmählich immer mehr herein, und das Innen ging mehr nach außen. Das wurde immer stärker, bis wir schließlich einen neuen Grundriß hatten. Man hat ihn immer den »offenen Grundriß« genannt. Das war das eine direkte Ergebnis. Dazu kamen natürlich die strukturellen Folgerungen, wie wir sie vorhin andeuteten – das Gebäude, das Spannung besaß, statt des Gebäudes, das keine hatte und auseinanderfallen konnte. Die nach diesem Plan gebauten Gebäude sind, wie ich annehmen möchte, für dreihundert Jahre brauchbar. Mehrere Jahrhunderte.

Und in dieser strukturellen Ordnung entstanden sehr viele neue Züge, von denen der wichtigste vielleicht die Schwerkraftheizung (Bodenheizung) ist, wo die Heizung unterhalb der Bodenplatte verläuft: Heißwasserrohre in Steinschlag gebettet. Bei einem dicken Teppich auf dem Fußboden hat man unter sich ein Reservoir von Wärme. Man sitzt warm, die Füße sind warm, und man kann die Fenster öffnen, und fühlt sich trotzdem behaglich. Die Kinder können auf einem angenehm warmen Boden spielen. Und wenn man warm sitzt und warme Füße hat, fühlt man sich behaglich warm.

Ach, und ich nehme an, man sollte auch das Eckfenster im Zusammenhang mit den Neuerungen erwähnen; und nach dem, was aus dem Eckfenster wurde, kann man beurteilen, was mit vielen andern Neuerungen geschah. Das Eckfenster ist ein früher Hinweis in meinem Werk darauf, daß die Schachtel ein faschistisches Symbol ist und daß die Architektur der Freiheit und der Demokratie etwas grundsätzlich Besseres brauchte als die Schachtel. Deshalb begann ich damit, die Schachtel als Gebäude aufzulösen.

Nun, und da erschien das Eckfenster als Gesamtausdruck all dessen, was diesen Akt der Auflöung der Schachtel ausmachte. Das Licht kam jetzt dort herein, wo es noch nie hereingekommen war, und der Blick ging hinaus. Man hatte statt der Schachtelwände nun Schutzschirme als Wände – damit verschwanden die Wände als Wände und die Schachtel als Schachtel. Das Eckfenster als Gebäudezug ging um die ganze Welt. Aber die Idee des Dinges, das ich im Auge hatte, folgte ihm nicht. Die Befreiung des Raumes wurde lediglich zu einem Fenster statt zur Freisetzung eines ganz andern Strukturverständnisses, eines radikalen Wandels in der Vorstellung vom Bauen.

Downs: Ich hörte, daß man Ihnen auch die indirekte Beleuchtung zuschreibt.

Wright: Ja, die erste sogenannte indirekte Beleuchtung machte ich sehr, sehr früh. Ich schätze, vor etwa fünfzig Jahren. Ich baute Licht hinter Regale, warf Licht vom Boden an die Decke und grub es auf verschiedene Weise in die Decke ein, etwa als vertiefte Lampen, die auf die Wände schienen. Damals machte ich vermutlich ungefähr alles, was man heute tut. Ich wüßte wenigstens nichts grundsätzlich Neues.

Downs: Kürzlich haben Sie eine Kirche gebaut, und sie ist nicht typisch für die meisten Kirchen, wie wir sie erleben. Könnten Sie uns den Grund nennen?

Wright: Dort in der Unitätskirche sehen Sie, wie der Unitarismus meiner Vorväter durch einen der Nachkommen Ausdruck in einem Gebäude fand. Die Idee, »unitarisch«, war die Unität, die Einheit. Unitarier glauben an die Einheit aller Dinge. Ich versuchte hier also, ein Gebäude zu errichten, das diesen alles umfassenden Sinn für Einheit ausdrückte. Der Plan, den Sie sehen, ist dreieckig. Das Dach ist dreieckig, und aus dieser Triangulation – dem Bestreben – gewinnt man den Ausdruck der Verehrung, ohne zum Turm zu greifen. Das Gebäude selbst, das alles umfaßt – alles in allem und jedes in allem –, hebt hervor, spricht aus, was früher der Turm sagte, drückt es jedoch mit größerer Ehrerbietung aus, wie ich meine, und zwar sowohl der Form als auch der Struktur nach. Es gefiel mir nicht, eine Kirche in der Stadt zu bauen. Ich versuchte, sie aufs Land hinauszunehmen und sie ihrem Aussehen nach mehr wie einen Landklub und damit interessanter und einladender für die Gemeinde zu machen. Deshalb überredete ich die Bevollmächtigten hinauszugehen. Und wir gingen hinaus, doch nicht weit genug; denn ehe wir die Kirche noch gebaut hatten, war die Stadt schon hinausgekommen. Und so befanden wir uns in der Vorstadt und nicht auf dem Lande. Wenn man jetzt dezentralisieren will, muß man weit hinausgehen und muß es rasch tun, weil alles noch rascher mitkommt. Man sieht die Dezentralisierung jetzt überall wachsen. Man denke nur daran, daß die Fabrik aufs Land hinausgeht! Man sieht auch den Händler aufs Land hinausziehen – voller Eifer und Ungeduld über das Verkehrsproblem; ich meine, die Tankstelle war der erste Akt der Dezentralisation. All diese Dinge gehen jetzt rund um einen her vor sich, ob man es zugeben will oder nicht. Nun muß Dezentralisation jedoch geplant werden – besser, man plant sie, als daß man sie aufs Geratewohl stattfinden läßt, wie es beim Wachsen der Städte geschah. New York ist beispielsweise nichts anderes als ein zu groß gewachsenes wahnsinniges Dorf – im Plan. Und ebenso steht es mehr oder minder mit all unsern großen Städten. Was man für den Wuchs der Stadt hält, wird man in Wirklichkeit als ihren Tod sehen müssen.

Downs: Wenn Sie eine ganze Stadt einschließlich der Elemente des Wohnens, der Arbeit, Erholung und Versorgung planen und bauen müßten, wie wir eben besprachen, was würden Sie dann alles ins Auge fassen?

Wright: Zunächst die Brauchbarkeit des Geländes und die Übereinstimmung mit der Beschaffenheit des Bodens, dann den Zweck der Groß- oder Kleinstadt, welches der auch sein mag; und schließlich würde der Charakter der Einwohner auch nicht unwichtig in diesem Zusammenhang sein. Mit andern Worten, es würde eine ursprüngliche und natürliche Leistung sein. Organische Architektur ist eine natürliche Architektur. Eine natürliche Architektur. Und was ist nun eine natürliche Architektur? Einheimisch, nicht wahr? Es dürfte kein Eklektizismus dieser oder jener Art sein – etwas, was man irgendwo infolge seiner Vorliebe aufliest und dann den Umständen anpaßt. Man müßte sich zunächst mit einer *Naturstudie* der Gegebenheiten beschäftigen und dann diese Sache von innen her anpacken, nicht wahr?

Nun, und das gilt für eine Kleinstadt, gilt für eine Großstadt, es gilt für die Planung von jeder Sache.

Downs: Auch für eine Fabrik? Das wollte ich gern fragen – auch wenn Sie eine Fabrik bauen?

Wright: Ganz besonders für eine Fabrik.

Downs: Und was halten Sie für die wichtigsten Faktoren beim Bau einer Fabrik?

Wright: Ich meine, die dabei in Frage stehenden menschlichen Werte. Ich meine, das Leben der Arbeiter. Ich sehe nicht ein, weshalb es nicht vorteilhaft sein sollte, dieses Leben glücklicher zu machen; die Arbeiter wären dann produktiver. Die Umgebung führt, wie wir feststellten, als wir das Johnson-Verwaltungsgebäude bauten, zu einer stark erhöhten Leistungsfähigkeit auf ihrer Seite. Macht man sie stolz auf ihre Umgebung und glücklich dort, wo sie sind; gibt man ihnen Würde und Stolz auf ihre Umgebung, dann wirkt sich das alles günstig aus, soweit es um das produktive Ergebnis geht.

Man hat das bei Johnson festgestellt. Diese Leute haben ein System der Gewinnbeteiligung für ihre Angestellten; und als das Gebäude bezogen wurde, war es das erste, daß es am Nachmittag Tee gab – und die Angestellten legten keinen Wert mehr darauf, nach Haus zu gehen. Sie hielten sich gern in dem Gebäude auf, kamen frühzeitig, es gefiel ihnen dort, sie wurden selbst reizvolle Züge einer sehr interessanten, anregenden Umgebung. Und es hat sich als sehr *einträglich* erwiesen. Es »zahlt sich aus« – ich glaube, das ist der Ausdruck dafür. Und dieses »Sichauszahlen« ist natürlich das Kriterium, nach dem alles entschieden wird. Nun, sogar wenn man es nach dem »Sichauszahlen« entscheidet, dann ist eine gesunde Umgebung, auf die die Arbeiter stolz sein können, etwas, was »sich auszahlt«.

Downs: Im Lauf der Jahre haben die amerikanische Presse und gewisse Teile Ihrer Berufskollegen Sie nicht freundlich behandelt, Mr. Wright. Ich wüßte gern, ob Sie sich auch dazu äußern würden.

Wright: Wissen Sie, Hugh, ich kann mir keinen Grund vorstellen, weshalb sie mich freundlich hätten behandeln sollen.

Ich war durchaus gegen alles, woran sie glaubten; und wenn ich recht hatte, dann hatten sie unrecht. Weshalb sollten sie mich also freundlich behandeln? Eine Zeitlang ging es wohl sogar um die Frage, ob sie am Leben blieben oder ich. Und man weiß ja, was unter solchen Umständen geschieht. Irgend etwas muß ja schließlich geschehen. Es geschieht übrigens immer noch, aber jetzt nicht mehr so heftig. Aber es trifft zu, daß die größte Anerkennung für das, was wir getan haben, immer noch aus den europäischen Ländern und aus dem Orient und nicht aus unserm Land kommt. In unserm Land ist die Ausbildung heutzutage nicht einmal flüchtig mit der Kultur bekannt. Wir lassen uns sehr viel Zeit, Dinge anzuerkennen, die bei uns zu Haus geschehen. Unser Volk hat immer geglaubt, daß die Kultur übers Meer käme – und das ist auch so gewesen, deshalb kann man es den Leuten nicht einmal übelnehmen, daß sie es glauben. Sie hören es nicht gern, daß sie sich hier draußen im hohen Gras der Prärien entwickeln könnte. Das wäre nicht erregend. Sie hatten geradezu einen Abscheu davor, hören zu müssen, daß es so etwas gäbe. Aber als es übers Meer gegangen war und die Europäer damit herüberkamen, da konnten sie es dem amerikanischen Volk verkaufen – von denen nahmen die Leute es an, wenn sie es von mir auch nicht haben wollten.

Downs: Im Lauf Ihres Lebens hat es große Veränderungen auf der Welt gegeben, in wirtschaftlicher, sozialer und ideologischer Hinsicht. Im Verlauf der Jahre von Krieg und Frieden, im Verlauf der Jahre, die der Menschheit großes Glück und großes Unheil verhießen. Haben diese Veränderungen Ihr Werk oder Ihre Denkweise irgendwie beeinflußt?

Wright: Nein, und ich empfinde es als Unglück, daß mein Werk nicht mehr Einfluß auf diese Veränderungen hatte. Wäre dieses Werk besser verstanden worden, hätte es vermutlich einen sehr wohltätigen Einfluß auf viele der Veränderungen ausgeübt. Aber daß die Veränderungen irgendwelche Wirkung auf mein Werk gehabt hätten, das kann ich nicht sagen. Mein Ideal war ziemlich festgelegt – ich war mir meines Standorts und meines Sterns recht sicher; sehen Sie, zu Anfang meines Lebens mußte ich zwischen ehrlicher Arroganz und heuchlerischer Bescheidenheit wählen. Ich wählte die ehrliche Arroganz – und habe keine Gegebenheit gefunden, daran etwas zu ändern, selbst jetzt noch nicht.

Wir verfolgen durch all diese Veränderungen die gleiche geistige Zentrallinie, und ich glaube zuversichtlich, daß die Grundsätze unserer Arbeit – ihr Herz und ihre Zentrallinie – wirklich die Ideologie der Demokratie sind. Wenn die Demokratie jemals eine freie Architektur haben soll – ich meine, wenn sie jemals Freiheit und eine eigene Kultur haben soll –, dann wird die Architektur ihre Grundkraft und -bedingung sein. Ja, ich glaube tatsächlich, daß wir die wahre Zentrallinie einer großen Architektur besitzen – eine natürliche Architektur für die Freiheit und die Demokratie.

Downs: Unter anderem sind Sie Lehrer, Mr. Wright. Zu welchen Ergebnissen sind Sie bei Ihrer jahrelangen Erfahrung im Hinblick auf die Rolle und die Pflichten des Lehrers und die der Schüler gelangt?

WRIGHT: Das muß ich sofort beantworten, nicht wahr? Ich bin kein Lehrer. Ich habe niemals unterrichten wollen, und ich glaube nicht daran, daß man Kunst lehren kann. Wissenschaft, ja; Geschäft, selbstverständlich; aber Kunst kann nicht gelehrt werden. Man kann sie nur einimpfen.
Man kann Vorbild sein. Vielleicht gelingt es einem, eine Atmosphäre zu schaffen, in der sie wachsen kann. Aber vermutlich wird man mich, da ich ein Vorbild bin, gegen meinen Willen einen Lehrer nennen. Also nur zu, nennen Sie mich Lehrer.
DOWNS: Haben Sie den Eindruck, daß die amerikanische Architektur im allgemeinen während der letzten Jahre Fortschritte gemacht hat?
WRIGHT: Nein, das hat sie leider nicht getan. Ich meine, man hat die Effekte gesucht und vermehrt, doch das »Warum« des Effekts, die wirkliche Ursache im Lebenskern der Sache hat man anscheinend vernachlässigt. Wenn ehrliches Suchen einmal das innere Prinzip beherrschen würde, dann könnte sich eine unendliche Vielfalt ergeben. Niemand brauchte den andern zu kopieren. Meine große Enttäuschung – und sie kommt immer wieder – ist die, daß ich statt Wetteifer eine Flut von Imitation finde.
DOWNS: Was halten Sie in Ihrem langen Leben praktischer und künstlerischer Bemühungen für Ihre befriedigendste Leistung?
WRIGHT: Ach, mein lieber Junge – die nächste, natürlich. Das nächste Gebäude, das ich baue.
DOWNS: Gut, nehmen wir das als Grundlage. Welches ist das?
WRIGHT: Ich weiß es nicht. Aber was es auch sei. Das ist es.
DOWNS: Und was ist Ihrer Ansicht nach die größte Enttäuschung Ihres Lebens?
WRIGHT: Nun, ich glaube, das berührte ich eben, als ich sagte, daß ich statt Wetteifer hauptsächlich Imitation gesehen habe. Imitation von den Imitatoren der Imitation.
DOWNS: Könnte das nicht der Preis sein, den Sie dafür zahlen müssen, daß Sie Ihrer Zeit voraus sind?
WRIGHT: Nun, darüber habe ich in den letzten Jahren viel nachdenken müssen. Und wenn ich jetzt zurückschaue, kommt es mir so vor, als ob das, was wir Fortschritt nennen, immer auf diese Weise vor sich geht. Wahrscheinlich ist es immer so gewesen. In unserer Zeit nur ein wenig auffälliger wegen der kommerzialisierten Zustände, wo jedem so ziemlich alles erlaubt ist und er herausholen kann, was er herauszuholen vermag, und wo er soviel profitiert, wie es ihm eben gelingt. Vermutlich ist es also auch nicht schlechter, als es immer war, und vielleicht muß es so sein.
Vielleicht ist das der Weg, wie sich große Gedanken schließlich durchsetzen. Durch den Mißbrauch. Aber das ist eine schwierige Frage. Sie läßt sich weder hier noch von mir lösen.

Frank Lloyd Wrights ausgeführte Werke 1893—1959

Diese Liste der 1960 erhaltenen Bauten wurde nach mehreren Quellen aufgestellt, die sich mit Wrights Architektur beschäftigen, einschließlich Henry-Russell Hitchcocks erschöpfendem Katalog für die Epoche 1887 bis 1941, der in seinem Werk »In the Nature of Materials« enthalten ist; vieles von den Wohnbauten nach dem Krieg wurde von Bernard Pyron, dem ich zu besonderem Dank verpflichtet bin, in einer Liste zusammengestellt. Einige Lücken konnte der Verfasser aus eigener Kenntnis von Wrights Werk ausfüllen. Wenn die Liste im großen und ganzen auch vollständig ist, sind fraglos weitere Gebäude vorhanden. Bei vielen der neueren Gebäude war es ungemein schwierig, genaue Daten anzugeben. Wo es möglich war, wurde das des letzten Entwurfs als das entscheidende vermerkt, da dieses jedoch in einigen Fällen nicht bekannt ist, wurden die Daten der Baubeendung dafür gesetzt.

Man sollte wohl betonen, daß diese Liste als Katalog von Frank Lloyd Wrights Bauten vorgelegt wird und die Eigentümer in keiner Weise verpflichtet; es bedeutet nicht einmal, daß sie von der Existenz etwas wissen. In vielen Fällen werden die verzeichneten Häuser seit ihrer Errichtung den Eigentümer gewechselt haben. Bruce F. Radde

Oststaaten
von Norden nach Süden

NEW HAMPSHIRE
Manchester
Toufic H. Kalil, Heather Street, 1957
Isadore Zimmerman, Heather Street, 1950

MASSACHUSETTS
Amherst
Theodore Baird, Shays Street, 1940

CONNECTICUT
New Canaan
John L. Rayward, Frogtown Road, 1956–8
Stamford
Frank S. Sander, Springbough, Woodchuck Rds., fertiggestellt 1955

NEW YORK von Westen nach Osten
Derby
Darwin D. Martin, »Graycliff«, 1927
Buffalo
George Barton, 118 Summit Avenue, 1903
Darwin D. Martin, 125 Jewett Parkway, 1904
W. R. Heath, 76 Soldiers Place, 1905
Walter V. Davidson, 57 Tillingham Place, 1908

Martin Blue Sky Mausoleum (von Hitchcock 1941 als im Bau befindlich angegeben)
Rochester
E. E. Boynton, 16 East Boulevard, 1908
Lake Mahopac
A. K. Chahroudi, Petra Island, 1952
Pleasantville
Sol Friedman, Usonia Homes, 1950
Er Serlin, Usonia Homes, 1950
Roland Reisley, Usonia Homes, 1954
Rye
Maximilian Hoffman, North Manursing Island, 1954
New York City
Guggenheim Museum, 5th Avenue und E. 88th Street, 1956–9
Mercedes-Benz-Ausstellungsräume, 430 Park Avenue, 1955
Great Neck, L. I.
Ben Rebhuhn, Great Neck Estates, Myrtle Avenue and Magnolia Drive, 1938
Staten Island
Erstes Fertighaus, 1959

NEW JERSEY
Waldwick
Stuart Richardson, 1951 (Hitchcock gibt an,

daß das Haus 1941 in Livingstone, N. J., gebaut wurde)
East Caldwell
William Guenther, 1941
Bernardsville
James B. Christie, Jockey Hallow Road, 1940
Merchantville
J. A. Sweeton, Kings Highway, 1950
Millstone
Abraham Wilson, Main Street, 1956

PENNSYLVANIA von Osten nach Westen
Elkins Park (bei Philadelphia)
Beth-Sholom-Synagoge, Old York Road, 1956–9
Ardmore
Tod Company, »Suntop Homes«, 154 Sutton Road, 1939
Uniontown
I. N. Hagan, Chalk Hill, Ohiopyle Road, 1954
Bear Run
Edgar J. Kaufmann, »Fallingwater«, 1936
Gästehaus Kaufmann, 1939
Pittsburgh
Edgar J. Kaufmann, Büro, First National Bank Building, 1937

MARYLAND
Baltimore
Joseph Euchtman, 6807 Cross Country Boulevard, 1940
Bethesda
R. L. Wright, 7929 Deepwell Road, 1955

DELAWARE
Wilmington
Dudley Spencer, 619 Shiply Road, 1956

Südstaaten
von Norden nach Süden

VIRGINIA
Falls Church
Loren Pope, 1005 Locust Street, 1940
Virginia Beach
Andrew B. Cooke, 403 Crescent and 41st Sts., 1958–9

McLean
Louis Marden, 4413 Chainbridge Road, 1952

SOUTH CAROLINA
Greenville
Gabrelle Austin, 19 W. Avondale Drive, 195?
Yemassee
Leigh Stevens, »Auldbrass Plantation«, 1940

FLORIDA
Lakeland
Florida Southern College
Ann-Pfeiffer-Kapelle, 1940; 3 Seminar-Gebäude, 1940; T.-R.-Roux-Bibliothek, 1941; Verwaltungsgebäude, 1946–50; Kunstgewerbe, 1950–5; Naturwissenschaftl. Gebäude, 1952; Danforth-Kapelle, 1955; Musik-Gebäude, 1959–?

Palm Beach
Haus, Name und Lage unbekannt

ALABAMA
Florence
Stanley Rosenbaum, Riverview Drive, 1937 (erweitert, 1948)

MISSISSIPPI
Jackson
Willis J. Hughes »Fountainhead«, 1951–6
Ocean Springs
James Charnley, 1918
Louis Sullivan, 1918
Pass Christian
W. L. Fuller, fertiggestellt 1953

TENNESSEE
Chattanooga
Seamour Shavin, 334 N. Crest Road, 1952

KENTUCKY
Frankfort
Rev. J. R. Ziegler, 509 Shelby Street, 1910

Staaten im Gebiet der Großen Seen
von Osten nach Westen

OHIO
Madison
Karl A. Staley, Lake Road, 1955
Willoughby
Louis Penfield, River Road, 1955
Canton
John J. Dobkins, 5120 Plain Center Road, fertiggestellt 1955
Ellas A. Fieman, 452 Santa Clara Drive, NW, fertiggestellt 1955
Nathan Rubin, 518 44th Street, NW, 1953
Oberlin
C. E. Weltzheimer, Morgan Street, 1950
Springfield
Burton J. Westcott, 1340 E. High Street, 1907
Dayton
Dr.-Kenneth-Meyer-Klinik, 1958–9
Cincinnati
Cedric Boulter, 1 Rawson Wood Circle, fertiggestellt 1956
William Boswell, 1958–9
Gerald B. Tonkins, 6880 Knoll Amby, 195?

INDIANA
Marion
Dr. Richard Davis, Shady Hills, 1954
Lafayette
Prof. John E. Christian, Woodland Avenue und US 52, 195?
South Bend
K. C. deRhodes, 715 W. Washington Street, 1906
H. T. Mossberg, 1405 Ridgedale Road, 1951
Ogden Dunes (bei Gary)
Andrew F. H. Armstrong, 1939

MICHIGAN von Norden nach Süden
Northport
Mrs. W. C. Alpaugh, 1948–9
Manistee
George Dlesk, fertiggestellt 1958
Whitehall
Walter Gerts, Birch Brook, 1902
George E. Gerts, Birch Brook, 1902
Mrs. Thomas H. Gale, Birch Brook, 1921
Grand Rapids
Meyer May, 450 Madison Avenue, S. E., 1909

J. H. Amberg, 505 College Avenue, 1910
Lansing
Stanley Hartman, 1958–9
Okemos
Katherine Winkler – Alma Goetsch, Hulett Road, 1939
James Edwards, 2504 Arrowhead Road, 1951
Erling Brauner, 2527 Arrowhead Road, 1946–7
Donald Schaberg, 1155 Wrightwind Drive, fertiggestellt 1958
Milford Village
Oscar Miller, 1958–9
Bloomfield Hills
Gregor Affleck, 1941
Melwyn Maxwell Smith, 5045 Pon Valley Road, 1951
Detroit
Dorothy Turkel, 2760 W. Seven Mile Road, fertiggestellt 1958
Plymouth
Carl Wall, 12305 Beck Road, 1941–7 (?)
Lewis H. Goddard, 12221 Beck Road, 1955
Ann Arbor
William Palmer, 227 Orchard Hills Drive, 1951
Galesburg Village (16 km östlich von Kalamazoo)
David Weisblatt, 11185 Hawthorne Drive, 1951
Samuel Eppstein, 11098 Hawthorne Drive, 1953
Curtis Meyer, 11108 Hawthorne Drive, 1951
Eric Pratt, 11036 Hawthorne Drive, 1951
Kalamazoo (Parkwyn Village)
Ward Greiner, 2617 Taliesin Drive, 1951
Ward McCartney, 2662 Taliesin Drive, 1955
Eric V. Brown, 2806 Taliesin Drive, 1951
Robert Levin, 2816 Taliesin Drive, 1951
Robert D. Winn, 2822 Taliesin Drive, 1951
Benton Harbor
Howard Anthony, 1150 Miami Road, 1951
Carl Schultz, 1958–9
St. Joseph
Ina Morriss Harper, Lake Shore Road, 1951
Grand Beach
Ernest Vosburgh, Crescent Road, 1916
W. S. Carr, Lakeview, Pine Avenue, 1916

Joseph J. Bagley, Lakeview and Cedar Avenue, 1916
Marquette (obere Halbinsel)
Mrs. Abby Beecher Roberts, »Deertrack«, R.F.D. 1 (unbeaufsichtigt) 1936
Arthur Heurtley, »Les Chenaux Club«, Marquette Island, 1902
Grosse Ile
Allen Zieger, 1958–9

WISCONSIN von Norden nach Süden
Wausau
Charles M. Manson, 1224 Highland Boulevard, 1940
Duey Wright, Highway 51, im Süden der Stadt, 1957–8
Stevens Point
Erstes Fertighaus, 1958
Oshkosh
Stephen Hunt, 685 Algona Avenue, 1917
Two Rivers
Bernard Schwartz, Still Bend, 1939
Bayside (nördlich von Milwaukee)
Erstes Fertighaus, 1959–60, Bauunternehmer Joseph Mollica
Fox Point
Albert Adelman, 7111 N. Barnett, 1948–9
Milwaukee
F. C. Bogk, 2420 N. Terrace Avenue, 1916
Arthur L. Richards, Einfamilien- und Etagenhäuser, 1835 S. Layton Blvd., 2715–2732 W. Burnham Street, 1916
Arthur Munkwitz, Etagenhäuser, 1102–1112 N. s27th Street, 1916
Wauwatosa
Griechisch-orthodoxe Kirche »Mariä Verkündigung«, N. 92nd and W. Congress Streets, 1956
Dousman
Dr. Maurice Greenberg, 3 km südlich, Highway 67, 1955 (?)
Jefferson
Richard Smith, 801 Linden Street, 1951
Columbus
Clark Arnold, 954 Line Road, 1955
Madison
Robert M. Lamp, 22 N. Butler Street, 1904
E. A. Gilmore, 120 Ely Place, 1908
Herbert Jacobs, 441 Toepfer Street, 1937
Arnold Jackson, 3515 Beltline Avenue, 1957–8
Unitarisches Gemeindehaus, 900 University Bay Drive, 1951
Erdman Co., Erstes Fertighaus, Rosa Road, bei Crestwood, 1957
Erdman Co., Zweites Fertighaus, 1959
Shorewood Hills (bei Madison)
John Pew, 3650 Mendota Drive, 1940
Middleton
Herbert Jacobs, Old Sauk Road, 1948–9
Spring Green (Route 23 am Ostufer des Wisconsin River)
Hillside Home School, 1902
Taliesin Farm Group, 1938
Romeo & Juliet Windmill, 1896
Taliesin III, 1925
Andrew T. Porter, »Tany-Deri«, 1907
Riverview Terrace Restaurant, im Bau nach 1950
Wyoming Valley
Wyoming Valley School, Route 23, 1957
Richland Center
A. D. German Warehouse, 1915, nicht vollendet
Lancaster
Patrick Kinney, 1952–3
Delavan Lake
A. P. Johnson, South Shore Road, 1905
George W. Spencer, South Shore Road, 1902
Dr. H. Goodsmith, South Shore Road, 1900
Charles S. Ross, South Shore Road, 1902
Fred B. Jones, »Penwern«, South Shore Road, 1902
Lake Geneva
Hotel Geneva, 1912
East Troy
Rainbow Springs Lodge (privat), 1940 (?) weitgehend zerstört, 1958
Racine
S. C. Johnson & Son, Verwaltungsgebäude und Laboratoriumsturm, 1525 Howe Street, 1936–9; 1947–50
Herbert F. Johnson, »Wingspread«, Wind Point, 1937
Thomas P. Hardy, 1319 South Main, 1905
Willard H. Keland, Valley View Drive, 1956

ILLINOIS von Norden nach Süden
Rockford
Kenneth Laurent, Spring Brook Road, 1951
Belvidere
W.-H.-Pettit-Kapelle, Friedhof Belvidere, 1906
Libertyville
Lloyd Lewis, Little St. Mary's Road, 1940
Lake Bluff
Herbert Angster, 605 Blodgett Road, 1911
Lake Forest
Charles F. Glore, 170 North Mayflower, 1955
Highland Park
Ward W. Willitts, 1445 Sheridan Road, 1902
Mary M. W. Adams, 103(?) Lake Avenue, 1905
George Madison Millard, 1689 (410) Lake Avenue, 1906
Glencoe
E. D. Brigham, 790 Sheridan Road, 1915
Sherman M. Booth, 265 Sylvan Road, 1915
W. A. Glasner, 850 Sheridan Road, 1905
Ravine-Bluff-Eigenheimsiedlung Development, 272 Sylvan Road, 1023–1031 Meadow Road, 1915
Kenilworth
Hiram Baldwin, 205 Essex Road, 1905
Wilmette
Frank J. Baker, 507 Lake Avenue, 1909
Evanston
Charles E. Brown, 2420 Harrison Avenue, 1905
Glenview
John C. Carr, 1544 Portage Run, 1951
Barrington
Lewis B. Frederick, County Line Road, 1957-8
Erstes Fertighaus, Donlea Road, 1957-8
Plato Center
Robert Muirhead, SW vom Dorf, 1952
Geneva
P. D. Hoyt, 318 S. Fifth, 1906
Col. Geo. Fabyan, Batavia Road, 1907
A. W. Gridley, North Batavia Avenue, 1906
Aurora
Wm. B. Green, 1300 Garfield Avenue, 1912
Hinsdale
Frederick Bagley, 121 County Line Road, 1894
W. H. Freeman, 106 N. Grant Street, 1903
La Grange
Stephen M. B. Hunt, 345 S. 7th Avenue, 1907
Peter Goan, 108 S. 8th Avenue, 1894
Robert G. Emmond, 109 S. 8th Avenue, 1892
Riverside
Coonley-Schauspielhaus, 350 Fairbanks Road, 1912
Avery Coonley, 300 Scottswood Road, 1908
F. F. Tomek, 150 Nuttell Road, 1907
Gärtnerhaus, 1911
Elmhurst
F. B. Henderson, 301 S. Kenilworth Avenue, 1901
River Forest von Westen nach Osten
Wm. H. Winslow, Auvergne Place, 1893
Chauncey L. Williams, 530 Edgewood Place, 1895
Isabel Roberts, 603 Edgewood Place, 1908
J. Kibben Ingalls, 562 Keystone Avenue, 1909
E. Arthur Davenport, 559 Ashland Avenue, 1901
River Forest Tennis Club, 615 Lathrop Avenue (an der Quick Street), 1906
Oak Park von Westen nach Osten
George W. Smith, 404 Home Avenue (südlich der Bahnlinie), 1898
Francis Woolley, 1030 Superior Street, 1894
Walter Gale, 1031 Chicago Avenue, 1893
R. P. Parker, 1027 Chicago Avenue, 1892
Thomas H. Gale, 1019 Chicago Avenue, 1892
Frank Lloyd Wright Haus und Studio, 428 Forest Avenue; 951 Chicago Avenue, 1889; 1895
Dr. W. H. Copeland, 408 Forest Avenue, 1909
Arthur Heurtley, 318 Forest Avenue, 1902
E. R. Hills, 313 Forest Avenue, 1901
Nathan G. Moore, 333 Forest Avenue, 1895; 1924
P. A. Beachy, 238 Forest Avenue, 1906
Frank Thomas, 210 Forest Avenue, 1901
Mrs. Thos. H. Gale, 6 Elizabeth Court, 1909

O. B. Balch, 611 N. Kenilworth Avenue, 1911
Unity-Kirche, Lake Street & Kenilworth, 1906
Brunnen im Scoville-Park, Lake Street
Charles E. Roberts, Stallung, 317 N. Euclid Avenue, 1896
George Furbeck, 223 N. Euclid Avenue, 1897
Harry S. Adams, 710 Augusta Avenue, 1913
W. E. Martin, 636 N. East Street, 1903
H. C. Goodrich, 534 N. East Avenue, 1896
Edwin H. Cheney, 520 N. East Avenue, 1904
William G. Fricke, 540 Fair Oaks Avenue, 1902
Rollin Furbeck, 515 Fair Oaks Avenue, 1898
Chicago Westen
J. J. Walser Jr., 42 N. Central Avenue, 1903
E-Z Polish Factory, 3005-7 W. Carroll Street, 1905
Edward C. Waller, Etagenhäuser, 2840-58 W. Walnut Street, 1895
Francisco-Terrace-Etagenhäuser, 253-7 Francisco Avenue, 1895
Chicago Norden
Oscar Steffens (Kings Arms Restaurant), 7631 Sheridan Road, 1909
Emil Bach, 7415 Sheridan Road, 1915
Chicago Stadtmitte
Mietskaserne, 209 S. LaSalle Street, Neugestaltung der Flure zur LaSalle and Adams Street, 1905
Chicago Süden
Robert Roloson, 3213-19 Calumet, 1894
Abraham Lincoln Center (Perkins), Oakwood Boulevard an der Langley Avenue, 1903
Francis-Etagenhaus, 4304 Forestville Avenue, 1895
Dr. Allison Harlan, 4414 Greenwood Avenue, 1892
Warren McArthur, 4852 Kenwood Avenue, 1892
George Blossom, 4858 Kenwood Avenue, 1892 (Reparaturwerkstatt, 1907)
Isidor Heller, 5132 Woodlawn Avenue, 1897
Frederick C. Robie, 5757 Woodlawn Avenue, 1908-9
William Adams, 9326 South Pleasant Avenue, 1900
Robert W. Evans, 9914 Longwood Drive, 1908
S. A. Foster, 12147 Harvard Avenue, 1900
Flossmoor südlich von Chicago
Frederick Nicholas, Brassie Avenue (östlich der Illinois-Central-Bahnlinie), 1906
Kankakee
B. Harley Bradley, 701 S. Harrison Avenue, 1900
Warren Hickox, 687 S. Harrison Avenue, 1900
Dwight
First National Bank (Frank L. Smith Bank), 1906
Peoria
Francis W. Little, 603 Moss Avenue, 1903
Springfield
Susan Lawrence Dana, Lawrence Avenue an der 4th Street, 1903 (Bibliothek, 1905)
Decatur
E. P. Irving, Millikin Place, 1910 (ausgeführt durch von Holst)

Staaten im Mittelwesten

MINNESOTA von Norden nach Süden
Cloquet
R. W. Lindholm, 1955
Lindholm-Tankstelle, 1957-8
Stillwater
Donald Loveness, Route 3, Woodpile Lake, 1954
Minneapolis
Malcolm E. Willey, 255 Bedford Street, 1934
Henry J. Neils, 2815 Burnham Boulevard, 1951
Wayzata
Francis W. Little, »Northome«, R.F.D. 3, 1913
Rochester
Dr. A. H. Bulbulian, Skyway Drive, 1951
Thomas E. Keyes, Skyway Drive, 1951
Austin
S. P. Elam, 107 Eastwood Road, 1951

IOWA von Norden nach Süden
Mason City
Dr. G. C. Stockman, 311 First Street S.E., 1908
City National Bank & Hotel, West State Street and S. Federal, 1909
Charles City
Dr. A. L. Miller, 701 E. Blount Street, 1951
Quasqueton
Lowell E. Walter, 1949–50
Cedar Rapids
Douglas Grant, Carroll Drive and Adel Street, 1951
Marshalltown
Robert Sunday, 1958–9
Des Moines
Paul Trier, 1958–9
Oskaloosa
Carroll Alsop, 1907 A Avenue E., fertiggestellt 1951
Jack Lamberson, 117 N. Park, fertiggestellt 1951

MISSOURI von Osten nach Westen
St. Louis
T. A. Pappas, 846 Pennsylvania Avenue, 195?
Kirkwood
Russell M. Kraus, 120 N. Ballas Road, 1953
Kansas City
Kansas City Community Church, 4601 Main Street, 1940 (unbeaufsichtigt)
Clarence Sondern, 3600 Bellview Avenue, 1940 (erweitert 1949)

KANSAS
Wichita
Henry J. Allen, 255 Roosevelt Boulevard, 1917

NEBRASKA
McCook
Harvey P. Sutton, 602 Main Street, 1907

Südwestliche Staaten
von Osten nach Westen

OKLAHOMA
Bartlesville
Price-Turm, 1953–6
Harold C. Price, jun., Country Club Terrace, 1956
Tulsa
Richard Lloyd Jones, 3700 Birmingham Road, 1929

TEXAS
Dallas
John Gillin, 9400 Rockbrook, 1957–8
Dallas Theater Center, 1958–9
Houston
W. L. Thaxton, jun., 12024 Tall Oaks, fertiggestellt 1955

NEW MEXICO
Pecos
Arnold Friedman, 1947–8

ARIZONA
Phoenix
Arizona Biltmore Hotel Cottages, 1926 (mit Albert McArthur)
Rose Pauson, Orange Road, 1940 (weitgehend zerstört)
Benjamin Adelman, 5710 N. 30th Street, 1953
Jorgine Boomer, 5804 N. 30th Street, 1953
Raymond Carlson, 1123 W. Palo Verde Drive, 1950
Paradise Valley (bei Scottsdale)
Frank Lloyd Wright: Taliesin West, Maricopa Mesa, 1938
David Wright, 1952
Harold C. Price, sen., 1956

Staaten im Nordwesten
und an der Pazifikküste
von Norden nach Süden

WYOMING
Cody
Quentin Blair, 5 km östlich auf der U.S. 16, 1953

MONTANA
Darby
Como Orchards Summer Colony, Bitter Root Township, 1910 (teilweise zerstört)

IDAHO
Bliss
Archie-Boy-Theater, Hagerman Valley, 1955

WASHINGTON von Norden nach Süden
Seattle
W. B. Tracy, 18971 Edgecliff Drive, 1956
Tacoma
Chauncey Griggs, 78 John Dower, Chambers Creek, 1943-53

CALIFORNIA von Norden nach Süden
San Anselmo
Robert Berger, 259 Redwood Road, 1952-59
San Francisco
V. C. Morris Shop, 140 Maiden Lane, 1948
Orinda
Maynard Beuhler, Great Oak Circle, 1948-9
Hillsborough
Sidney Bazett, 101 Reservoir Road, 1940
Atherton
Arthur Matthews, 83 Wisteria Way, Lindenwood Estates, 1952
Palo Alto
Paul R. Hanna, 737 Frechmans Road, 1937
Carmel
Mrs. Clinton Walker, Scenic Drive, 1952
San Luis Obispo
Dr. Karl Kundert, Privatklinik, 1106 Pacific Street, 1955
Montecito
George C. Stewart, 166 Summit an der Springs Road, 1909
Eagle Rock
Arch Oboler, Ventura Boulevard, 1941-
Brentwood Heights
George D. Sturges, 449 Skyway Road, 1939
Los Angeles
Anderton Court Center, Rodeo Drive (Beverly Hills), 1953-4
Dr. John Storer, 8161 Hollywood Boulevard, 1923
Charles Ennis, 2607 Glendower Road, 1924
Samuel Freeman, 1962 Glencoe Way, 1924
Aline Barnsdall, »Hollyhock«, Sunset and Hollywood Boulevards, 1920
Barnsdall: Studio Residence A, Hollywood and Edgemont Boulevards, 1920
Ausstellungsgebäude für eine Frank-Lloyd-Wright-Ausstellung, angrenzend an das Hollyhock-Haus, 1956 (heute eine Galerie für das *Municipal Art Center of Los Angeles*)
Pasadena
Mrs. George Madison Millard, »La Miniatura«, 645 Prospect Crescent, 1923

Bauten außerhalb der USA

KANADA
Desbarats
E. H. Pitkin, Sapper Island, bei Kensington Point, 1900
Montreal
C. Thaxter Shaw, 3466 Peel Street, 1906 (Umbau)

JAPAN
Tokio
Imperial Hotel, 1915-22
Imperial Hotel, Nebengebäude, 1916
Haus Aizaku Hayashi, Komazawa, 1917
Jiyu Gakuen Mädchenschule, 1921
Hakone
Fukuhara-Haus, 1918 (durch Erdbeben zerstört, 1923)
Ashiya
Yamamura-Haus, 1918

Personenregister

Adelman, A. 249
Addams, J. 20
Adler, D. 16 ff., 254 ff.

Behrendt, W. C. 61
Berlage, H. P. 15
Boari 42
Boomer, J. 185
Briggs 142
Burnham, D. H. 20, 227
Buttler, S. 170, 221
Byrne, F. 45

Cady 41
Carlyle, T. 135, 151
Cheney, E. 254
Chippendale 33
Conover, A. D. 255
Cole, T. 255
Coolidge 41
Coonley, A. 60
Corwin, C. 16, 41
Croker, R. 30

Dean, G. 41
Dewey 11
Dickens, C. 212
Donahoe, D. J. 252
Downs, H. 254 ff.
Drummond, W. 45
Dunning, M. 42

Elmslie, G. 45
Emerson, R. W. 62, 90
Endo San 90

Ford, H. 127 ff., 215
Francke, K. 59
Fröbel, F. 16

Garden, H. 41
George, H. 223, 245
Gilbert, C. 20
Goethe, J. W. 158
Goetsch, A. 170 ff.
Griffin, W. 45

Gropius, W. 61
Grove, P. G. 172
Guggenheim, S. R. 183
Gutenberg, J. 24

Handy 41
Hayashi San 98 ff.
Heath, W. R. 48
Heraklit 246
Hokusai 68
Howe 20
Hugo, V. 15, 23
Hunt, R. M. 20
Hunt, M. 41 ff.

Jacobs, H. 170 ff.
Jeanne d'Arc 242
Jenney, W. 20
Johnson, S. C. 180 ff.
Johonnot 49

Kandinskij, W. 12
Kaufmann, E. J. 168, 256
Korin 68

Lao Tse 137, 187 ff.
Latour 49
Le Corbusier 10, 13, 121
Lincoln, A. 112
Little, F. W. 59
Long, B. 42
Loos, A. 15

Mackintosh, C. R. 15
Mahoney, M. 45
Martin, D. D. 59
Marx, K. 223, 245
McArthur, A. 45
McKim, C. F. 19
Mead 19
Mendelsohn, E. 61
Michelangelo 194
Mies van der Rohe, L. 10, 13, 61 ff.
Millard, G. M. 106
Morris, W. 15, 22 ff., 73
Mueller, P. 98

Napoleon 242

Okura 98 ff.

Pei Woh 136
Perkins, D. 41 ff.
Phidias 28
Price, H. C. 12, 184

Raffael 25
Rembrandt 68
Richardson, H. H. 19, 41, 187
Richardson 240
Robert, I. 45
Roberts, C. E. 49
Roebling, J. 145
Rogers, G. 41
Roosevelt, F. 204
Roosevelt, T. 59
Root, J. N. 20, 41
Ruskin, J. 15, 22, 31 ff., 73
Rutan 41

Schewill, F. 62
Schmidt, D. 41
Shaw, H. 41 ff.
Shelley 37
Shepley 41
Sheraton 33
Shugio 100

Silsbee, J. L. 16
Spencer, R. C. 41 ff.
Stalin, J. W. 230
Stanley, H. M. 134
Strong, G. 109 ff.
Sullivan, L. H. 16 ff., 41 ff., 73, 90, 137 ff., 186 ff., 254 ff.

Takahashi 100
Thompson, J. 196 ff.
Thoreau, H. D. 90
Tolstoi, L. 35

Van Brunt 20
Van de Velde, H. 15
Veblen, T. 74
Velasquez 68

Wagner, O. 15
Wasmuth, E. 15
Whistler 34
White 19
Whitehead 11
Whitman, W. 90, 212
Willatzen, A. 45
Willis, G. 45
Winkler, K. 170 ff.
Winslow, W. H. 43
Woltersdorf 62
Wren, C. 195
Wright, O. 11, 14

Bauwelt Fundamente

1. Ulrich Conrads, Programme und Manifeste zur Architektur des 20. Jahrhunderts
   180 Seiten, 27 Bilder, DM 10,80

2. Le Corbusier, Ausblick auf eine Architektur
   216 Seiten, 231 Bilder, DM 12,80

3. Werner Hegemann, Das steinerne Berlin
   Geschichte der größten Mietskasernenstadt der Welt
   344 Seiten, 100 Bilder, DM 12,80

4. Jane Jacobs, Tod und Leben großer amerikanischer Städte
   221 Seiten, 4 Bilder, DM 10,80

5. Sherman Paul, Louis H. Sullivan
   Ein amerikanischer Architekt und Denker
   164 Seiten, 26 Bilder, DM 9,80

6. L. Hilberseimer, Entfaltung einer Planungsidee
   140 Seiten, 121 Bilder, DM 10,80

7. H. L. C. Jaffé, De Stijl 1917–1931
   Der niederländische Beitrag zur modernen Kunst
   272 Seiten, 54 Bilder, DM 14,80

8. Bruno Taut, Frühlicht – Eine Folge für die Verwirklichung des neuen Baugedankens
   224 Seiten, 240 Bilder, DM 9,80

9. Jürgen Pahl, Die Stadt im Aufbruch der perspektivischen Welt
   176 Seiten, 86 Bilder, DM 10,80

10. Adolf Behne, Der moderne Zweckbau
    132 Seiten, 95 Bilder, DM 10,80

11. Julius Posener, Anfänge des Funktionalismus
    Von Arts and Crafts zum Deutschen Werkbund
    232 Seiten, 52 Bilder, DM 11,80

12. Le Corbusier, Feststellungen zu Architektur und Städtebau
    248 Seiten, 230, teils farbige Bilder, DM 14,80

13 Hermann Mattern, Gras darf nicht mehr wachsen
    12 Kapitel über den Verbrauch der Landschaft
    184 Seiten, 40 Bilder, DM 12,80

14 El Lissitzky, Rußland: Architektur für eine Weltrevolution
    208 Seiten, 116 Bilder, DM 11,80

15 Christian Norberg-Schulz, Logik der Baukunst
    308 Seiten, 118 Bilder, DM 15,80

16 Kevin Lynch, Das Bild der Stadt
    216 Seiten, 140 Bilder, DM 12,80

17 Günter Günschel, Große Konstrukteure 1
    Freyssinet – Maillart – Dischinger – Finsterwalder
    276 Seiten, 172 Bilder, DM 15,80

19 Anna Teut, Architektur im Dritten Reich 1933–1945
    392 Seiten, 56 Bilder, DM 17,80

20 Erich Schild, Zwischen Glaspalast und Palais des Illusions
    Form und Konstruktion im 19. Jahrhundert
    224 Seiten, 157 Bilder, DM 14,80

21 Ebenezer Howard, Gartenstädte von morgen
    Ein Buch und seine Geschichte
    198 Seiten, 35 Bilder, DM 14,80

22 Cornelius Gurlitt, Zur Befreiung der Baukunst
    Ziele und Taten deutscher Architekten im 19. Jahrhundert
    166 Seiten, 19 Bilder, DM 8,80

23 James M. Fitch, Vier Jahrhunderte Bauen in USA
    330 Seiten, 247 Bilder, DM 22,80

24 »Die Form« – Stimme des Deutschen Werkbundes 1925–1934
    360 Seiten, 34 Bilder, DM 21,80

25 Frank Lloyd Wright, Humane Architektur
    274 Seiten, 54 Bilder, DM 19,80

26 Herbert J. Gans, Die Levittowner, Soziographie einer ›Schlafstadt‹
    ca. 360 Seiten, DM 21,80

Bertelsmann Fachverlag

Bei Fragen zur Produktsicherheit wenden Sie sich bitte an:
If you have any questions regarding product safety,
please contact:

Birkhäuser Verlag GmbH
Im Westfeld 8
4055 Basel, Schweiz
productsafety@degruyterbrill.com